人民交通出版社股份有限公司

"十三五"职业教育系列教材

铁路线路施工技术

（双色版）

主编／张建华　邹琼

主审／张雯

人民交通出版社股份有限公司

北　京

内 容 提 要

本书除绪论外共分三篇九个单元，主要内容包括：路基设计、路基施工、路基排水及防护加固、特殊条件下的路基施工、普速铁路轨道构造与施工、高速铁路轨道结构与施工、轨道的平顺标准、无缝线路、铁路设计概述。

本书可作职业院校铁道类专业教材，也可供工程技术人员参考使用。

图书在版编目（CIP）数据

铁路线路施工技术 / 张建华，邹琼主编．—北京：人民交通出版社，2013.8

ISBN 978-7-114-10782-5

Ⅰ．①铁…　Ⅱ．①张…②邹…　Ⅲ．①铁路线路－工程施工　Ⅳ．①U215

中国版本图书馆 CIP 数据核字（2013）第 161405 号

书　　名：铁路线路施工技术
著 作 者：张建华　邹　琼
责任编辑：刘彩云　卢　珊
出版发行：人民交通出版社股份有限公司
地　　址：（100011）北京市朝阳区安定门外外馆斜街 3 号
网　　址：http://www.ccpcl.com.cn
销售电话：（010）59757973
总 经 销：人民交通出版社股份有限公司发行部
经　　销：各地新华书店
印　　刷：中国电影出版社印刷厂
开　　本：787×1092　1/16
印　　张：21
字　　数：544 千
版　　次：2013 年 8 月　第 1 版
印　　次：2021 年 7 月　第 4 次印刷
书　　号：ISBN 978-7-114-10782-5
定　　价：39.00 元

前　　言

随着我国经济的快速发展，铁路建设进入了全面发展的阶段。为更好地落实铁路人才发展规划，强化人才培养和实践锻炼，本着立足当前、着眼未来、瞄准前沿、务求实用的原则编写了本书。

本书结合“铁路线路课程教学大纲”并针对铁道工程专业技术岗位需要，以应知应会、实作技能为重点，涵盖了路基设计、路基施工、普通轨道、无砟轨道、无缝线路原理及施工、铁路设计等专业系统知识。内容通俗易懂，信息量大，专业性强。

本书由成都铁路工程学校张建华、新疆铁道职业技术学院邹琼担任主编，张建华负责全书的统稿工作。成都铁路工程学校刘东菊、范杰、张吕，第二勘察设计院刘卫东参与了具体的编写工作。成都铁路工程学校教学副校长、高级讲师张雯对本书内容进行了审核。对于他们的辛苦付出和大力支持，在此表示衷心的感谢！

由于编者水平有限，书中难免存在疏漏和不妥之处，恳请广大读者批评指正。

编　者

2013 年 6 月

目　　录

第一篇　路　　基

第二篇　轨　　道

第三篇　铁路设计概述

绪　论

一、世界铁路发展史

英国是铁路的故乡，1825 年英国修建了世界上第一条蒸汽机车牵引的铁路——斯托克顿至达林顿铁路。在通车典礼上，由机车、煤水车、32 辆货车和 1 辆客车组成的载质量约 90t 的“旅行”号列车，由设计者斯蒂芬森亲自驾驶，上午 9 时从伊库拉因车站出发，下午 3 时 47 分到达斯托克顿，共运行了 31.8km（见图 0-0-1）。

图0-0-1　斯托克顿—达林顿铁路

现代高速铁路主要有日本新干线系统、法国 TGV 系统和德国 ICE 系统三大类。日本新干线以“子弹列车”闻名，在 1964 年东京奥运会前夕通车营运。日本第一条路线是连接东京与大阪的东海道新干线。这条路线也是全世界第一条载客营运的高速铁路系统。新干线通车至今从未发生过因人为因素导致死亡的事故，因此号称全球最安全的高速铁路之一。其稳定运行全靠日本的良好电力技术，列车运行间距可以缩短至 3min，是唯一适合大量运输的高速铁路系统。除此之外，新干线也是世界上行驶过程最平稳的线路之一。

法国 TGV 是法文的缩写，译为高速列车，是由阿尔斯通公司和法国国家铁路公司设计建造的高速铁路系统。1981 年，TGV 在巴黎与里昂之间开通，如今已形成以巴黎为中心、辐射法国各城市及周边国家的铁路网络。

德国 ICE 系统是一个连接各大城市的高速铁路系统。德国境内的 ICE 线路旨在连接各大城市形成完整路网，而非求取点对点间的最短行车时间。在整个 ICE 路网中，列车只可以在两段高速路线上达到 300km/h 的最高营运速率。

二、中国铁路发展史

1. 中国第一条办理营业的铁路——吴淞铁路（见图 0-0-2）

1876 年 4 月，全长 9mile（约 14.5km）的吴淞铁路全线完工，7 月 1 日正式通车营业。这是一条轨距为 0.762m 的窄轨铁路，采用每米重 13kg 的钢轨，列车速度为 24 ~ 32km/h。通车后 16 个月就拆除了。

2. 1881 年 6 月 9 日，中国第一条铁路——唐山至胥各庄铁路

唐胥铁路全长 11km，轨距为 1.435m，每米轨重 15kg。由于这段铁路用骡马牵引货车，所

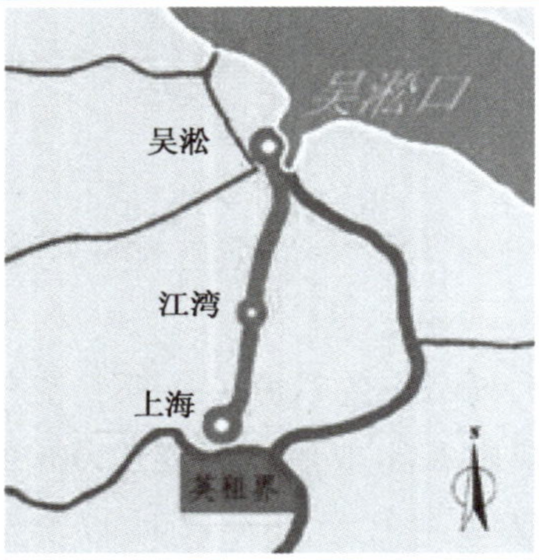

图0-0-2　吴淞铁路

以被世人称为“马车铁路”。

3. 中国人自行修建的第一条铁路——京张铁路

京张铁路连接北京丰台，经八达岭、居庸关至河北张家口，全长约200km，于1909年建成，是中国人自行完成、投入营运的铁路，詹天佑是建设本条铁路的总工程师。

4. 新中国第一条铁路——成渝铁路(见图0-0-3)

成渝铁路是一条连接成都市与重庆市的铁路，全长505km，于1950年6月15日动工，邓小平同志莅临致辞，贺龙同志亲手将一面绣有“开路先锋”的锦旗授予筑路大军。它是中华人民共和国成立后修建的第一条铁路。1952年7月1日全线通车。

5. 新中国第一条电气化铁路——宝成铁路(见图0-0-4)

宝成铁路北起陕西省宝鸡，南至四川省成都，全长669km，是沟通西北与西南的第一条铁路干线。这条铁路的建成，改变了“蜀道难”的局面，为发展西南地区经济建设创造了重要条件。

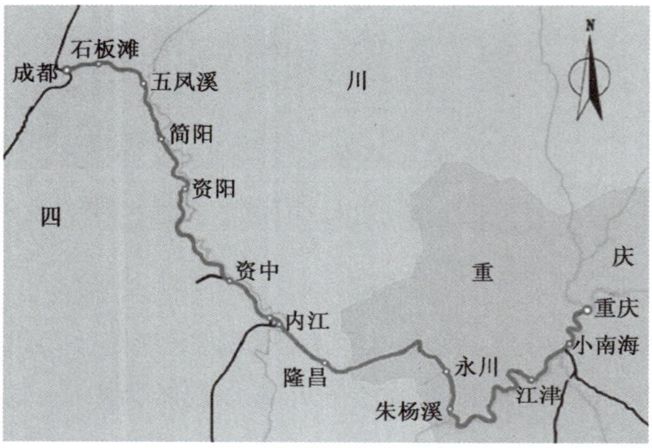

图0-0-3　成渝铁路

图0-0-4　宝成铁路

6. 新丝绸之路——兰新铁路(见图0-0-5)

兰新铁路是新疆通往内地的唯一铁路运输干线，是构成中国西北地区铁路网络的重要组成部分。兰新铁路东起甘肃兰州，西跨黄河，穿越海拔3000m的乌鞘岭，到达乌鲁木齐，全长1903km，是新中国成立后修建的最长的铁路干线。

7. 世界海拔最高的铁路——青藏铁路(见图0-0-6)

青藏铁路由青海省省会西宁至西藏自治区首府拉萨，全长1956km，其中西宁至格尔木段长约814km，已于1984年投入运营。

2001年开工修建的格尔木至拉萨段，是目前世界上海拔最高、线路最长的高原铁路。自青海省格尔木市起，至拉萨市，全长1142km。铁路穿越海拔4000m以上地段达960km。翻越唐古拉山铁路最高点海拔为5072m。2006年7月1日全线通车。

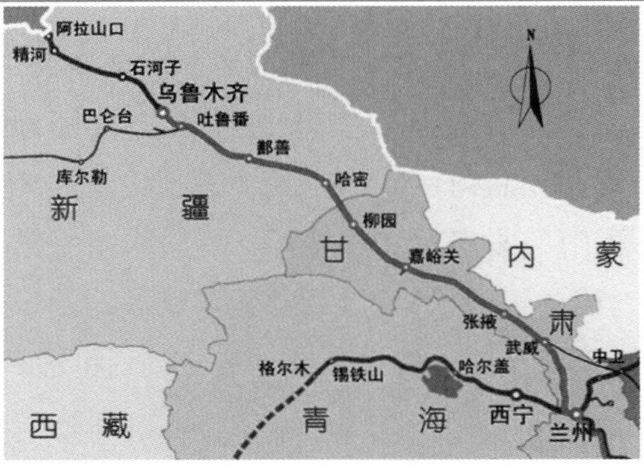

图0-0-5　兰新铁路

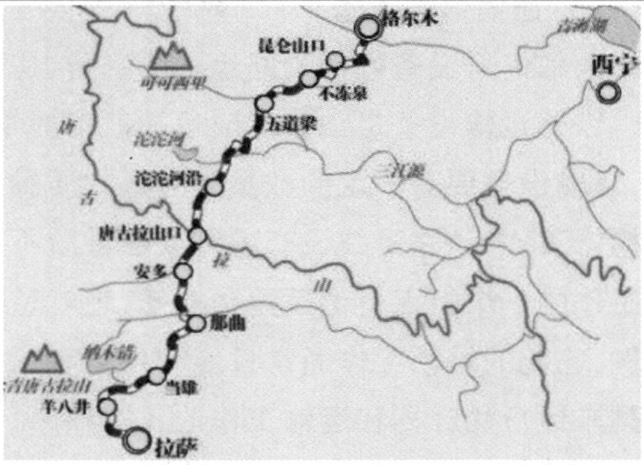

图0-0-6　青藏铁路

三、铁路运输的基本技术设备

铁路的技术设备由土建工程和各种设备构成。

1. 土建工程类

(1)线路

①轨道。轨道包括钢轨、联结零件、轨枕、道床、防爬设备、道岔。

②路基。路基包括路堤(填方)和路堑(挖方)、排水、支挡建筑物。根据自然条件不同有各种特殊路基,如软土路基、冻土路基、盐渍土路基、沙漠路基、水库区路基等。

(2)桥梁和涵洞

①桥梁。桥梁包括梁部构造(钢桁梁、钢板梁、钢筋混凝土梁、拱桥、斜拉桥等)、墩台(空心、实体桥墩,U 形、T 形、耳墙式桥台等)、基础(明挖基础、桩基础、沉井基础等)。

②涵洞。涵洞有箱形、圆形、拱形,还有虹吸管、渡槽等。

(3)隧道

隧道包括洞门、洞身,并应根据围岩种类设计衬砌。

(4)车站

车站是铁路对外联系的门户,根据作业性质和规模的不同,单线有会让站,双线有越行站,还有一般中间站、区段站、编组站、客运站、货运站等。

(5)铁路枢纽

铁路枢纽位于几条铁路相互衔接交叉的地区,是设有各种专业车站和联络线、进站线路、专用线以及很多中间站等设施的综合体。专业车站包括编组站、旅客站、货物站、区段站等。

2. 铁路设备类

(1)机车

机车是铁路列车的牵引动力,机车牵引种类有蒸汽、内燃、电力三种。

(2)车辆

车辆是运送旅客和货物的工具。

(3)通信信号设备

通信信号设备好像铁路运输的耳目,是保证列车运行安全和提高运输效率的重要手段。

铁路运输设备是铁路完成运输任务的物质基础。为了保证列车安全、正点和不间断地运行,运输设备要有一定的数量和完好的质量,并应经常保持良好的状态。为了进行设备的养护和检修工作,铁路沿线设有各种专业性质不同的修理工厂、业务段和检修所。运输设备经常维修工作的一个特点是边运用边检修,也就是在运用过程中进行检修。以线路、车辆和信号设备为例,它们的维修工作通常只能利用列车运行的间隙或在车站上的停留时间内进行,而不应干扰列车运行的计划和运输工作的正常秩序。

四、未来的中国铁路

1. 2020 年铁路网规划

根据我国中长期铁路网规划,到 2020 年,铁路营业里程将达到 12 万 km 以上。其中,新建高速铁路将达到 1.6 万 km 以上,加上其他新建铁路和既有线提速线路,我国铁路快速客运网将达到 5 万 km 以上,连接所有省会城市和 50 万人口以上城市,覆盖全国 90% 以上人口。

2. 磁悬浮示范线

磁悬浮列车利用“同名磁极相斥,异名磁极相吸”的原理,让磁铁具有抗拒地心引力的能力,使车体完全脱离轨道,悬浮在距离轨道约 1cm 处,腾空行驶,创造了近乎“零高度”空间飞行的奇迹(见图 0-0-7)。

由于磁悬浮列车行驶过程中,轨道与机车之间不存在任何实际的接触,故几乎没有轮、轨之间的摩擦,运行速度快,平稳、舒适,无噪声,不排出有害的废气,有利于环境保护,是一种绿色交通工具。

上海磁悬浮列车是世界上第一段投入商业运行的高速磁悬浮列车(见图 0-0-8),线路长度 30km,设计最高运行速度为 430km/h,现运营最高时速 301km。

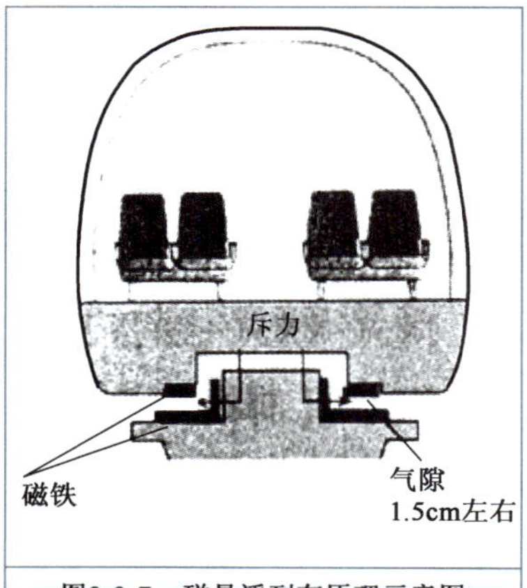

图0-0-7　磁悬浮列车原理示意图

图0-0-8　上海磁悬浮示范线

第一篇　路　　基

单元一　路基设计

引言

路基，顾名思义就是铁路线路的基础，是为了满足轨道铺设和运营条件而修建的土工构筑物。它承受来自轨道、机车车辆及其荷载的压力。

铁路路基是铁路线路的重要组成部分，它与桥梁、隧道相连，共同组成一个线路整体。路基工程是铁路轨下基础工程的重要组成部分，是保证列车高速、安全、舒适运行系统中的关键工程。

路基排水系统设计不完善，路基防护或加固措施不妥，路基填筑时，没有达到相关规范要求的压实度要求等，均会造成路基破坏。路基工程一旦破坏，维修难度高，对运营的影响很大。

图 1-1-1 为某工程施工过程中出现的路基病害。

图1-1-1　路基病害

第一节　路基设计内容

路基工程是铁路轨下基础工程的重要组成部分，是保证列车高速、安全、舒适运行的关键工程。

一、路基工程的组成

路基工程由三部分建筑物组成，如图 1-1-2 所示。

(1) 路基本体

路基本体是直接铺设轨道结构并承受列车荷载的部分，例如路堤、路堑等，它是路基工程的主体建筑物。

(2)路基防护和加固建筑物

路基防护和加固建筑物不直接承受轨道结构和列车荷载,属于路基的附属建筑物。例如护坡、支挡结构等,如图1-1-3所示。

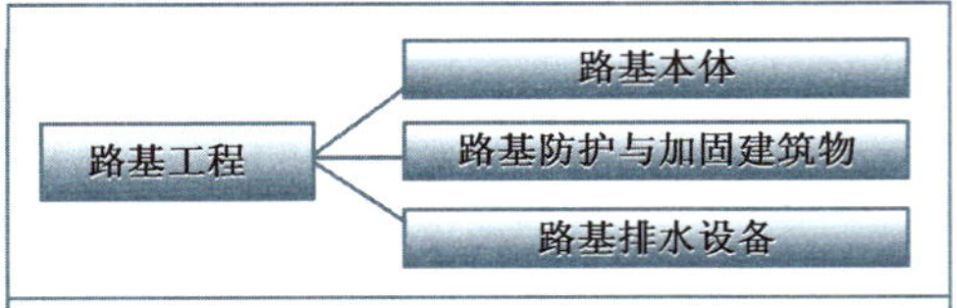

图1-1-2 路基工程组成部分

(3)路基排水设备

路基排水设备也属于路基的附属建筑物,例如排除地面水的排水沟、侧沟、天沟,排除地下水的排水槽、渗水暗沟、渗水隧洞等,如图1-1-4所示。

图1-1-3 路基防护

图1-1-4 排水沟

二、路基设计的分类

路基设计有一般设计和个别设计之分。一般设计通常是指在正常的地质和水文等条件下,边坡高度不超过规范规定的高度范围,路基可采用标准设计。现行路基设计规范为《铁路路基设计规范》(TB 10001—2005),如图1-1-5所示。

特殊条件下的路基采用的个别设计一般包括以下几项:

(1)路基边坡高度超过《铁路路基设计规范》(TB 10001—2005)中路基边坡表规定的路基。

(2)工程地质及水文地质条件复杂的路基。

(3)修筑在陡坡上的路堤(填料与基底均为不易风化岩石时,地面横坡等于或陡于1:2,其他情况等于或陡于1:2.5)。

(4)在滑坡地段、崩塌地段、泥石流地区、水库地区、河滩及滨河地段、软土和泥沼地区、裂隙黏土地区、多年冻土地区、雪害地区等特殊条件下的路基。

(5)有关路基的防护加固及改移河道工程。

(6)采用大爆破及水力冲填施工方法的路基。

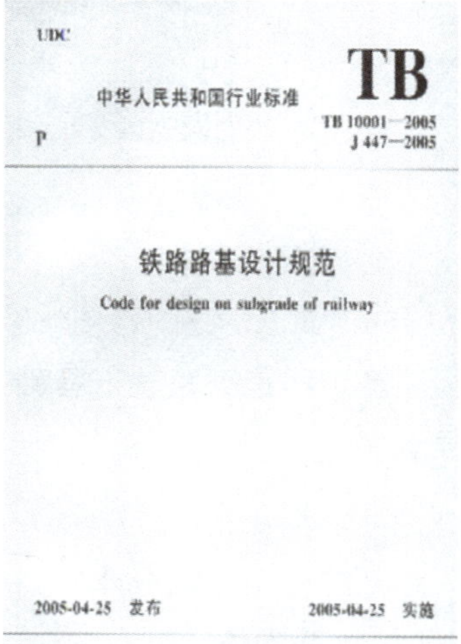
UDC
TB
中华人民共和国行业标准
P
TB 10001—2005
J 447—2005
铁路路基设计规范
Code for design on subgrade of railway
2005-04-25 发布
2005-04-25 实施

图1-1-5 《铁路路基设计规范》(TB 10001—2005)

个别设计的路基,应做好工程地质和水文地质的调查,对路基断面和边坡、基底的设计,要进行必要的检算。采用各种防护加固设施时,常需作多种方案的综合技术经济比较，以确保路基的坚固稳定。

三、一般路基设计的内容

路基的设计内容，在初步设计和施工图设计两个阶段各不相同。

1. 初步设计阶段

初步设计阶段，主要为编制总概预算提出主要工程数量、材料、劳力、用地面积等，以便上报批准后作为编制施工图设计的依据。

(1) 路基设计说明书包括以下几项：

①路基一般设计（路基面宽度、路基基床、横断面形式、边坡坡度、预留设计沉降量、侧沟和边坡平台的宽度、护道宽度、机械化养路作业平台等）。

②路基个别设计（含路基支挡、加固防护、改河改沟、路基排水工程等，以及特殊路基、按类型说明分布情况、地形和地质条件、设计原则及采取的工程措施等）。

③路基土石方调配、路基排水及用地设计原则。

④采用新技术、新结构的设计说明和需进行科学试验的目的、内容与经费。

⑤路基修建对生态环境与水土保持（地表径流、植被沙化、野生动物通道等）的影响及采取的措施。

(2) 设计文件图表，包括：路基工点表、挡土墙表、路基加固和防护工程数量表、改河改沟（渠）表、路基地面排水工程数量表、路基土石方数量总表、路基土石方数量调配汇总表、用地数量表、用地数量汇总表，有关协议、纪要及公文、图纸目录。

2. 施工图设计阶段

(1) 路基设计说明书包括以下几项：

①初步设计审批意见及执行情况。

②设计说明（说明总的工程情况、设计内容、采用的先进技术及其他必要的说明）。

③环境保护与水土保持措施。

④施工、养护注意事项。

(2) 设计文件图表包括附件及图纸。

①附件包括：路基工点表、挡土墙表、路基加固及防护工程数量表、改河改沟（渠）表、路基地面排水工程数量表、路基土石方数量总表、路基土石方数量调配汇总表（附调配说明）、路基土石方数量调配明细表（或图）、用地数量表（含土地类别、数量和所属单位）、用地数量汇总表（含其他各篇用地，列出土地类别、数量等）、机械化养路作业平台设置表（土石方数量列入路基土石方数量表内）、路基面宽度及填挖高度表，有关协议、纪要及公文，采用标准图、通用图一览表、图纸目录等。

②图纸包括：路基一般设计横断面图、路基个别设计图、路基排水系统图、用地图、路基环境保护设计图。

四、高速铁路路基设计特点

(1)路基按照结构物设计,填料及压实的标准高;

(2)严格控制路基变形和工后沉降,控制变形是路基设计的关键;

(3)路桥及横向建筑物间设置过渡段;

(4)路基动态设计;

(5)地基处理类型多。

五、路基设计的工作顺序

根据设计任务书的要求,充分掌握路基设计地段的资料与情况,根据既有的地形、地质、气象、水文情况,对设计对象在满足稳定与经济的基础上,提出几种可供选择的设计方案。待方案选定以后,作既定方案的细部尺寸与形状的设计检算。最后,根据设计图计算工程量、材料数量以及工程概算,并编写工程设计说明书及整理图表资料,设计图应达到施工图的要求。

第二节 路基构造

一、路基的组成

图1-1-6 路基

路基(见图1-1-6)是由填筑或开挖形成的直接支承轨道的结构。路基与桥梁、隧道相连,共同构成一条线路。路基由路基本体、路基防护和加固建筑物、路基排水设备三部分建筑物所组成。

路基本体是路基的主要部分。它是在天然的地层里挖成的堑槽或在天然地面上用土石堆成的堤埂,其各部分组成如图1-1-7所示。

(1)路基顶面:直接在其上面铺设轨道的面,称为路基顶面或简称路基面。

(2)路肩:指路基顶面上未被道砟覆盖的部分。在线路设计中,路基设计高程用路肩边缘的高程表示,称为路肩高程。

(3)路基面宽度:为两路肩边缘(路基面的边缘)之间的距离。

(4)路基高度:为路基设计高程与路基中心地面高程之差。

(5)基床:铁路路基面以下受列车动荷载作用和受水文、四季气候变化影响的深度范围称为基床。

(6)路基边坡:在路堤的路肩边缘以下和路堑路基面两侧的侧沟外,因填挖而形成的斜坡面,称为路基边坡。

(7)路基边坡坡度:用边坡上两点间的垂直距离和水平距离之比1:m表示。

(8)路基边坡高度:指坡顶与坡脚的高程差,如果左右两侧的高度不等,则规定以大者代表该横断面的边坡高度。

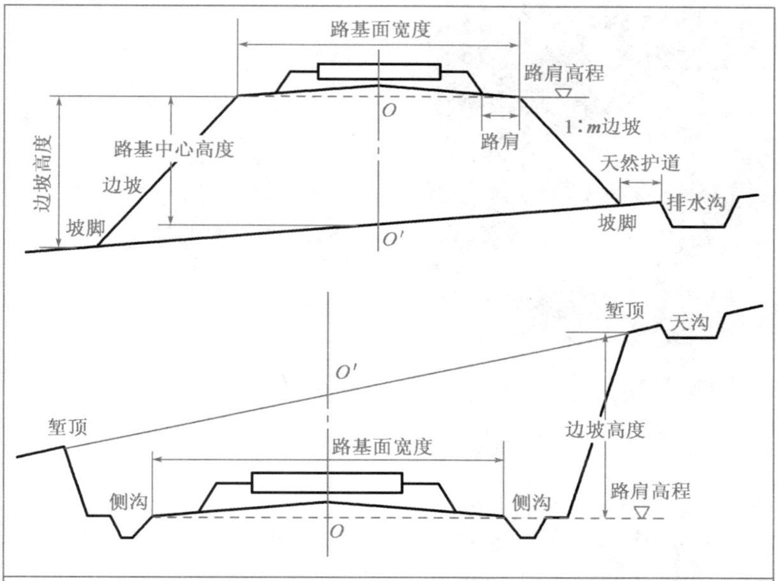

图1-1-7 路基本体的组成

(9)路基基底:路堤基底是指堤身所覆盖的地面线以下的地层。路堑基底是指路堑路基面下的天然地层。

(10)天然护道:指路基边坡线与地面线的交点以外的一定距离。在此距离内不许开垦或引水灌溉,以维持路基边坡原有湿度,从而稳定边坡。

二、路基横断面的形式

路基横断面是指垂直于线路中心线的断面。依其所处的地形条件不同,有两种基本形式,如图1-1-8所示。

(1)路堤,如图1-1-9a)、图1-1-10所示。

(2)路堑,如图1-1-9b)、图1-1-11所示。

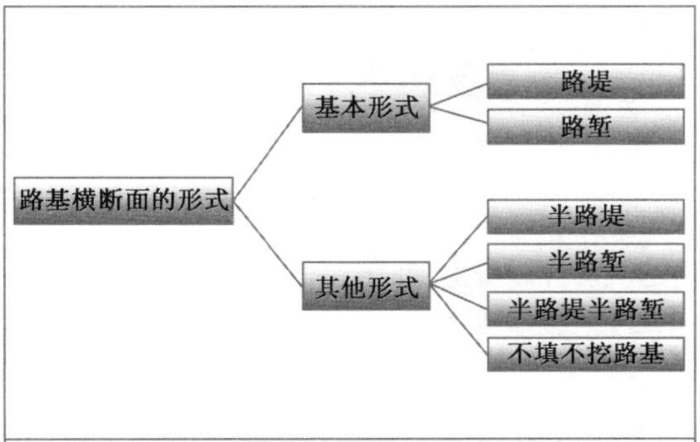

图1-1-8 路基横断面的形式

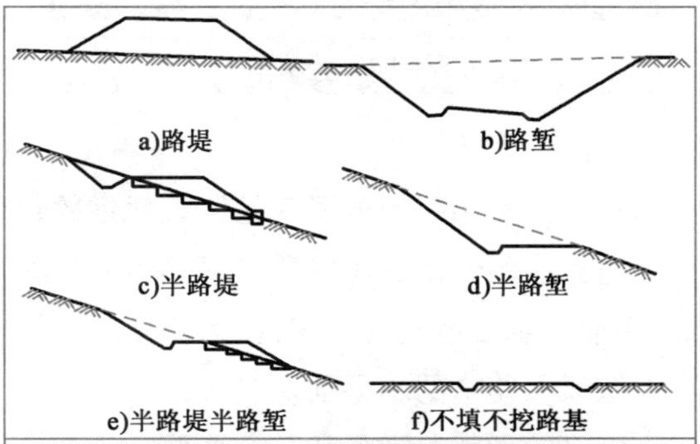

图1-1-9 路基横断面的形式

此外，还有半路堤、半路堑、半路堤半路堑、不填不挖路基，如图 1-1-9c）～f）所示。

图1-1-10　路堤

图1-1-11　路堑

三、横断面各构成部分的设计原则

1. 路肩高程

路肩高程的最小值，应保证在洪水期间路肩不致被淹而影响行车，以及在地下水或地面积水达到最高水位时，不致因洪水上升到基床，使土的含水率增加而降低路基的强度和承载力或者发生冻胀、翻浆冒泥病害，如图 1-1-12 所示。

滨河、河滩路基的路肩高程应高出设计水位 + 壅水高 h_2 + 波浪侵袭高 h_1 + 河床淤积影响高度 +0.5m，如图 1-1-13 所示。

图1-1-12　翻浆冒泥

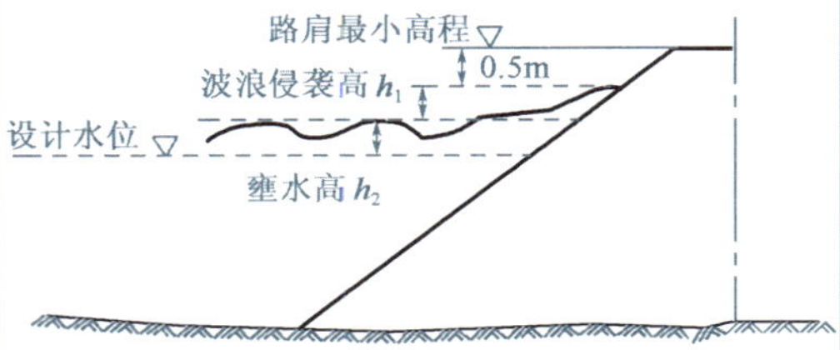

图1-1-13　路肩高程的确定

2. 路基面的形状

路基面是指路基表面包括铺设轨道的部分。路基面的形状分为有路拱和无路拱两种。

路基面的作用是使降落在路基面的雨水能迅速排走，以免浸泡路基面，降低其强度。因此，用非渗水土修筑的路基面，都应做成路拱；而用岩石、渗水土修建的路基面，由于渗水性强可以做成无路拱的水平面。

路拱的形状有梯形和三角形两种，《铁路路基设计规范》（TB 10001—2005）规定：

（1）单线路基的路拱横断面应做成梯形，上宽 2.1m，高 0.15m，底边等于路基面宽度。曲线加宽时，路拱上宽保持不变。

（2）一次修筑双线路基的路拱横断面应做成三角形，高 0.2m，底边等于路基宽度，曲线加宽时，仍保持三角形。路拱的各部分尺寸如图 1-1-14 所示。

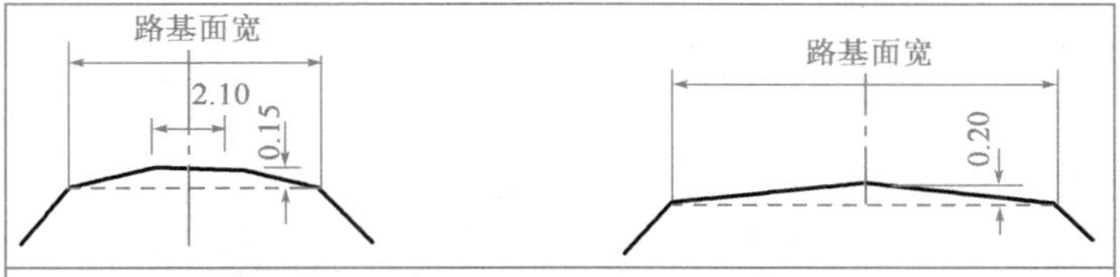

图1-1-14 路拱的各部分尺寸（尺寸单位：m）

单线路基的路拱采用的形状，在我国许多地区都能适用。我国标准轨距的单线路拱顶宽规定为 2.1m。路拱底宽则等于路基面宽度，并随着线路的等级不同而改变。

（3）单线或双线的路基为岩石（年平均降雨量大于 400mm 地区易风化的泥质岩石除外）或渗水土时，路基面应做成水平面（即无路拱时形状）。

（4）岩石（渗水土）路基的路基面提高部分与相邻的土质路基相连接时，应向土质路基方向渗水土顺坡，其长度一般应大于或等于 10m，如图 1-1-15 所示。

3. 路基面的宽度

（1）直线地段路基面宽度

路基面宽度等于道床坡脚间所占用的路基宽度再加上两侧路肩的宽度，如图 1-1-16 所示。

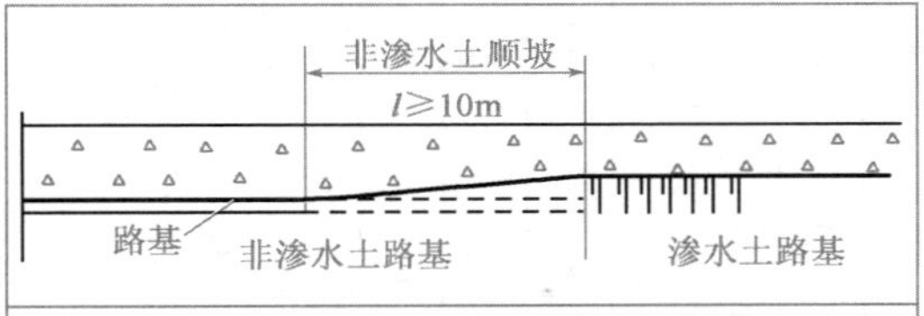

图1-1-15 岩石（渗水土）路基的纵向顺坡

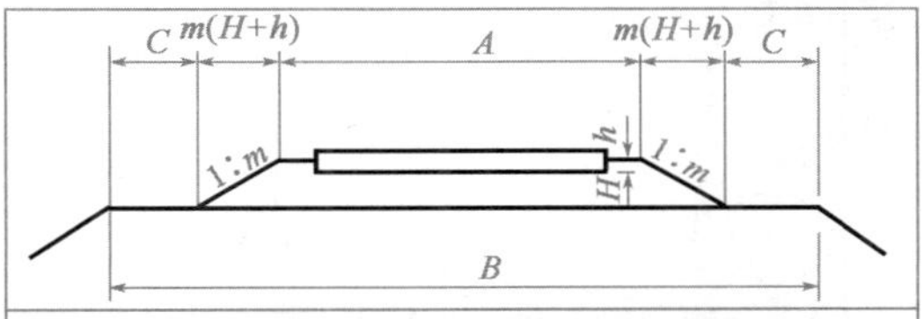

图1-1-16 岩石（渗水土）路基宽度

路基面宽度计算公式为：

$$B = 2C + A + 2m(H + h) \tag{1-1-1}$$

式中：C——路肩宽度（m）；

m——道床边坡率；

H——道床厚度（m）；

h——轨枕埋入道床的深度（m）；

A——道床顶面宽度（m）。

对路肩宽度的要求：

I 级铁路，路堤不应小于 0.8m，路堑不应小于 0.6m，困难条件下路堤不得小于 0.6m，路堑不得小于 0.4m；

II 级铁路，路堤不得小于 0.6m，路堑不得小于 0.4m；

III 级铁路，路堤、路堑均不得小于 0.4m。

直线地段路基面宽度

表 1-1-1

项目				单位	I 级铁路						II 级铁路		
					特重型		重型			次重型	次重型	中型	轻型
旅客列车设计行车速度 v				km/h	160	$120 \leqslant v < 160$	160	$120 < v < 160$	120	120	$80 \leqslant v \leqslant 120$	$80 \leqslant v \leqslant 100$	80
双线线间距				m	4.2	4.0	4.2	4.0	4.0	4.0	4.0	4.0	4.0
道床顶面宽度				m	3.5	3.5	3.4	3.4	3.4	3.3	3.3	3.0	2.9
基床表层类型	土质	道床厚度		m	0.5	0.5	0.5	0.5	0.5	0.45	0.45	0.40	0.35
		单线	路堤	m	7.9	7.9	7.8	7.8	7.8	7.5	7.5	7.0	6.3
			路堑	m	7.5	7.5	7.4	7.4	7.4	7.1	7.1	6.6	5.9
		双线	路堤	m	12.3	12.1	12.2	12	12	11.7	11.7	11.2	10.5
			路堑	m	11.9	11.7	11.8	11.6	11.6	11.3	11.3	10.8	10.1
	硬质岩石	道床厚度		m	0.35	0.35	0.35	0.35	0.35	0.3	0.3	0.3	0.25
		单线路堑		m	6.9	6.9	6.8	6.8	6.8	6.5	6.5	6.2	5.7
		双线路堑		m	11.3	11.1	11.2	11	11	10.7	10.7	10.4	9.9
	级配碎石或级配砂砾石	道床厚度		m	0.3	0.3	0.3	0.3	—	—	—	—	—
		单线	路堤	m	7.1	7.1	7	7	—	—	—	—	—
			路堑	m	6.7	6.7	6.6	6.6	—	—	—	—	—
		双线	路堤	m	11.5	11.3	11.4	11.2	—	—	—	—	—
			路堑	m	11.1	10.9	11.0	10.8	—	—	—	—	—

注:1. 特重型、重型轨道的路基面宽度为无缝线路轨道、III 型混凝土枕的标准值,对 $v=120$km/h 的重型轨道:当采用无缝线路轨道和 II 型混凝土枕时,路基面宽度应减小 0.1m;当采用有缝线路轨道和 II 或 III 型混凝土枕时,路基面宽度应减小 0.3m。

2. 次重型轨道的路基面宽度为无缝线路轨道、II 型混凝土枕的标准值,当采用有缝线路轨道时,路基面宽度应减小 0.2m。

3. 中型、轻型轨道的路基面宽度为有缝线路轨道、II 型混凝土枕的标准值。

4. 采用大型养路机械的电气化铁路,当接触网的立柱设在路肩上时,直线地段路基面宽度应满足以下标准:单线铁路不小于 7.7m,双线铁路 160km/h 地段不小于 11.9m(其他不小于 11.7m)。

路基面宽度是根据线路的等级、轨道类型、路基土质、道床标准形式及尺寸、线路数目等多种因素确定的，而这些因素又受到铁路运量、行车速度和线路养护维修等经济技术条件的限制。

我国为统一新建铁路区间路基宽度的标准，同时为了简化设计和施工程序，按影响路基宽度的多种因素，在《铁路路基设计规范》（TB 10001—2005）中，对新建铁路的区间直线地段路基面宽度做了明确规定，见表 1-1-1。

（2）曲线加宽

在曲线地段，曲线外轨需设置超高。外轨超高是靠加厚外轨一侧枕下道砟的厚度来实现的。由于道砟加厚，道床坡脚外移，因而在曲线外侧的路基宽度亦应随超高的不同而相应加宽，以保证路肩所需的宽度标准。加宽的数值可根据超高计算而确定，按此原则，《铁路路基设计规范》（TB 10001—2005）编制了曲线地段路基面加宽表，在进行加宽时，区间单、双线曲线地段的路基面宽度，应在曲线外侧按表 1-1-2 的数值加宽，加宽值应在缓和曲线范围内线性递减。

曲线地段路基面加宽值　　表 1-1-2

铁路等级	旅客列车设计行车速度（km/h）	曲线半径 R（m）	路基面外侧加宽值（m）
Ⅰ级铁路	160	$1600 \leqslant R \leqslant 2000$	0.4
		$2000 < R < 3000$	0.3
		$3000 \leqslant R < 10000$	0.2
		$R \geqslant 10000$	0.1
	140	$1200 \leqslant R \leqslant 1400$	0.4
		$1400 < R < 2000$	0.3
		$2000 \leqslant R \leqslant 6000$	0.2
		$R > 6000$	0.1
Ⅰ、Ⅱ级铁路	120	$800 \leqslant R < 1200$	0.4
		$1200 \leqslant R < 1600$	0.3
		$1600 \leqslant R < 5000$	0.2
		$R \geqslant 5000$	0.1
Ⅱ级铁路	100	$600 \leqslant R < 800$	0.4
		$800 \leqslant R \leqslant 1200$	0.3
		$1200 < R < 4000$	0.2
		$R \geqslant 4000$	0.1
	80	$500 \leqslant R \leqslant 600$	0.3
		$600 < R \leqslant 1800$	0.2
		$R > 1800$	0.1

注：无缝线路 $R < 800$m、有缝线路 $R < 600$m 的曲线外侧路基面应在表 1-1-2 加宽基础上增加 0.1m。

4. 路基边坡

路基边坡设计是路基横断面设计的主要内容,包括:边坡形状的设计和边坡坡度的确定。

(1)路堤边坡

路堤边坡形式和坡率,应根据填料的物理力学性质、边坡高度、轨道和列车荷载及地基工程地质条件等确定。当地基条件良好,边坡高度不大于表 1-1-3 范围时,其边坡形式和坡率应按表 1-1-3 采用。

路堤边坡形式和坡率 表 1-1-3

填料名称	边坡高度(m)			边坡坡率			边坡形式
	全部高度	上部高度	下部高度	全部坡率	上部坡率	下部坡率	
细粒土、易风化的软块石	20	8	12	—	1:1.5	1:1.75	折线形
粗粒土(细砂除外)、漂石土、卵石土、碎石土、不易风化的软块石	20	12	8	—	1:1.5	1:1.75	折线形
硬块石	8	—	—	1:1.3	—	—	直线形
	20	—	—	1:1.5	—	—	直线形

注:1. 如有可靠资料和经验时,可不受本表限制。

2. I 级铁路的路堤边坡高度不宜大于 15m。

3. 填料为细砂、膨胀土等时,其边坡形式和坡率应按《铁路特殊路基设计规范》(TB 100035—2006)的有关规定设计。

路堤边坡高度大于表 1-1-3 的数值时,其超出的下部边坡形式和坡率,应根据填料的性质由稳定分析计算确定,最小稳定安全系数应为 1.15 ~ 1.25,边坡形式宜用阶梯形。

路堤坡脚外应设置不小于 2m 宽的天然护道。在经济作物区地段,当能保证路堤稳定时,可设宽度不小于 1m 的人工护道或设坡脚墙。

(2)路堑边坡

路堑挖方的特殊性在于它受线路通过地段既定的地层构造的控制,还受气候、地质及其他因素的影响。而我国幅员辽阔,这些因素的地区性差异很大,因此,路堑边坡不可能像路堤边坡那样规定出一些标准坡度值。即使对地质条件良好(即土质比较均匀,无不良地质现象和地下水)的情况,也只能定出一个上下限范围,以供设计时参照采用,如表 1-1-4 所示。

土质路堑边坡的坡率 表 1-1-4

土的种类		边坡坡率
黏土、粉质黏土、塑性指数大于 3 的粉土		1:1 ~ 1:1.5
中密以上的中砂、粗砂、砾砂		1:1.5 ~ 1:1.75
漂石土、块石土、卵石土、碎石土、圆砾土、角砾土	胶结和密实	1:0.5 ~ 1:1.25
	中密	1:1.25 ~ 1:1.5

注:1. 细砂、黄土、膨胀土等路堑边坡形式及坡率应按《铁路特殊路基设计规范》(TB 10035—2006)的有关规定执行。

2. 有可靠的资料和经验时,可不受本表限制。

土质路堑边坡高度大于20m时，其边坡坡率应按《铁路路基设计规范》(TB 10001—2005)有关规定并结合边坡稳定性分析计算确定，最小稳定安全系数应为1.15～1.25。

土质路堑应在侧沟外侧设置平台，其宽度应视边坡高度和土的性质决定，但不宜小于1m。

较深土质路堑宜在边坡中部或不同地层分界处设置平台，并在平台上设置截水沟或挡水墙，平台宽度不宜小于2m。在年平均降水量小于400mm地区，边坡平台上可不设截水沟，但应设置向坡脚方向不小于4%的排水横坡。

5. 取土场(坑)和弃土场(堆)

(1) 取土场(坑)

①取土场(坑)的设置，应根据各地段取土性质、数量，并结合路基排水、地形、土质、施工方法、节约用地、环保等要求，作出统一规划。

②取土场(坑)设置应符合下列规定：

a. 取土场(坑)的土质，应符合路基填料要求。

b. 地形平坦地段，宜设在路堤一侧；当地面横坡陡于1∶10时，宜设在路堤上侧。

c. 桥头河滩路堤的取土坑必须设在下游侧。

d. 兼作排水的取土坑，应确保水流通畅排出，深度不宜超过该地区地下水水位并应与桥涵进口高程相衔接；其纵坡不应小于2‰，平坦地段亦不应小于1‰。

e. 当取土坑较深时，边坡坡脚至取土坑距离应保证路堤边坡稳定，取土坑内侧坑壁应采取防护措施。

③当路堤填方数量大而集中时，可远运或集中取土。

④集中取土场，应采取必要的挡护措施，以保证边坡的稳定、减少水土流失。

(2) 弃土场(堆)

①弃土场(堆)设置不应影响山体或边坡稳定，弃土场(堆)内侧坡脚至堑顶的距离应根据路堑土质条件和边坡高度确定，不宜小于5m。

②陡坡路基和深路堑地段的弃土场(堆)应置于山坡下侧，并间断堆填，以保证弃土场(堆)内侧地面水能顺利排出。

③桥头弃土不得挤压桥墩台，阻塞桥孔。

④对弃土场应采取必要的挡护措施，确保边坡稳定和符合环保要求。

四、路基的基床

(1) 基床结构

基床是指路基上部承受轨道、列车动力作用，并受水文气候变化影响而规定的一定深度内的路基体，其状态直接影响列车运行的平稳和速度的提高，基床有表层和底层之分，如图1-1-17所示。

基床底层的顶部和基床以下填料部位的顶部，应设4%的人字排水坡。

陡坡地段的半填半挖路基，路基面以下1m范围内应予以挖除换填，填料应满足基床的要

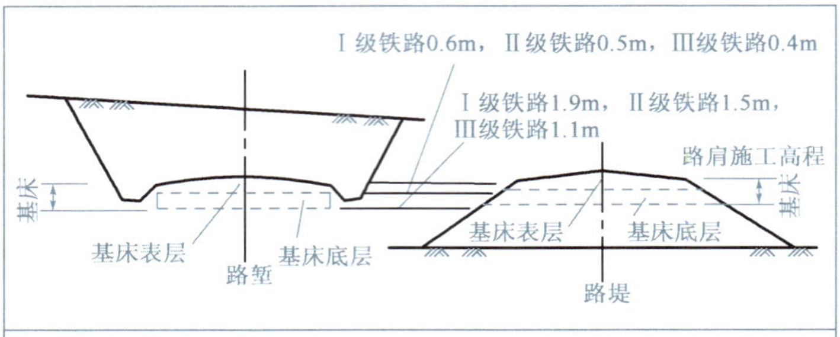

图1-1-17　基床结构图

求。挖方顶面应设4%的向外排水坡。

(2)路堤基床

①路堤填料。

在我国，铁路路基填料分为A、B、C、D、E五类，A类为优质填料，B类为良好填料，C类为可用填料，而D和E类分别为不应使用和严禁使用的填料，如图1-1-18所示。

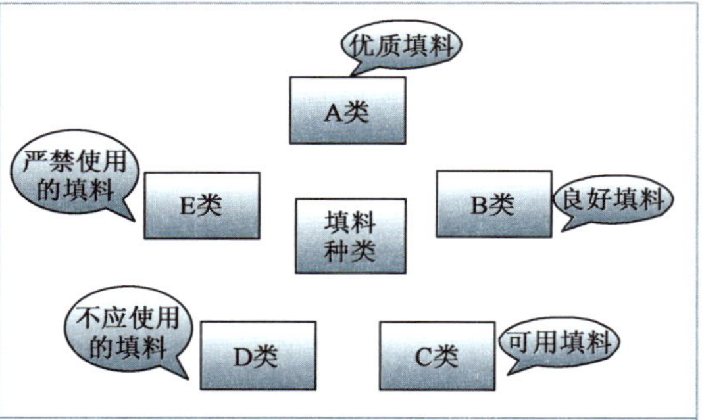

图1-1-18　铁路路基填料分类

路基普通填料按颗粒粒径大小分为巨粒土、粗粒土和细粒土三大类别。

巨粒土、粗粒土填料应根据颗粒组成、颗粒形状、细粒含量、颗粒级配、抗风化能力等分为A、B、C、D组。

细粒土填料分为粉土类、黏土类和有机土。粉土类、黏土类应采用液限含水率w_L进行填料分组：当w_L<40%时，为C组；当w_L≥40%时，为D组；有机质土为E组。

②路堤填料的选用。

a.基床表层填料的选用应符合下列要求：

Ⅰ级铁路应选用A组填料(砂类土除外)，当缺乏A组填料时，经经济比选后可采用级配碎石或级配砂砾石。

Ⅱ级铁路应优先选用A组填料，其次为B组填料。对不符合要求的填料，应采取土质改良或加固措施。

填料的颗粒粒径不得大于150mm。

b.基床底层填料的选用应符合下列要求：

Ⅰ级铁路应选用A、B组填料，否则应采取土质改良或加固措施。

Ⅱ级铁路可选用A、B、C组填料，当采用C组填料时，在年平均降水量大于500mm地区，其塑性指数不得大于12、液限不得大于32%，否则应采取土质改良或加固措施。

填料的最大粒径不应大于200mm，或摊铺厚度的2/3。

③基床土的压实度。

a. 基床表层的压实标准:对细粒土、粉砂、改良土,应采用压实系数和地基系数作为控制指标;对砂类土(粉砂除外),应采用相对密度和地基系数作为控制指标;对砾石类、碎石类、级配碎石或级配砂砾石,应采用地基系数和孔隙率作为控制指标,并应分别符合表1-1-5、表1-1-6的规定。

基床表层的压实标准　　表1-1-5

填筑部位	压实标准 \ 填料类别 \ 铁路等级	细粒土、粉砂、改良土		砂类土(粉砂除外)		砾石类		碎石类		块石类	
		Ⅰ级	Ⅱ级	Ⅰ级	Ⅱ级	Ⅰ级	Ⅱ级	Ⅰ级	Ⅱ级	Ⅰ级	Ⅱ级
基床表层	压实系数 K	—	0.93	—	—	—	—	—	—	—	—
	地基系数 K_{30}(MPa/m)	—	100	—	110	150	140	150	140	—	—
	相对密度 D_r	—	—	—	0.8	—	—	—	—	—	—
	孔隙率 n(%)	—	—	—	—	28	29	28	29	—	—

级配碎石或级配砂砾石的基床表层厚度及压实标准　　表1-1-6

填　　料	厚度(m)	地基系数 K_{30}(MPa/m)	孔隙率(%)	适 用 范 围
级配碎石或级配砂砾石	0.6	≥150	<28	路堤
级配碎石或级配砂砾石	0.5	≥150	<28	软质岩、强风化硬质岩及土质路堑
中粗砂	0.1	≥130	<18	

b. 基床底层的压实标准:对细粒土、粉砂、改良土,应采用压实系数和地基系数作为控制指标;对砂类土(粉砂除外),应采用相对密度和地基系数作为控制指标;对砾石类、碎石类,应采用地基系数和孔隙率作为控制指标;对块石类,应采用地基系数作为控制指标,并应符合表1-1-7的规定。

基床底层的压实标准　　表1-1-7

填筑部位	压实标准 \ 填料类别 \ 铁路等级	细粒土、粉砂、改良土		砂类土(粉砂除外)		砾石类		碎石类		块石类	
		Ⅰ级	Ⅱ级	Ⅰ级	Ⅱ级	Ⅰ级	Ⅱ级	Ⅰ级	Ⅱ级	Ⅰ级	Ⅱ级
基床表层	压实系数 K	(0.93)	0.91	—	—	—	—	—	—	—	—
	地基系数 K_{30}(MPa/m)	(100)	90	100	100	120	120	130	130	150	150
	相对密度 D_r	—	—	0.75	0.75	—	—	—	—	—	—
	孔隙率 n(%)	—	—	—	—	31	31	31	31	—	—

注:细粒土、粉砂、改良土一栏中,有括号的仅为改良土的压实标准,无括号的为细粒土、粉砂、改良土的压实标准。

第三节 《高速铁路设计规范(试行)》(TB 10621—2009)

一、路基面形状

无砟轨道支承层(或底座)底部范围内路基面可水平设置,支承层(或底座)外侧路基面两侧设置不小于4%的横向排水坡。有砟轨道路基面形状应为三角形,由路基面中心向两侧设置不小于4%的横向排水坡。曲线加宽时,路基面仍应保持三角形。

二、路基面宽度

直线地段标准路基面宽度,按表1-1-8确定。

路基面标准宽度 表1-1-8

轨道类型	设计最高速度(km/h)	双线线间距(m)	路基面宽度(m)	
			单线	双线
无砟轨道	250	4.6	8.6	13.2
	300	4.8		13.4
	350	5.0		13.6
有砟轨道	250	4.6	8.8	13.4
	300	4.8		13.6
	350	5.0		13.8

路基面在无砟轨道正线曲线地段一般不加宽,当相关设施的设置有特殊要求时,根据具体情况分析确定;有砟轨道正线曲线地段加宽值,应在曲线外侧按表1-1-9的规定加宽。曲线加宽值应在缓和曲线内渐变。

有砟轨道曲线地段路基面加宽值 表1-1-9

设计最高速度(km/h)	曲线半径 R(m)	路基外侧加宽值(m)
250	$R \geqslant 10000$	0.2
	$10000 > R \geqslant 7000$	0.3
	$7000 > R \geqslant 5000$	0.4
	$5000 > R \geqslant 4000$	0.5
	$R < 4000$	0.6
300	$R \geqslant 14000$	0.2
	$14000 > R \geqslant 9000$	0.3
	$9000 > R \geqslant 7000$	0.4
	$7000 > R \geqslant 5000$	0.5
	$R < 5000$	0.6
350	$R \geqslant 12000$	0.3
	$12000 \geqslant R > 9000$	0.4
	$9000 \geqslant R \geqslant 6000$	0.5
	$R < 6000$	0.6

三、路肩宽度

有砟轨道路基两侧的路肩宽度，双线不应小于1.4m，单线不应小于1.5m。

四、路基基床厚度

路基基床表层厚度无砟轨道为0.4m，有砟轨道为0.7m；基床底层厚度为2.3m。

第四节　路基标准横断面图认识

一、普速铁路路基标准横断面图

1. 路堤标准横断面图

(1) 边坡高度不大于8m，见图1-1-19。

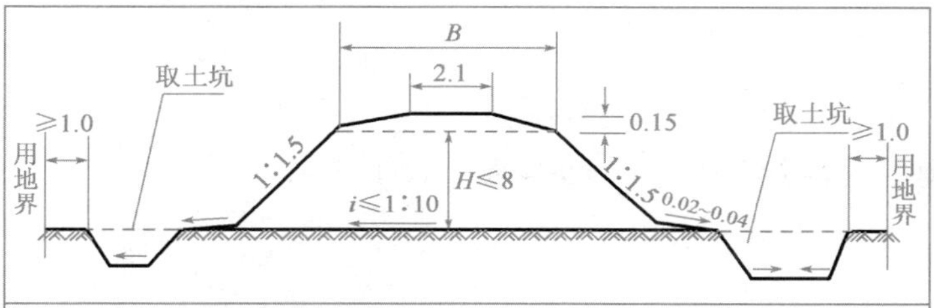

图1-1-19　路堤标准横断面图(一)(尺寸单位：m)

(2) 当填方高度大于8m而小于20m时，采用上陡下缓的变坡形式，见图1-1-20。

(3) 地面横坡大于1∶5而小于1∶2.5的斜坡上的路堤断面，见图1-1-21。

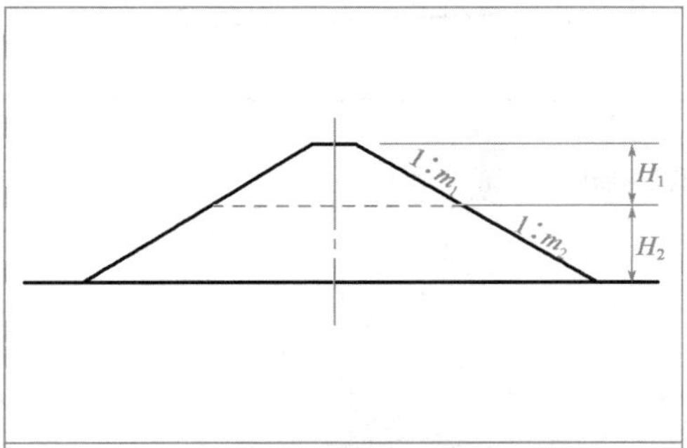

图1-1-20　路堤标准横断面图(二)

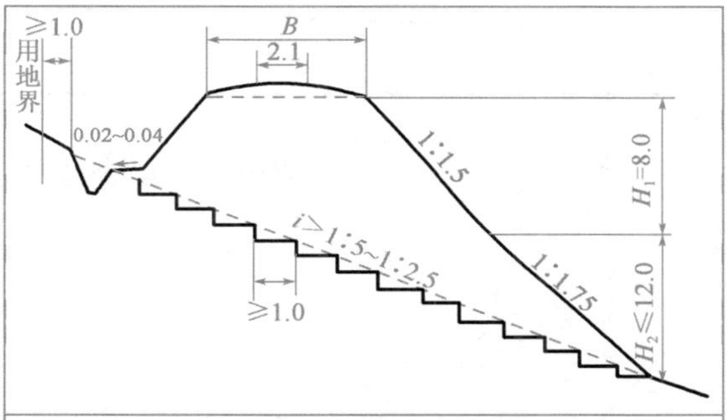

图1-1-21　路堤标准横断面图(三)(尺寸单位：m)

2. 路堑标准横断面图

(1) 常见黏性土的路堑断面见图1-1-22。

(2) 设有侧沟平台的路堑断面(见图1-1-23)，适用于黄土及黄土类土、细砂土及易风化岩石的路堑。

(3) 碎石类、砾石类及粗砂、中砂土的路堑断面见图1-1-24。

(4) 不易风化的岩石路堑断面见图1-1-25，其特点是边坡陡，因而开挖断面小。

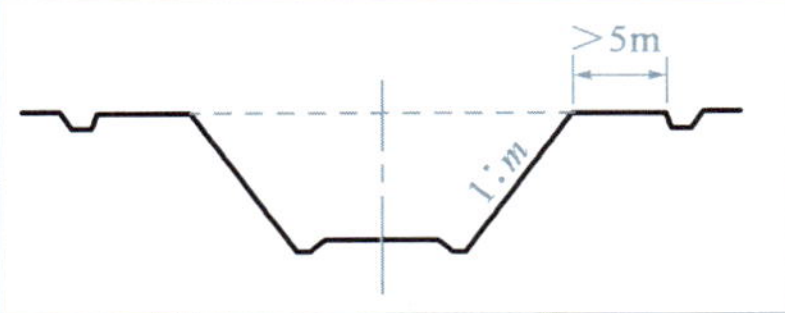

图1-1-22　路堑标准横断面图（一）

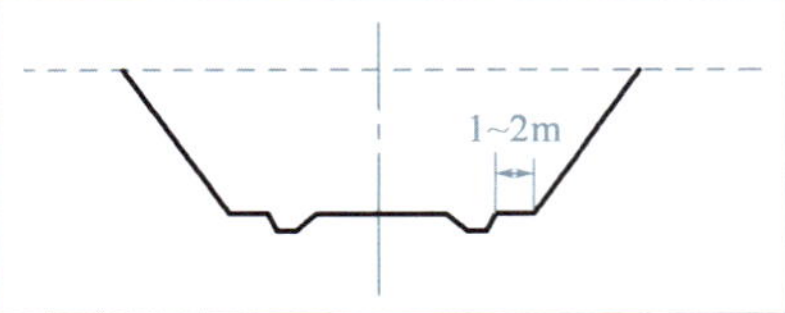

图1-1-23　路堑标准横断面图（二）

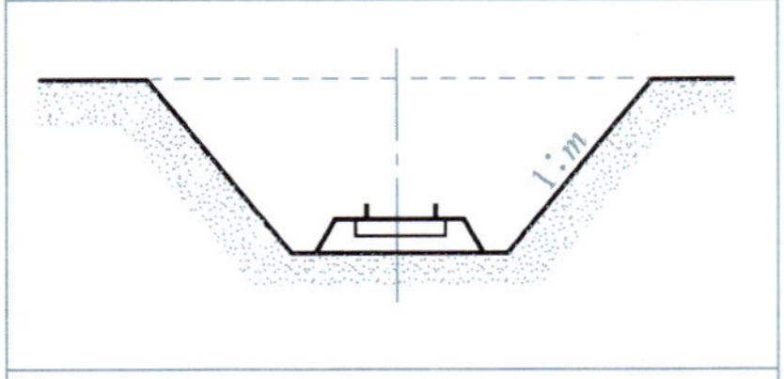

图1-1-24　路堑标准横断面图（三）

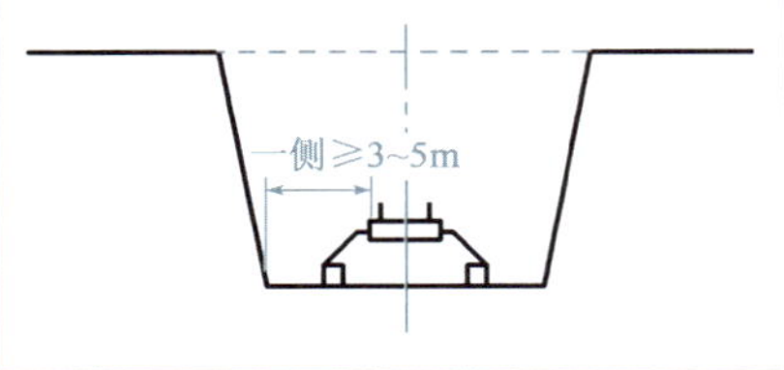

图1-1-25　路堑标准横断面图（四）

二、高速铁路路基标准横断面图

高速铁路路基标准横断面如图 1-1-26 ~ 图 1-1-31 所示。

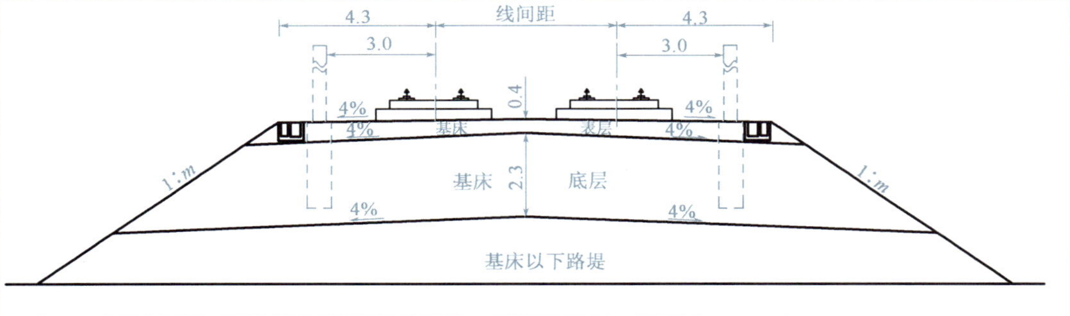

图1-1-26　无砟轨道双线路堤标准横断面示意图（尺寸单位：m）

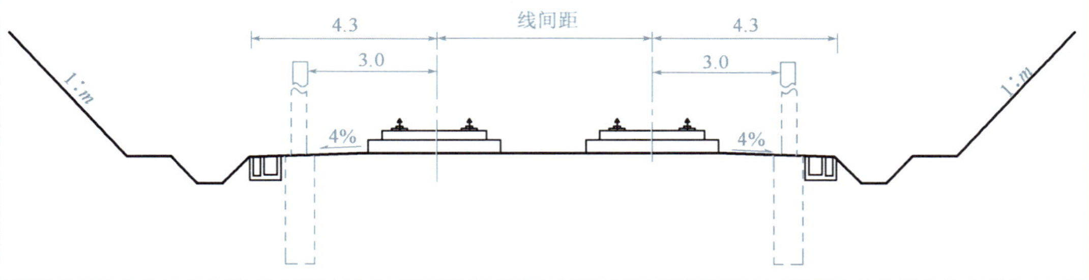

图1-1-27　无砟轨道双线硬质岩路堑标准横断面示意图（尺寸单位：m）

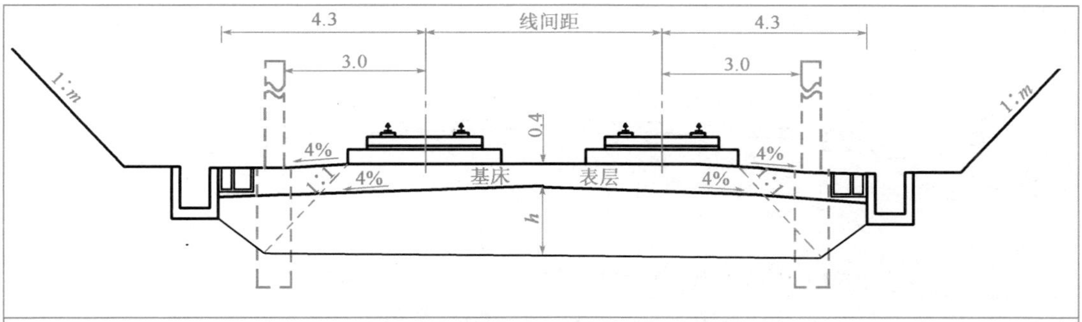

图1-1-28　无砟轨道双线非硬质岩路堑标准横断面示意图(尺寸单位：m)

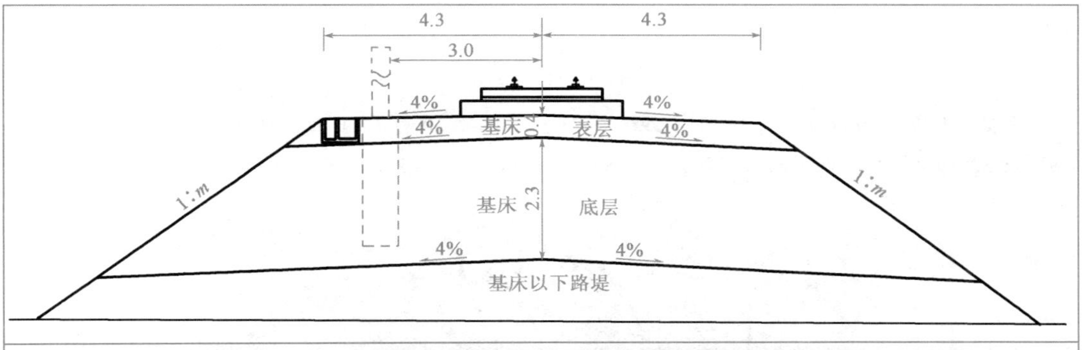

图1-1-29　无砟轨道单线路堤标准横断面示意图(尺寸单位：m)

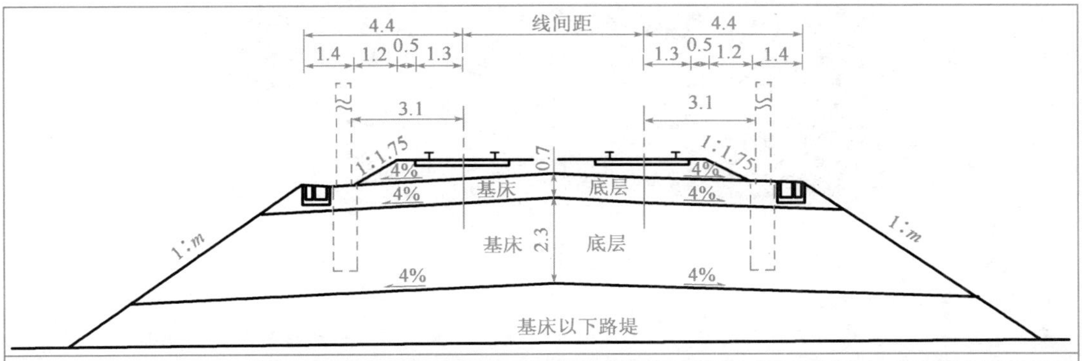

图1-1-30　有砟轨道双线路堤标准横断面示意图(尺寸单位：m)

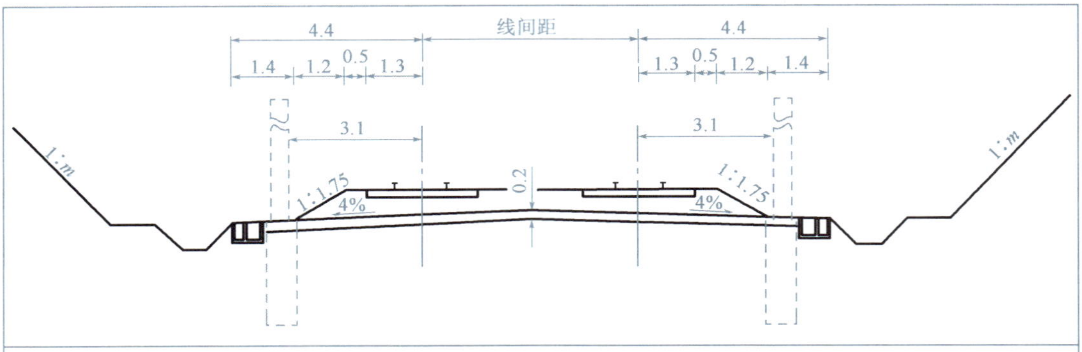

图1-1-31　有砟轨道双线硬质岩路堑标准横断面示意图(尺寸单位：m)

阅读材料

秦沈客运专线

秦沈客运专线于1999年8月16日全面开工建设,2003年10月12日正式开通运营。全线总长405km(见图1-1-32),路基总长335km,占线路长度的83%。运营时速200km/h,采用有砟轨道结构。

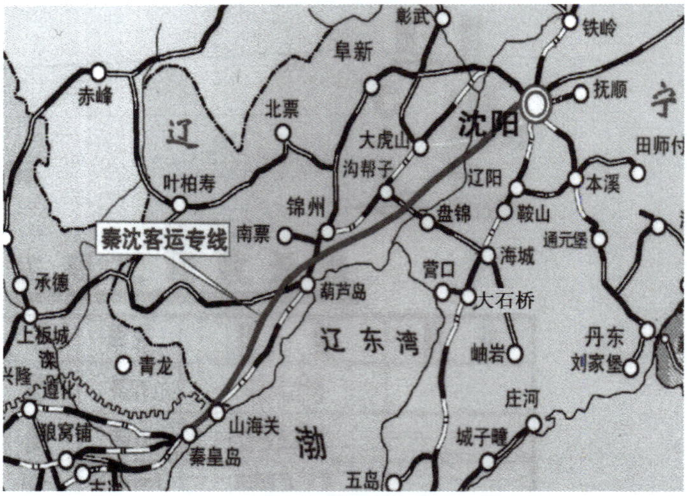

图1-1-32　秦沈客运专线

1.路基填筑质量标准高

秦沈客运专线提出路基填筑采用双控压实标准的新概念。秦沈客运专线路基施工标准较目前的国铁标准提高了很多,路基填筑根据不同部位,提出了压实系数K、地基系数K_{30}、孔隙率n等压实标准。

秦沈客运专线沿线填料种类很多,有些粉质土和粉细砂,经现场试验达不到K_{30}标准,通过专家论证和反复试验,进行了物理改良处理。沿线大量的山皮土属粗粒土,在重型击实试验中表现出较好的可击实性,属于级配良好的填料，但压实后达不到孔隙率 n 的要求，同样经专家论证和反复试验，提出对可击实性山皮土采用压实系数 K 和地基系数 K_{30} 作为双控指标。秦沈客运专线路基填筑充分体现了新技术和高标准。

2. 路基基床表层采用级配碎石强化结构

铁路路基的基床表层是路基直接承受列车动荷载的部分，是路基设计中最重要的部分之一。秦沈客运专线首次在基床表层采用了 60cm 厚的级配碎石结构。其主要作用：①增强线路强度，使路基更加坚固、稳定，并具有一定的刚度；②均匀扩散作用到基床土面上的动应力，使其不超出下部基床土的容许动强度；③隔离作用，防止道砟压入基床及基床土进入道砟层；④防止雨水浸入使基床软化，防止发生翻浆冒泥等基床病害；⑤满足基床防冻等特殊要求。

为保证级配碎石的施工质量，施工技术细则中对级配碎石的材料质量、颗粒粒径级配范围、含水率、拌和、摊铺及碾压工艺和压实质量控制方法等提出了技术要求，施工过程中进行了严格的控制。

3. 路桥及横向构筑物间设置过渡段

路桥及横向构筑物间的过渡段，是以往设计及施工中的薄弱环节，也是既有线发生路基病害的重要部位。由于桥台与路堤的刚度相差显著，高速列车通过时对轨道结构及列车自身会产生冲击，从而降低列车运行的平稳性和舒适度，加快结构物和车辆的损坏。

为此，在秦沈客运专线的设计中，为保证列车高速运行时的平稳舒适，对路桥过渡段采用了刚度过渡的设计方法。在桥台后一定范围内，采用刚度较大的级配碎石作为过渡填筑段，与路堤相接处采用 1:2的斜坡过渡。

4. 严格控制路基变形和工后沉降

秦沈客运专线工后沉降要求一般地段 15cm（年沉降量不得大于 4cm），路桥过渡段 8cm（年沉降量不得大于 3cm）。运营期间的弹塑性变形主要发生在路基本体部分和地基部分。秦沈客运专线基床表层采用级配碎石，其压实标准为 $K_{30} \geqslant 190\text{MPa/m}$，表层弹性模量可达 200MPa，基床底层 $K_{30} \geqslant 110\text{MPa/m}$，基床底层以下 $K_{30} \geqslant 90\text{MPa/m}$，路基本体部分的弹塑性变形可满足运营动荷载的要求。地基的沉降变形控制是秦沈客运专线的关键和重点。

5. 路基动态设计

秦沈客运专线有 93km 的松软土和软土路基，占全线总长度的比例较大，为了有效地控制工后沉降量及沉降速率，开展了路基动态设计。为此，在每个松软、软土地基工点，以及台尾过渡段、路基中心、两侧路肩及边坡坡脚之外设置沉降和位移观测设备，全线共设置了 720 个观测断面，及时绘制填土—时间—沉降曲线。

根据沉降观测资料及沉降发展趋势、工期要求等，采取相应的措施，如调整预压土高度，确定预压土卸荷时间，提出基床底层顶面抬高值，以及铺轨前对路基进行评估及合理确定铺轨时间，以确保铺轨后路基工后沉降量与沉降速率控制在允许范围内。路基动态设计的成果为后续的轨道工程打下了良好的基础。

6. 路基质量评估

针对秦沈线箱梁运架过程中的路基安全稳定问题及铺轨前路基质量状况进行了路基质量评估工作。秦沈线大部分桥梁为预制梁，梁体结构尺寸及重量均较大，其中 24m 双线整孔箱梁重达 540t，加上运架设备总重已超过 800t。通过路基运架远超过设计荷载，为保证秦沈通过运架梁段的路基安全稳定，特对高填方、桥头及软基地段进行安全监测评估，确保了箱梁运架的顺利完成。为保证铺轨前路基满足工后沉降要求及路基表层符合设计要求，分段对全线路基进行了施工质量状况调查、沉降观测分析、表层抽检、地质雷达检测等工作，进一步保证了铺轨前的路基质量。

7. 地基处理的种类多

根据地质勘察资料，结合秦沈铁路路基的工后沉降要求，针对不同地质条件的地基土选用了合理的10多种地基处理方法。

对于浅层软弱地基采用了换填碾压或换填砂垫层的处理方法。对于深层软基的主要地段采用了袋装砂井、塑料排水板的排水固结加预压的处理方法。对于工后沉降要求高及路桥过渡段，根据地质条件和经济对比，采用了砂桩、碎石桩、粉喷桩、搅拌桩、旋喷桩等地基处理方法。对于有地震液化的粉土或粉细砂层的地基段，采用了挤密砂桩的处理方法。

不同的地基处理方法在秦沈客运专线得到了成功的应用，为今后我国客运专线的设计施工提供了有益的经验。

【任务】

1. 认识《铁路路基设计规范》(TB 10001—2005)。

2. 认识路基本体各部分的名称、作用、构造要求，并绘制路堤及路堑标准横断面图。

3. 按《铁路路基设计规范》(TB 10001—2005)确定路基的边坡形式及坡率、路基基床的压实标准。

单元二　路基施工

引言

路基工程的项目较多，且土石方工程量大，分布不均匀，不仅与自身的其他工程与设施相互制约，而且与铁路工程的其他工程项目相互交错。因此，为确保质量，实现快速、高效率安全施工，必须重视施工技术与管理。

在铁道线路的施工中，路基土石方工程量占了很大比重。新建铁路线路的资料表明：每公里铁道线路的路基土石方数量，在平原地区可达0.8万~3.5万 m^3，在丘陵地区可达3.5万~7.5万 m^3，在山丘地区可达7.5万~14.5万 m^3，工程数量大，劳动消耗量大，工程费用也大，常占工程总造价的20%~30%。

我国幅员辽阔，地跨各种气候带，地质、水文、气候等自然条件，给路基施工造成许多不利因素。例如：冲积平原地区的软土，以及沙漠、冻土、黄土、水库等地段的铁道线路，有的缺水使填土难于夯密实；有的降雨量太大，造成土石方施工的很大困难。特别是对于土石方集中的工点，如不做好施工计划与施工组织设计，则往往会造成路基土石方施工质量差，线路初期行车速度低，日后的养护工作量大，或者在劳力、费用、材料、机具方面造成巨大浪费，甚至不能按期竣工交付运营。

因此，为确保质量，实现快速、高效率安全施工，必须重视施工技术与管理。现就路基施工的准备工作与土石方调配、施工方法等进行全面的介绍。铁路路基如图1-2-1所示。

图1-2-1　铁路路基

第一节　路基施工准备

要保证正常施工，施工前的准备工作是极为重要的。它是组织施工的第一步，没有准备的施工或准备不充分的施工，均将使路基施工的基本工作难以顺利进行。

一、路基施工准备的工作内容

1. 施工调查与审核设计

将施工地段的设计文件以及有关施工方面的各种资料，与工点现场进行一一核对检查。如发现误差，应与设计人员联系，更正设计错误。审核后的设计文件，应做审核记录，并由审核人签字。需办理变更设计手续的，应立即办理完善。为做好土石方调配和施工组织设计工作，需搜集下列资料：

(1)特殊土地区和特殊条件下路基地质情况、河道情况、地下水位、冻结深度、风沙或泥石流季节等。

(2)核对土石方类别及其分布,进行填料初步核查和试验,调查高填、深挖、站场施工环境条件,以及取、弃土困难地段的填料来源、弃土位置和运土条件(包括运距、道路交通情况)等。

(3)大量石方爆破地段的地形、地貌、地质、附近居民、建筑物、交通与通信设施情况。

(4)农作物收、种季节及平均产量和办理用地补偿工作所需资料。

(5)为办理房屋、道路、管路、线路等拆迁补偿工作和清理施工现场所需的资料。

(6)改建既有线或增建二线并行路基时,既有线的运营情况、路基状况以及为采取安全合理、施工方便的工程措施所需资料。

(7)修筑各项临时工程、施工机械及运输组装场地、施工防排水措施的资料。

(8)现场布置、机具配备、工期安排。

(9)任务划分、队伍部署、驻地选择。

根据沿线调查资料,写出调查报告,提出施工初步安排意见、施工中存在的问题及解决的措施。

2. 测量放线

完成现场交桩之后,必须完成中线、水准的贯通测量,并与相邻地段贯通闭合,之后再施放线路中线桩和路基边桩。中线、水准、边桩的测量误差必须符合现行《既有铁路测量技术规则》(TBJ 105—1998)的有关规定。测量工作必须贯彻双检制。

3. 征租土地

铁路用地及界内设施的拆迁、补偿必须遵守现行《国家建设征用土地条例》的有关规定。通常的办法是依据设计规定的路基用地范围与取、弃土用地范围划定用地界限,计算征地数量,同时依施工设备、料场、生产和生活房屋等计算征地数量,向政府土地管理机关报送征、租地计划,经批准后按政府统一定价补偿。

4. 拆迁建筑物

按照用地界与施工方法,确定应拆迁的建筑物。拆迁民用建筑物应事先取得当事人或业主的同意。拆迁公用建筑物也应取得政府同意。

5. 修筑施工便道(包括渡口码头等)

施工便道宜结合地方交通规划部门规划的永久性道路计划,参照临时道路修建标准进行修建,并力求避免与铁路、通信电力线路、农田灌渠和各种大型管道平交。如无法避免时,应与所属业主订立协议,按有关安全技术规定设置标志。

6. 设置排水系统

填方或挖方地段,在正式开工前,均应按设计图纸和规范及施工过程的需要,设置永久性及临时性的排水系统。排水系统应在土石方施工前完成。

7. 修建临时工程设施

建筑生产与生活用房屋,架设通信、电力线路,解决工程与生活用水设施,修建机械停放场与料库。

二、路基施工主要机械介绍

1. 土方机械

土方机械化施工长远用机械有推土机、铲运机、平地机、挖掘机、装载机、松土机等，如图 1-2-2所示。各种常用土方施工机械的适用范围和使用条件可参见表 1-2-1 和表 1-2-2。

a)推土机 b)铲运机 c)平地机 d)挖掘机 e)装载机

图1-2-2 常用土方机械

土方施工机械适用范围

表 1-2-1

机械名称	施工适用范围		
	准 备 作 业	基 本 作 业	辅 助 作 业
推土机	1. 修筑临时道路； 2. 推倒树木，拔除树根； 3. 铲除草皮，清除积雪； 4. 推缓陡坡地形； 5. 翻挖回填井、坟、陷穴； 6. 清除建筑垃圾	1. 高度 3m 以内路堤和路堑土方工程； 2. 运距 10 ~ 100m 土方挖运、铺填和压实； 3. 半填半挖路基土石方工程； 4. 桥涵处路基缺口土方回填	1. 斜坡上挖台阶； 2. 路基面粗平； 3. 取土坑及弃土堆平整； 4. 土层压实； 5. 配合铲运机顶装助铲
拖式铲运机	1. 铲除草皮； 2. 移运孤石	运距 100 ~ 800m 土方挖运、铺填和压实	1. 路基面及场地粗平； 2. 取土坑及弃土堆平整
自行铲运机	铲除草皮	运距 500m 以内土方挖运、铺填和压实	

续上表

机械名称	施工适用范围		
	准备作业	基本作业	辅助作业
自行平地机	1. 铲除草皮、清除积雪； 2. 疏松土层	1. 高度 0.75m 以内路侧取土填筑路堤； 2. 高度 0.6m 以内路侧弃土开挖路堑	1. 开挖排水沟、截水沟； 2. 路基面、场地平整； 3. 修整边坡
单斗挖掘机		1. 半径 7m 以上土方挖掘和卸弃； 2. 运距 500 ~ 5000m 配合自卸汽车、火车等远运土、石、砂施工	1. 开挖沟槽及基坑； 2. 水下捞土（以上利用反铲、拉铲或哈式挖掘机）
单斗装载机		1. 运距 500 ~ 5000m 配合自卸汽车装土方和砂石料； 2. 改装成推土机完成相应作业	
拖式松土机	1. 翻松旧道路路面； 2. 清除树根、小树墩和灌木丛		1. 疏松含有砾石的普通土和硬土； 2. 破碎及揭开 0.5m 以内冻土层

土方施工机械使用条件 表 1-2-2

路基种类		主导机械	辅助机械	填挖高度 (m)	水平运距 (m)	集中工作量 (m^3)	最小工作面长度或高度 (m)
路堤	路侧取土	自行平地机	73.5kW 推土机	<0.75			300 ~ 500
		73.5kW 推土机		<3	10 ~ 40	不限	
		102.9 ~ 147kW 推土机		<3	10 ~ 80	不限	
		6 ~ 8m^3 拖式铲运机		<6	100 ~ 250	>5000	50 ~ 80
		9 ~ 12m^3 拖式铲运机		>6	250 ~ 800	>5000	80 ~ 100
	远运取土	6 ~ 8m^3 拖式铲运机		不限	≤700	>5000	≥50 ~ 80
		9 ~ 12m^3 拖式铲运机		不限	≤1000	>5000	≥50 ~ 80
		9m^3 以上自行铲运机		不限	>500	>5000	≥50 ~ 80
		挖掘机配合自卸汽车等		不限	500 ~ 5000	>10000	≥2.0 ~ 3.5
		装载机配合自卸汽车		不限	500 ~ 5000	>1000	
路堑	路侧弃土	自行平地机	58.8kW 推土机	<0.6			300 ~ 500
		73.5kW 推土机		<3	10 ~ 40	不限	
		102.9 ~ 147kW 推土机		<3	10 ~ 80	不限	
		6 ~ 8m^3 拖式铲运机		<6	100 ~ 300	>5000	50 ~ 80
		6 ~ 8m^3 拖式铲运机		<15	300 ~ 600	>5000	≥100
		9 ~ 12m^3 拖式铲运机		>15	≤1000	>5000	≥200

续上表

路基种类		主导机械	辅助机械	填挖高度(m)	水平运距(m)	集中工作量(m^3)	最小工作面长度或高度(m)
路堑	纵向利用	73.5kW 推土机	58.8kW 推土机	不限	20~70	不限	
		102.9~147kW 推土机		不限	<100	不限	
		6~8m^3 拖式铲运机		不限	80~800	>5000	≥100
		9~12m^3 拖式铲运机		不限	≤1000	>5000	≥100
		9m^3 以上自行铲运机		不限	>500	>5000	≥100
		挖掘机配合自卸汽车等		不限	500~5000	>10000	≥2.0~3.5
		装载机配合自卸汽车		不限	500~5000	>1000	
半填半挖路基		73.5~102.9kW 推土机	不限	20~80	不限		

注:本表均指松土,如土质坚硬时应先用松土机将土疏松。

2. 石方机械

铁路石方施工,要求钻孔、挖、装、运、填、压机械具有设备能力大、效率高、轻便灵活,有一定的越野和爬坡能力等性能。

选择石方机械时,应考虑工期所要求的生产能力、爆破岩石的块度和岩堆的尺寸、运输工具的类型和大小、机械进入工点的运输条件、爆破时机械撤离和重新进入工作面的方便程度,以及选用该机械是否经济等。

(1)钻孔机械选择

钻孔机械种类及型号较多,如冲击钻机、露天潜孔钻机、牙轮钻机等,如图 1-2-3 所示。钻机钻孔直径为 60~300mm。铁路石方工程施工以钻孔直径为 100~150mm 的露天潜孔钻机较为宜。

a)冲击钻机　b)露天潜孔钻机　c)牙轮钻机

图1-2-3　常用钻孔机械

(2)挖装机械选择

石方挖装机械选择,必须根据施工现场的地形地质情况、岩石特性、爆破方法、力学性能、施工方法、运输距离等综合考虑,避免因选型错误造成石方挖装困难。

①推土机推运石方。推土机开挖石方的适用条件:石方数量较少,运距不大于60m,开挖深度浅,可以一次爆破成形,岩石易于破碎,并要求路堑端头至少有一端为深沟,作为施工石方的弃土场。

②铲运机开挖石方。铲运机开挖石方的适用条件主要取决于石方爆破的破碎程度。铲运作业对石块粒径的要求:50cm以上者不应多于5%,小于25cm的不少于总方数量的60%。否则易发生机械故障,影响机械效率。对于已风化的软弱岩石及薄层石灰岩,经裂碎或松动爆破后,岩石块度较小,且运距小于500m范围内,可采用铲运机施工。

③装载机挖装石方。装载机挖装石方,适用于场地开阔的傍山开挖及站场石方,作业面宽度不小于10m,长度最好能同时摆放2~3台装载机作业,并能修建运输车辆上下循环道路。

④挖掘机挖装石方。挖掘机机体笨重,转移困难,要求作业面场地道路平整,适用于开挖数量大而集中的石方工程。由于回转半径和运输车辆运行路线的要求,对石方路堑较长和开挖深度较大的施工作业,必须根据不同的开挖宽度做出分层的挖掘机和倾卸汽车联合作业的施工设计,据以组织生产。

(3)石方挖运机械配套

石方挖运机械配套取决于岩石性质、破碎程度、施工条件、运距等因素。一般选用大功率、大容量、坚固的挖掘机或装载机,自卸汽车载质量以8t以上的为好,每车装3~5斗比较合适。挖运机械配套是否合适,将直接影响生产效率。

土石方施工机械,除选用单项施工机械外,还应尽可能考虑综合机械化施工,并做到配套使用。

第二节　路基土石方调配

路基土石方调配是研究和确定路基施工中取土、弃土及利用土的实施方案。修筑铁路或公路路基时,需要把高于路基设计高程的地面挖成路堑,把低于路基设计高程的地面填成路堤,路堑和路堤须争取尽可能多的移挖作填,做到填挖平衡。经济合理的土石方调配,可避免大量弃土和取土,减少土石方工程量和节约用地。

土石方调配的第一步是计算出土石方数量。施工现场地面形状是很复杂的,填、挖方不是简单的几何体,所以其计算只能是近似的,计算的精确度取决于中桩间距、测绘横断面时采点的密度、计算公式与实际情况的接近程度等。计算时一般应按工程的要求,在保证使用精度的前提下力求简化。

一、路基横断面面积计算

路基的填挖断面面积,是指断面图中原地面线与路基设计线所包围的面积,高于地面线者为填,低于地面线者为挖,两者应分别计算。通常采用几何图形法、条分法和坐标法。

1. 几何图形法

当横断面的地面线较规则且横断面面积较大，可将路基横断面分为几个规则的几何图形，分别计算各图形面积后相加得到总面积。

2. 条分法

从横断面中心向两侧每隔 1m 画一竖线，如图 1-2-4 中 $a,b,c,\cdots,b_1,a_1$ 等（可利用方格米厘纸上印好的格线）。用两脚规逐次量其纵距并累计起来，即得横断面图的面积 A。

由图 1-2-4 可知，纵距 a 及 a_1 为左右两侧小三角形的底边，同时 a，b，c，…，b_1，a_1 等为中间各梯形的底边，由于这些纵距的间隔为 1m，即中间各梯形的高均为 1m，两端小三角形的高也为 1m，则路基横断面的面积 A 为：

$$A=\frac{1}{2}\times a\times 1+\frac{1}{2}\times(a+b)\times 1+\frac{1}{2}\times(b+c)\times 1+\cdots+\frac{1}{2}\times(a_1+b_1)\times 1+\frac{1}{2}\times a_1\times 1$$

$$=\frac{a}{2}+\left(\frac{a}{2}+\frac{b}{2}\right)+\left(\frac{b}{2}+\frac{c}{2}\right)+\cdots+\left(\frac{a_1}{2}+\frac{b_1}{2}\right)+\frac{a_1}{2}$$

$$=a+b+c+\cdots+b_1+a_1 \tag{1-2-1}$$

可见路基横断面的面积，等于相隔 1m 的纵距之和。

利用两脚规量算路基横断面面积时，每个断面应量算两次，取平均值，其两次数值差不得超过断面积的 2%，否则应重新量算。

3. 坐标法

坐标法是根据路基边坡与地面线、路基面线与边坡线的交点的坐标，以及地面线变化点的坐标，所构成的闭合多边形，用坐标法求出任意闭合多边形的面积，即为路基横断面面积，它可直接根据测量的数据及路基设计参数，在计算机上实现。闭合多边形 12345 位于如图 1-2-5 所示的坐标系中。各顶点坐标分别为 $1(x_1,y_1)$、$2(x_2,y_2)$、$3(x_3,y_3)$、$4(x_4,y_4)$、$5(x_5,y_5)$，则多边形所围的面积 S 为各小块面积之和。

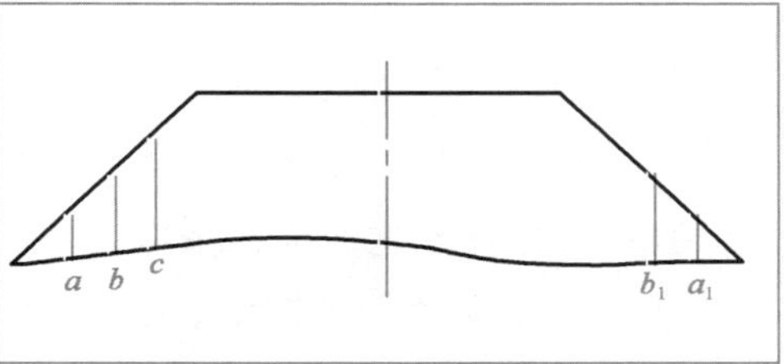

图1-2-4 路基横断面图

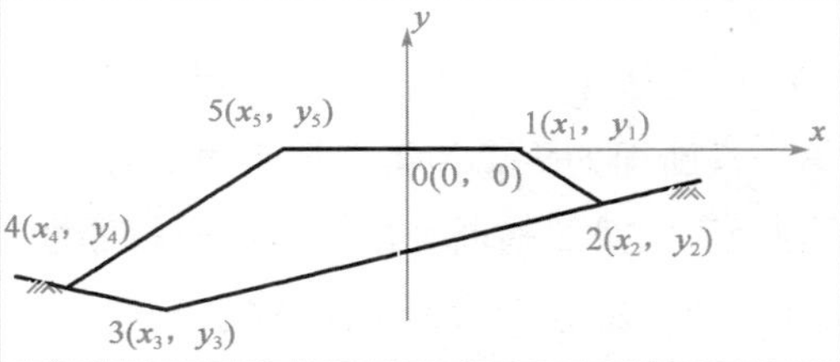

图1-2-5 路基横断面面积计算(坐标法)

由解析几何可得多边形面积的计算公式为：

$$A=\frac{1}{2}\sum(x_i y_{i+1}-x_{i+1}y_i) \tag{1-2-2}$$

对坐标法应用于路基横断面面积计算时作以下规定：

(1)以线路中心线为坐标纵轴,以路基面为坐标横轴,中线与路基面的交点为坐标原点。

(2)各交点的坐标可根据测量数据计算。横坐标在中线右侧为正,在中线左侧为负;纵坐标在路基面以上为正,在路基面以下为负。

二、路基土石方数量计算

计算土石方数量的常用方法有平均断面法、平均距离法两种。

1. 平均断面法

按照线路测量桩号分段计算。每段土石方的体积,等于该段前后两个断面的平均面积乘以该段的长度,如图1-2-6a)所示。用平均断面法计算土石方体积简便、实用,但这种方法精度较差,只有当 A_1、A_2 相差不大时才较准确。其体积为:

$$V = \frac{A_1 + A_2}{2} \times l \quad (1\text{-}2\text{-}3)$$

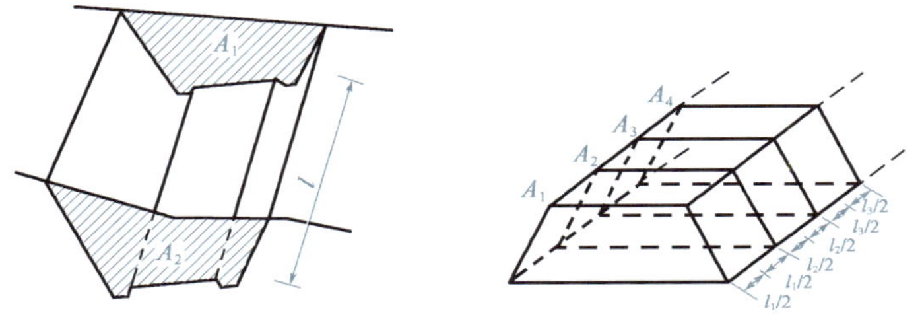

a)平均断面法　b)平均距离法

图1-2-6　土石方数量计算方法

2. 平均距离法

如图1-2-6b)所示。该段土石方的体积为:

$$V = A_1 \times \frac{l_1}{2} + A_2 \times \frac{l_1 + l_2}{2} + A_3 \times \frac{l_2 + l_3}{2} + A_4 \times \frac{l_3 + l_4}{2} + \cdots \quad (1\text{-}2\text{-}4)$$

由于路基横断面的面积数值较距离数值复杂,故在实际工作中常采用平均距离法计算土石方数量。

例如:在表1-2-3中,先填列各横断面的里程、中心填挖高和横断面面积,然后计算平均距离:第一横断面的距离为第二横断面的里程减第一横断面的里程所得差值的一半;第二横断面的平均距离为第三横断面里程减第一横断面里程的差值的一半;第三横断面的平均距离为第四横断面里程减第三横断面里程的差值的一半;以此类推,最后计算土石方数量。各里程的横断面面积乘以平均距离,即为该里程的土石方数量,但填挖数量需分别计算。

三、路基土石方调配要点及方法

按照各路基横断面面积及断面间的距离所计算出来的路基土石方数量(所有填方和挖方数量的总和)称为断面方数。路堑挖方及取土场借方的总和,称为施工方数。在施工中,常因移挖作填而使施工土石方数小于断面方数。路堑挖方中,能利用来填筑路堤的,称为利用方;

不能利用应运至弃土堆弃掉的，称为弃方。

土石方数量的计算 表 1-2-3

里程	中心高(m)	横断面积(m^2)	平均距离(m)	挖方(m^3)								填方(m^3)						
				总数量	土方			石方			弃方数量	总数量	利用挖方			取土填土		
					松土	普通土	硬土	松石	次坚石	坚石			不计运费	计运费	运距	不计运费	计运费	运距
K2 +20	+0.5	0/10	5									50				15	15	50/15
+30	+0.3	1.3/3.2	9	12	4	8						29	12					
+38	+0.1	1.0/2.0	6.5	7			2	5				13	7					
+43	-0.5	4.2/0	6	25				5	10	10				25	15/25			
K2 +50	-0.3	5.0/0	3.5	18			2	2	6	8				18	35/18			
合计				62	4	8	4	12	16	18		92	19	43		15	15	

1. 土石方调配的目的

土石方调配是研究和解决路基施工中如何取土、弃土及移挖作填的问题，也就是在何种情况下，路堑中的挖方应纵向移挖作填，用来填筑路堤；在何种情况下，路堑中的挖方应作横向弃土，而路堤中的填方应横向取土填筑最为经济合理。经济合理的土石方调配，能最大限度地移挖作填，减少土石方施工方数，还能正确地布局取土坑和弃土堆的位置，少占农田，也能加速施工进度。土石方调配还是编制概预算和施工组织设计的依据。因此，合理地进行土石方调配，对确保路基施工期限、降低工程造价是十分重要的。

2. 土石方调配的原则

在进行土石方调配时，应遵守以下几项原则：

(1) 尽量移挖作填，减少弃土堆、取土坑占用农田，节约用地。贯彻以农业为基础的方针，在不增加国家投资的基础上，结合施工进行改地造田以支援农业，促进农业基本建设的发展。

(2) 路堤取土，应根据所需数量，考虑路基排水、农田灌溉和改地造田，结合施工方法、地形和土质情况，选用浅挖宽取、坡地取平和取土坑挖取等方法。兼作排水的取土坑，坑底要有一定坡度，深度要与桥涵进出口高程相配合。若无上述要求，可深挖窄取，以少占农田为原则。在沿河地段，应注意不要因取土造成河岸冲刷。

(3) 路堑弃土，应保证路堑边坡稳定和地面排水，不能堵塞渠道。沿河弃土，不能阻塞河流，压缩桥孔，造成对河岸的冲刷。

(4) 对桥隧、站场及附属工程等的弃土要合理利用，避免由于施工不当或考虑不周造成取、弃土多占农田的不良后果。

(5) 路堤的填料质量，应符合设计和规范的要求，应尽量考虑利用可作填料的路堑挖方、隧道弃渣，附属工程弃方，附近城郊、工矿建设弃渣等。如路堑挖方的土质不符合路堤填料的质量要求时，则应废弃。

(6) 在土石方的合理调配范围内，需跨越数量较大的高填深挖地段时，应考虑该地段的工期长短,核定能否在规定期限内完成路基施工任务。

(7)土石方调配时,应综合考虑与远期工程相配合。在预留的复线位置或拟扩建的站场范围,都不应在其挖方上弃土,亦不应在其填方处取土。

(8)路基土石方调配段落的划分,一般以概算编制的施工段落为单元,在调配中要周密考虑工期的先后顺序,研究其运输的可能性,并确定其调配的运输道路。例如在建有大桥和隧道的区段,因修建工期较长,调配时可不考虑跨越,但在建有中、小桥涵地段,则应根据地形情况适当考虑其跨越的可能性。

3. 土石方调配方法

土石方调配主要采用线法,即沿线路中心线调配土石方。

对于路基土石方调配(线法),弃土、取土或移挖作填,究竟如何才算合理,在多大范围内可利用路堑挖方纵向运土到路堤,到多大距离应改为横向弃土和横向借土,这是线法调配土石方所需要解决的问题。

从经济上考虑,当从路堑挖 $1m^3$ 土纵向运到路堤的费用,低于从路堑挖 $1m^3$ 土横向运到弃土堆弃掉,并同时从取土场借 $1m^3$ 土横向运到路堤的总费用时,则纵向运土是经济的。若纵向运土的距离大到一定程度,从路堑挖 $1m^3$ 土运到路堤的费用,大于弃 $1m^3$ 土再借 $1m^3$ 土的总费用时,则纵向运土利用应改为横向弃土。上述合理的纵向运土最大运距叫做最大经济运距。

纵向移挖作填的最大经济运距是根据工程费用计算的,即当纵向移挖作填(利用方)的单价等于借土填方单价与弃土挖方单价之和时,其利用方的运距即为最大经济运距,其计算式为:

$$a_c + b_1 l_g = a_j + b_j l_j + a_c + b_z l_z$$

$$l_g = \frac{a_j + b_j l_j + b_z l_z}{b_1} \tag{1-2-5}$$

式中:a_c——在路堑中挖 $1m^3$ 土的费用(元);

a_j——在取土场借 $1m^3$ 土的费用(元);

b_1——纵向移挖作填时,$1m^3$ 土运送 1m 距离的费用(元);

b_j——借土时 $1m^3$ 土运送 1m 距离的费用(元);

b_z——弃土时 $1m^3$ 土运送 1m 距离的费用(元);

l_g——利用方的最大经济运距(m);

l_j——由取土场到路堤的运输距离(m);

l_z——由路堑到弃土堆的运输距离(m)。

各种费用的单价可直接查阅有关的施工定额进行计算。

当路堑与取土场的土质相同并采用同一种施工方法时,式(1-2-5)可简化为:

$$l_g = \frac{a + b(l_j + l_z)}{b} \tag{1-2-6}$$

若借土、弃土必须占用农田及毁损青苗时，应在式（1-2-5）中列入地亩费及青苗补偿费，此时式（1-2-5）应改为：

$$l_g = \frac{a + b(l_j + l_z) + C(F + S)}{b} \tag{1-2-7}$$

式中：C——弃土 $1m^3$ 和借土 $1m^3$ 所占农田面积总数（亩）❶；

F——地亩费（元/亩）；

S——青苗补偿费（元/亩）。

在计算时，对 l_g、l_j、l_z 等不能仅仅根据挖土与卸土地点之间的直线距离计算，而须按纵向移挖作填、横向借土或弃土等实际运距来计算。

当工程数量不大，使用机械不经济而采用人力运输时（如人工挑抬、人力手推车、人推轻便轨道斗车），其实际运距的计算还要考虑运土时的爬坡升高或降低等因素。

当路基为机械施工时（如推土机、铲运机等），则实际运距（即机械运行路线的长度）与机械的性能有关。推土机可以后退，铲运机则需考虑因掉头而增加的行驶距离。

铲运机横向借土或弃土时，由于铲土与卸土地点之间受地形限制，机械行驶时必须通过路堑或路堤的出入口通道，故其实际运距与出入口通道的位置有关。

若路堑或路堤的高度 $H \leqslant 2.5m$ 时，出入口通道的间距应为 50～60m，若高度 $H > 2.5m$，则出入口的间距为 100～120m，其实际运距计算式为：

当 $H \leqslant 2.5m$ 时，l_j 或 $l_z = (50 \sim 60) + L$；

当 $H > 2.5m$ 时，l_j 或 $l_z = (100 \sim 120) + L$；

路基施工的运土方式，除纵向和横向外，还有其他不同方式。如将路堑挖方纵向运至填挖交界处的两侧横向弃土，利用地形在路堑中间适当地点开挖马口弃土等。用这种运土方式，其运距应分别按照运土路线的实际长度计算，没有固定的公式。因此在确定 l_g、l_j、l_z 时，必须进行实地调查，不能单凭图纸和主观想象。

按照最大经济运距的原理来决定路基纵向移挖作填的界限时，必须强调到施工现场进行调查。调配土石方时应结合工地的地形，采用的施工方法和填挖时分层、分段的顺序，将移挖作填的路堑、路堤划分为许多填挖平衡的土体，分别计算 l_j、l_z 和相应的 l_g，与利用方实际运距相比较，以求得移挖作填的界限和确定土石方调配方案。现以表 1-2-4 所列情况为例，计算经济运距，确定土石方调配方案。

$$l_g = \frac{a_j + b_j l_j + b_z l_z + (F + S)C}{b_1}$$

$$= \frac{0.134 + 50 \times 0.0044 + 50 \times 0.0017 + (0.04 + 0.127) \times 1}{0.0017}$$

$$= 352m$$

---

❶1 亩 $= 666.6m^2$，下同。

由以上计算出最大经济运距为352m，路堑中心至路堤中心的距离为130m，在经济运距范围内，因此路堑的土石方纵向运至路堤填筑是合理的。即此段路基可采用纵向移挖作填的调配方案。

线法调配土石方计算 表1-2-4

路堑起讫里程	K985+08～K986+61 全长153m	路堤起讫里程	K984+00～K985+08 全长108m
由路堑运至路堤 （纵向）	路堑土质种类		一般黏性土
	运输方法		手推车运土
	每立方米土每米运费 b_1		0.0017元
由取土场挖运至路堤 （横向）	取土场土质种类		一般黏性土
	运输方法		人力挑运
	运输距离 l_j		50m
	每立方米土每米运费 b_j		0.0044元
	每立方米土开挖费 a_j		0.134元
由路堑运至弃土堆 （横向）	路垫土质种类		一般黏性土
	运输方法		手推车运土
	每立方米土每米运费 b_z		0.0017元
	运输距离 l_z		50m
青苗赔偿与地亩费	弃、借 $1m^3$ 土占用耕地面积 C		$1m^2$
	每平方米青苗补偿费 S		0.04元
	每平方米地亩费 F		0.12元

第三节　地基处理方法

路基工程是轨道工程的基础，路基地基处理又是路基工程的基础，路基地基处理效果将直接影响列车高速、平稳、舒适和安全的技术指标。因此，了解和掌握铁路路基工程地基处理形式和质量控制要点显得尤为重要。

地基处理是对建筑物和设备的基础下的受力层，进行提高其强度和稳定性的强化处理；是改善或加固地基的天然状态，使之符合工程要求的技术措施。

一、原地面处理

地基表层是原地面与填料的接触部分，应有足够的承载力以防止路堤沉陷，并要求地基表层比较干燥、粗糙，使填筑的路堤与原地面能紧密结合，防止路堤沿地基表层滑动。原地面处理部分，高速与普速要求差别不大。在填筑路堤之前，应做好以下几方面工作：

（1）路堤填筑前，应清除基底表层植被，挖除树根，做好临时排水设施，并将原地面积水排干。地基范围内的地下水出露处应严格按设计要求处理。

(2)原地面坡度陡于1∶5时,应自上向下挖台阶,台阶宽度应符合设计要求(高速要求沿线路纵向挖台阶的宽度不应小于2m),如图1-2-7所示。当基岩面上的覆盖层较薄时,宜先清除覆盖层再挖台阶。

(3)原地面为松软表土及腐殖土时,应清除干净。

(4)原地面表层为松散土层时,应将松土翻挖,分层回填压实,质量应符合设计要求,基底应平整、密实。

(5)对于低路堤,特别是高度小于基床厚度的路堤,应按设计要求进行处理。

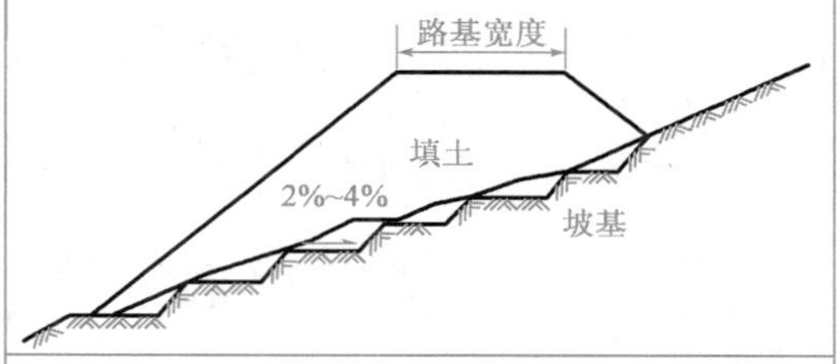

图1-2-7 斜坡台阶开挖

二、换填

将基础底面以下处理范围内的软弱土层的部分或全部挖去,然后分层换填强度较大的土,并压(夯、振)实至要求的密实度为止,这种地基处理的方法称为换填法。换填法适用于处理各类浅层软弱地基,如软黏土和淤泥、淤泥质土、湿陷性黄土、人为填土,一般承载力低的黏性土。对于深厚软弱土层,不应采用局部换填垫层法处理地基。换填法的处理深度通常控制在3m以内较为经济合理,但也不应小于0.5m,因垫层太薄,作用不明显。

换填处理部分高速与普速要求差别不大。换填时应做好以下几点:

(1)换填所用材料应符合设计要求。

(2)施工中,应核实需换填土层范围、深度及地质条件;换填范围及深度,应符合设计要求。

(3)换填施工时,应做好排水设施,施工前应疏干地表积水,换填中基坑内渗水应及时排除。

(4)换填施工主要工艺应符合下列规定:

①换填土层挖除后,坑底应按设计要求整平并碾压密实。底部起伏较大时宜设置台阶或缓坡,并按先深后浅的顺序进行换填施工。

②换填土层采用机械挖除时,应预留保护层由人工清理,其厚度宜为30~50cm。

③换填部位开挖完成后,应及时分层填筑碾压,达到相应压实标准。

换填地基施工工艺流程,如图1-2-8所示。

(5)换填完成后,应尽快进行下道工序施工,并采取措施防止地基积水下渗。

(6)换填弃土应运至指定地点。

三、砂(碎石)垫层

砂(碎石)垫层施工,高速公路与普速公路要求差别不大。施工主要工艺应符合下列规定:

(1)根据地基处理方式,需要填筑土拱,土拱应设置横向排水坡,坡度不宜小于4%。

(2)砂(碎石)垫层施工,应分层摊铺、分层压实,填筑质量应符合设计要求。

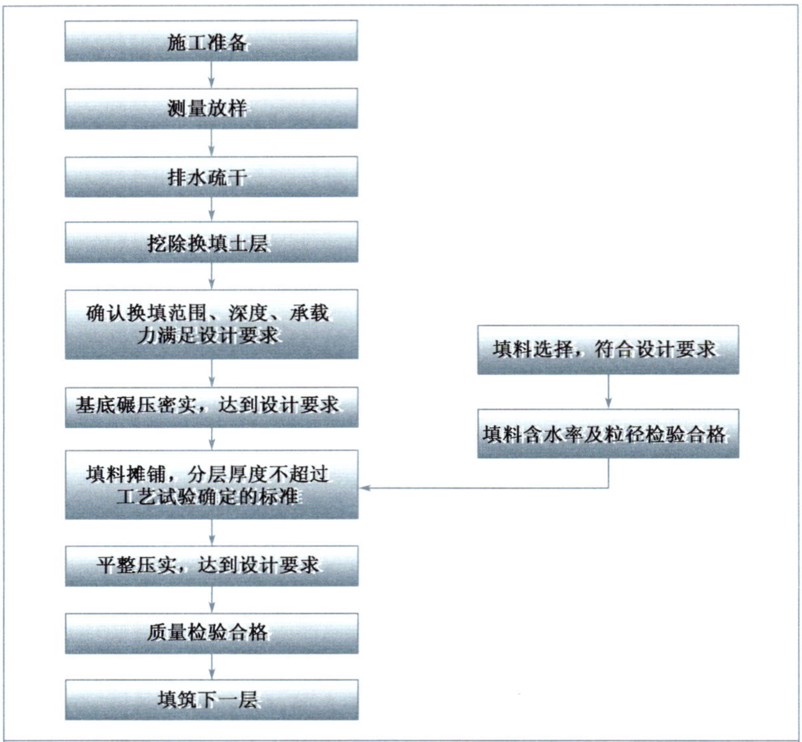

图1-2-8　换填地基施工工艺流程图

(3)砂(碎石)垫层分段施工时,接头处应做成台阶,上下层接头应错开20m,并应碾压密实。

砂(碎石)垫层施工工艺流程,如图1-2-9所示。

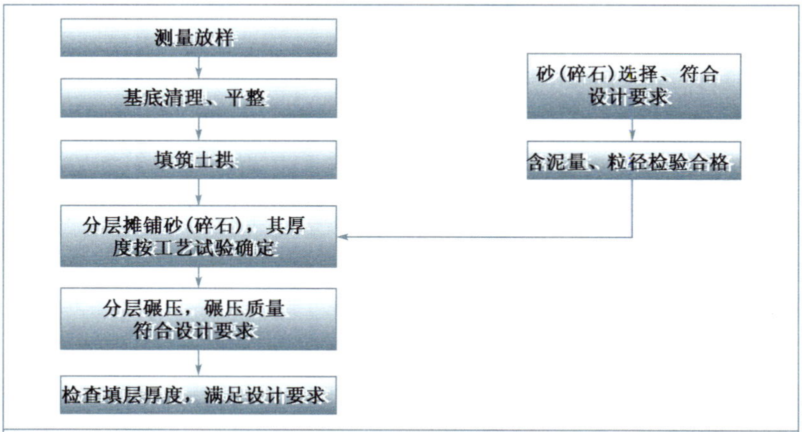

图1-2-9　砂(碎石)垫层施工工艺流程图

砂(碎石)垫层填筑厚度,应符合设计要求。砂(碎石)垫层中采用土工合成材料加筋时,其铺设应符合相关规定。复合地基桩顶设置砂垫层、碎石垫层、土工合成材料加筋垫层时,垫层应与桩头完全密贴。

四、CFG 桩

CFG 桩(Cement Fly-ash Gravel Pile,水泥粉煤灰碎石桩)是由碎石、石屑、砂、粉煤灰掺水泥加水拌和,用各种成桩机械制成的可变强度桩,如图 1-2-10 所示。通过调整水泥掺量及配比,其强度等级在 C15 ~ C25 之间变化,是介于刚性桩与柔性桩之间的一种桩型。CFG 桩和桩间土一起,通过垫层形成 CFG 桩复合地基共同工作,故可根据复合地基性状和计算进行工程设计。CFG 桩一般不用计算配筋,水泥用量只有灌注桩的 50% ~60%,而且桩径小、桩数少,地基强度和变形模量较为均匀,对提高结构受力、结构抗震等级均为有利。其工程造价,与预制桩相比可节约成本 50%,与灌注桩相比可节约成本 30%,具有极佳的经济效益。

a)实物图

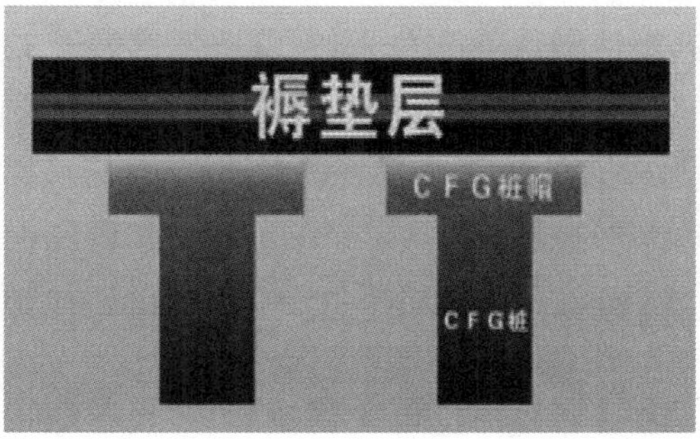

b)示意图

图1-2-10 CFG桩

CFG 桩的适用范围很广,在砂土、粉土、黏土、淤泥质土、杂填土等地基均有大量成功应用的实例。根据工程实际情况,CFG 桩常用的施工工艺包括长螺旋钻孔、管内泵压混合料成桩、振动沉管灌注成桩和长螺旋钻孔灌注成桩。

CFG 桩施工设备如图 1-2-11 所示。

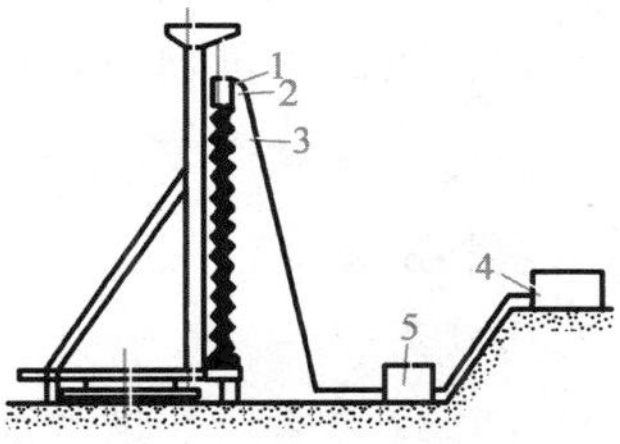

图1-2-11 CFG桩施工设备图
1-动力装置;2-弯管;3-软管;4-搅拌机;5-混凝土泵

CFG 施工流程如下:

(1)桩机、混凝土泵、搅拌机就位。

(2)启动桩机,钻具钻进到预定高程。

(3)混凝土泵将搅拌均匀的混合料送至钻杆芯管内,提升钻杆,根据显示的灌注压力,控制混凝土泵的泵送量和钻具提升速度,灌注到设计高程。

(4)移动桩机至下一桩位,并清理排气装置。

第四节 土质路堤填筑

土质路堤即用土填筑起来的路基。在设计和施工中,要考虑路堤应在温度和湿度等有季节性变化的任何自然环境中,均能保持足够的强度和稳定性。

一、土质路堤填料的选择及压实度

1. 填料的选择

(1)路堤基床以下部位填料

宜选用A、B、C组填料。当选用D组填料时,应采取加固或改良措施;严禁采用E组填料。

填料的最大粒径不大于300mm或摊铺厚度的2/3。路堤浸水部位的填料,宜选用渗水土填料。当采用细砂、粉砂作填料时,应采取防止振动液化的措施。

(2)路堤基床底层填料选择

①I级铁路应选用A、B组填料,否则应采取土质改良或加固措施。

②II级铁路可选用A、B、C组填料。当采用C组填料时,在年平均降水量大于500mm地区,其塑性指数不得大于12,液限不得大于32%,否则应采取土质改良或加固措施。

③填料的最大粒径不应大于200mm,或摊铺厚度的2/3。

④高度小于基床厚度的低路堤,基床底层厚度范围内天然地基的静力触探比贯入阻力P_0值:I级铁路不得小于1.5MPa,II级铁路不得小于1.2MPa。天然地基基本承载力:I级铁路不小于18MPa,II级铁路不小于0.15MPa,否则应进行换填、改良或加固处理。

(3)路堤基床表层填料选择

①I级铁路应选用A组填料(砂类土除外)。当缺乏A组填料时,经经济比选后可采用级配碎石或级配砂砾石。

②II级铁路应优先选用A组填料,其次为B组填料。对不符合要求的填料,应采取土质改良或加固措施。

③填料的颗粒粒径不得大于150mm。

④基床表层与上部道床碎石及下部基床底层之间,颗粒均应满足粒径较粗填料的D_{15}与较细的d_{85}之间,应符合$D_{15}<4d_{85}$(两层渗水土之间)或$D_{15}\leqslant 0.5$mm(渗水土与非渗水土之间)的要求。否则,基床表层应采用颗粒级配不同的双层结构,或两层之间应铺设隔离作用的土工合成材料。当路堤填料为化学改良土时,可不受此限制。

⑤高度小于基床厚度的低路堤,基床表层厚度范围内天然地基的土质及其密度应符合基床表层填料的规定。

2. 压实度

施工中应检查核对填料的试验与实际使用情况,当实际使用的填料发生变化时,应另取样做土工试验鉴定。在每一层的填筑过程中,应确认填料质量、含水率、铺土厚度、填料表面平整度符合设计和有关规定后再进行碾压。其压实标准见表1-2-5~表1-2-7。

二、填筑过程及方法

1. 基床以下土质路堤施工

(1)施工工艺

路堤基床以下部位填筑前,应根据所选机械和填料种类进行现场填筑压实工艺性试验,试验段长度不小于100m。

路堤基床以下部分填料的压实标准 表1-2-5

填筑部位	填料类别 / 铁路等级 / 压实标准	细粒土、粉砂、改良土		砂类土（粉砂除外）		砾石类		碎石类		块石类	
		Ⅰ级	Ⅱ级	Ⅰ级	Ⅱ级	Ⅰ级	Ⅱ级	Ⅰ级	Ⅱ级	Ⅰ级	Ⅱ级
不浸水部分	压实系数K	0.9	0.9	—	—	—	—	—	—	—	—
	地基系数K_{30}（MPa/m）	80	80	80	80	110	110	120	120	130	130
	相对密度D_r	—	—	0.7	0.7	—	—	—	—	—	—
	孔隙率n（%）	—	—	—	—	32	32	32	32	—	—
浸水部分及桥涵两端	压实系数K	—	—	—	—	—	—	—	—	—	—
	地基系数K_{30}（MPa/m）	—	—	（80）	（80）	（110）	（110）	（120）	（120）	（130）	（130）
	相对密度D_r	—	—	—	（0.7）	—	—	—	—	—	—
	孔隙率n（%）	—	—	—	—	（32）	（32）	（32）	（32）	—	—

注：1. 括号内为砂类土（粉砂除外）、砾石类、碎石类、块石类中渗水土填料的压实标准。
2. 路堤与桥台、路堤与涵洞、路堤与硬质岩石路堑连接处过渡段填料的压实标准应满足规范的规定。

基床底层压实标准 表1-2-6

填筑部位	填料类别 / 铁路等级 / 压实标准	细粒土、粉砂、改良土		砂类土（粉砂除外）		砾石类		碎石类		块石类	
		Ⅰ级	Ⅱ级	Ⅰ级	Ⅱ级	Ⅰ级	Ⅱ级	Ⅰ级	Ⅱ级	Ⅰ级	Ⅱ级
基床表层	压实系数K	（0.93）	0.91	—	—	—	—	—	—	—	—
	地基系数K_{30}（MPa/m）	（100）	90	100	100	120	120	130	130	150	150
	相对密度D_r	—	—	0.75	0.75	—	—	—	—	—	—
	孔隙率n（%）	—	—	—	—	31	31	31	31	—	—

注：细粒土、粉砂、改良土一栏中，有括号的仅为改良土的压实标准，无括号的为细粒土、粉砂、改良土的压实标准。

基床表层压实标准 表1-2-7

填筑部位	填料类别 / 铁路等级 / 压实标准	细粒土、粉砂、改良土		砂类土（粉砂除外）		砾石类		碎石类		块石类	
		Ⅰ级	Ⅱ级	Ⅰ级	Ⅱ级	Ⅰ级	Ⅱ级	Ⅰ级	Ⅱ级	Ⅰ级	Ⅱ级
基床表层	压实系数K	—	0.93	—	—	—	—	—	—	—	—
	地基系数K_{30}（MPa/m）	—	100	—	110	150	140	150	140	—	—
	相对密度D_r	—	—	—	0.8	—	—	—	—	—	—
	孔隙率n（%）	—	—	—	—	28	29	28	29	—	—

土质路堤填筑施工按照“三阶段、四区段、八流程”施工工艺进行，如图1-2-12所示。

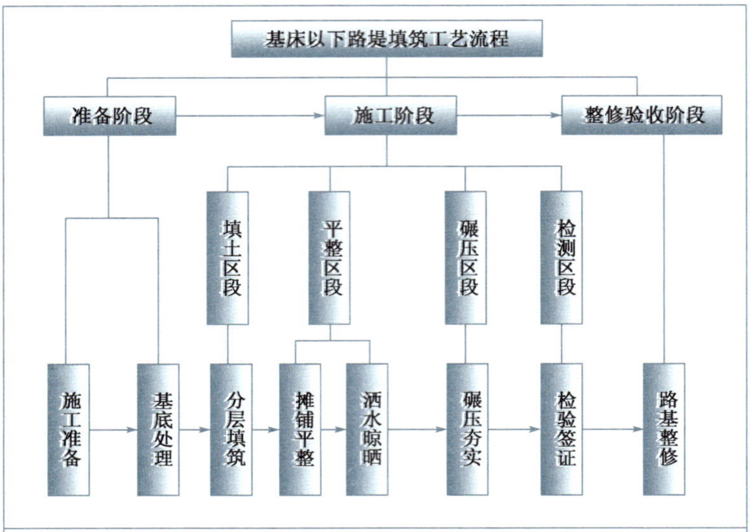

图1-2-12　基床以下路堤填筑工艺流程图

(2)施工要点

①测量放样。

根据设计资料复测导线、加密导线点,保证道路施工全过程中相邻导线点能互相通视。导线复测完成后,及时恢复路线中桩,拉出边桩,现场用白灰撒出路基坡脚线、边沟等具体位置。

②分层填筑(见图1-2-13)。

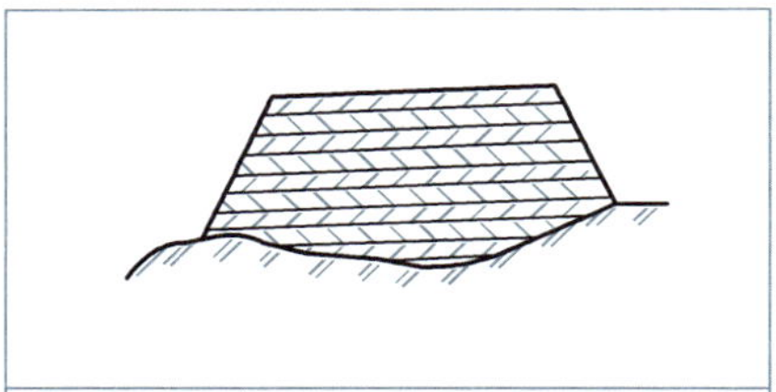

图1-2-13　分层填筑

a.确定分层填筑方案。要保障路堤的填筑质量,应严格按照横断面、全宽度、逐层铺填并夯实路基。先水平填筑低处,再填筑高处。

b.确定填料填筑原则。填料必须符合设计要求,同一作业区用不同填料填筑时,各种填料要分层填筑,每一层的全宽应采用同一种填料,不得混填。

不同种类的填料分层填筑时,当渗水土填在非渗水土上时,则非渗水土层顶面应向两侧做成不小于4%的排水坡,如图1-2-14所示。反之,非渗水土填在渗水土上时,则渗水土层面为平面或者做成凸形,如图1-2-15所示。如果两类填料的颗粒大小相差悬殊,则应在两类填土交界处铺垫层,以防止上层细粒土落入下层内。

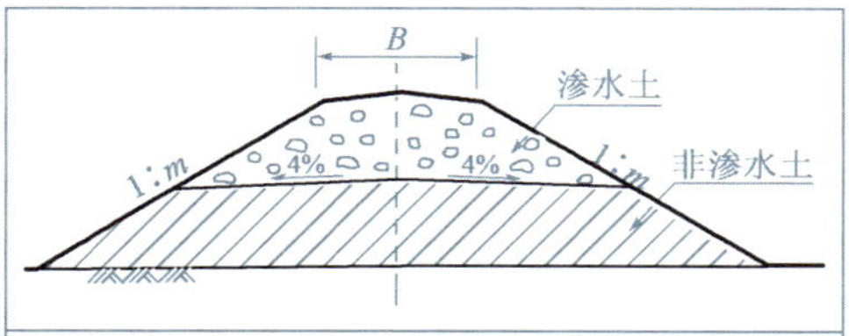

图1-2-14　渗水土填在非渗水土上

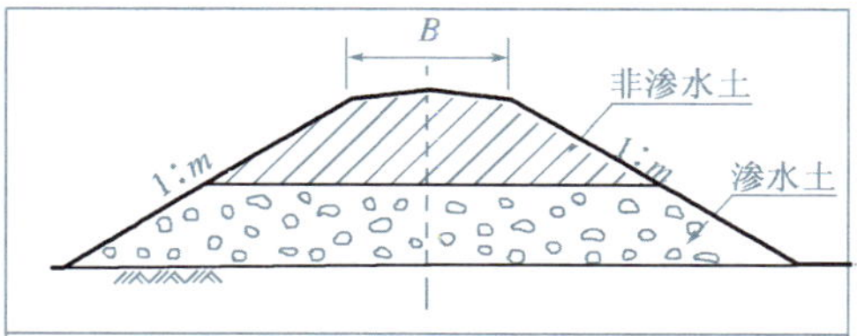

图1-2-15　非渗水土填在渗水土上

c. 分层厚度的控制。分层填筑厚度由规范或试验段工艺试验决定，填料摊铺前先插杆挂线，在标杆上标出刻度以便量测松铺厚度和压实厚度。撒石灰方格，如图 1-2-16 所示。每一网格卸一车土，以控制摊铺厚度，每层填筑按松铺厚度一次到位。每一网格的面积的计算公式为：

每一网格的面积 × 松铺厚度 = 一辆车所装料的松方体积

例如 C 组填料按照松铺厚度 0.3m，车容量 $15m^3$ 计算，每个方格为 7m × 7m 倾倒 1 车填料。

注意：为了确保边坡压实与路堤全断面一致，边坡侧要每层各超填 0.3 ~ 0.5m，待路基防护施工前用人工配合挖掘机进行刷坡。在施工中每层路基填筑始终坚持“三线”，即中线、两侧边线，每层路基填筑压实完毕均测量放出边线，撒上石灰边线，且用石灰画网格，以控制上层填土，确保路基侧面边坡的坡率，此外在三线上直线地段，每隔 20m 插一小红旗，明确中线、边线的控制点。

③摊铺平整。填筑段在卸土的同时，使用推土机进行初平，再用平地机进行平整，如图 1-2-17、图 1-2-18 所示，填层面目视平顺，做成由路基中心向两侧的 4% 的横坡。地基表层为软弱土层时，对粗粒土和软块石应防止产生颗粒的分解沉积和离析，平地机行驶路线从两侧纵向行驶，逐步向路基中心刮平，同时用人工配合填平凹坑，以保证压实质量。

图1-2-16 石灰网格线

图1-2-17 推土机粗平

④洒水晾晒。路堤填筑时，随时检测填料含水率。当含水率较低时，加水闷料（见图 1-2-19）；当含水率超过规定值时，在路堤填料上用铧犁、旋耕犁翻晒，并适当减小填层松铺厚度，降低填料的含水率，使填料含水率始终控制在最佳含水率，以保证最佳压实效果。

图1-2-18 平地机精平

图1-2-19 洒水车洒水

⑤碾压夯实。

a. 压实方法。填土的压实方法，有碾压、夯实和振动。碾压法的碾压机械有平碾、羊足碾和气胎碾等几种，如图1-2-20所示。平碾又称光面碾压路机，适于黏性土和非黏性土；羊足碾只适于黏性土；气胎碾既适宜于压实黏性土，又适宜于压实非黏性土。

a)平碾

b)羊足碾

c)气胎碾

图1-2-20　碾压机械

夯实法是利用夯锤自由下落的冲击力来夯实土的，适用于工程量小或作业面受限时。

振动压实法振实非黏性土效果较好。它还适用于对爆破石碴、碎土或轻亚黏土的压实。

图1-2-21　压路机分层碾压

b. 分层碾压。路基土分层碾压，如图1-2-21所示。压实厚度、碾压遍数、碾压速度、压路机组合应采取由规范或试验获取合理的沿线路方向分层碾压。例如，新建铁路武汉至广州客运专线V标段，根据试验段总结的工艺采取的压路机碾压遍数组合方式为静压一遍＋弱振一遍＋强振三遍＋

静压收面，以达到路基本体压实度要求。

c. 压实原则。压实原则为“先轻后重、先慢后快、先边后中、曲线地段先内侧后外侧”。另外，在碾压过程中，应始终保持压路机行驶方向的直线性。到达碾压地段的尽头时应迅速而平稳地换向，并使左右相邻两压实带有 1/3 的重叠，以保证碾压质量。严格控制含水率在施工允许范围内。

⑥检验签证。路基填土压实的质量检验，随分层填筑碾压施工分层检测。在填料质量、填筑厚度、填层面拱度、平整均匀度等符合规定标准的基础上，采用灌砂法、环刀法、核子密度湿度仪和 K_{30} 荷载板等按规定频率进行压实系数 K 和地基系数 K_{30}、相对密度、孔隙率的测定，达到规范及设计标准后方可进行下一层的填筑。如图 1-2-22 所示。

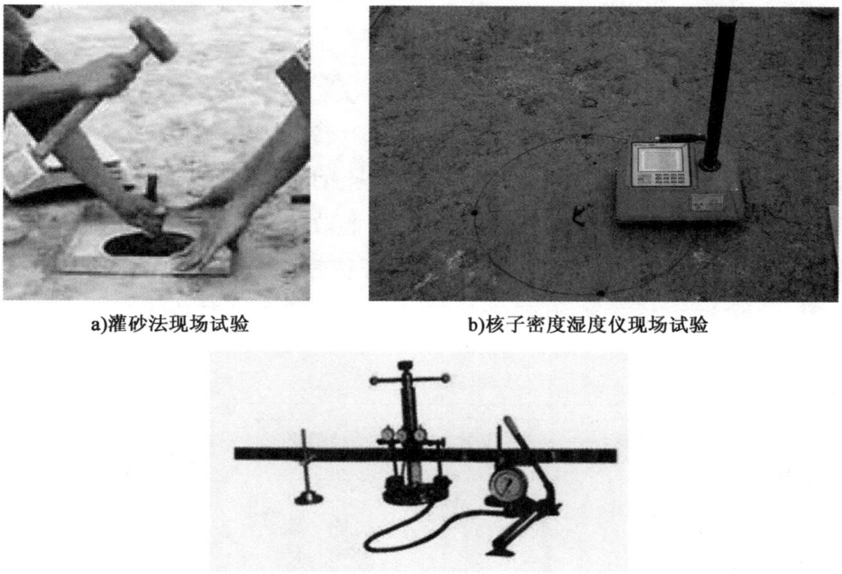

a)灌砂法现场试验　b)核子密度湿度仪现场试验

c)K_{30}荷载板

图1-2-22　填土压实质量检验方法

⑦路基整修。路基整修包括路基高度、宽度、横坡、平整度、边坡等整修内容。路堤按设计高程填筑完成后，进行修整和测量。恢复中线，每 20m 设一桩，进行水平高程测量，计算修整高度，施放路肩边桩，修筑路拱，并用平碾压路机碾压一遍，使路基面光洁无浮土，横向排水坡符合要求。

对于细粒土边坡，依据路肩边线桩，用人工按设计坡率挂线刷去超填部分，进行整修拍实。整修后的边坡，应达到转折处棱线明显，直线处平直，曲线圆顺，做到坡面平顺没有凹凸，压实度合格。

2. 路堤基床底层填筑

(1)施工工艺

基床底层填筑前,应根据所选机械和填料种类进行现场填筑压实工艺性试验。试验段长度不小于100m。基床底层填筑仍按"三阶段、四区段、八流程"组织施工,施工工艺流程图同基床以下路堤施工工艺,如图1-2-12所示。每个区段的长度应根据机械的能力、数量而定,一般在200m以上或以结构物为界。各区段和流程内严禁交叉作业。

(2)施工要点

①施工要点基本同路堤基床以下部分施工。

②分层厚度,应根据压实机具的能力、填料种类、压实密度等通过现场工艺试验确定。采用碎石类土填筑时,分层最大压实厚度不应大于35cm;采用砂砾类土、改良后的细粒土填筑时,分层最大厚度不应大于30cm。分层填筑的最小厚度不宜小于10cm。

3. 路堤基床表层填筑

(1)施工工艺

填筑前,应根据所选机械和填料种类,进行现场填筑压实工艺性试验。试验段长度不小于100m。路堤基床表层填料选择A、B组填料或改良土时,施工工艺同基床底层施工。路堤基床表层填料选择级配碎石或级配砂砾石时,施工应按验收基床底层、拌和运输、摊铺碾压、检测修整"四区段"和拌和、运输、摊铺、碾压、检测试验、修整养护"六流程"的施工工艺组织施工。摊铺碾压的长度,应根据机械的能力和数量确定,各区段内严禁交叉作业。施工工艺图,如图1-2-23所示。

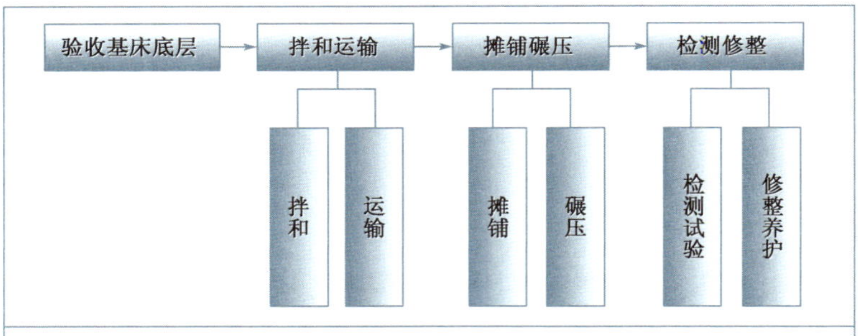

图1-2-23 基床表层填料为级配碎石或级配砂砾石施工工艺流程图

(2)施工要点

分层填筑最大厚度不得大于30cm,最小厚度不小于15cm。每层摊铺厚度按工艺试验确定,参数严格控制。材料摊铺用摊铺机或平地机摊铺,平地机摊铺时用石灰画方格网控制填料量。人工及时消除粗细集料离析的现象。碾压时,确保最佳含水率。碾压时采用"先静压,后弱振,再强振"的方式,最后静压收光。横向接缝处填料应翻挖并与新铺填料混合均匀后,再碾压。纵向应避免接缝。已完成基层表层的,严格控制车辆通行。如图1-2-24所示。

三、高速路堤填料的选择及压实度

图1-2-24 路基基床表层施工图

高速列车的安全和平稳运行，必须有一个高平顺性和稳定性的轨下基础，路基作为轨道结构的基础形式之一，必须具有强度高、刚度大、稳定性和耐久性好，能抵抗各种自然因素的影响，这就对路基填料的工程性质提出了较普速公路更高的要求。

1. 填料选择

（1）基床底层及以下路堤普通填料和物理改良土填料的种类、规格、性能，应符合下列规定：

①基床以下路堤填料的粒径应小于75mm，基床底层填料的粒径应小于60mm。

②填料的粒径级配、细粒含量及定名分组应符合《铁路路基设计规范》（TB 10001—2005）的相关规定。

③寒冷地区路基冻结影响范围内的填料，砾石类土的细粒含量，不应大于15%，砂类土的细粒含量不应大于5%。

④浸水路堤填料细粒含量应小于10%。

⑤路基填料除应满足室内试验指标要求外，还应对填料的压实性能进行填筑工艺试验验证，压实性能不满足要求时应对填料进行物理改良，以达到压实质量标准。

（2）基床表层级配碎石填料的种类、规格、性能应符合下列规定：

①级配碎石材料由块石、天然卵石或砾石经破碎筛选而成。

②基床表层级配碎石粒径级配应符合表1-2-8的规定。

基床表层级配碎石粒径级配范围　　表1-2-8

方孔筛边长(mm)	0.1	0.5	1.7	7.1	22.4	31.5	45
过筛质量百分率(%)	0~11(5)	7~32	13~46	41~75	67~91	82~100	100

注：括号内数字适用于寒冷地区铁路。

③粒径大于22.4mm的破碎卵石粗颗粒中带有破碎面的颗粒所占质量百分率不应小于30%。

④级配碎石粒径大于17mm颗粒的洛杉矶磨耗率（是以洛杉矶磨耗试验机的磨耗指标表示碎石道砟抵抗冲击、磨耗和边缘剪切等联合作用能力的参数）不应大于30%，硫酸钠溶液浸泡损失率不应大于6%，粒径小于0.5mm细颗粒的液限不应大于25%，塑性指数应小于6，不应含有黏土及其他杂质。

2. 压实度

高速路基各部分的压实标准见表1-2-9～表1-2-11。

基床以下路堤压实标准　　表 1-2-9

指　标	压实标准		
	化学改良土	砂类土及细砾土	碎石类及粗砾土
压实系数 K	≥0.92	≥0.92	≥0.92
地基系数 K_{30}(MPa/m)	—	≥110	≥130
7d 饱和无侧限抗压强度 q_u(kPa)	≥250	—	—

注：无砟轨道可采用 K_{30} 或 E_{v2}。采用 E_{v2} 时，其控制标准为 E_{v2}≥45MPa 且 E_{v2}/E_{v1}≤2.6。

基床底层填筑压实标准　　表 1-2-10

指　标	压实标准		
	化学改良土	砂类土及细砾土	碎石类及粗砾土
压实系数 K	≥0.95	≥0.95	≥0.95
地基系数 K_{30}(MPa/m)	—	≥130	≥150
动态变形模量 E_{vd}(MPa)	—	≥40	≥40
7d 饱和无侧限抗压强度 q_u(kPa)	≥350(550)	—	—

注：1. 无砟轨道可采用 K_{30} 或 E_{v2}。采用 E_{v2} 时，其控制标准为 E_{v2}≥80MPa 且 E_{v2}/E_{v1}≤2.5。
2. 括号内数字为寒冷地区化学改良土考虑冻融循环作用所需强度值。

基床表层级配碎石填筑压实标准　　表 1-2-11

填　料	压实标准		
	压实系数 K	地基系数 K_{30}(MPa/m)	动态变形模量 E_{vd}(MPa)
级配碎石	≥0.97	≥190	≥55

注：无砟轨道可采用 K_{30} 或 E_{v2}。采用 E_{v2} 时，其控制标准为 E_{v2}≥120MPa 且 E_{v2}/E_{v1}≤2.3。

四、高速路堤填筑过程及方法

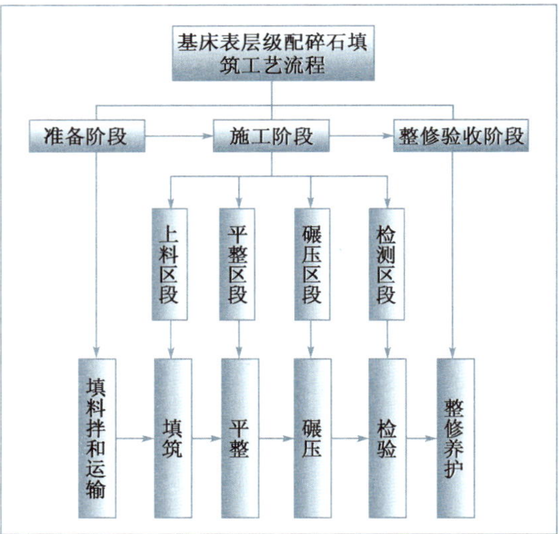

图1-2-25　基床表层施工工艺流程图

1. 施工工艺

高速公路路堤填筑过程及方法与普速公路路堤填筑有许多相同或相似之处。基床底层及以下填筑施工按照"三阶段、四区段、八流程"施工工艺进行，如图1-2-12所示。

基床表层施工按照"三阶段、四区段、六流程"施工工艺进行，如图 1-2-25 所示。

2. 施工要点

(1)根据试验段确定的虚铺厚度在路基两侧布设标示桩，分层厚度小于 30cm，在路基表面标示出用料卸车数、纵向卸车距离；对施工段落进行技术交底，包括填层厚度、宽度、填料类别、压实标准及注意事项。

(2)分层填筑。

①按横断面全宽纵向水平分层填筑压实;按照卸车标示距离专人指挥卸车,保证每层填料厚度及宽度。

②为保证边坡压实质量,填筑时路基两侧各加宽40cm。若有特殊要求时,按照设计办理。

(3)摊铺平整,翻松晾晒。

①填料的摊铺采用推土机按照边桩标示高度进行。

②初步摊平达到要求后,检测填料含水率是否在施工最优含水率2% ~3%内,当含水率较低时,及时洒水。

③填料含水率适中时,压路机静压一遍后,平地机进行整平和整形,平地机由两侧向路中心进行刮平。使其纵向顺延,横回路拱应符合要求,精平要仔细进行,必须将局部高出部分刮除,并清出路堤外。

(4)碾压夯实。

①根据试验确定的碾压方案及路段的特点,碾压前对压路机驾驶员进行技术交底,其内容包括:碾压起讫范围、压实遍数、压实的速度等。

②路基整形完成,填料含水率接近最优含水率时,用压路机在路基全宽范围内静压一遍,压路机应由两侧路肩向路中心碾压。

③路基经过稳压后,用大吨位重型振动压路机进行压实,压实原则为"先轻后重,先慢后快,先弱后强"。由两边向中间循序碾压,各幅碾压面重叠不小于0.4m,各区段交接处互相重叠压实,纵向搭接长度不小于2m。

④碾压过程中,如发现局部有松软现象时,应及时挖除,用合格填料换填,以保证路基整体强度。

⑤路肩两侧应多碾压两遍,边坡也要进行夯实。

第五节 土质路堑开挖

一、土质路堑开挖方法及施工工艺流程

路堑开挖是将路基范围内设计高程之上的天然土体挖除,并运到填方地段或其他指定地点的施工活动。深长路堑往往工程量巨大,开挖作业面狭窄,常常是一段路基施工进度的控制性工程。因此,应因地制宜,以加快施工进度、保证工程质量和施工安全为原则,综合考虑工程量大小、路堑深度和长度、开挖作业面大小、地形与地质情况、土石方调配方案、机械设备等因素,制订切实可行的开挖方式。根据路堑深度和纵向长度,开挖时可按以下几种方法进行。

1. 路堑开挖方式

(1)横挖法

横挖法是从路堑的一端或两端按路堑横断面全高和全宽,逐渐地向前开挖路堑的方式。

它分为单层横挖法和多层横挖法，因工作面小，仅适用于短而浅路堑。

①单层横挖法。路堑深度不大，一次挖到设计标高的开挖方法，如图 1-2-26a）所示。

②多层横挖法。若路堑较深，为增加作业面，而在不同高度上分成几个台阶同时开挖的方法。这种开挖法，每一开挖层都有单独的运土通道和排水设施，它可容纳更多的施工机械，形成多向出土以加快工程进度，如图 1-2-26b）所示。

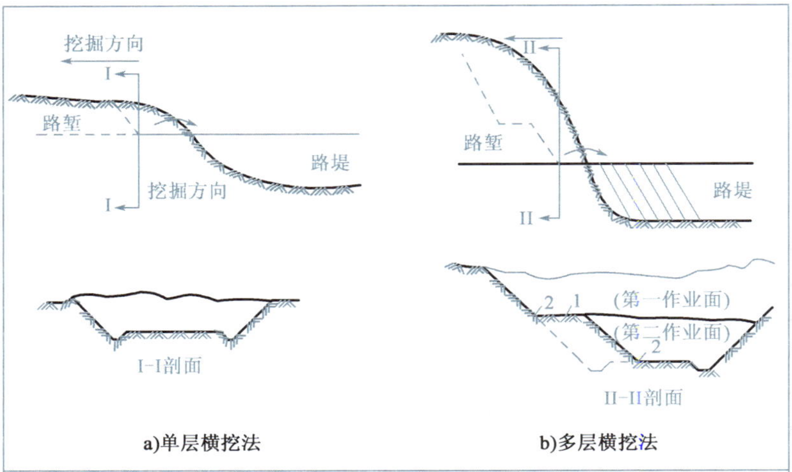

图1-2-26　横挖法示意图
1-第一台运土道；2-临时排水坡

（2）纵挖法

纵挖法分为纵向分层开挖法、纵向通道开挖法、纵向分段开挖法。

①分层开挖法。沿路堑全宽以深度不大的纵向分层挖掘前进的路堑开挖方式。这种施工方法适宜于宽度和深度均不大的长路堑，如图 1-2-27a）所示。

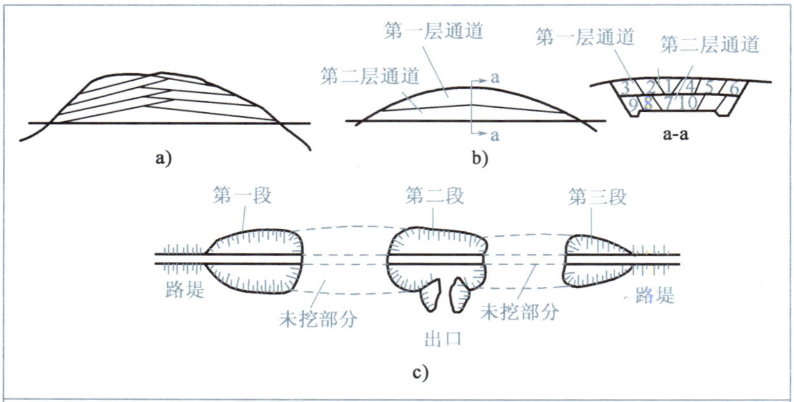

图1-2-27　路堑纵挖法

②通道开挖法。先沿路堑纵向分层，每层先纵向挖掘一条通道，然后将通道向两侧拓宽，上层通道拓宽至设计边坡后，再开挖下层通道，按此方法直至开挖到挖方路基顶面标高，这种

开挖方法称为纵向通道开挖法。这种施工方法适用于较长、较宽、较深而两端地面坡度较小的情况,如图 1-2-27b) 所示。

③分段开挖法。沿路堑纵向选择一个或几个适宜处,将较薄一侧路堑横向挖穿,将路堑在纵向按桩号分成几段,各段再拉槽纵向开挖的方式称为纵向分段开挖法。这种挖法适用于路堑过长,弃土运距过远的傍山路堑,或一侧路堑壁不厚的路堑开挖,如图 1-2-27c) 所示。

(3) 混合开挖法

混合开挖法是将横挖法与纵挖法混合使用的路堑开挖法。

2. 施工工艺流程图

路堑开挖施工工艺流程,如图 1-2-28 所示。

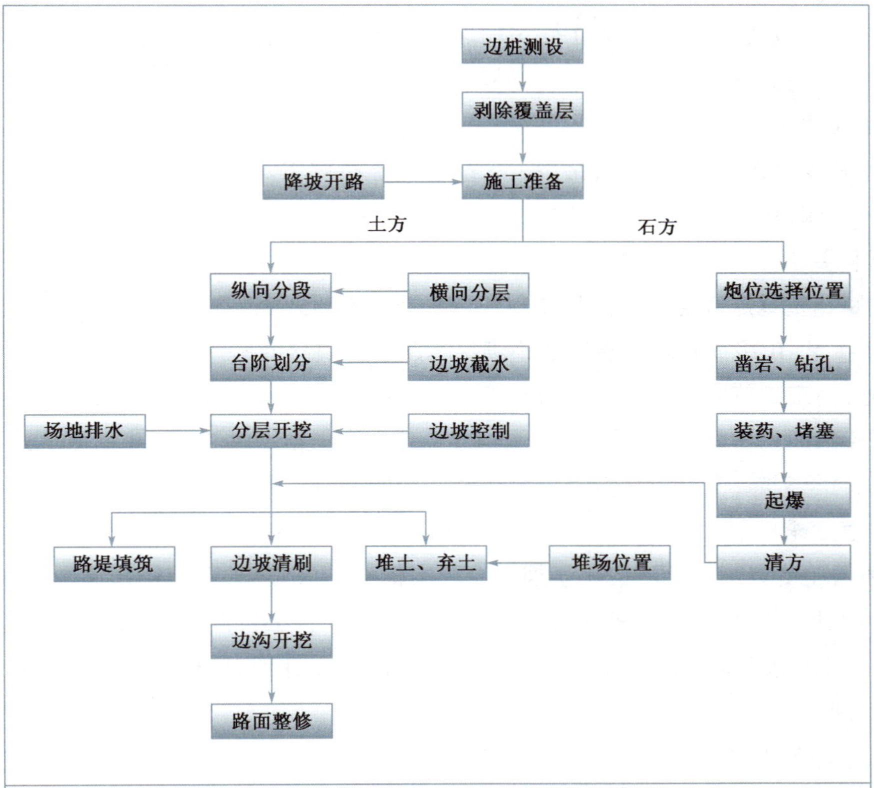

图1-2-28 路堑开挖施工工艺流程图

二、土质路堑开挖施工要点

1. 施工准备

路堑施工前,必须先做好土体稳定性分析,复核设计边坡是否满足稳定性要求。按设计位置做好堑顶排水系统,如截水沟、天沟,待排水系统完善后进行路堑开挖。滑坡地段施工前,应有防治技术措施并已实施,避免雨季施工。

2. 测量放线

根据复测的线路中线放出开挖边线桩，放线时应定位准确，两侧各预留 0.2 ~ 0.3m 不开挖，待开挖后进行人工刷坡。

3. 路堑开挖

选用合适的开挖方式，以机械施工为主，采用推土机配合挖掘机、装载机挖土装车，自卸汽车运至弃土点。开挖过程自上而下进行，严禁掏底开挖，以策安全。路堑施工应避免超欠挖，开挖后及时施作防护，不论采用何种开挖方式，不得破坏上侧的天然植被和排水系统。要做好临时排水系统，保证施工中和竣工后的排水通畅，堑内不积水。

4. 边坡整修

边坡(20cm 左右)，当机械开挖至靠近边坡 0.2 ~ 0.3m 时，不再开挖，预留一定厚度的保护层。在施作边坡防护时，改为人工修坡刷坡。开挖与边坡整修同步进行，采用分级开挖，分级支护、分级加固的方法。

5. 基床处理

当路堑开挖接近设计标高时，采用人工配合推土机施工。到达设计标高后及时对基底土质情况进行检测，基床应达到如下要求。

(1) 材料要求

I 级铁路路堑基床表层土不满足填料的选择要求时，应进行换填处理，施工工艺同路堤基床表层施工工艺；II 级铁路基床表层土不满足基床表层填料的选择要求时，应采取换填或土质改良等措施，施工工艺同路堤基床表层施工工艺。经检测基床底层原地层土质符合要求，不换填时，表面应做成向两侧 4% 的排水坡，施工时，其上应保留 10 ~ 20cm 厚的原土保护层，待基床表层施工时再挖除，同时应尽量避免机械对基床底层原地层的扰动破坏。

(2) 强度要求

基床表层土的天然密度不应小于规定的压实标准，否则应采取压实措施。基床底层厚度范围内天然地基的静力触探比贯入阻力 P_s 值：I 级铁路不得小于 1.2MPa，II 级铁路不得小于 1.0MPa。天然地基基本承载力：I 级铁路不小于 0.15MPa，II 级铁路不小于 0.12MPa。否则应进行加固处理。

(3) 基床加固措施

就地碾压，换土或土中加入石灰、水泥、砂、炉渣等改良土，加强排水，设置土工合成材料，综合措施。

第六节　石质路基施工

一、石质路堤施工

填石路堤是指用挖方地段的石方弃渣填筑或其他来源的石料填筑的路堤，填石路堤的填料性质、填筑方法、压实标准及边坡的防护等与土质路堤有很大的差别。

1. 施工工艺

填石材料要符合规范要求，使用前要做土工试验。路堤填筑前要进行现场填筑压实工艺性试验。基床以下填石路堤填筑按“三阶段、四区段、八流程”施工，三阶段为准备阶段、施工阶段、竣工验收阶段；四区段为填筑区段、平整区段、碾压区段、检测区段；八流程为施工准备、基底处理、边坡码砌、分层填筑、摊铺整平、碾压夯实、检查签证、边坡整修。以此分层重复填筑至路堤成型。

2. 施工要点

（1）边坡码砌

①边坡码砌。选用较大和整齐的石块随填方分层向上码砌，以保证靠近边坡的填料碾压密实。

②边坡码砌方法。有台阶式和栽砌式两种，如图 1-2-29 所示。

③边坡码砌尺寸要求。码砌边坡的路基每侧加宽 0.2m，码砌后的边坡坡率应符合设计要求，坡面为大致平整或有规则的台阶。码砌厚度下 2m，自下而上逐渐减薄为 1m。

（2）分层填筑或特殊情况下倾填

一般情况下，对风化石块和不易风化的石块填筑路堤时，均应采用按横断面全宽，纵向分层填筑压实。分层厚度一般为 0.5m 左右。填筑时每填筑一层石块后，再用碎石渣铺垫其上，将缝隙填塞紧密，在填筑到离路堤顶面距离为 30cm 厚的范围内，应使用小于 15cm 的碎石填筑，其断面与填土路堤相同。

每层填料应用不同粒径的岩块混合填筑，岩块最大粒径不得大于层厚的⅔，较大的岩块须破碎后方可填入。填筑时，安排好运行路线，专人指挥卸渣，水平分层填筑，先低后高，先两侧后中央。

在陡坡地段，施工困难时，或爆破石方量大时，对不易风化的石块填筑路堤，除对在路基面以下 1.2m 以内和路基底部（路堤 $H/3$ 以下部分，一般采用 3～5m）两部分进行分层铺填外，填石路堤中间部分可以先码砌两侧边坡，然后在两侧码砌边坡之间，用倾填的办法进行填筑。填腹工作紧随着边坡的码砌进行，随码随填，如图 1-2-30 所示。

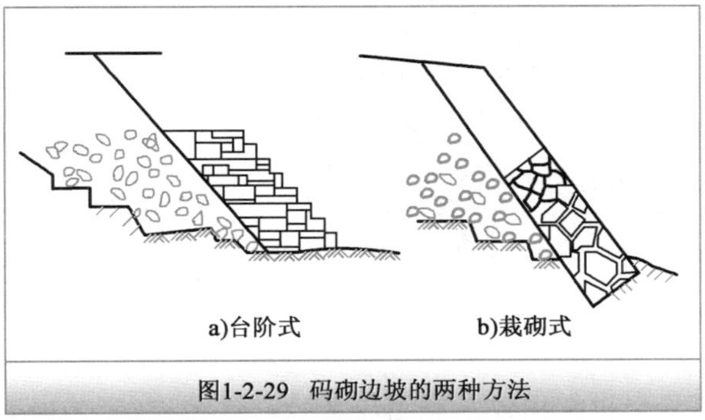

图1-2-29 码砌边坡的两种方法

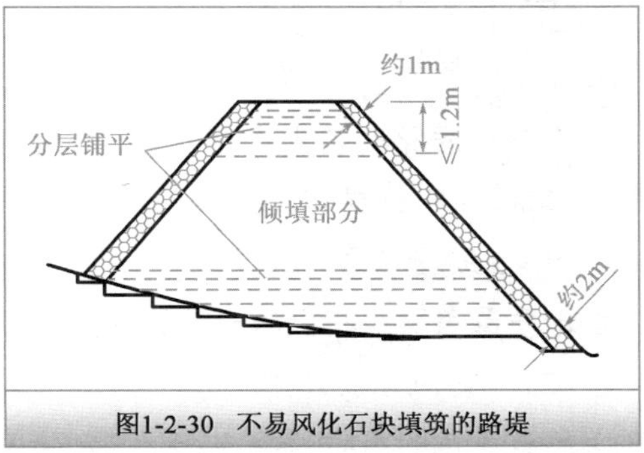

图1-2-30 不易风化石块填筑的路堤

(3)摊铺整平

对分层填筑段，填料卸下后，先用大型推土机摊铺，使之大致平整，岩块之间无明显的高差，大石块要解体，然后配合人工找平，在每层的表面填筑厚10cm左右的砾石或粒径不大于10cm的碎石，达到层面基本平整，无孤石突出，以保证碾压密实。

(4)碾压夯实

必须采用振动压路机碾压。每层碾压后，在2.0m×1.0m范围内，层面高差不得超过0.1m。其余施工要点大致与土质路堤相同。

二、石质路堑开挖

1. 石质路堑的开挖方式

根据岩石的类别、风化程度、节理发育强度、施工条件及工程量大小等可分为爆破法、松土法或破碎法进行开挖。

爆破法开挖分为中小型爆破和大爆破，其中，使用频率最高的是中小型爆破，中小型爆破又分为裸露药包法、浅孔炮、深孔炮、药壶炮、猫洞炮、微差爆破、光面爆破、预裂爆破等。松土法开挖是充分利用岩体的各种裂缝和结构面，先用推土机牵引松土器(见图1-2-31)将岩体翻松，再用推土机或装载机与自卸汽车配合将翻松的岩块搬运到指定地点。凡能用松土法开挖的石方路堑，就不用爆破法施工。随着大功率施工机械的应用，松土法越来越多地应用于石质路堑的开挖。破碎法开挖是利用破碎机(见图1-2-32)凿碎岩块，然后进行挖运等作业，是爆破法和松土法的辅助作业方式。

图1-2-31 推土机牵引松土器

图1-2-32 破碎机

天然石质路堑自上而下可分为土质覆盖层、严重风化层、轻微风化层、未风化层等，开挖时，应掌握竖向分层，以便采用不同的方法和机械设备。

(1)土质覆盖层开挖

地质覆盖层应按土质开挖方法施工。

(2)严重风化层开挖

严重风化的石质，岩石结构松散，强度低，一般可采用松土器勾松或浅孔爆破松动后，配合机械挖除。

(3)轻微风化层开挖

轻微风化的岩层,岩层结构较完整,有一定的强度,需采用爆破,靠近堑坡处采用浅孔光面爆破方法挖除。

(4)未风化层开挖

未风化的岩层,结构完整坚固,石质强度高,可采用浅孔爆破、深孔爆破,并兼用微差、光面、预裂等爆破技术开挖。

2. 施工要点

(1)施工准备

应进行施工爆破区安全管理,同时应检查堑顶坡面,发现危石、裂缝或其他不稳定因素,必须先行妥善处理。测量放样要求同前。

(2)路堑开挖

路堑开挖采用爆破施工时,爆破施工应以小型、松动爆破为主,不得影响周围环境及路堑边坡,山体稳定。炮孔选位合理,炮孔间距准确,严格炮孔的检查,检查孔位、孔深、倾角、装药量、堵塞长度是不是符合设计要求,孔内是否有堵塞及水。要根据钻孔的实测记录,填写孔网参数表,并认真进行装药量计算。

装药时,要有明确分工,专人负责,按设计药量严格控制装药数量。每孔放一标签,标签上注明每孔的孔深、装药长度、装药结构、堵塞长度。爆破器材应检查试爆,不得在雷雨、大雾、大风天气装药,装药过程中出现问题,应立即停止装药,及时报告,研究处理办法。加强堵塞质量,堵塞长度要严格按照设计长度进行。堵塞材料采用钻岩粉或黏土,并分层捣实堵紧。引爆前要发出引爆信号,要避免出现拒爆,拒爆处理必须尽快。

路堑开挖应自上而下,严禁掏底开挖。如坡脚出现超挖,应用浆砌圬工补齐或按设计坡率刷坡,消除超挖现象。岩层走向、倾角不利于边坡稳定及施工安全的地段,应顺层开挖,不得挖断岩层,应采取减弱施工振动措施,在设有挡墙的地段,应采取马口开挖并设置临时支护。开挖后,当发现土石分界位置与设计不符时,应及时提出变更申请,尽早完善变更手续。爆堆的位置、高度应符合爆破任务的要求,爆破后的岩块块度适于装运和利用。采用爆破工艺施工,应严格遵守《爆破安全规程》(GB 6722—2003),严禁违章作业。要加强人员的安全教育,操作人员须持证上岗,对周围村庄、居民、过往车辆等要有安全保护(预防)措施。

(3)边坡整修

路堑坡面,应平顺,无明显的局部高低差,凸悬危石、浮石等应及时清除,出现坑穴、凹槽应及时用 M7.5 浆砌片石嵌补平整。

(4)基床处理

路堑施工接近堑底时,应鉴别核对土石,按设计断面测量放样。对强风化硬质岩石、软质岩石路堑基床处理同土质路堑基床处理。对硬质岩石路堑,完整未风化的岩层基底不需特殊处理。只需将凹凸不平处以混凝土或级配砂砾石、级配碎石填平。路拱坡面设 4% 人字排水坡，路堑路基面应平顺，肩棱整齐。

第七节　过渡段施工

Ⅰ、Ⅱ级铁路施工时，路堤与桥台连接处、路堤与涵洞连接处、路堤与路堑连接处均应设置过渡段。

(1)路堤与桥台过渡段设置，如图1-2-33a)所示。过渡段应采用级配碎石填筑。

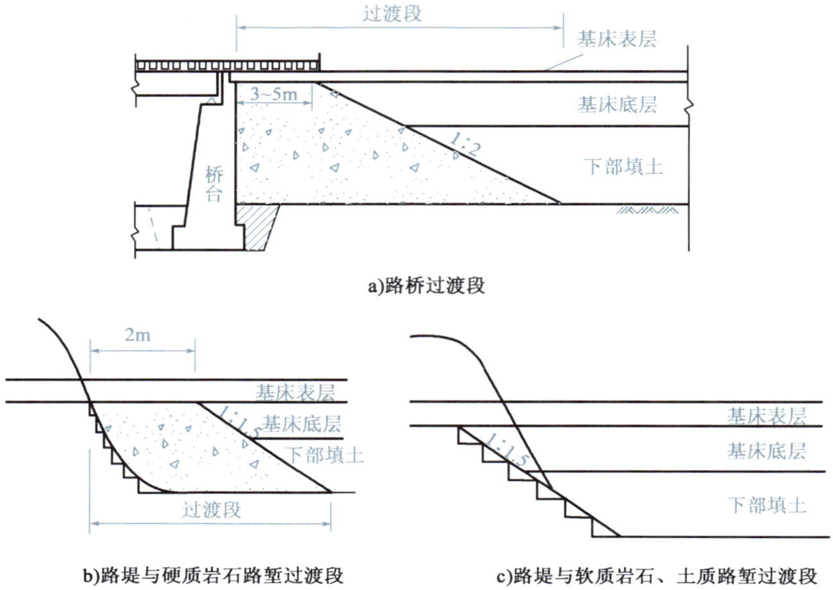

图1-2-33　路堤与构造物过渡段

(2)一次铺设无缝线路的Ⅰ级铁路，路堤与路堑连接处应铺设过渡段。当路堤与路堑连接处为坚硬岩石时，在路堑一侧应顺原地面纵向开挖台阶，台阶高度为0.6m左右，并应在路堤一侧设置过渡段，如图1-2-33b)所示。过渡段应采用级配碎石填筑。

(3)当路堤与路堑连接处为软质岩石或土质路堑时，应顺原地面纵向挖成1∶1.5的坡面，坡面上开挖台阶，台阶高度为0.6m左右，如图1-2-33c)所示。其开挖回填部分材料、基床表层填料及压实标准与相邻路堤相同。基床表层以下应选用A组填料。

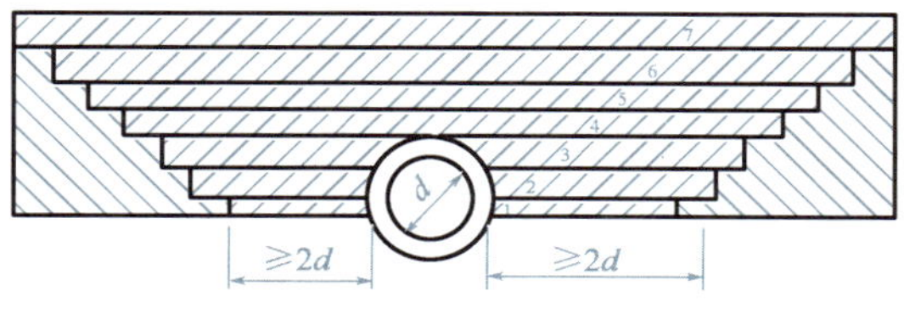

图1-2-34　涵管缺口填土程序图

(4)路堤与涵洞连接处应设置过渡段。涵管处路堤缺口的填筑，应从涵管两侧每边不少于2倍涵管孔径的宽度起，水平分层对称地向上填筑并仔细夯实，以免由于单侧填土形成偏压而把涵管推坏。涵管缺口填土程序，如图1-2-34所示。

填涵管缺口所用土质，应为含黏土10%以内的沙质土，不宜使用黏土填筑，以保证路基内水分能及时排出。与缺口填土接壤处的已成路堤应挖成台阶，以保证衔接良好。

如涵管位于填石路堤地段，为保证各部分受力均匀，涵管顶上至少1m高及涵管中线两侧各2倍于涵管孔径的范围内，应以粒径小于15cm的石块填筑，如图1-2-35所示。

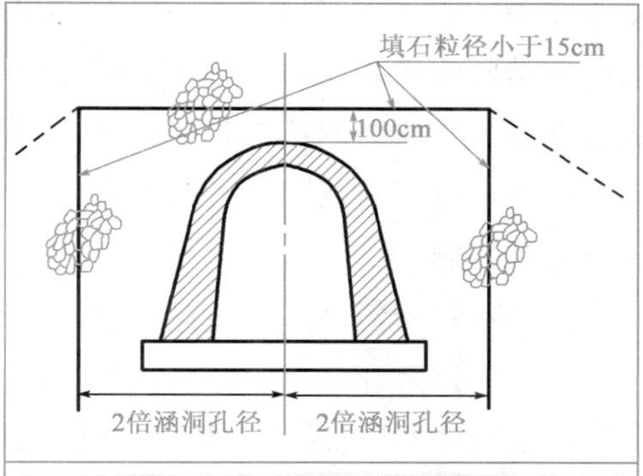

图1-2-35 填石路堤的涵洞缺口

路堤与桥台、路堤与硬质岩石路堑、路堤与涵洞连接处过渡段，基床表层填料及压实标准与相邻路堤相同。基床表层以下应选用A组填料。

第八节 路堤预留沉降量及沉降观测

预留沉降量又称沉落量，填筑路堤时应根据路堤高度、填料种类、压实条件、地基情况、施工季节及延续时间等因素，估计填筑后路堤和地基的总沉降，预先加筑沉降量，并考虑与桥台及两端线路纵坡顺接，适当调整预留量，待路堤竣工铺轨时，再根据路面沉降观测推算的剩余沉降量修正预留量。路堤预留沉降量设置如图1-2-36所示，保持设计坡脚不变，将施工边坡略陡于设计边坡，路基面不小于设计宽度。

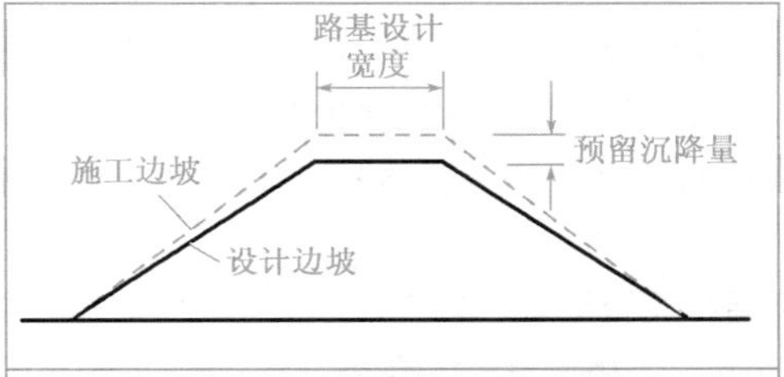

图1-2-36 路堤预留沉降量示意图

土质路堤的预留沉降量，就当前沿用的常规施工的技术条件下，仍然必须保证。预留沉降量的取值可参见规范，填石路堤的沉降量，只要在施工中保持了分层填筑、填塞空隙，数值是较小的。由于影响预留沉降量的因素很复杂，不宜机械地规定。因此，应在施工期间选定代表性断面进行沉降观测，观测点宜分别埋设在路堤基床以下部分堤高的1/3处、2/3处和基床底面。根据观测结果，可适当调整预留沉降量。当填筑至基床底面时，观测点的时间—填高—沉降曲线表明沉降已趋于稳定，预留沉降加高量可减少或只按基床高度加高。

边桩及沉降观测桩在施工期间每一填筑层应进行一次观测，在沉降量突变的情况下，每天应观测2～3次。当两次填筑间隔时间较长时，每3d应观测一次。路堤经过分层填筑达到预压高程后，在预压期的前2～3个月内，每5d观测一次；3个月后7～15d观测一次；半年后1个月观测一次，一直观测到预压期末。预压期后每3个月观测一次直至移交。当沉降速率变化较大时，应增加观测频次。

路基填筑至设计高程后，应按设计在路肩设观测桩，与边桩和沉降观测桩同步进行观测。

交付铺轨时，预留沉降加高的路基面，应与邻接的填挖交界或桥台以及预留沉降量较小的地段保持平顺连接。为达到平顺连接目的，必要时，预留沉降高度应作适当调整。预留沉降加高的路基面的抬高，应向邻接的填挖交界或桥台以及预留沉降量较小的地段顺坡递减，递减的纵坡不宜大于线路的最大限制坡度，困难条件下不得超过最大限制坡度加 2‰。

在不适宜预留沉降高度的地段，如站场应考虑加强压实以提高填筑层密度，或采取预压加速沉降等措施。

沉降观测资料，应齐全、翔实、规范，符合设计要求，并及时整理、汇总分析，提供给相关单位作为工后沉降评估的依据。

竣工验交时，沉降观测设施和观测资料应与工程同时移交给工程接收单位。

阅读材料

客运专线铁路路基 K_{30} 检测技术

1. 地基系数 K_{30}

地基系数 K_{30} 是表示土体表面在平面压力作用下产生的可压缩性的大小。它是用直径为 300mm 的刚性承载板进行静压平板荷载试验，取第一次加载测得的应力—位移（σ-s）曲线上 s 为 1.25mm 所对应的荷载 σ_s，按 $K_{30}=\sigma_s/1.25$ 计算得出，单位为 MPa/m。

2. 国内外发展现状

20 世纪 30 年代开始美国提出的压实度指标，即压实系数 K、相对密度 D_r 或孔隙率 n，至今仍然作为世界各国路基设计及施工控制的土的压实质量标准。虽然，以压实度为参数的路基压实质量标准具有击实试验指导现场施工、现场检测简便等优点，但是，对于高速铁路或其他对强度指标要求严格的情况，仅靠压实度参数来反映填土的压实质量就有其局限性。

为了保证路基填土的强度指标，20 世纪 70～80 年代，许多国家开始用强度及变形指标作为路基填土质量控制参数，即所谓的“抗力检测法”。其中包括美国的 CBR（加州承载比值）标准，德国、法国、奥地利和瑞士等国家的静态变形模量 E_{v2} 标准，日本的地基系数 K_{30} 标准等。可见，采用强度及变形参数作为控制指标是路基质量标准的一大进步。

我国铁路系统自 1985 年大秦线施工引入 K_{30} 平板荷载试验以来，在铁路建设中已经逐步推广应用。从 20 多年 K_{30} 在我国铁路系统应用的情况来看，无论是仪器设备、试验方法，还是设计标准均已比较成熟。地基系数 K_{30} 已成为新线铁路控制基床和路堤填料压实质量的主要指标之一，并已正式列入《铁路路基工程施工质量验收标准》（TB 10414—2003）和《铁路路基设计规范》（TB 10001—2005）。

3. K_{30} 平板荷载试验的适用条件和要求

K_{30} 平板荷载试验适用于粒径不大于荷载板直径 1/4 的各类土和土石混合填料。

由于 K_{30} 的荷载板直径只有 300mm。因此对所填路基土的颗粒粒径和级配有一定的限值，否则颗粒粒径过大，级配不均匀，K_{30} 的测试结果就会带来较大的误差，难以真实反映路基的压实情况。

K_{30} 平板荷载试验的测试有效深度范围为 400～500mm。

由于 K_{30} 平板荷载试验成果，所反映的是压板下大约 1.5 倍压板直径深度范围内地基土的性状，因此要想真实全面地反映更深土层的情况，尚需结合其他的检测手段进行综合评定。

K_{30} 平板荷载试验应置于扰动带以下进行。

影响 K_{30} 测试结果的因素很多，但含水率变化是造成 K_{30} 测试结果偶然误差的主要因素，也就是说 K_{30} 测试结果具有时效性。

另外，测试面必须是平整无坑洞的地面。对于粗粒土或混合料造成的表面凸凹不平，应铺设一层 2～3mm 的干燥中砂或石膏腻子。此外，测试面必须远离振源，以保持测试精度。雨天或风力大于 6 级的天气，不得进行试验。

4. K_{30} 平板荷载试验的仪器设备

K_{30} 平板荷载试验设备包括荷载板、加载装置、反力装置、下沉量测量装置（由测桥和测表组成），如图 1-2-37 所示。

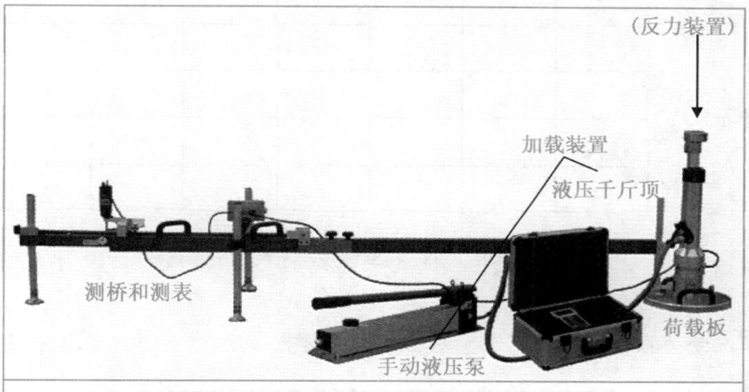

图1-2-37　K_{30}平板荷载试验仪器设备

5. K_{30} 平板荷载试验操作步骤

场地测试面应进行平整，并使用毛刷扫去松土。当处于斜坡上时，应将荷载板支撑面做成水平面。

（1）安置平板荷载仪

①将荷载板放置于测试地面上，应使荷载板与地面良好接触，必要时可铺设一薄层干燥砂（2～3mm）或石膏腻子。借助荷载板上水准泡或水准仪调整水平。

②将反力装置承载部分安置于荷载板上方，并加以制动。反力装置的支撑点，必须距荷载板外侧边缘 1m 以外。

③将千斤顶放置于反力装置下面的荷载板上，可利用加长杆和通过调节丝杆，使千斤顶顶端球铰座紧贴在反力装置承载部位上。

④安置测桥，测桥支撑座应设置在距离荷载板外侧边缘及反力装置支承点 1m 以外。测表的安放必须相互对称，并且应与荷载板中心保持等距离。

（2）加载试验

①为稳固荷载板，预先加 0.01MPa 荷载，约 30s，待稳定后卸除荷载，将百分表读数调至零或读取百分表读数作为下沉量的起始读数。

②以 0.04MPa 的增量，逐级加载。每增加一级荷载，应在下沉量稳定后，读取荷载强度和下沉量读数。

③当总下沉量超过规定的基准值(1.25mm),或者荷载强度超过估计的现场实际最大接触压力或达到地基的屈服点,试验即可终止。

当试验过程出现异常时(如荷载板严重倾斜,荷载板过度下沉),应将试验点下挖相当于荷载板直径的深度,重新进行试验。对出现的异常应在试验记录表中注明。

6. K_{30}平板荷载试验结果计算及制图

根据试验结果绘出荷载强度与下沉量关系曲线,如图1-2-38所示。

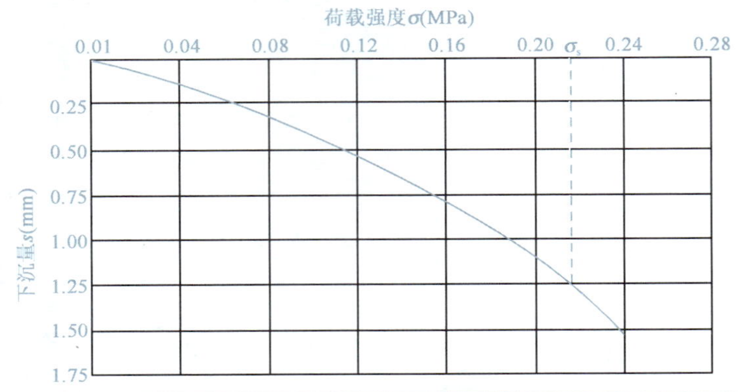

图1-2-38　荷载强度与下沉量关系曲线

从荷载强度与下沉量关系曲线得出下沉量基准值时的荷载强度,并计算出地基系数。

$$K_{30} = \sigma_s / S_s$$

式中:K_{30}——由直径30cm的荷载板测得的地基系数(MPa/m),计算取整数;

σ_s——σ-s曲线中$S_s = 1.25 \times 10^{-3}$m相对应的荷载强度(MPa);

S_s——下沉量基准值,取1.25 ± 10^{-3}m。

【任务】

1. 完成路堑开挖的施工放线、技术交底和土石方量计算工作。
2. 完成路堤施工放样、技术交底和质量验收评定工作。

单元三　路基排水及防护加固

引言

路基排水：目的是将可能留在路基范围内的地面水迅速排除出去，并防止路基范围以外的地面水流入路基范围内，确保路基经常处于干燥、坚固和稳定状态。

由岩土所筑成的路基，大多暴露于空间，长期受自然因素的作用，岩土在不利水温条件作用下，物理、力学性质将发生变化。浸水后湿度增大，岩土加剧风化。路基强度衰减和剥蚀，造成和加剧路基的水毁病害，导致路基强度降低并沉陷。为保证路基的强度和稳定性，路基的防护和加固是不可缺少的工程技术措施。

第一节　路 基 排 水

路基排水，是指排除路基本体及其附近的地面水和地下水，是修建排泄或拦截建筑物，使地面水和地下水能顺畅流走以及疏干其土体或降低其水位。

一、概述

路基排水的目的是减少路基的湿度，保证路基常年处于干燥或中湿状态，确保路基的结构稳定。

自然界中的水，分为两种情况，如图1-3-1所示。一是蓄积在地面上的叫地面水，如河水、海水，湖水、塘水等，它们均有不同程度的冲刷和侵袭作用。当其冲刷、侵袭路基时，路基将遭到不同程度的破坏。二是渗入地层中的叫地下水，如上层滞水、潜水、承压水等，它们都会使路基湿软，降低承载力，造成滑坡坍方或冻害翻浆等破坏。

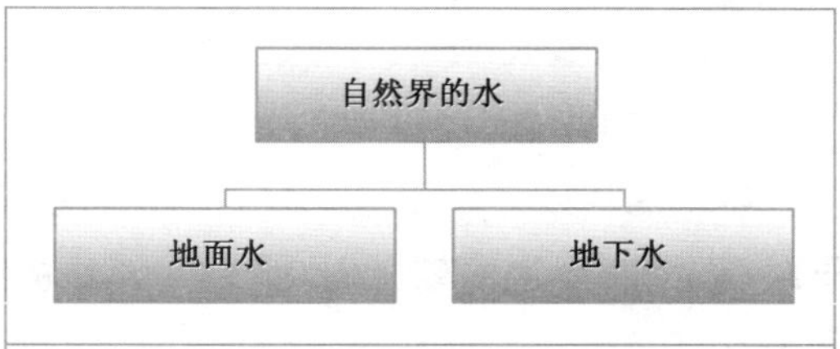

图1-3-1　自然界水分类

路基排水设备的设计，应与桥涵、隧道、车站等排水设备衔接配合，应有足够的过水能力，并且与水土保持和农田水利的综合利用相结合，同时遵守以下原则：

(1)设计前必须进行充分的调查研究，使排水系统的规划和设计做到正确合理。

(2)与线路平、纵断面设计密切配合，在线路勘测时，同时注意路基排水问题。在设计纵断面时，要注意路基侧沟排水通畅，不使发生淤积及浸泡路基。

(3)要照顾农田灌溉的需要。设计线路时，应注意地区灌溉系统，尽量少占农田，并与水利规划和土地使用规划等相配合进行综合规划。一般情况下，不应利用边沟做农田灌溉用，必要时，应采取加固措施以防水流危害路基。

(4)在不良地质地区，要结合地质结构。如遇山体破碎、岩层渗流等复杂情况，应进行单独排水系统设计；在枢纽站、区段站，由于场地宽广、地形平坦，汇水面积大、水源多，排水较困难，应结合该类站场设计工作，统一布置单独的排水设备，顺畅排走一切来源的水。

(5)排水设施的设计，应贯彻因地制宜、就地取材的原则，以减少造价。应能迅速有效地排除“有害水”，以免影响路基的强度和稳定性，保证铁路运输的安全。

二、路基地面排水设备

路基地面排水设施，如图1-3-2所示，路堑横断面示意如图1-3-3所示。

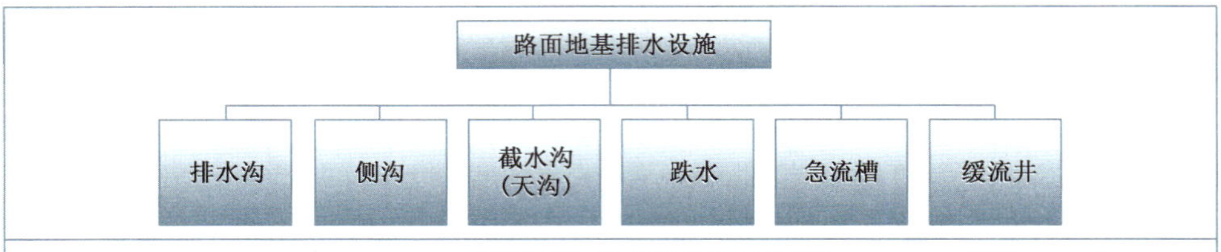

图1-3-2 路基地面排水设施图

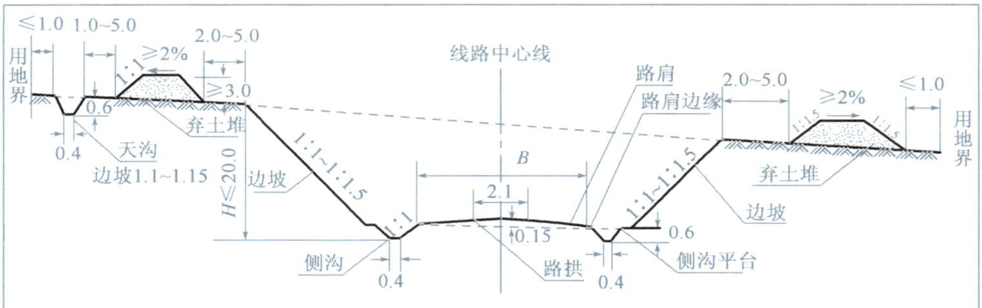

图1-3-3 路堑横断面示意图(尺寸单位：m)

1. 排水沟

排水沟用以排除路堤范围内的地面水及截排流向路堤的地面水。当地面较平坦时，设置于路堤两侧，当地面较陡时，设置于路堤的上方。当有取土坑时，可用取土坑代替排水沟，如图1-3-4所示：

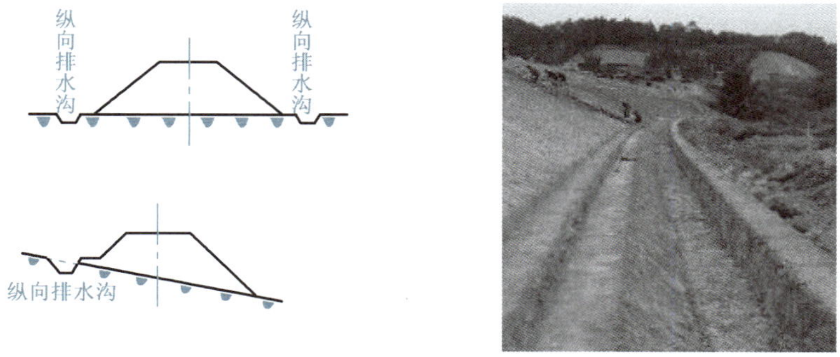

图1-3-4 排水沟

2. 天沟

天沟设于路堑堑顶边缘以外，视需要可设一道或几道，天沟位于堑顶边缘以上适当距离处，一般为 2～5m，用以截排堑顶上方流向路堑的地表水。如图 1-3-5 所示。

3. 侧沟

侧沟设置于路堑的路肩外侧，用以汇集及排除路堑边坡面及路基面范围内的地表水，如图 1-3-6所示。

图1-3-5　天沟

图1-3-6　侧沟

4. 截水沟

截水沟设在台阶形路堑边坡的平台上及排水沟、天沟所在部位以外必须截除地表水的地方，用以截排边坡平台以上坡面的地表水或排水沟、天沟以外流向路基的地表水，如图 1-3-7 所示。

图1-3-7　截水沟

5. 跌水

跌水的主槽底部呈台阶状的急流槽，其构造有单级和多级两类，每级高差为 0.2～2.0m，利用台阶跌水消能。一般应作铺砌防护，如图 1-3-8、图 1-3-9 所示。

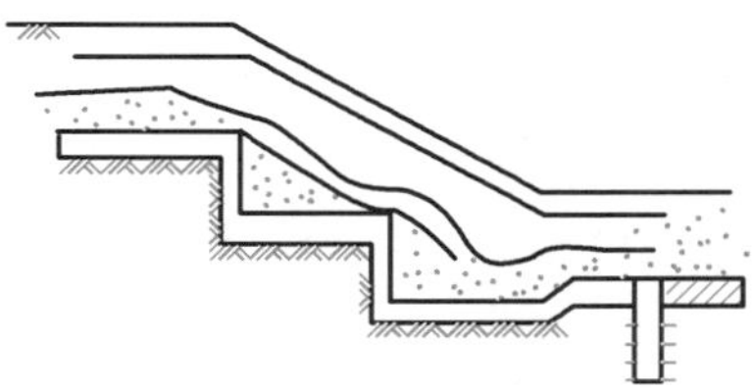

图1-3-8　跌水断面图

图1-3-9　跌水实景

6. 急流槽

急流槽是用片石、混凝土材料支撑的衔接两段高程较大的排水设施。槽身一般为矩形，如图 1-3-10所示。

图1-3-10　急流槽

三、路基地下排水设备

降低路基地下水及排除地下水设备的选择，应根据不同类型的地下水及工程具体条件、要求确定。常用的降低和排除地下水的主要设备如图 1-3-11 所示。

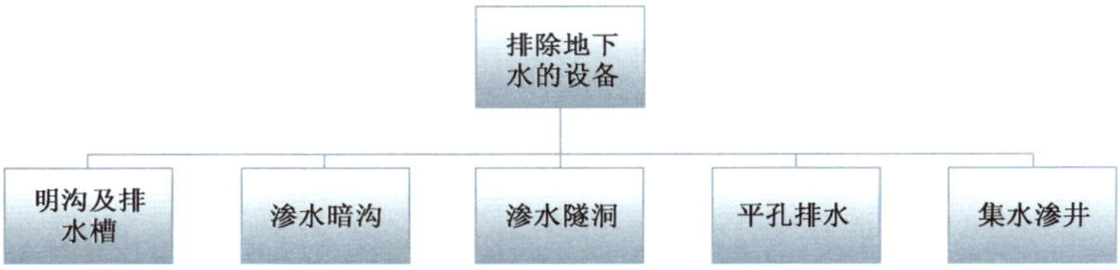

图1-3-11　排除地下水设备分类图

1. 明沟及排水槽

明沟是兼排地面水及地下水的排水设备，如图 1-3-12 所示。沟底一般应挖至不透水层，见图 1-3-13a)。若不透水层太深，沟底置于透水层内，则沟底及水沟边坡应用不透水材料作护层，以免沟中水渗入土中，见图 1-3-13b)。

图1-3-12　明沟

排水槽也是一种兼排地面水和地下水的设备，见图 1-3-13c)。排水槽侧壁有渗水孔，侧壁外最好填一层粗砂、细砾石或炉渣组成的反滤层。渗水孔在槽壁的上部，槽内水面以下的槽壁是不透水的，以免水反渗入土中。

2. 渗水暗沟

渗水暗沟又称盲沟，是一种地下排水设备，用于拦截、排除较深含水层内的地下水，疏干滑体中的水或降低地下水位，通常采用明挖法施工。

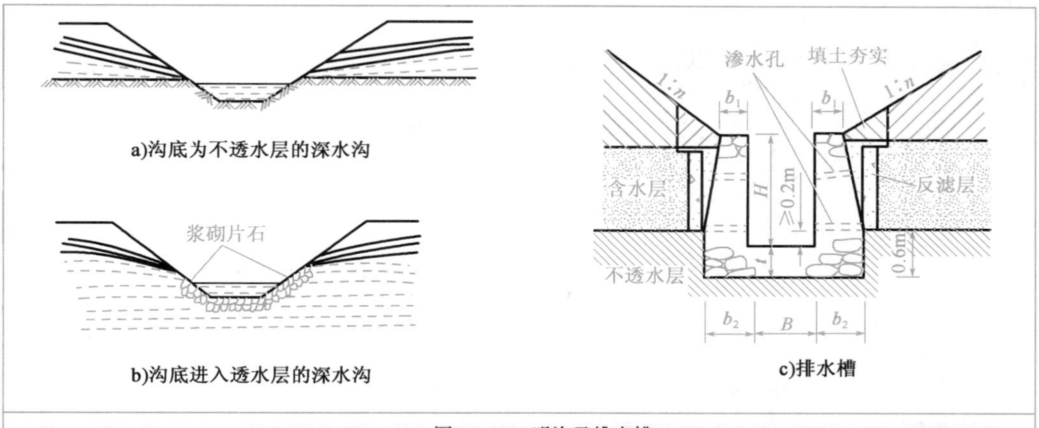

图1-3-13　明沟及排水槽

渗水暗沟可分为有管渗沟和无管渗沟两种。埋设预制管节而成的渗沟称为有管渗沟；就地砌筑的矩形断面渗沟称为无管渗沟。按渗沟作用和设置部位，又可分为截水和引水渗沟、无砂混凝土渗沟、边坡渗沟和支撑渗沟等。

(1)截水和引水渗沟

截水渗沟用于拦截地下水，引水渗沟用于引排山坡、洼地或路基内的地下水，渗沟断面一般采用矩形，渗沟底部设置矩形或圆形排水通道，排水通道纵坡一般不小于5‰，困难地段不小于2‰，渗沟出水口通常为重力式挡土墙的端墙，如图1-3-14所示。

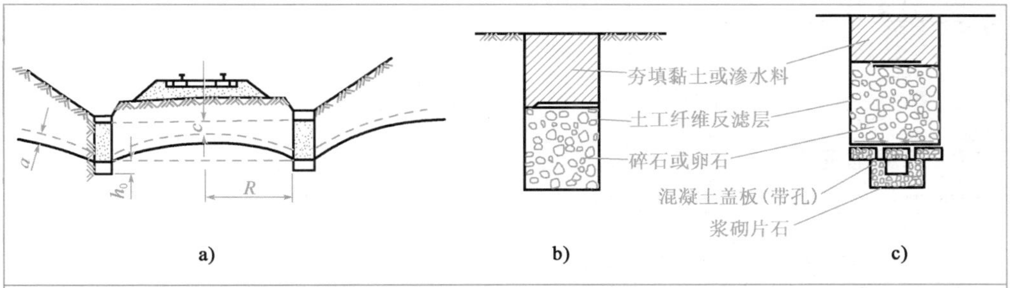

图1-3-14　设在侧沟下的渗沟

(2)无砂混凝土渗沟

无砂混凝土渗沟由无砂混凝土壁板、钢筋混凝土横撑、钢筋混凝土盖板和普通混凝土基础等组成。无砂混凝土用水泥、粗集料(砾石或角砾)及水拌制而成。无砂混凝土渗沟断面如图1-3-15所示。

(3)边坡渗沟

边坡渗沟用于疏干潮湿的边坡和引排边坡局部出露的上层滞水或泉水，并起支撑边坡的作用，适用于边坡不陡于1:1的土质路堑边坡，也可用于加固潮湿的容易发生表土坍滑的土质

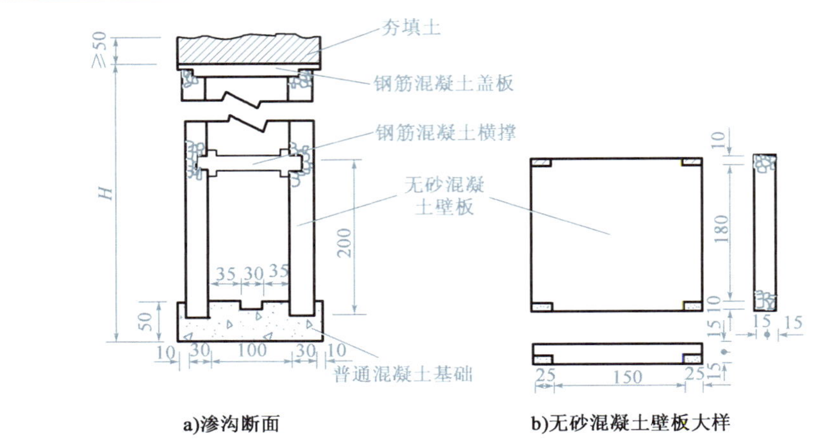

a)渗沟断面　　b)无砂混凝土壁板大样

图1-3-15　无砂混凝土渗沟(尺寸单位：mm)

路堤边坡。边坡渗沟的平面形状可作条带形、分岔形和拱形等。对于较小范围的局部湿土或泉水出露处,宜用条带形布置,对于较大范围的局部湿土,宜用分岔形布置,如图1-3-16a)所示。当边坡表土普遍潮湿时,宜用拱形与条带形相结合的布置,如图1-3-16b)所示。一般其宽度大于1.3～1.5m。

a)　　b)

图1-3-16　边坡渗沟的平面形状图

边坡渗沟应垂直嵌入边坡,渗沟基底埋置在边坡潮湿土层以下较干燥而稳定的土层内,按潮湿带的厚度作成具有2%～4%泄水坡的阶梯形,边坡渗沟纵断面如图1-3-17所示。

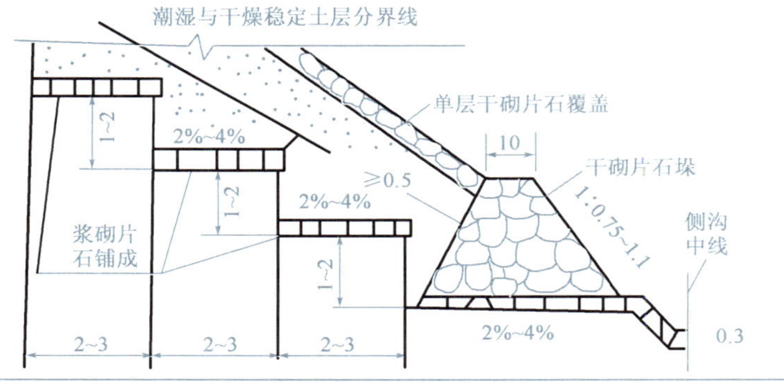

图1-3-17　边坡渗沟(尺寸单位：m)

边坡渗沟断面通常采用矩形，渗沟顶部一般用单层干砌片石覆盖，其表面大致与边坡齐平。必要时可在干砌片石表面用水泥砂浆勾缝。边坡渗沟下部的出水口，一般采用干砌片石垛。

(4)支撑渗沟

支撑渗沟，主要起支撑作用，兼起排除地下水和疏干土壤中水的作用。支撑渗沟通常采用成组的条带形布置，断面采用矩形，宽度一般为 2～3m，各条渗沟之间的距离一般为 8～15m。一般深度为数米到十几米，应布置在地下水露头和土中水发育的地方，并顺滑动方向修筑。沟底必须置于滑面以下的稳定土层或基岩内，可以顺滑面的形状做成阶梯形，最下面一个台阶的长度宜较长，以增加其抗滑能力，基底应铺砌防渗。支撑渗沟的填充部分宜用容重较大的石块干砌。填充料与沟壁之间可视沟壁土层的性质设置或不设反滤层。渗沟顶部可用单层干砌片石覆盖，其表面用水泥砂浆勾缝，以防止地面水流入。支撑渗沟的纵断面如图 1-3-18 所示。

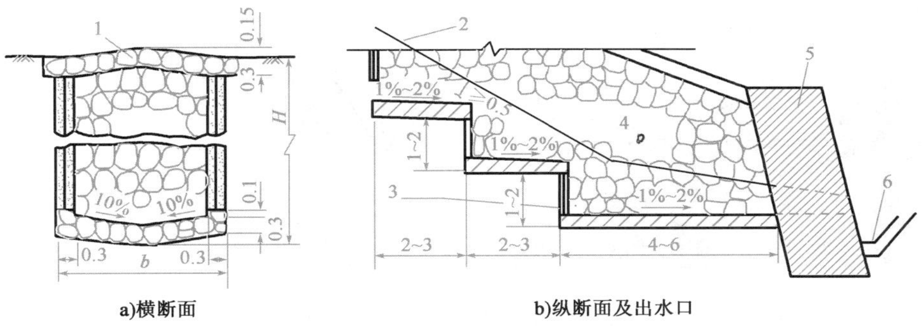

图1-3-18　支撑渗沟纵断面图(尺寸单位：m)

1-单层干砌片石表面勾缝；2-表层滑动面线；3-反滤层；4-干砌片石；5-挡墙；6-侧沟；*b*-渗沟宽度；*H*-渗沟深度

3. 渗水隧洞

渗水隧洞，又称泄水隧洞。它用于截排或引排埋藏较深的地下水，或与立式渗井(渗管)群配合使用，以排除具有多层含水层的复杂地层中的地下水。渗水隧洞的断面形式可分为直墙式和曲墙式。隧洞出水口底部宜高出当地天然河沟的设计洪水位，高差不小于 0.5m，并至少高出洞门外铺砌的排水沟沟底 0.2m。隧洞断面及构造如图 1-3-19 所示。

4. 平孔排水

平孔排水又称水平钻孔排水，是用钻机向滑体含水层打倾斜角不大的平孔，然后在钻孔内插入带孔的钢管或塑料管，用以排除地下水而疏干土体。立面上可布置成一层或多层。单层平孔布置如图 1-3-20 所示。平孔位置必须在地下水位以下，隔水层顶板之上，尽量扩大其渗水疏干范围。平孔的间距视含水层渗透系数和要求疏干的程度而定，一般采用 5～15m 为宜。

图1-3-19　渗水隧洞断面图

1-反滤层；2-C13混凝土拱砖；3-M10水泥砂浆灰缝1cm；4-M10浆砌片石边墙；5-M10浆砌片石底板；6-C8混凝土；7-C13混凝土

5. 集水渗井

当土体中地下水埋藏较深或有多个含水层时，可用大口径竖井（直径可达3.5m）和水平钻孔或与渗水隧洞配合使用，以降低地下水和疏干其附近的土体，如图1-3-21所示。

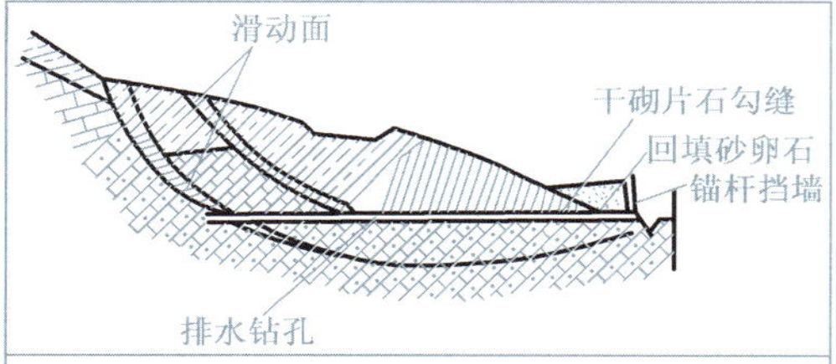

图1-3-20　单层平孔排水布置图

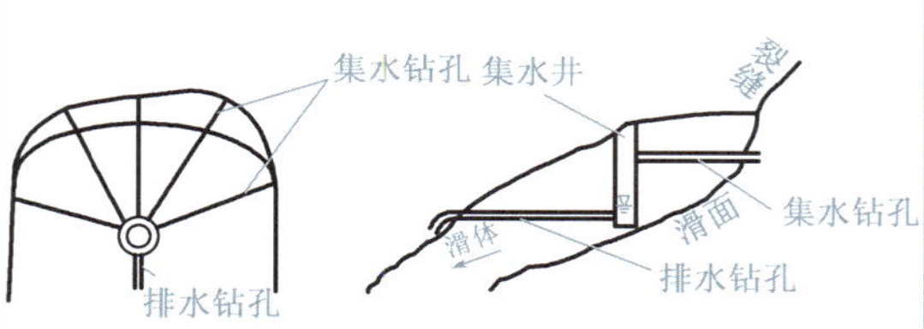

图1-3-21　集水渗井

第二节　路 基 防 护

路基防护的目的是确保路基边坡的稳定、强度、耐久性，路基防护如图1-3-22所示。

一、概述

裸露的路基边坡，除受到所处环境的地质及水文条件的影响外，还不断受到自然风化和雨水的冲刷破坏以及人类活动的影响，因而往往会出现不同情况的边坡变形，进而发展成严重的路基病害。常见的路基边坡病害有边坡溜坍、边坡坍塌、风化剥落和坡面冲刷四种类型。

图1-3-22　路基防护图

边坡溜坍是黏土质边坡的常见病害，主要有两种表现形式：一是黏土质边坡在长期阴雨和暴雨后，雨水沿边坡上的裂隙下渗，致使边坡表层土的含水率增大，抗剪强度降低，失去稳定，沿着下部未软化的土层发生溜坍；二是边坡表层为黏土质覆盖层，下部为倾斜岩层，表层的黏土受地表水下渗和地下水的影响，产生沿基岩面的溜坍。边坡溜坍，轻者堵塞侧沟，重者掩埋线路，病害继续发展将会造成整个边坡的破坏。

边坡坍塌常发生于边坡坡度陡于天然休止角的节理发育、岩层破碎、风化严重的石质路堑或土质路堑。这种病害发展过程时间较长，开始在堑顶附近出现裂纹，并缓慢地逐渐扩大，当扩大到一定程度时，在坡面水或地下水等自然因素以及列车振动等的配合下，突然顺边坡坍塌下来。在大坍塌之前，常有小的局部坍塌发生。这种变形常易造成行车事故。

风化剥落是指整个边坡比较稳定，但边坡表层由于风化作用，边坡表面的土层或岩层从坡面上剥离下来的变形现象。风化剥落常发生于易风化的岩质边坡、黄土路堑边坡的下部或软硬互层的松软层。这种病害，初期对行车影响不大，仅增加路基的养护维修工作量，但继续发展将会影响边坡的稳定。

较高的土质边坡和风化严重的石质边坡，在地表水的冲刷作用下会形成冲沟、冲坑，边坡下部尤为严重。它不仅破坏了坡面的完整，暴雨时还往往堵塞侧沟，形成泥流漫道并影响边坡。

二、路基坡面防护

为防止路基坡面病害的形成和发展，对较严重的坡面病害应立即整治，对具有一般坡面变形及有可能发生坡面变形的边坡，如容易风化和易受雨水冲刷的石质和土质边坡及严重破碎的岩层边坡，应及时、及早地加以防护。

路基坡面防护的作用在于加固坡面，防止或减轻坡面径流和风化的破坏，以达到稳定坡面的目的。常用的坡面防护有以下类型：

1. 植物防护

植物防护是指直接在路基边坡上种草、树或铺种草皮来防护边坡的方法。边坡上的植被能固结土质，调节土的湿度，防止裂隙产生和风化剥落，减缓地表水的冲刷。植被防护适用于不陡于1∶1（种草时不陡于1∶1.25），边坡土和当地气候适宜植物生长的地区。

(1) 种草

采用种草防护时，应选用根系发达，生长力强，适应当地气候、土质的草种，当边坡土质不适宜种草时，可在边坡上铺一层种植土，如图1-3-23所示。种草成活后，可抵御流速为0.4～0.6m/s的冲刷作用。种草时草籽应均匀分布，一般应在春季、秋季播种，播种后应加强管理。

(2) 铺草皮

铺种草皮的作用及适用条件与种草相同，但抵抗冲刷的能力更强一些。铺设前应先平整坡面，铺设时要紧贴边坡拍平，错缝铺种，在旱季铺种草皮后应经常洒水，使坡面湿润。此外为保证成活率，草皮应随采随用。铺设方法主要有方格草皮和满铺草皮两种，草皮有天然草皮和土工网草皮，如图1-3-24所示。

(3) 种植灌木

a)路堑坡面种草
b)喷播草种
c)路堤坡面种草

图1-3-23　种草防护

植树以灌木为好，应选择根系发达易于成活的树种栽种，如紫穗槐(图1-3-25)，除保护边坡外，还有很大的经济价值。一般按梅花形布置，当边坡上有不利于灌木生长的砂石类土时，应在栽种的坑内填种植土。植树与种草也可配合进行。

图1-3-24　满铺草皮

图1-3-25　紫穗槐

2. 抹面

对于不宜采用植物防护的边坡，如炭质页岩和浅变质的泥岩等易风化的岩质边坡，可采用抹面、喷浆、勾缝、灌浆、喷射混凝土等方法，一方面防止坡面水流的洗蚀，另一方面防止风化剥落。

抹面是将二合土(石灰、炉渣)、三合土(水泥、石灰、炉渣)或水泥砂浆均匀地摊在路基边坡上，经压实、提浆、抹光后形成的一种防护层。它适用于各种易风化但尚未严重风化的岩石边坡。其坡度不限，但须无地下水且坡面干燥，如图 1-3-26 所示。

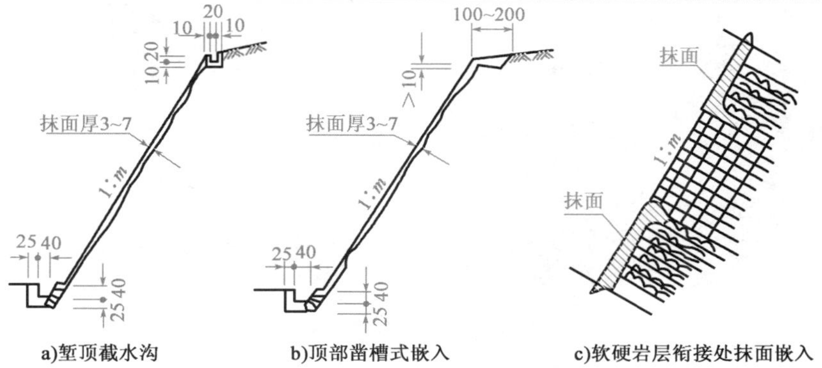

图1-3-26　抹面护坡示意图(尺寸单位：cm)

3. 捶面

捶面是将四合土、三合土分层铺在立于坡面上的模板内进行捶实，再经提浆、抹光后形成的一种坡面防护层。它适用于比较干燥的易受冲刷的土质边坡和易风化剥落的岩石边坡，其坡度不宜陡于 1:0.5。

4. 喷浆

对坚硬易风化，但尚未严重风化的岩石边坡，为防止进一步风化，可在坡面上喷射一层水泥砂浆，形成保护层。如图 1-3-27 所示。喷浆可用于高而陡的边坡，但所防护的坡面必须干燥和坚硬，地下水发育或成岩作用差的黏土岩边坡不宜使用。

喷浆防护施工中应注意下列几点：

(1) 喷浆前应清刷坡面不稳定的土、石，清扫碎屑、浮土和杂物。

(2) 喷浆的次数及厚度，应根据山体风化、表面破碎情况而定，一般喷 2 ~ 3 次，厚度 1 ~ 3 cm。

(3) 喷射要周到均匀，喷后 2 ~ 3h 要进行养生。

(4) 边坡顶部和周围要注意封闭，防止水渗入。

图1-3-27　喷浆防护

5. 锚杆铁丝网喷浆及锚杆铁丝网喷射混凝土

当坡面岩石已遭严重风化，岩石破碎时，可采用锚杆铁丝网喷浆或喷射混凝土，使坡面一定深度内的岩石得到加固并承受松散岩体产生的侧压力。

锚杆铁丝网喷浆或喷射混凝土防护如图 1-3-28 所示。首先在坡面上锚固锚杆，并焊上预制好的带铁丝网的框架,再把各框架绑扎在一起,并用预制好的铁丝网补满未铺网的空白区,使砂浆或混凝土、锚杆铁丝网与坡面形成一个整体。

图1-3-28　锚杆铁丝网喷护

锚杆用 $\phi16 \sim \phi20$ 的圆钢制成,锚固深度视岩石性质和风化程度而定,一般为 0.5 ~ 1.0m。喷浆厚度不少于 3cm,喷混凝土的厚度不少于 5cm。喷射厚度要均匀,注意勿使铁丝网及锚杆外露。其他施工技术要求与喷浆相同,如图 1-3-29 所示。

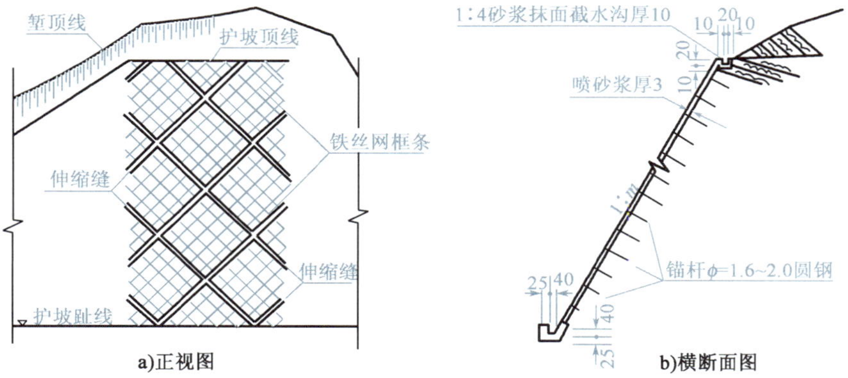

图1-3-29　锚杆铁丝网喷浆示意图(尺寸单位:cm)

6. 灌浆勾缝

灌浆是将较稀的水泥砂浆或混凝土灌注进较坚硬的、裂缝较大较深的岩石路堑边坡,借助砂浆或混凝土的黏聚力把裂开的岩石黏结成一个整体,从而防止岩石进一步风化。勾缝是用较稠的砂浆填塞岩石的细小裂缝。它适用于较坚硬、不易风化的、节理多而细的岩石路堑边坡。灌浆和勾缝还可用于修补原有圬工裂缝。

7. 干砌片石护坡

当边坡为缓于 1∶1.25 的土质或土夹石边坡,受地表水冲刷产生冲沟或坡面经常有少量地下水渗出而产生小型溜坍等病害时,可采用干砌片石护坡,如图 1-3-30 所示。

干砌片石护坡,一般采用单层栽砌,厚度约 0.3m。当边坡为粉土质土、松散砂和砂黏土等易冲蚀的土时，片石下设厚度不少于 0.1m 的碎石或砂砾垫层。

护坡应砌过边坡坡顶不少于 0.5m，基础应选用较大的石块砌筑，并埋至侧沟沟底以下，基础埋深和顶面宽度均不应小于 0.5m。当基础与侧沟相连时，应采用 M5 浆砌片石砌筑。

8. 浆砌片石护坡

在缓于 1∶1的各类岩石和土质边坡上，因风化剥落，地表水冲刷而发生泥流、冲沟和边坡溜坍时，可采用浆砌片石护坡，如图 1-3-31 所示。

图1-3-30　干砌片石护坡

图1-3-31　浆砌片石护坡

护坡采用 M5 浆砌片石，其厚度视边坡坡度及高度而定，一般为 0.3 ~ 0.5m。高边坡的浆砌片石护坡宜分级设置，每级高度不大于 20m，各级之间设宽度不小于 1m 的平台。

浆砌片石护坡上应设泄水孔。泄水孔间距 2 ~ 3m，孔径 10cm，上下左右交错布置。土质边坡泄水孔后面，在 0.5m × 0.5m 范围内设置反滤层。每 10 ~ 20m 设伸缩缝一道，缝宽 2cm，内填沥青麻筋或沥青木板。为方便检查和维修，大面积的护坡上还应在适当位置设置宽 0.6m 的踏步，如图 1-3-32 所示。

9. 骨架护坡

在易受冲刷的土质边坡和风化较严重的岩石边坡上，当坡度缓于 1∶0.5 且边坡潮湿、坡面溜坍及冲刷较严重，单纯采用草皮护坡或捶面护坡易冲毁脱落时，可采用骨架护坡。骨架内可采用草皮或捶面防护，也可在骨架内栽砌卵石。

骨架护坡常用的材料有混凝土和浆砌片石，常用结构形式有方格形、人字形、拱形等，如图 1-3-33所示。

10. 护墙

对于各类土质边坡及易风化剥落的岩石边坡，为防治较严重的坡面变形，或堑坡上有局部探头危石需作支顶时，可修筑浆砌片石护墙。如图 1-3-34 所示。

护墙适用于不陡于 1∶0.3 的堑坡防护。护墙有实体护墙、窗式护墙、拱式护墙等多种形式，分别适用于不同的边坡高度、坡度及岩层破碎情况。当边坡为土质或破碎岩石时，采用实体护墙；当边坡不陡于 1∶0.75 时，为节省圬工采用窗式护墙如图 1-3-35 所示；当边坡下部岩层较完整，仅需防护上部边坡时，可采用拱式护墙。

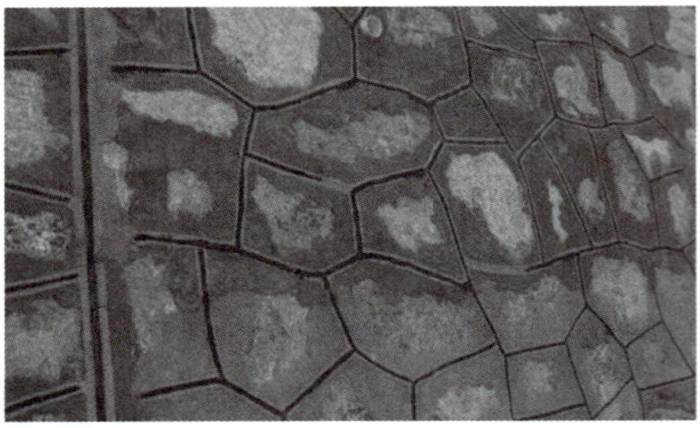

图1-3-32　浆砌片石护坡

图1-3-33　施工中的人字形骨架护坡

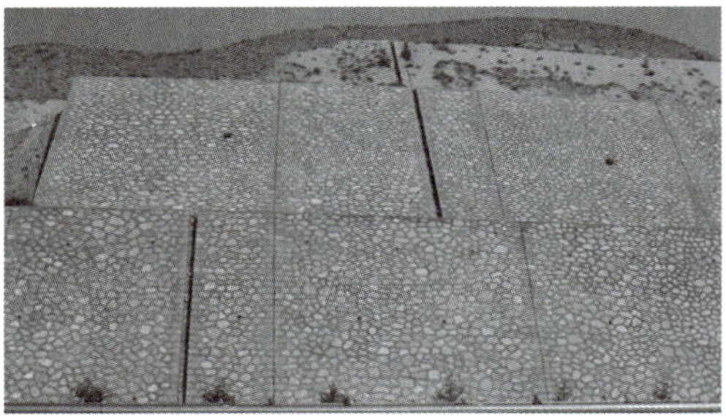

图1-3-34　浆砌片石护墙

图1-3-35　窗式护墙

11. 顶撑与嵌补

当路堑上部有探头危岩，下部有条件设置基础时，可在危岩下设置浆砌片石支顶墙；若山坡陡峻，无法用浆砌片石支顶，又不宜采用刷方清除，而危岩坚硬、节理较少时，则可用钢轨或钢筋混凝土柱、浆砌片石柱支撑。

当边坡上的凹陷较深，且凹陷上部有突出的危岩时，可将较深凹陷表面的风化层凿除，并在内部以浆砌片石或混凝土嵌补处理。

三、路基冲刷防护

在河滩或岸边修筑的铁路路基，都或多或少地受到水流和波浪的冲刷和淘蚀。为保证路基的稳固，必须根据当地的地形、地质条件和水流特性，在此地段设置足够坚固的冲刷防护建筑物，常见的路基冲刷防护方法有三类，如图 1-3-36 所示。

1. 直接防护

直接防护是直接对路基边坡进行加固，以抵抗水流的冲刷和掏蚀。它适用于水流流速不大，流向与河岸基本平行，水流破坏作用较弱或由于地形、地质条件受限制不得不采用直接防护的地段。其特点是对原来水流的干扰小，对防护地段的上下游及其对岸影响小。但由于这类建筑物直接修在受冲河岸或路堤边坡上，一旦破坏，将直接威胁铁路安全，因而必须具有足够的稳固性。

常用直接防护有以下几种类型。

(1)植物防护

植物防护是指直接在边坡上铺草皮或种植防护林。它适用于水流流向与线路大致平行，边坡不受主流冲刷且适宜于植物生长的地段，其容许流速为1.2～1.8m/s。草皮护坡一般采用台阶式或竖直式的叠砌方法。浅滩地段一般种植防水林。

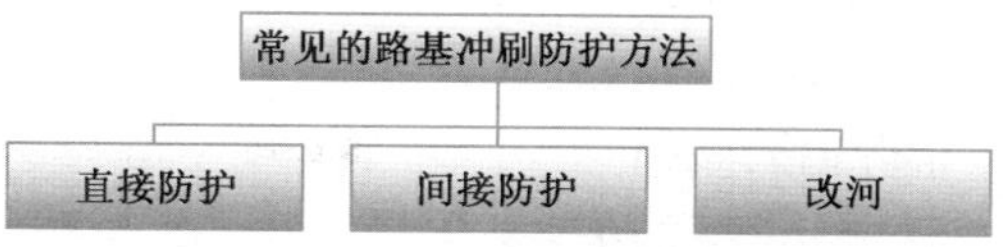

图1-3-36　常见路基冲刷防护方法

(2)干砌片石护坡

干砌片石护坡适用于水流比较平顺的河岸滩地边缘，不受主流冲刷的周期性浸水的路堤以及波浪作用不太强烈的水库边岸防护。如图1-3-37、图1-3-38所示。

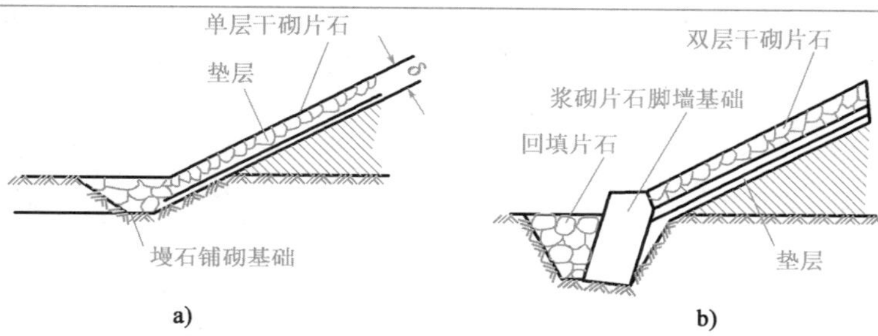

图1-3-37　干砌片石护坡示意图(尺寸单位：cm)

图1-3-38　干砌片石护坡

(3)浆砌片石护坡

浆砌片石护坡除可用于周期性浸水的路基边坡防护外，还适用于经常浸水的、受主流冲刷或受强烈波浪作用或有封冰、流水的路基边坡以及河岸和水库边岸的防护，其容许流速一般为4～8m/s，容许浪高大于1.5m。如图1-3-39所示。

(4)混凝土板护坡

混凝土板护坡用C13～C18混凝土预制成边长不少于1.0m，厚度为8～20cm的板块，并配置

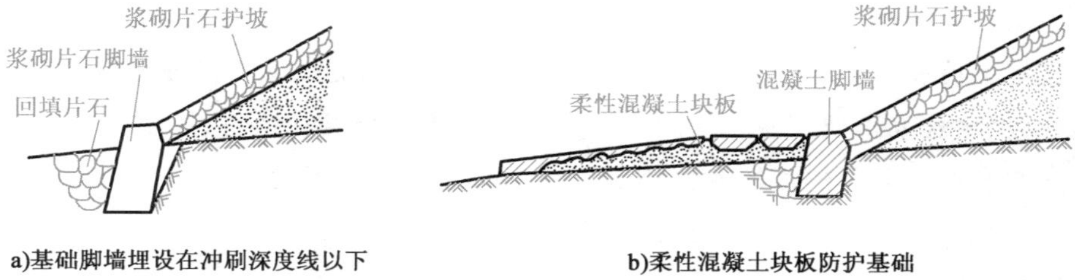

图1-3-39　浆砌片石护坡示意图

一定数量的构造钢筋，用来代替浆砌片石砌筑成混凝土板护坡，其适用范围与浆砌片石护坡相同，如图 1-3-40 所示。

(5)抛石防护

图1-3-40　混凝土板护坡

抛石防护是选用一定粒径的坚硬、耐冻、不易风化的岩石，按照一定的断面形式抛掷或堆砌于路基边坡、坡脚或河床内，用以防止路基或岸坡冲刷的建筑物。它适用于水流方向稳定、无严重局部冲刷且河床地层承载力较高的路基边坡下部及河岸的防护。此外，它还常用作水库边岸和海岸的防浪建筑物和防洪抢险的临时加固工程。其容许流速由抛投石块的粒径而定，一般不宜超过 3m/s。如图 1-3-41 所示。

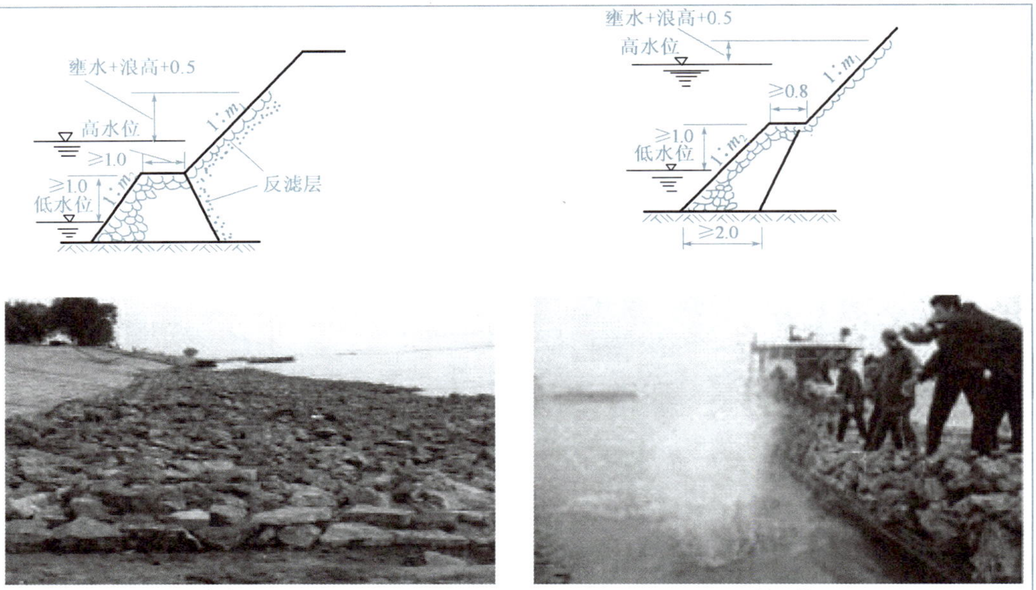

a)新堤石垛　　b)旧堤石垛

图1-3-41　抛石防护示意图(尺寸单位：m)

(6)石笼防护

石笼防护是将装满石块的铁丝笼，按照一定的断面形式抛掷或堆砌在路基边坡、坡脚或河床内，用以防止路基或岸坡被冲刷的建筑物。它有较高的强度和柔性，不需用较大的石块，适用于受洪水冲刷但无滚石的河段和大石料缺少的地区。石笼内的填充石料宜选用浸水不崩解、密度大、未风化的石块。如图 1-3-42 所示。

(7)浸水挡土墙

在需要设置坚强防护的地段，或因地形限制不宜设置其他类型冲刷防护建筑物的峡谷急

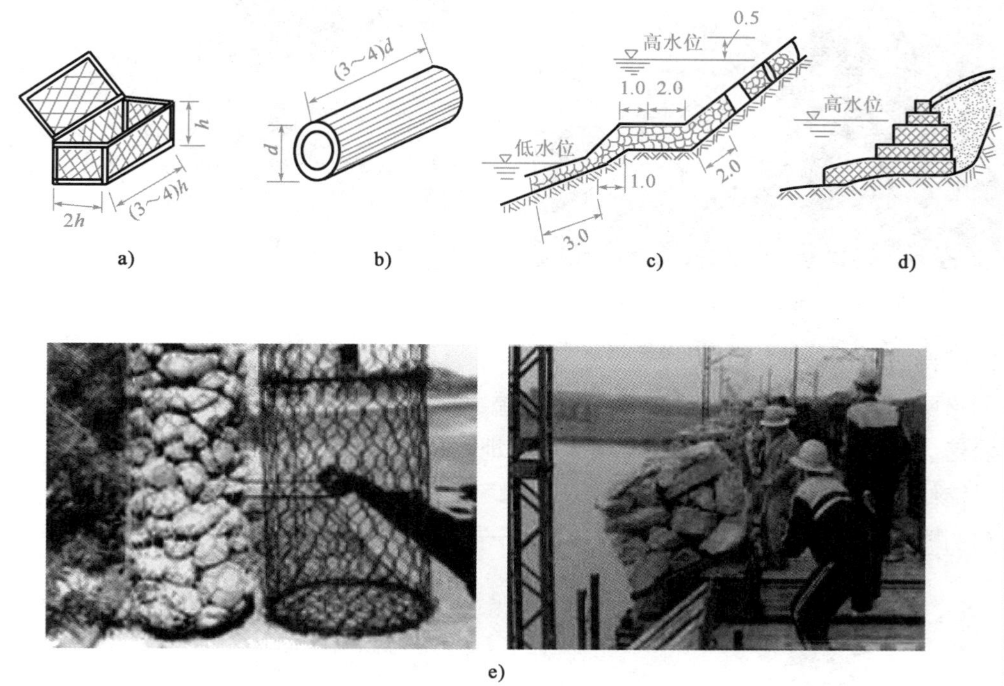

图1-3-42　石笼防护示意图(尺寸单位：m)

流和冲刷严重的河段,采用浸水挡土墙比较经济合理。如图 1-3-43 所示。

浸水挡墙通常采用重力式或衡重式。

(8)土工软体沉排和土工模袋

土工软体沉排和土工模袋是一种双层织物袋,袋中充填流动性水泥混凝土或水泥砂浆,凝固后形成高强度和高刚度的硬结板块。主要适用场合见图 1-3-44 ~ 图 1-3-46,采用土工软体沉排和土工模袋防护坡度不得陡于 1∶1。

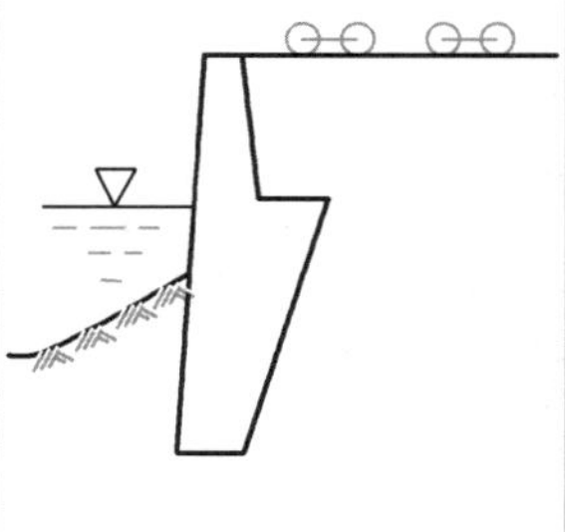

图1-1-43　浸水挡土墙

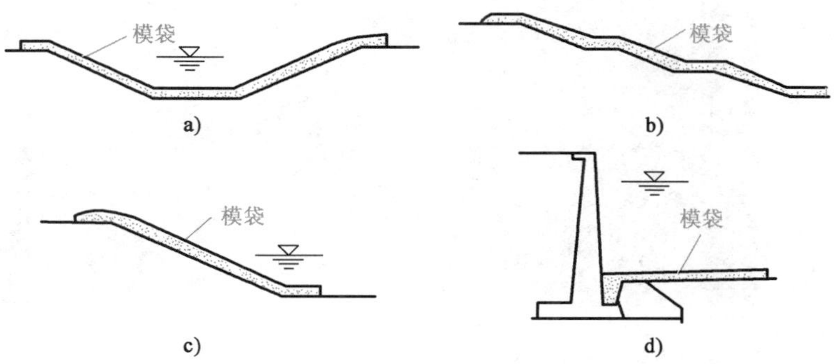

图1-3-44　土工模袋的应用与铺设

图1-3-45　土工模袋防护实况

图1-3-46　土工软体沉排防护实况

2. 间接防护

间接防护是在路基或河岸的外围设置导流或阻流建筑物以改变水流(如改变主流流向、减缓流速、改变冲刷或淤积部位等),从而间接地防护路基或河岸的一种方法。

导流结构物按其与河道的相对位置,分为顺坝、丁坝、格坝。

(1)顺坝:大致与堤岸平行,如图1-3-47所示。

图1-3-47　顺坝

(2)丁坝:大致与堤岸垂直或斜交,如图1-3-48所示。

图1-3-48　丁坝

(3)格坝:顺坝与丁坝的组合,如图 1-3-49 所示。

图1-3-49　格坝

3. 改河

路基不宜过多侵占河床。遇有水流直冲、威胁路基安全时,除应做好冲刷防护外,必要时可局部改移河道。改河是将水流引入新的河道而避免其对路基、坡岸冲刷的一种措施。改河时必须掌握河流的性质及其演变规律和河床形成的特点,因势利导,防止硬性改动。改河的起终点要与原河床平顺相接,同时,还要注意改河后对附近农田、水利和居民点等的影响,如图 1-3-50所示。

图1-3-50　都江堰改河水利工程

第三节　路基加固

一、概述

路基加固工程的主要功能是支撑天然边坡或人工边坡以保持土体稳定或加强路基强度和稳定性,以及防护边坡在水温变化条件下免遭破坏。按路基加固的不同部位分为:坡面防护加固、边坡支挡和湿弱地基加固三种类型。

(1)坡面防护加固:在路基防护中均有加固作用。

(2)边坡支挡:包括路基边坡支撑和堤岸支挡。

①路基边坡支撑:包括护肩墙、护坡、护面墙、护脚墙、挡土墙。

②堤岸支撑:包括驳岸、浸水挡墙、石笼、抛石、护坡、支垛护脚。

(3)湿弱地基加固:包括碾压密实、排水固结、挤密、化学固结、换填土。

二、挡土墙

1. 挡土墙的概念及其应用

挡土墙是用来支撑天然或人工斜坡不致坍塌,以保持土体稳定性的一种构筑物。挡土墙的各部分名称如图1-3-51所示。墙的顶面部分称为墙顶;墙的底面称为墙底;与填土接触的面称为墙背;与墙背对应的另一面称为(墙面)墙胸(墙面);墙胸与墙底的交线称为墙趾;墙背与墙底的交线称为墙踵;墙背与竖直线的夹角称为墙背倾角,一般用 α 表示;墙踵到墙顶的垂直距离称为墙高,用 H 表示。

2. 挡土墙的类型

(1)根据挡土墙在路基横断面上的位置,可将挡土墙分为路肩式、路堤式和路堑式三种,如图1-3-52所示。

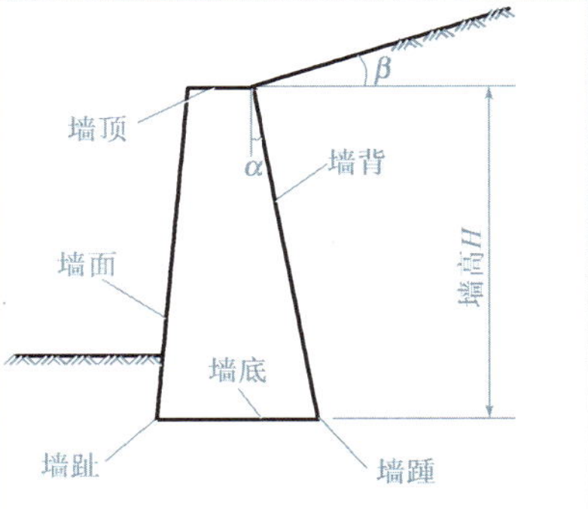

图1-3-51 挡土墙各部分的名称

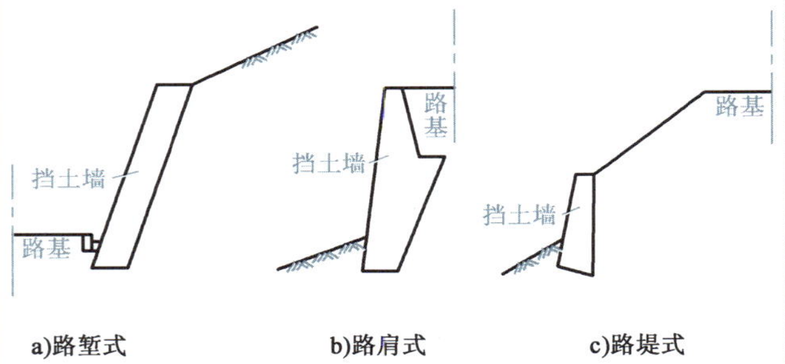

图1-3-52 挡土墙在路基横断面上的位置示意图

(2)按墙背形式分。当墙背为一平面时,称为直线形墙背挡土墙。当墙背由一个以上平面组成时,称为折线形墙背挡土墙。

(3)按结构形式分。按挡土墙的结构形式可分为重型结构挡土墙和轻型结构挡土墙两类,如图1-3-53所示。

- 挡土墙
  - 重力式挡土墙
  - 轻型挡土墙
    - 悬臂式挡土墙
    - 扶臂式挡土墙
    - 锚杆挡土墙
    - 锚定板挡土墙
    - 加筋土挡土墙

图1-3-53 挡土墙按结构形式分类

根据建筑材料可分为石、混凝土及钢筋混凝土挡土墙等;根据所处的环境条件可分为一般地区挡土墙、浸水地区挡土墙与地震地区挡土墙等。

在石料丰富的地区,石砌重力式和衡重式挡土墙得到广泛应用。为适应不同地区的条件和发展新技术的需要,逐步发展了各种形式的挡土墙,如悬臂式、扶臂式、板桩式、锚杆式、锚定板式、竖向预应力锚杆式、加筋土式和土钉式等新型挡土墙。

3. 重力式挡土墙

常用的重力式挡土墙，一般由墙身、基础、墙帽三部分组成，如图 1-3-54 所示。重力式挡土墙的另一种形式是衡重式挡土墙。它由上墙和下墙组成，上、下墙之间设一平台，称为衡重台，如图 1-3-55 所示。

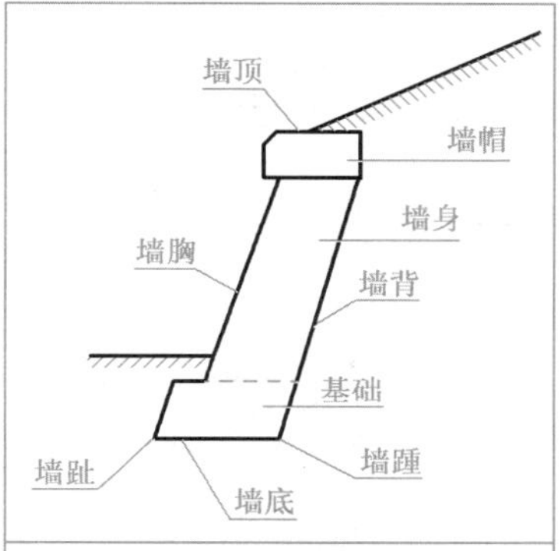

图1-3-54 重力式挡土墙

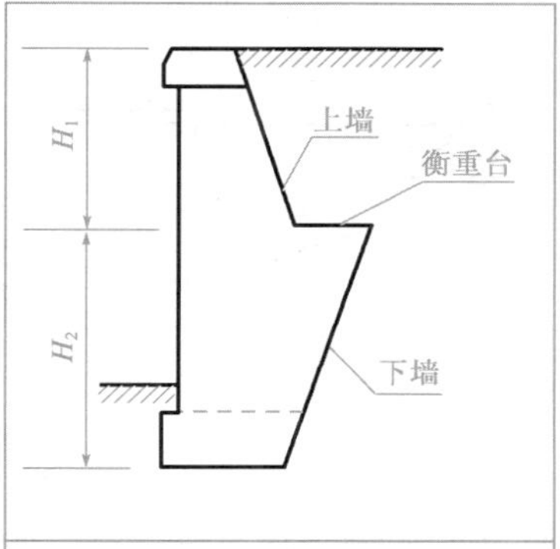

图1-3-55 衡重式挡土墙

(1) 墙身构造

根据墙背倾斜方向的不同，墙身断面形式可分为仰斜、垂直、俯斜、凸形折线式和衡重式五种，如图 1-3-56 所示。

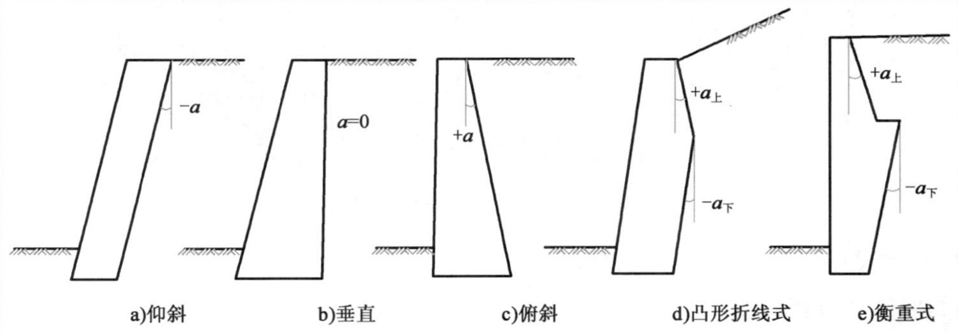

图1-3-56 重力式挡土墙的断面形式

墙面一般为平面，墙面坡度除应与墙背的坡度相协调外，还应考虑到墙趾处地面的横坡度。当地面横坡度较陡时，墙面可直立或外斜 1∶0.05～1∶0.20，以减少墙高；当地面横坡平缓时，一般采用 1∶0.20～1∶0.35，以免过多增加墙高，较为经济。

当墙身为混凝土浇筑时，墙顶的宽度不应小于 40cm。浆砌时不小于 50cm；干砌时应不小于 60cm。

为保证列车正常运行，线路养护及行人安全，墙顶高出地面 6m 以上，或连续长度大于 20m 的路肩挡墙，墙顶应设置防护栏杆。护栏内侧边缘距路面边缘的距离一般不应小于 0.5m。

(2)伸缩缝与沉降缝

为了防止因地基不均匀深陷而引起墙身开裂,应根据地基的地质条件及墙高、墙身断面的变化情况设置沉降缝;为了防止圬工砌体因砂浆硬化收缩和温度变化而产生裂缝,须设置伸缩缝。通常把沉降缝与伸缩缝合并设置。缝内填塞沥青木板,墙背为岩石路堑或填石路堤时,可设置空缝,如图 1-3-57、图 1-3-58 所示。

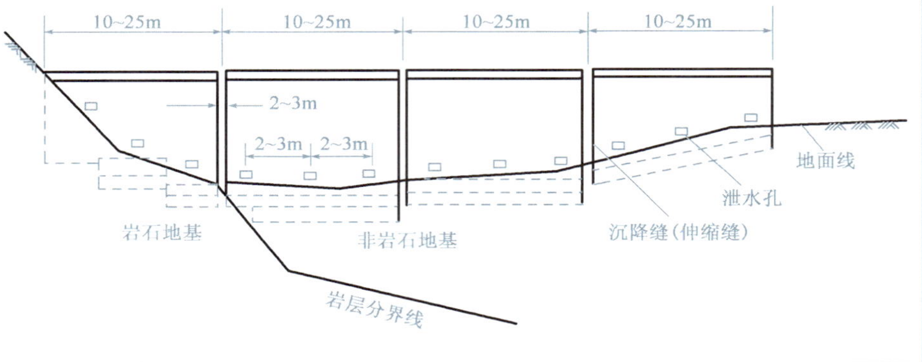

图1-3-57　沉降缝与伸缩缝

图1-3-58　沉降缝、伸缩缝

(3)排水设施

挡土墙排水设施的作用在于疏干墙后土体中的水和防止地表水下渗后积水。

挡土墙的排水措施通常由地面排水和墙身排水两部分组成。地面排水主要是防止地表水渗入墙后土体或地基,地面排水措施有:

①设置地面排水沟,截引地表水。

②夯实回填土顶面和地表松土,防止雨水和地面水下渗,必要时可设铺砌层。

③路堑挡土墙趾前的边沟应予以铺砌加固,以防止边沟水渗入基础。

墙身排水主要是为了排除墙后积水,通常在墙身的适当高度处布置一排或数排泄水孔,如图 1-3-59 所示。

(4)防水层

为防止水渗入墙身形成冻害及水对墙身的腐蚀,在严寒地区或有浸水作用时,常在临水面

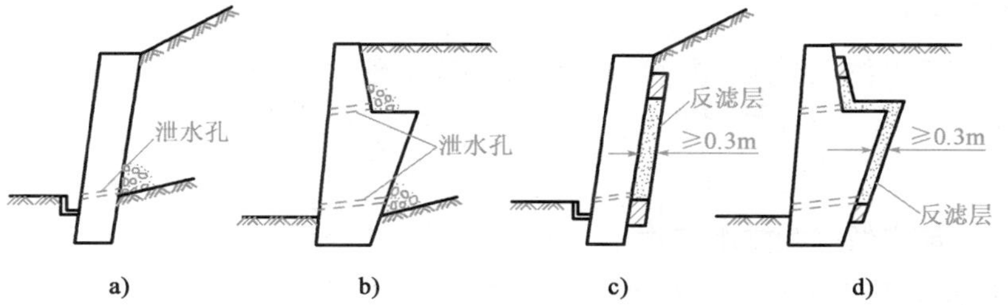

图1-3-59　挡土墙泄水孔和反滤层

涂以防水层：

①石砌挡土墙，先抹一层 M5 水泥砂浆（2cm 厚），再涂以热沥青（2～3mm）；

②混凝土挡土墙，涂抹两层热沥青（2～3mm）；

③钢筋混凝土挡土墙，常用石棉沥青及沥青浸制麻布各两层防护，或者加厚混凝土保护层，一般情况下可不设防水层，但片石砌筑挡土墙需用水泥砂浆抹成平缝。

（5）基础埋置深度

挡土墙一般采用明挖基础。当地基为松软土层时，可采用加宽基础、换填或桩基础。水下基础挖基有困难时，可采用桩基础或沉井基础。

基础埋置深度应按地基的性质、承载力的要求、冻胀的影响、地形和水文地质等条件确定。

挡土墙基础置于土质地基上时，其基础埋深应符合下列要求：

①基础埋置深度不小于 1m。当有冻结且冻结深度小于或等于 1m 时，应在冻结线以下不小于 0.25m（不冻胀土除外）；当冻结深度超过 1m 时，可在冻结线下 0.25m 内换填弱冻胀土或不冻胀土，但埋置深度应不小于 1.25m。不冻胀土层（例如碎石、卵石、中砂或粗砂等）中的基础，埋置深度可不受冻深的限制。

②受水流冲刷时，基础应埋置在冲刷线以下不小于 1m。

③路堑挡土墙基础底面应在路肩以下不小于 1m，并应低于侧沟砌体底面不小于 0.2m。

挡土墙基础置于硬质岩石地基上时，应置于风化层以下。当风化层较厚，难以全部清除时，可根据地基的风化程度及其相应的承载力将基底埋于风化层中。置于软质岩石地基上时，埋置深度不小于 1.0m。

挡土墙基础置于斜坡地面时，其趾部埋入深度和距地面的水平距离应符合表 1-3-1 的要求。

斜坡地面趾部埋入的最小尺寸　　表 1-3-1

地层类型	埋入深度 h(m)	距斜坡地面的水平距离 L(m)	示意图
较完整的硬质岩层	0.25	0.25～0.50	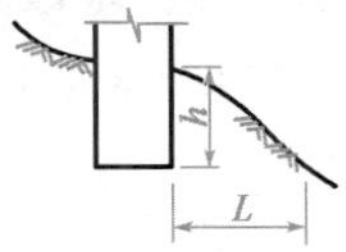
一般硬质岩层	0.60	0.60～1.50	
软质岩层	1.00	1.00～2.00	
土层	≥1.00	1.50～2.50	

(6)挡土墙的施工要点

挡土墙的施工大体上分施工放样、挖基坑、砌筑基础和砌筑墙身四个步骤。在施工中应注意下列事项。

①挖基。

a. 基坑开挖前应做好截排水工作。

b. 随挖随核对基础地质资料,如遇地质不良、承载力不足的地基,应通过变更设计采取措施,然后据以施工。

c. 墙基位于斜坡地面时,其趾部埋入深度和距地面水平距离,应同时符合设计要求;墙基高程如不能满足设计要求时,应通过变更设计后施工。

d. 采用倾斜基底时,应准确挖凿,不得用填补方法筑成斜面。

e. 基坑超挖部分,应用同强度等级浆砌体回填。

f. 基坑应视地质情况确定是否需要支撑加固以及加固类型,特殊条件下采用沉井和挖孔桩基础,并通过设计确定后,据以施工。

②砌筑基础。

a. 砌筑前,应将基底表面风化、松散土石清除。

b. 硬石基坑中的基础,宜紧靠坑壁,并插浆塞满间隙,使之与岩层结为一体。

c. 雨季在土质或易风化软石基坑中砌筑基础,应于基坑挖好后,立即满铺砌筑一层。

d. 采用台阶式基础时,台阶转折处不得砌成竖向通缝;砌体与台阶壁间的缝隙应插浆塞满。

e. 应随砌筑分层回填、压实。

③砌筑墙身。

a. 砌出地面后应立即回填夯实,并做好排水防渗设施。

b. 伸缩缝与沉降缝内两侧壁应平齐无搭叠,缝中防水材料应按要求深度填塞紧密。

c. 应按设计要求做好墙后隔水、排水设施,泄水孔的进水侧应设置反滤层,厚度不小于0.3m。

d. 预埋构件、检查梯、台阶、栏杆等应与墙身同时砌筑,并连接牢固。

4. 轻型挡土墙

(1)加筋土挡土墙

加筋土挡土墙由墙面板、拉筋和填料所组成,如图1-3-60所示。它依靠填料与拉筋间的摩擦力来平衡墙面板所受的土压力,适用于石料缺乏的地区,多用来支挡土质边坡,不宜用于受水流冲刷地段。

特点:施工简便,造价较低,外形美观,柔性结构,建筑建筑高度大,对地基的适应性强,占地少。

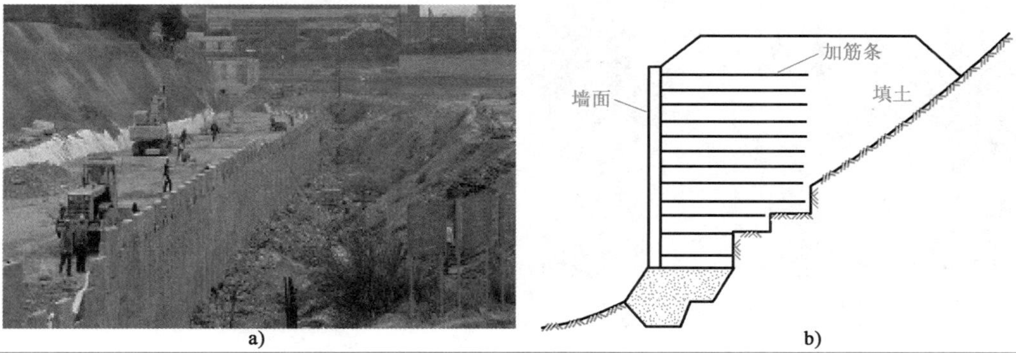

图1-3-60　加筋土挡土墙

(2)锚杆挡土墙

锚杆挡土墙是由预制的钢筋混凝土立柱、挡土板构成墙面,与水平或倾斜的钢锚杆联合组成,如图1-3-61所示。它适用于墙高较大,缺乏石料或挖基困难地区,具有锚固条件的路堑挡土墙。

(3)锚定板挡土墙

锚定板挡土墙由墙面系、钢拉杆、锚定板和填料组成,如图1-3-62所示。墙面系分有肋柱和无肋柱两种。肋柱式锚定板挡土墙的墙面系由肋柱和挡土板组成,与锚杆挡土墙相似;无肋柱式锚定板挡土墙的墙面由钢筋混凝土板组成,与加筋土挡墙相似,外形美观,施工简便,多用于城市交通的支挡建筑工程。

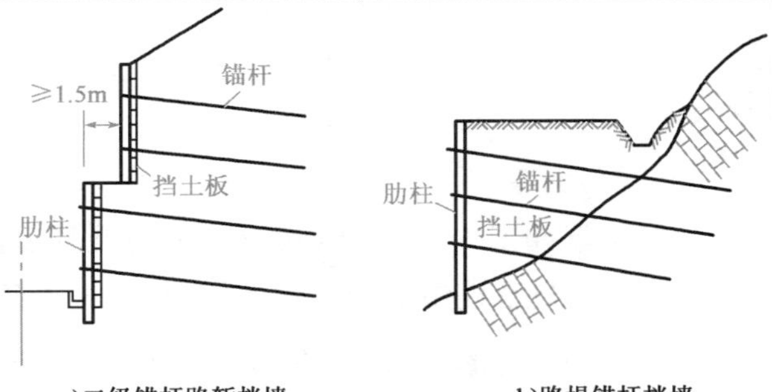

图1-3-61　锚杆挡土墙示意图

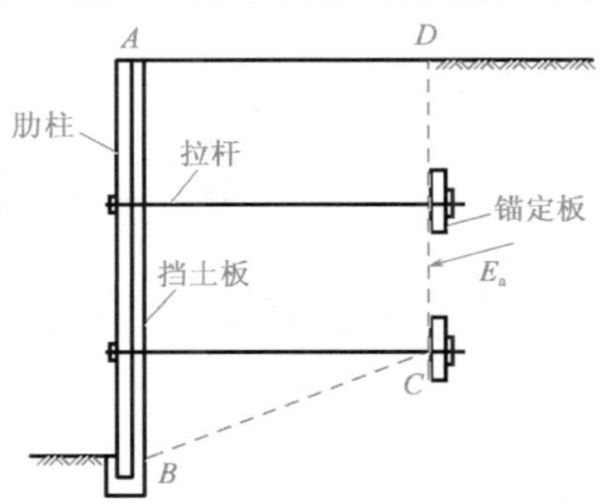

图1-3-62　锚定板挡土墙示意图

(4)钢筋混凝土悬臂式和扶壁式挡土墙

钢筋混凝土悬臂式挡土墙由立壁、趾板和踵板组成,呈现倒"T"字形,如图1-3-63、图1-3-64所示。由于立壁悬臂受力,立壁与踵板连接处弯矩较大,所以悬臂式挡土墙的高度一般不大于4m,高度大于4m时,宜在墙面板前加肋。

当墙高大于6m时,可采用钢筋混凝土扶壁式挡土墙,如图1-3-65、图1-3-66所示。它扶壁式挡土墙由墙面板、墙趾板、墙踵板和扶壁组成。墙面板通常为等厚的竖起板,与扶壁和墙踵板连。

图1-3-63　悬臂式挡土墙

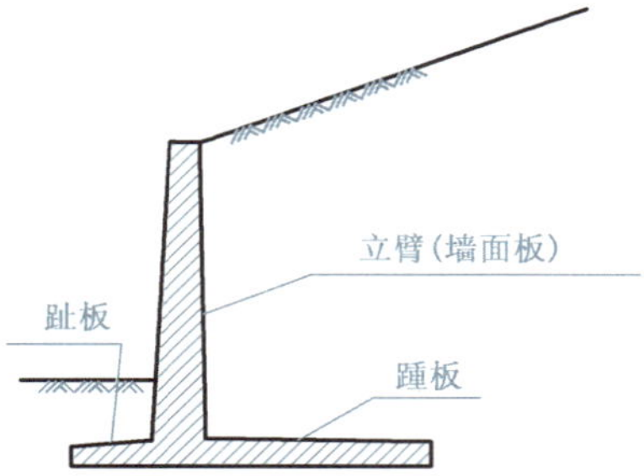

图1-3-64　悬臂式挡土墙示意图

图1-3-65　扶臂式挡土墙

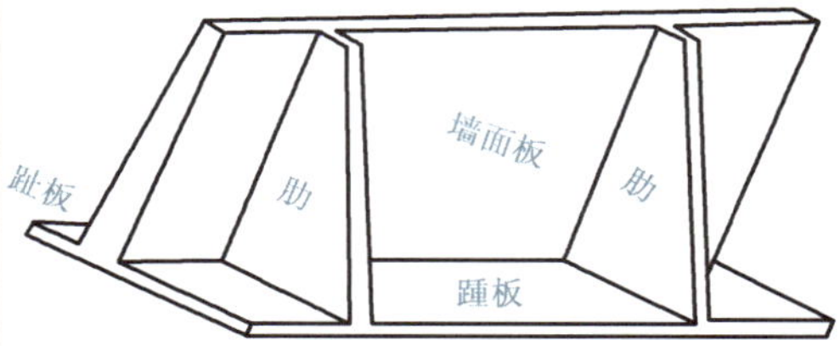

图1-3-66　扶壁式挡土墙示意图

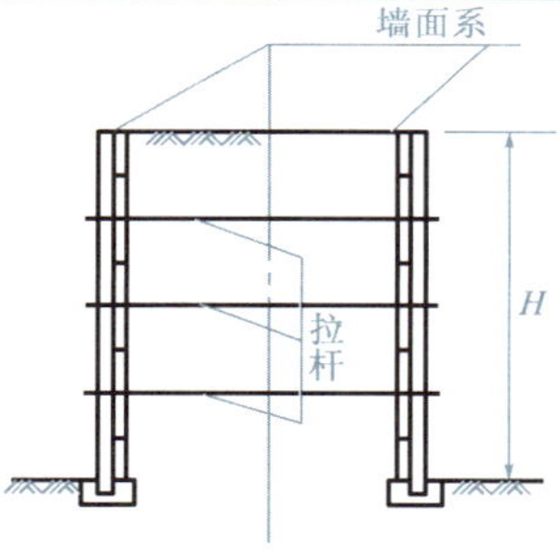

图1-3-67　对拉式挡土墙示意图

(5)对拉式挡土墙

对拉式挡土墙由墙面系和拉杆组成,如图1-3-67所示。它在路基两侧设墙面系,用拉杆连接起来,一侧墙面系承受的土压力由另一侧墙面系上的土压力来平衡,两侧墙面系相互支承。墙面系一般采用肋柱和挡土板,其形状与锚定板挡土墙的相同。

(6)桩板式挡土墙

桩板式挡土墙如图1-3-68所示,它由钢筋混凝土桩、板所组成。钢筋混凝土桩锚固于较深土层中,土压力通过挡土板传给桩并由桩前土体的弹性抗力来平衡。这种结构形式的挡土墙能适用于承载力较低的不良地基,可用作路肩墙、路堤墙和路堑墙。

三、抗滑桩

1. 抗滑桩的概念及作用

(1)抗滑桩的概念

抗滑桩是穿过滑坡体深入于滑床的桩柱,用以支挡滑体的滑动力,起稳定边坡的作用,适用于浅层和中厚层的滑坡,是一种抗滑处理的主要措施。但对正在活动的滑坡打桩阻滑需要慎重,以免因震动而引起滑动,见图1-3-69。

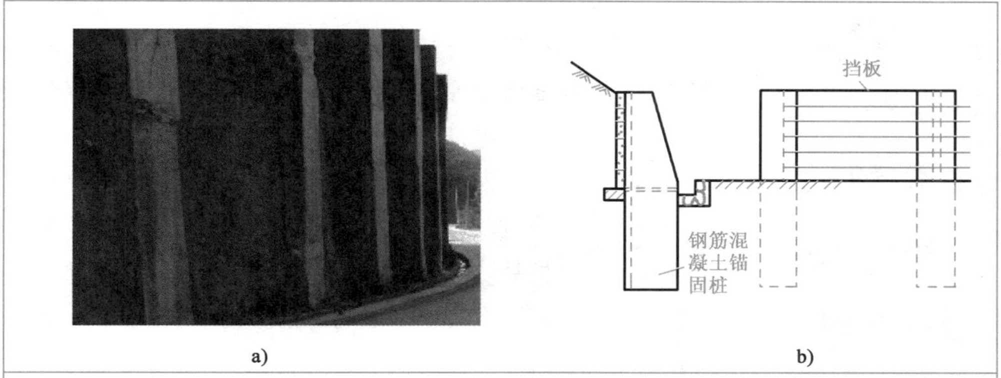

图1-3-68　桩板式挡土墙

(2)抗滑桩的分类

抗滑桩按材质分类有木桩、钢桩、钢筋混凝土桩和组合桩。

抗滑桩按成桩方法分类有打入桩、静压桩、就地灌注桩。就地灌注桩又分为沉管灌注桩和钻孔灌注桩两大类。

抗滑桩按结构形式分类有单桩、排桩、群桩和有锚桩。

抗滑桩按桩身断面形式分类有圆形桩、方形桩、矩形桩和“工”字形桩等。

(3)抗滑桩的作用

抗滑桩对滑坡体的作用是利用抗滑桩插入滑动面以下的稳定地层对桩的抗力(锚固力)平衡滑动体的推力,以增加其稳定性。当滑坡体下滑时受到抗滑桩的阻抗时,会使桩前滑体达到稳定状态,如图 1-3-70 所示。

图1-3-69　抗滑桩

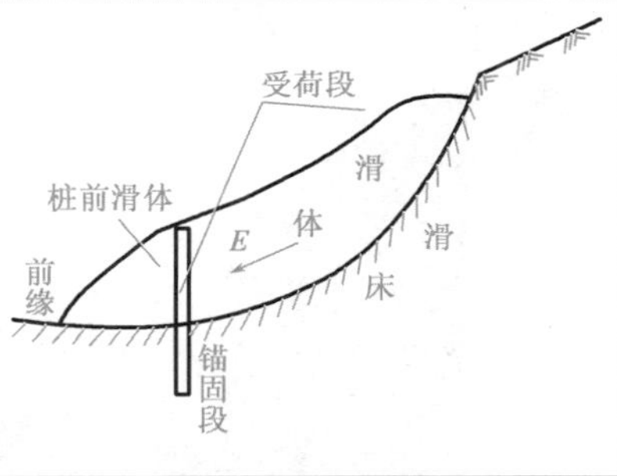

图1-3-70　抗滑桩作用图

2. 抗滑桩的施工

图 1-3-71 为抗滑桩施工工艺流程图。

(1)桩孔施工前首先应整平场地,做好地表截排水及防渗工作。

(2)先施工桩顶以上土石方,形成施工平台,做好上部防护措施。并现场核对设计,按设计测定桩位,进行施工放样,每边较设计尺寸大 5cm。

(3)锁口(节与节的连接处)施工。按放样位置,结合现场地质条件,下挖 1 ~2m,浇筑钢筋混凝土护壁，锁口顶部应高出地表50cm，防止开挖后期开挖地表水下灌桩身。锁口施工时注意混凝土灌注的连续性及护壁背后超挖回填的饱满度与质量，以保证继续下挖的安全。

(4)挖孔桩施工安排在旱季，桩孔采取跳桩开挖，按设计要求做好C15混凝土护壁，并及时浇筑桩身。孔壁支护高出路基面需要拆除部分与桩身灌注混凝土采取隔离措施(铺贴宝丽板)，以利护壁拆除和抗滑桩整齐美观。

(5)在挖桩工程中，发现地形、地质条件与设计资料不符时，及时上报监理单位和设计单位，以便采取相应的措施，具体施工工艺同桥梁挖孔桩施工工艺。

(6)在施工过程中，为确保施工人员的安全和结构物部位准确性，要建立观测系统，布置对坡体、结构物位置的准确性观测，防止发生突然事故。

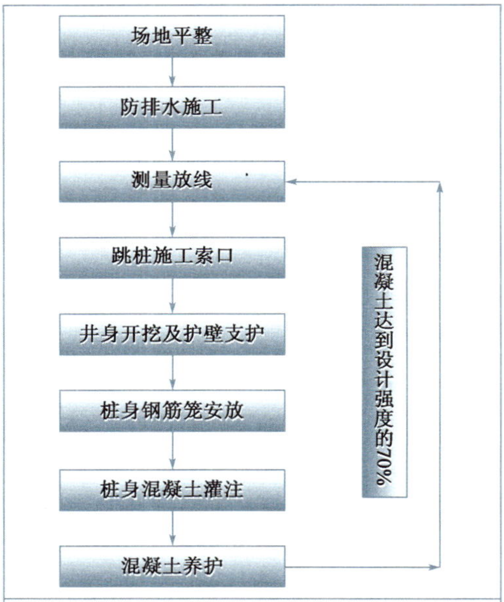

图1-3-71　抗滑桩施工工艺流程图

四、预应力锚索

1.预应力锚索原理

锚索是通过外端固定于坡面，另一端锚固在滑动面以内的稳定岩体中穿过边坡滑动面的预应力钢绞线，直接在滑面上产生抗滑阻力，增大抗滑摩擦阻力，使结构面处于压紧状态，以提高边坡岩体的整体性，从而从根本上改善岩体的力学性能，有效地控制岩体的位移，促使其稳定，达到整治顺层、滑坡及危岩、危石的目的，如图1-3-72所示。

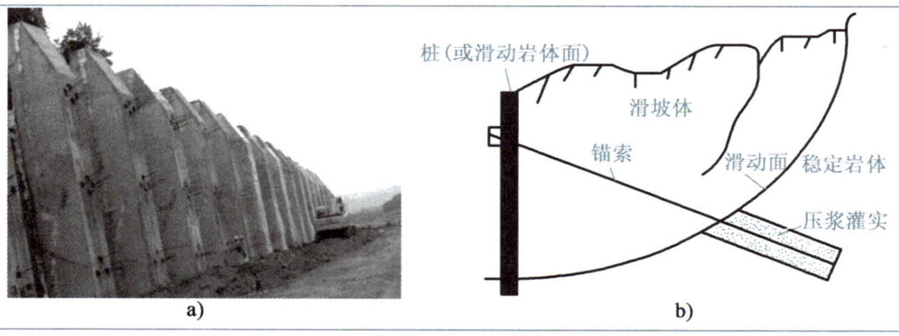

图1-3-72　预应力锚索

2.预应力锚索施工

(1)钻孔

钻孔是锚索施工中控制工期的关键工序。为确保钻孔效率和保证钻孔质量，采用潜孔冲击式钻机。钻机钻井时，按锚索设计长度将钻孔所需钻杆摆放整齐，钻杆用完，孔深也恰好到位。钻孔深度要超出锚索设计长度0.5m左右。

钻孔结束，应逐根拔出钻杆和钻具，将冲击器清洗好备用。用一根聚乙烯管复核孔深，并以高压风吹孔，待孔内粉尘吹干净，且孔深不少于锚索设计长度时，拔出聚乙烯管，塞好孔口。

(2)锚索制作

锚索在钻孔的同时于现场进行编制，内锚固段采用波纹形状，张拉段采用直线形状。钢绞线下料长度为锚索设计长度、锚头高度、千斤顶长度、工具锚和工作锚的厚度以及张拉操作余量的总和。正常情况下，钢绞线截断余量取50mm。将截好的钢绞线平顺地放在作业台架上，量出内锚固段和锚索设计长度，分别做出标记；在内锚固段的范围内穿对中隔离支架，间距为60～100cm，两对中支架之间扎紧固环一道；张拉段每米也扎一道紧固环，并用塑料管穿套，内涂黄油；最后，在锚索端头套上导向帽。

(3)锚索安装

向锚索孔装索前，要核对锚索编号是否与孔号一致，确认无误后，再以高压风清孔一次，即可着手安装锚索。

安装下倾锚索比较简单，没有更多的技术问题。安装上倾和水平锚索时要注意以下四点：检查定位止浆环和限浆环的位置，损坏的按技术要求更换；检查排气管的位置和畅通情况；锚索送入孔内，当定位止浆环到达孔口时，停止推送，安装注浆管和单向阀门；锚索到位后，再检查一遍排气管是否畅通，若不畅通，拔出锚索，排除故障后重新送索。

(4)锚固法注浆

锚固法注浆采用排气注浆法施工。下倾的孔，注浆管插至孔底，砂浆由孔底注入，空气由锚索孔排出；上倾和水平孔，砂浆由孔口注入，空气压向孔底，由孔底进入排气管排出孔外（水平锚索，空气经限浆环进入排气管）。

上倾和水平锚索孔注浆过程中，当排气管不再排气，且有稀水泥浆从排气管压出时，说明注浆已满；对于下倾锚索注浆，采用砂浆位置指示器控制注浆位置。锚索孔注浆采用注浆机，注浆压力保持在0.3～0.6MPa。

(5)立锚墩

锚墩的作用是把锚具的集中荷载传递到岩面和调整岩面受力方向。为了使锚墩上表面与锚索轴线垂直，预先将一根外径与钻头直径相同的薄壁钢管和垫板正交焊牢，浇筑锚墩前将钢管的另一端插入钻孔即可。

(6)锚索的张拉

张拉锚索前需对张拉设备进行标定。标定时，将千斤顶、油管、压力表和高压油泵联好，在压力机上用千斤顶主动出力的方法反复试验三次，取平均值，绘出千斤顶出力(kN)和压力表指示的压强(MPa)曲线，作为锚索张拉时的依据。因国产压力表初始起动压强不完全相同，所以，标定曲线上必须注明标定时的压力表号，使用中不得调换。压力表损坏或拆装千斤顶后，要重新标定。

若锚索是由少数钢绞线组成，可采用整体分级张拉的程序，每级稳定时间2～3min；若锚索是由多根钢绞线组成，组装长度不会完全相同，为了提高锚索各钢绞线受力的均匀度，采用先单根张拉，3d 后再整体补偿张拉的程序。

(7) 封孔注浆

补偿张拉后，立即进行封孔注浆。对于下倾锚索，注浆管从预留孔插入，直至管口进到锚固段顶面约 50cm；对于上倾和水平锚索，通过预留注浆管注浆。孔中的空气经由设在定位止浆环处的排气管排出。

(8) 外部保护

封孔注浆后，从锚具量起留 50mm 钢绞线，其余的部分截去，在其外部包覆厚度不小于 50mm 的水泥砂浆保护层。

为保质保量地按期完成施工任务，工地必须成立 QC 小组，自始至终每个阶段坚持采用科学的工作方法，制定一系列对策和实施办法，及时改善锚索体结构，积极改进施工工艺，采用先进的网络技术组织施工，尽量做到均衡生产，使钻孔、注浆、张拉、封锚等工序互不延误，交叉进行，并按统一表格做好施工记录。

阅读材料

拱形骨架护坡施工方案

一、工程概况

K66 +000 ~ K66 +061.5 左侧路基边坡采用 M7.5 浆砌片石拱形骨架防护，骨架内栽种植草灌。拱形骨架净距宽 3m，相邻两拱圈净距为 40cm，拱圈采用 M7.5 浆砌片石，镶边石采用 C20 预制混凝土块。防护坡率为 1∶1。

二、工期计划

本段浆砌拱形骨架护坡计划于 × × 年 10 月 03 日开工，× × 年 11 月 05 日完工。

三、施工准备

1. 施工材料

(1) 浆砌防护的材料主要是砂、片石、水泥。材料进场前需各种原材料的品质进行试验，合格后方可进场，在材料进场后还要对混凝土的原材料进行抽检，其各项指标均要符合设计的要求。试验室提供施工的砂浆的配合比，拌和场应该按配合比调配砂浆。

(2) 片石质量要求。石料应选用不易风化的硬石、密实、无裂缝、无水锈痕，不得使用风化严重、无工作面、含有泥土的片石，片石在使用前应用水冲洗并将尖锐部分凿除。片石的抗压强度不小于 30mp。

由于浆砌片石设计厚度在 30cm 左右，所以片石厚度应在 20 ~ 25cm(太大或太小均不宜控制砂浆饱满度和砌体表面平整度)，要求不能使用卵石及薄片石，片石进场后要经过细心筛选，必要时要加工处理，使得片石至少有一个面为平面且色泽一致。

(3) 细集料。浆砌片石施工中使用的砂宜为中粗砂，本段细料集选用清江坪砂石厂生产的粗砂。

2. 施工设备

小型混凝土运输设备、水泥混凝土拌和站。

3. 施工场地

对边坡清理完毕后，将场地清理平整，合理解决原材料与C20预制块的堆放、电力、水源的问题。

四、施工工艺流程

浆砌拱形骨架护坡采用挖槽法施工，施工工艺如图1-3-73所示。

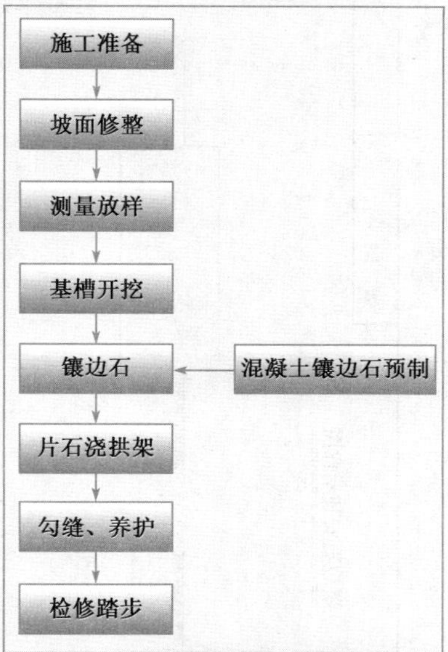

图1-3-73　浆砌拱形骨架护坡施工工艺流程图

1. 坡面修整

坡面修整须按照边坡坡度、基础高程等数据设固定的样板挂线，清刷表面松散土层及浮土，填补坑凹并拍实使坡面平整，土基的压实度应与同层路基土压实度相同，以免下沉而使砌体产生裂缝，影响砌体的整体稳定性。

坡面整修经验收合格后，方可进行下道工序施工。

2. 测量放线

测量放线应按设计图纸对拱形骨架轮廓进行放样，并钢尺对基槽开挖位置准确定位。对于弧形部分应定出圆心位置然后撒线画出弧线。

3. 基槽开挖

拱形骨架基槽采用人工开挖的方法，基槽开挖时应注意几何尺寸位置的准确，开槽深度为垂直坡面以下30cm。对于拱圈圆弧部分基槽的开挖，应选用较小的及工具进行开挖以保证弧形部分自然、平滑。

基槽开挖完毕后，施工人员对护脚位置进行准确的放样撒线，护脚深度为40cm，宽为40cm，护脚采用M7.5浆砌片石砌筑。

4. 镶边石

镶边石采用C20水泥混凝土在集中场地统一预制，装运到施工现场安装，并用水泥砂浆砌筑与勾缝，直镶边石的尺寸为49.5cm×23cm×5cm，弧形镶边石长宽厚与直镶边石的尺寸相同，半径(内径)为1.5m。

砌筑时应采用坐浆、挤浆法施工，要求砂浆饱满。各预制块的砌缝应相互错开，不得有通缝和空缝及松动，表面平顺整齐，与边坡嵌接牢固密贴。严禁采用灌浆施工。

5. 片石浇拱形骨架

拱形骨架采用M7.5砂浆浆砌片石砌筑，石料强度不得低于30MPa。骨架拱圈区直径1.5m，拱圈宽度40cm，每层拱圈高度h根据边坡高度调整，建议采用3m。拱圈两层骨架时，由下至上进行施工，防护路段剩余长度不足一个拱圈时，该部分边坡采用挂网喷播植草防护。

6. 检修踏步

检修踏步的设置如无排水需要，原则上每100m设一道、每单独路段设置不少于一道为宜。依照本段边坡最长跨度小于100m，设一道检修踏步。检修踏步净宽60cm。踏步台阶宽50cm、高50m，台阶下设置铺砌。

五、质量控制

(1)骨架护坡应与边坡贴紧，无孔洞，施工要达到整体美观，线条整齐、流畅。

(2)砌体沉降缝或伸缩缝的预留与塞封质量要符合要求，接缝平直、塞缝严密。

(3)沿线路方向每隔10~15m设一道伸缩缝，缝宽2~3cm，缝内填塞沥青麻絮。

(4)开挖基础时必须定出骨架基础位置拉线，开挖时避免超挖和少挖。

(5)镶边预制块在预制场地统一进行预制，预制混凝土由拌和站拌制混凝土罐车运至预制场地，混凝土运至现场时必须检查混凝土的坍落度，符合要求时方可进行预制。

六、骨架护坡设计图(见图1-3-74)

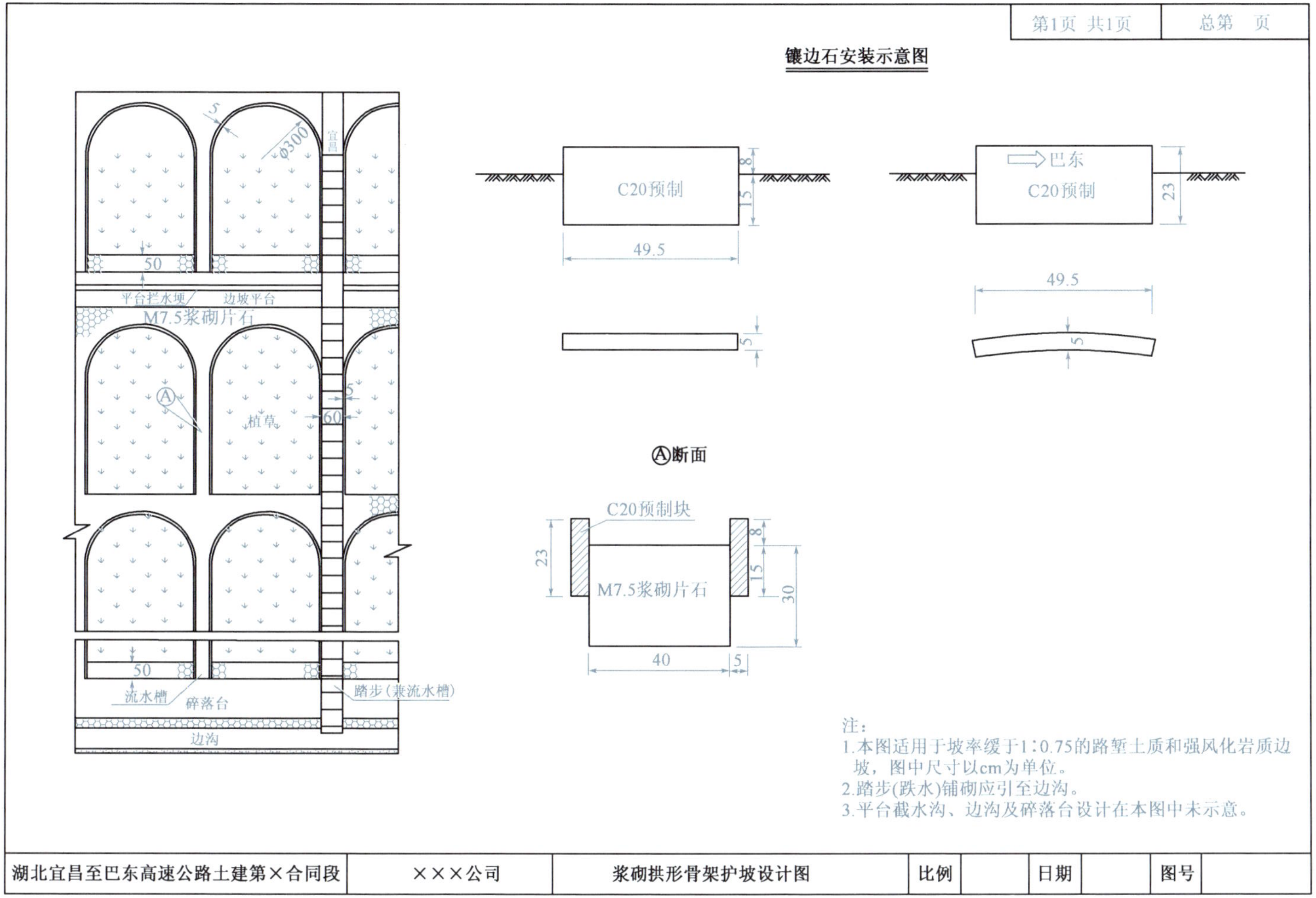

图1-3-74 骨架护坡设计图

【任务】

总结路基排水及防护加固的各种方法及适用条件。

单元四　特殊条件下的路基施工

引言

新建铁路，有时会遇到一些特殊地质和不良地质地区，一般以绕避为宜。如必须通过时，应细致地进行调查研究，采取各种预防措施，以保证路基的稳定。

第一节　滑坡地段路基

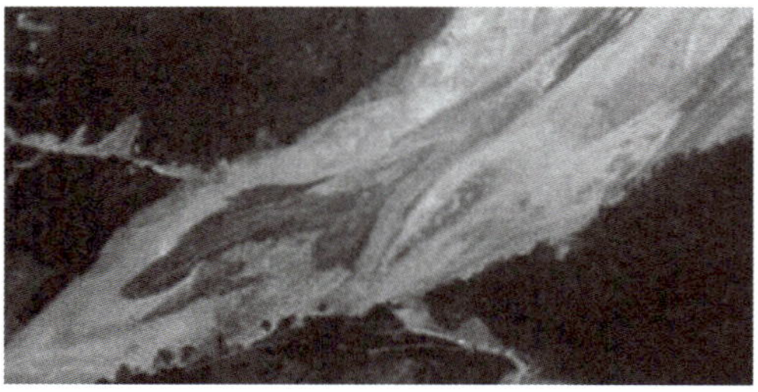

图1-4-1　滑坡

山坡地区，在一定的地形、地质条件下，由于地下水活动，河流冲刷、人工切坡、地震活动等影响，部分岩体或土体失去稳定，在重力作用下，沿着一定的软弱面(带)、缓慢的、间歇性地滑动的变形现象称为滑坡，如图1-4-1所示。

一、滑坡的分类及外貌

滑坡分类：即在首先划分堆积层滑坡、黄土滑坡、黏土滑坡和岩层滑坡的情况下，再划分为浅、中、深层三种滑坡，然后进一步说明各种性质，如同类土滑坡、顺层滑坡和切层滑坡等。

一个发育完全的滑坡有：环状的滑坡壁、与滑坡形状相适应的封闭洼地、微向后倾的滑坡台阶和垄状前缘与鼓起的隆丘；分布于滑坡周界及滑体上部的张拉裂缝、分布于滑体下部的挤压鼓胀裂缝和前缘舌部的扇形放射状裂缝、分布于滑体中部两侧的剪切裂缝和伴随的羽毛状裂缝以及滑体两侧为新生沟谷所环绕等外貌，如图1-4-2所示。

滑坡的基本要素如图1-4-3所示。

二、滑坡地段的路基施工

1. 排水

(1)地面排水

地面排水是调节和排除滑坡范围内的地表水，可以防止水流对滑坡体的渗透或冲刷，有利于滑坡的稳定。当地表水下渗和冲刷是造成滑坡滑动的主要原因时尤其如此。

调节和排除地表水工程的内容如下：

在滑坡范围之外，设一条或多条环形截水沟，以拦截并旁引地表径流不让其流入滑坡范围之内。截水沟距可能发展的滑坡边界外应不少于5m。水沟断面按流量确定。常用截水沟断

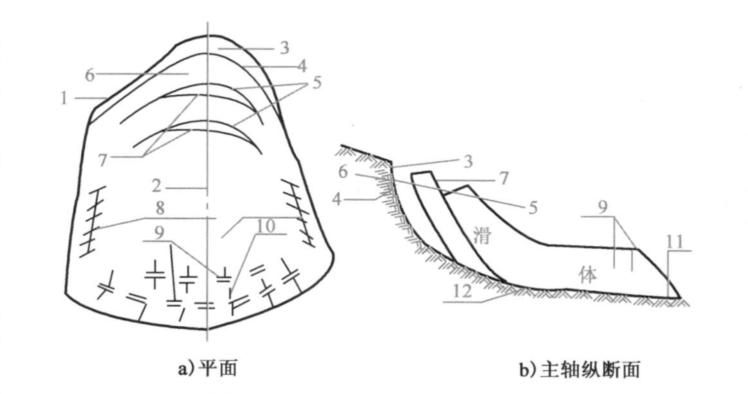

图1-4-2　典型滑坡外貌
1-滑坡周界；2-滑坡主轴；3-滑坡壁；4-主裂缝；5-拉张裂缝；6-封闭裂缝；7-滑坡台阶；8-剪切及羽毛状裂缝；9-鼓张裂缝；10-放射状裂缝；11-滑坡舌；12-滑坡床

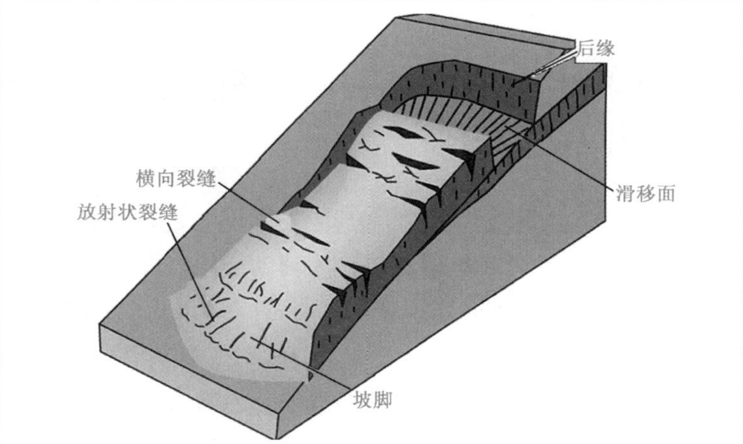

图1-4-3　滑坡的基本要素

面如图 1-4-4 所示。若设于 1:1 以上山坡上，采用陡坡排水槽。

在滑坡范围之内，宜充分利用地形和自然沟谷，布置成如图 1-4-5 所示的树枝状排水系统。

（2）地下排水

水的渗入将增加滑体质量，促使软弱土层泥化，致使滑带土的抗滑能力降低。所以，当地下水影响滑坡稳定性甚大时，必须设排除地下水设备，以消除或减少其有害作用。

在滑坡上排除地下水的措施有：截水渗沟、引水渗沟（见图 1-4-6）、支撑渗沟等，深度较大时采用隧洞、集水渗井和渗管、平行排水钻孔等。

2. 支撑

（1）抗滑挡土墙

抗滑挡土墙是整治滑坡常用的有效措施之一，可单独使用，也常与支撑渗沟结合使用。以

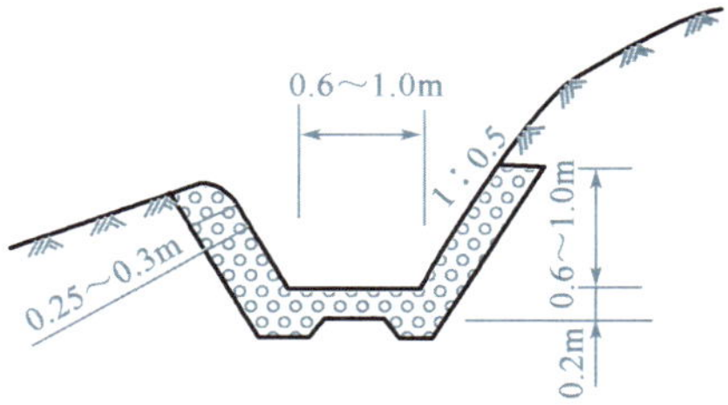

图1-4-4　截水沟断面图

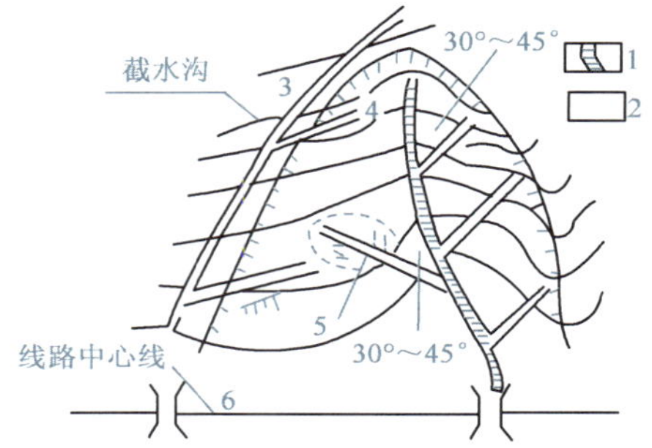

图1-4-5　树枝状排水系统
1-自然沟的清理或铺砌；2-泉水与湿地；3-截水沟；4-排水明沟；5-引水渗沟；6-铁路中心线

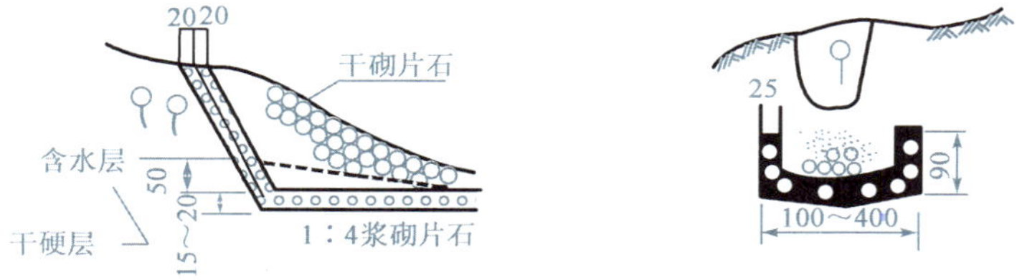

a)纵剖面　　b)横断面

图1-4-6　引水渗沟（尺寸单位：cm）

抗滑桩为主要整治措施的工点，也可用抗滑挡墙作为辅助措施，分担一部分滑坡推力。抗滑挡土墙一般设置在滑坡前缘。挡墙基础必须深埋于滑动面（带）以下的稳定地层中，以免随滑体被推走，如图1-4-7所示。

抗滑挡土墙采用重力式，利用墙身重力来抗衡滑体。为增大抗滑的稳定性，常将挡土墙设计成倒靴形，底部为倾斜的两级齿形的切割墙基，踵部有1～2m的衡重舌，如图1-4-8所示。

图1-4-7　抗滑挡土墙

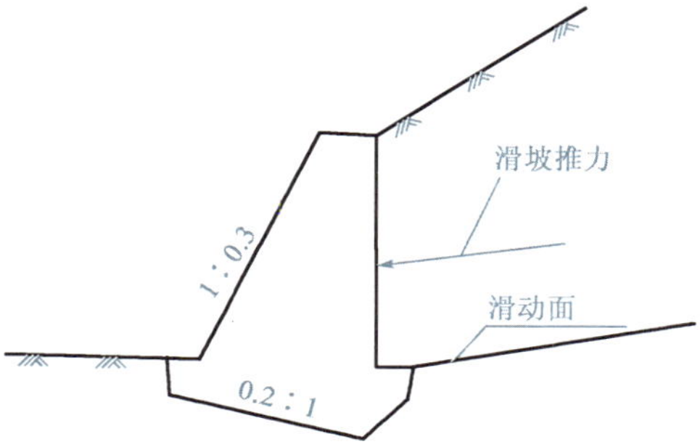

图1-4-8　抗滑挡土墙

(2)抗滑桩

抗滑桩又称锚固桩。如图1-4-9所示。我国1967年首次用于整治沙北滑坡工点获得成功。它是近年来获得广泛应用的一种新型抗滑支挡结构物。抗滑桩埋于稳定滑床中,依靠桩与桩周岩(土)体的相互嵌制作用把滑坡推力传递到稳定地层,利用稳定地层的锚固作用和被动抗力,使滑坡得到稳定。桩可改善滑坡状态,促使滑坡向稳定转化。

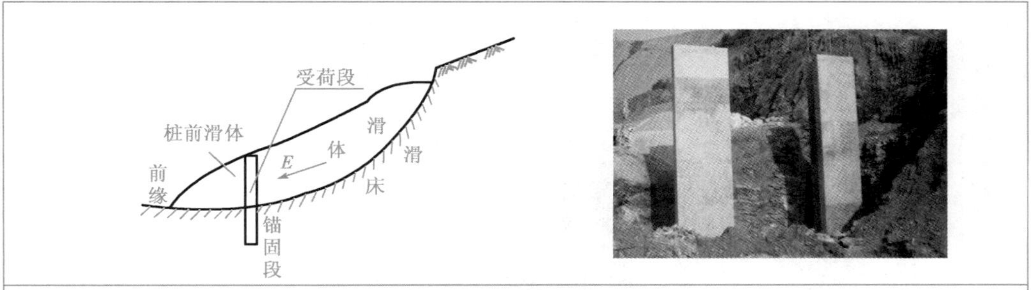

图1-4-9 抗滑桩

(3)锚索工程

随着锚杆(索)技术的发展,国内外大量应用锚索工程治理滑坡,其结构如图1-4-10所示。所采用的锚索长可达30m,锚索头部为一锥形金属头,锚固段长达10m,非锚固段的锚索外套塑料管,锚索向下倾斜30°左右以便灌浆,锚头处垫钢筋混凝土块,一般为2.0m×2.0m×0.8m的方块。锚索间距一般为3.0m。在锚索周围塑料管内灌入沥青类油以防锚索腐蚀。近年来,我国在治理滑坡中,为改善抗滑桩的受力状态,减少桩身内力和变位,在桩顶施加强大的预应力锚索穿过滑体锚固于岩层中,桩身用钻孔桩以减少开挖工程,提高施工速度。它是由钻孔桩、预应力锚索和锚具组成的联合抗滑结构,称为预应力锚索抗滑桩,如图1-4-11所示。它可将滑坡推力通过锚索传到锚固段的稳固岩层中,也可用钢筋混凝土板和锚索加固不稳定的山坡,构成预应力锚索板结构。

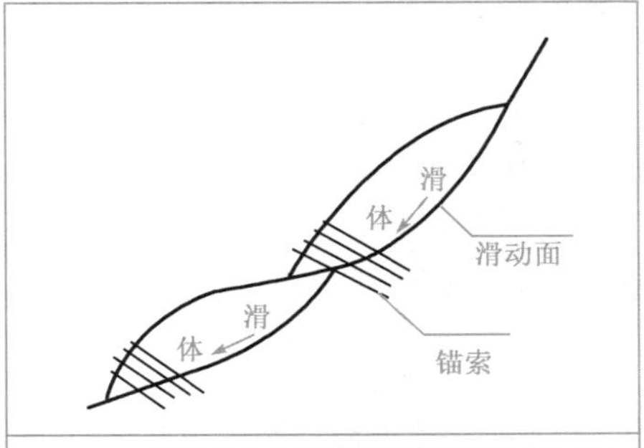

图1-4-10 锚索治理滑坡

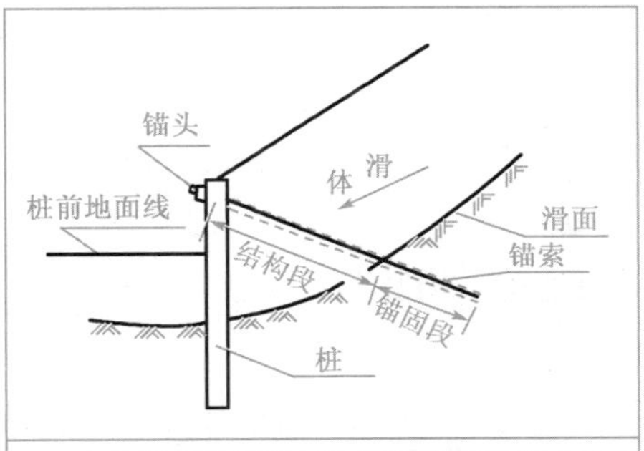

图1-4-11 锚索抗滑桩

第二节　崩塌及岩溶地段路基

一、崩塌地段路基

1. 概念

崩塌是指整体岩块或个别巨石从陡峻坡上倾倒、崩落和翻滚的破坏现象，如图 1-4-12 所示。

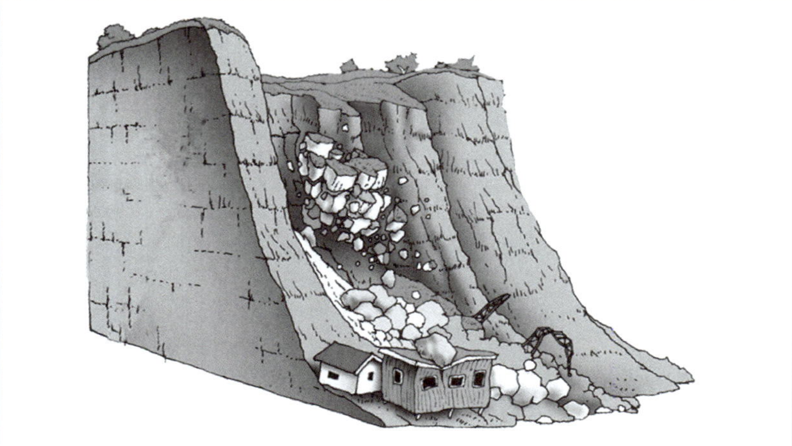

图1-4-12　崩塌

2. 崩塌地段路基施工方法（见图 1-4-13）

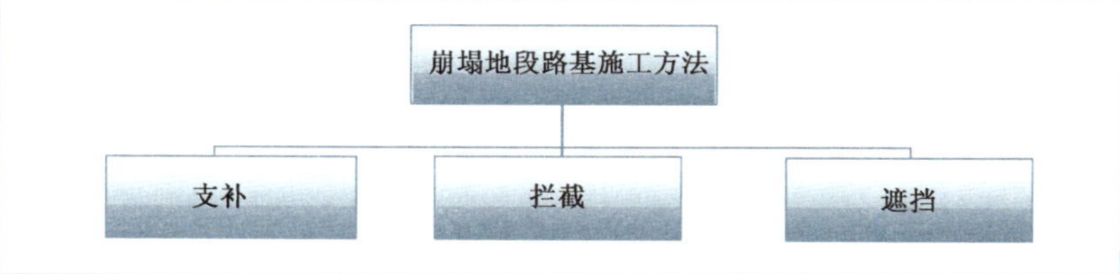

图1-4-13　崩塌地段路基施工方法分类

(1) 支补

支补包括支顶墙、支挡墙、插别和压浆，如图 1-4-14 所示。

(2) 拦截

拦截包括落石槽及落石平台、拦石网和拦石墙，图 1-4-15 为拦石网。

(3) 遮挡

当采用上述措施均不能有效的防治崩塌时，考虑采用明洞、棚洞等遮挡建筑物进行遮挡，如图 1-4-15、图 1-4-16 所示。

当危石体积较大时，应设置缓冲带，避免直接冲击使明洞受到损伤。

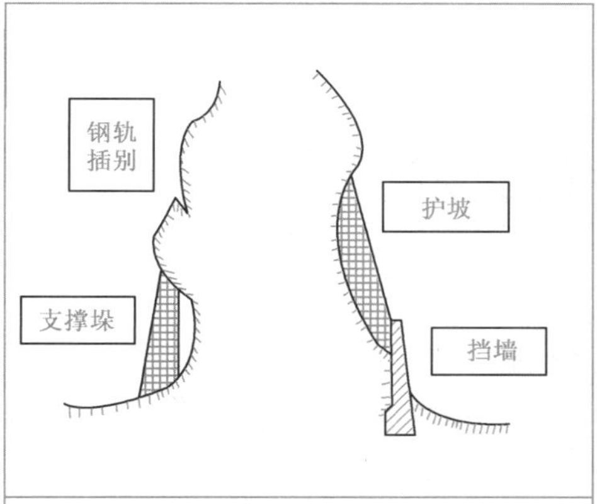

图1-4-14　支补

图1-4-15　拦石网

图1-4-16　明洞

图1-4-17　棚洞

二、岩溶地段路基

1. 概念

岩溶（喀斯特）是指可溶性岩石（如石灰岩、白云岩、石膏、岩盐）等受水的长期溶蚀作用而形成溶洞、溶沟、裂隙、暗河、石芽、漏斗、钟乳石等奇特的地区及地下形态的总称。溶洞可分为无水的深洞和有水的溶洞，如图 1-4-18 所示。

图1-4-18　岩溶景观

岩溶的处理是喀斯特地貌区域修建铁路必须解决的棘手问题。溶洞走势或横穿或纵向伸延，多为山区地表水的通道，因此岩溶两个特点：一是排水，处理过程中不能单纯的将其堵死；二是岩溶洞壁多为石灰质岩石，强度较高。

岩深地区地基常出现的问题是地基不均匀沉

降，可能会产生溶洞顶板坍塌，引起地基失稳。

2. 岩溶区防护和处理措施（见表 1-4-1）

岩溶区防护和处理措施表　　表 1-4-1

防护方法	处理措施
跨越法	当基础下的溶洞、溶隙较小时，可采用跨越法处理。即把基础设计成钢筋混凝土梁横跨于溶洞之上。这种采取上部结构处理的方法即省事又简单，但前提条件是溶洞周围的岩体必须完整、稳固，如图 1-4-19 所示
清爆法	当基础下的溶洞、溶隙较大且埋深较浅，跨越法处理难度较大时，可采用清爆法处理。即用炸药炸开溶洞顶盖，清除溶洞内工程特性差的充填物，回填以毛石混凝土的地基处理方法。清爆法的处理对象是较大溶洞且洞充填物工程特性较差或为空洞
换填法	当基础下溶洞、溶隙、破碎带直接裸露于基底时，可采用换填法处理。即清除溶洞、溶隙内工程特性差的充填物及破碎带内工程特性差的岩土体，回填以毛石混凝土的地基处理方法
注浆法	当基础下溶洞、溶隙充填物工程特性稍好，或破碎带清除工作量太大，或溶隙产状平缓，其他处理方法难度较大时，可采用注浆法处理。注浆材料一般为水泥浆，为防止溶隙贯通水泥浆渗漏太大，一般参以一定比例的粉煤灰和速凝剂水玻璃。注浆终止压力一般以现场试验并结合工程经验确定
桩基础	当基础下溶洞、溶隙规模巨大、充填物不易清除或张性裂隙破碎带深度较大且底部有桩端持力层时，可采用桩基础地基处理方案。当采用桩基础方案时，一般以完整岩体为桩端持力层，以避免基础不均匀沉降的发生

图1-4-19　跨越法地基处理现场

第三节　泥　石　流

一、概念

在地质不良、地形陡峻的山区，坡面缺少植物覆盖，由于暴雨或积雪急骤融化，形成一种携带大量泥沙、石块的洪流叫做泥石流，如图 1-4-20 所示。

二、泥石流的地形条件

如图 1-4-21 所示，典型的泥石流上游供给区多为高山环抱的漏斗状，区内滑坡、崩塌、岩堆等不良地质现象发育，水土流失严重、山坡极不稳定，暴雨或积雪骤融时，将产生大量的泥石流。

图1-4-20　泥石流

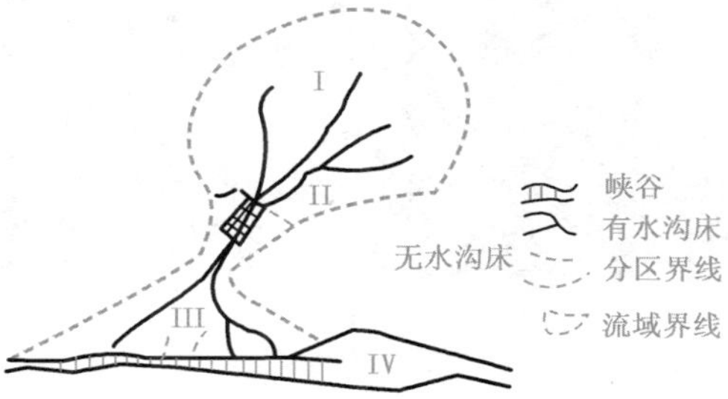

图1-4-21　典型泥石流
Ⅰ-泥石流形成区；Ⅱ-泥石流流通区；Ⅲ-泥石流堆积区；Ⅳ-堵塞成的湖泊

泥石流通过区是泥石流沟的中流区段。多为顺直、陡急的山谷。沟床的纵坡比降大而陡坎跌水多，泥石流由此通过，形成显著的比较顺直的沟槽。

泥石流沉积扇区是泥石流固体物质的停积地段，位于泥石流沟的下游较平缓地区，多呈扇形或锥形，大小石块混杂堆积、坎坷不平。

三、泥石流的危害

(1)破坏自然生态环境；

(2)冲毁；

(3)淤埋；

(4)堵塞。

四、泥石流的整治措施

1. 上游山坡的加固

(1)封山育林和植树造林：树木的根和草皮可以固着土壤不受冲刷，保护下面的岩层不起风化作用。树干可以拦截石块，树木长成森林后，就可以有效减少水土流失。

(2)治理地面水流：修筑排水沟，将冲刷山坡的水流截引出去。配合植树造林将陡坡地带做成阶梯状缓坡。

(3)护挡工程：对植物不易生长的破碎岩层坡面，做简易的坡面防护。对受冲刷的坡脚，做矮墙防护。

2. 中游的拦截工程

常见的中游拦截建筑物是谷坊坝群和格栏坝。在泥石流沟的流通地带，修筑低矮的拦挡坝群，将陡坡变为台阶状的缓坡，使泥石在坝前沉积，如图1-4-22、图1-4-23所示。

图1-4-22　谷坊坝群

图1-4-23　格栏坝

3. 下游的排导工程

下游的排导工程主要用于下游的洪积扇上，目的是防止泥石流漫流改道。减小冲刷和淤积的破坏，以保护附近的居民点、工矿点和交通线路。排导工程主要包括排导沟、渡槽、急流槽、导流堤、排洪道等，如图 1-4-24 所示。

坡度较小的地方也可采用拦排结合，先拦后排，如图 1-4-25 所示。

图1-4-24　排导沟

图1-4-25　拦排工程

第四节　浸水路堤

一、浸水路堤的种类及特点(见表 1-4-2)

浸水路堤种类及特点表　　表 1-4-2

种　　类	特　　点
湖塘路堤	线路通过湖塘，路堤的边坡和底部都浸泡在水中，水位变化缓慢可看作是静止的。其湖底土质松软，承载力不足，则需加处理才能作为路堤基底。泡在水中的路堤，抗剪强度减弱，要用缓慢的边坡才能稳定

续上表

种　类	特　点
滨河路堤	一般是一侧与河岸相连，另一测受水流影响。路堤有时受水的浸泡或冲刷
河滩路堤	是指修筑在河滩上的桥头引线、连接桥梁的路堤，多是接近于垂直水流的方向，间有斜交，或在宽漫河滩上沿岸通过。河滩路堤的两侧边坡都是浸水的，以季节性浸水为主
水库路堤	是指在水库坍岸范围内或沿水库边缘经过的路堤，受水库水的浸泡。有时跨越水库支沟、支流的路堤，也受水库水的浸泡，称水库路堤。水库的水位变化缓慢，可看成静止状态。但是，水库路堤常年受水浸泡，并受波浪侵袭，波浪退去时会带走路堤土体的细颗粒，使路堤边坡坍塌或沉陷
海中路堤	线路跨过海峡或海湾时，在海水中修筑的路堤。海中路堤常用抛填片石建筑成透水路堤，使两侧水位保持一致，免受海潮涨落的影响，在路堤的顶面两侧作防浪墙，以挡波浪的冲击

二、浸水路堤常用断面形式（见图1-4-26）

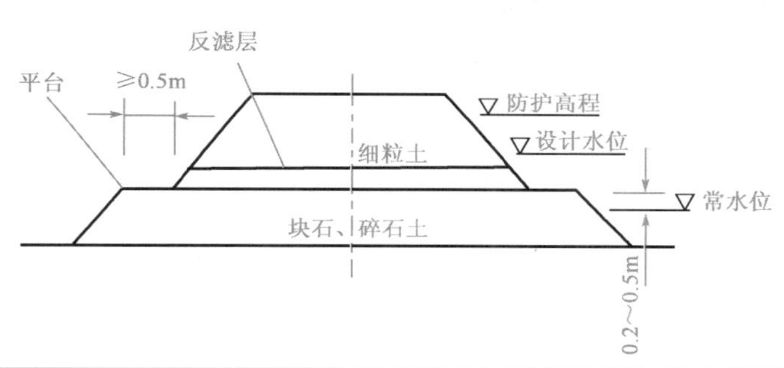

图1-4-26　浸水路堤断面形式

三、浸水路堤施工

1. 基底处理

基底处理是先做草袋围堰，将沟渠（池塘）内的水挡在路堤填筑范围以外，将填筑路堤范围以内的水抽干，然后用人工配合挖掘机清除沟渠（池塘）底部淤泥，达到要求后，分层抛填片石至防护高程，其施工工艺见抛石挤淤加固软土地基，然后填筑路堤。

2. 浸水路堤填料的选择

针对路堤的特点，其浸水部分选用水稳性高、压缩性小、渗透性强的粗大颗粒材料如砾石、卵石、漂石及不易风化的碎石、块石等，以消除渗透动水压力的作用。

3. 路堤填筑

（1）路堤填筑的施工工艺与一般路基相同，且按规定实行比一般路堤要求更高更严格的施工控制措施和质量检验方法，浸水路堤地段安排提前施工。

（2）每层填土的虚铺厚度控制在30～40cm，并在施工中通过提高填土压实系数来增大填土的强度，且控制填土的含水率接近最佳含水率。

(3)压实时先用光轮压路机对松铺表面预压,再用拖式羊足碾碾压,羊足碾碾压完后,用平地机刮平,然后再用振动压路机碾压。边坡应以专门的碾压机压实。

第五节　软土地区路基

一、概念

软土是指滨海、湖沼、谷地、河滩沉积的天然含水率高、空隙比大、压缩性高、抗剪强度低的细粒土。

软土地基是指压缩层主要由淤泥及淤泥质土、吹填土、杂填土或其他高压缩性土组成的地基。

习惯上常把淤泥、淤泥质土、软黏性土总称为软土,而把有机质含量很高的泥炭、泥炭质土总称为沼泽。泥沼比软土具有更大的压缩性,但它的渗透性强,受荷后能够迅速固结,工程处理也比较容易。本节主要讨论天然强度低、压缩性高且透水性小的软土路基问题。

我国各地成因不同的软土都具有近于相同的特性,主要表现在:

(1)天然含水率高,孔隙比大;

(2)透水性差;

(3)压缩性高;

(4)抗剪强度低;

(5)具有触变性;

(6)流变性显著。

二、软土路堤的加固措施

软土路堤的高度超过临界高度后,路堤和基底必须进行加固处理。加固软土基底和路堤的方法很多,国内外均有丰富的经验,并且还在不断发展中。现将国内使用的方法归纳为以下几种类型,如图 1-4-27 所示。

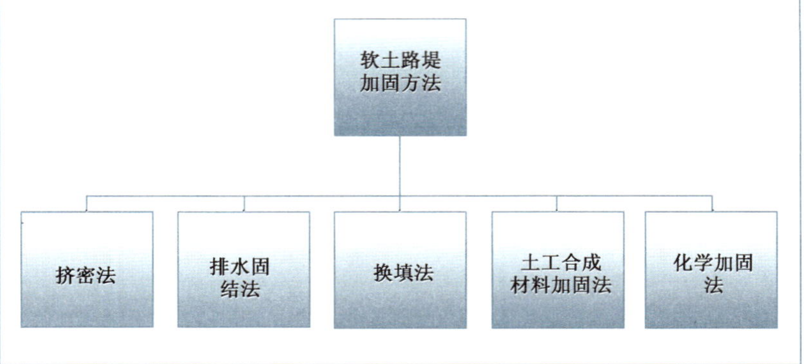

图1-4-27　软土路堤加固方法分类图

1. 挤密法

(1)反压护道法

反压护道是借在路堤两侧填筑一定宽度和一定高度的护道的反压作用,使路堤底地基土不被挤出和隆起,以增加路堤抗滑的稳定性的方法,如图 1-4-28 所示。

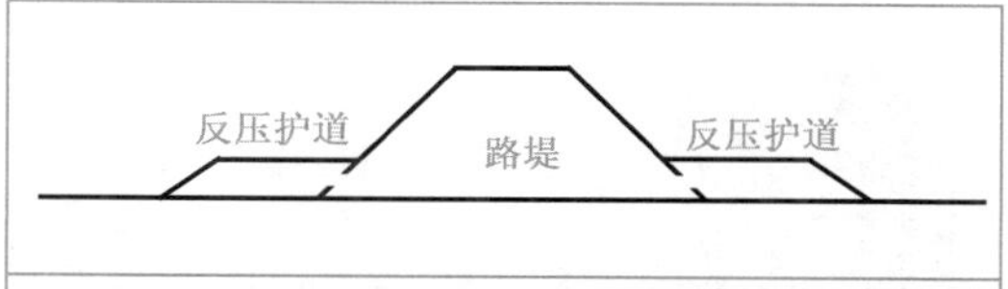

图1-4-28 反压护道

反压护道本身的高度,不能超过天然地基的临界高度。否则反压护道本身就不稳定,不能起道它应有的作用。护道高采用路堤高的$\frac{1}{3}\sim\frac{1}{2}$较为合理。因此反压护道适用于路堤高度不大于临界高度的$1\frac{2}{3}\sim2$倍的情况。

反压护道施工时,应与路堤一起按全宽同时填筑,切忌先填路堤,后填护道,以免施工中发生坍滑。

反压护道施工简易,不需控制填土速度,但占地多,在农田地区最好少用。

(2)堆土预压法

堆土预压是指在软土地基表面预先堆土加压,加速地基的下沉和软土固结,通过挤密增大密实度,提高土的抗剪强度的方法。

堆土预压法施工简单,不需要特殊的机械和材料,但软土的排水固结时间长,工期一般较长。

(3)重锤夯实

利用起重机,将重锤提升至一定高度后,让锤自由下落时的冲击能夯实浅层地基,使其表面形成一层较为均匀的硬壳层。适用于距地下水位 0.8m 高度以上的稍湿无黏性土、杂填土、非饱和黏性土及湿陷性黄土和分层填土,如图 1-4-29所示。

图1-4-29 重锤夯实法

(4)深层搅拌法

深层搅拌法是指在地基的成孔桩中,利用专用搅拌机械将石灰或水泥等固化剂与土基软土搅拌、混合处理的方法,如图 1-4-30 所示。

(5)砂桩

在软土地基中打孔并填充砂或砂砾石所形成的群桩。砂桩直径一般为 200~320mm,最大可 700mm,间距为 1.8~4.0 倍桩径。桩的布置宜采用梅花形,如图 1-4-31 所示。

(6)碎石桩

碎石桩是指用振动、冲击和水冲等方式在软弱地基中成孔后,将碎石挤压入土孔中,形成由碎石所构成的密实桩体。施工顺序如图 1-4-32 所示。

图1-4-30　搅拌桩施工

图1-4-31　砂桩

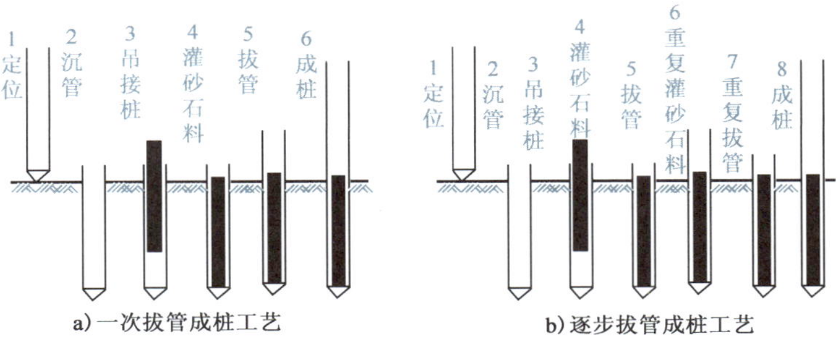

图1-4-32　砂石桩施工顺序示意图

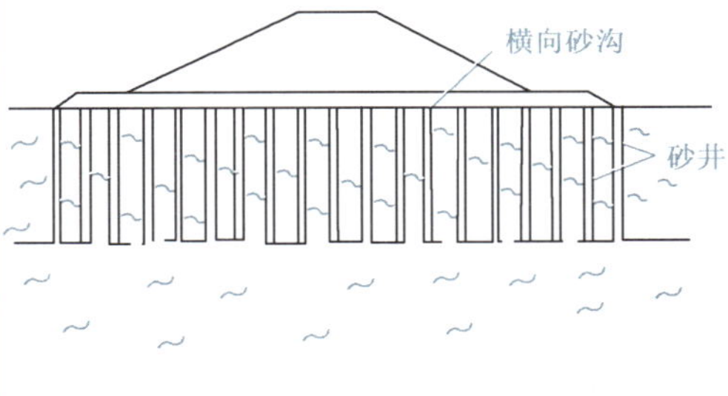

图1-4-33　排水砂井

2. 排水固结法

（1）排水砂井

排水砂井是利用各种打桩机具在地基中获得按一定规律排列的孔眼，并灌入中、粗砂而成。由于这种砂井在饱和软黏土中起排水通道的作用，故称排水砂井。如图1-4-33所示。砂井顶面应铺设砂垫层或砂沟，以构成完整的地基排水系统。

（2）排水砂垫层

排水砂垫层就是在路堤底部的地基表面铺设一层较薄的砂层，如图1-4-34所示，以使软土顶面增加一个排水面，在逐级加荷作用下促使地基土排水固结，提高强度。这种砂垫层厚度较薄，它对于基底应力的分布及沉降量大小无明显影响，但可加速沉降的发展，缩短其过程。

砂垫层施工简单，不需特殊施工机具，具备砂料即可实施，但需放慢填土施工速度，使地基有足够时间排水固结，故施工期较长。

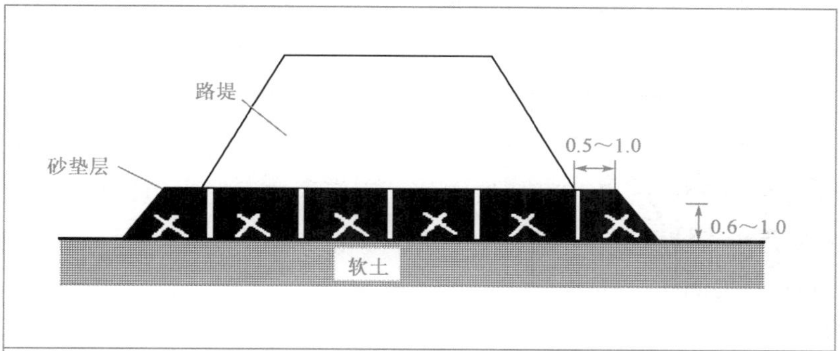

图1-4-34　排水砂垫层（尺寸单位：m）

排水砂垫层的施工要点有：

①设置放样桩。

②用自卸汽车及推土机配合分层摊铺。

③摊铺第一层的推土机应采用低比压（压强），第二层采用中比压。

④摊铺必须尽量均匀，不要有很大的集中荷载作用。

（3）塑料排水板

塑料板排水法，是用来加固软基的一种新工艺。它是将有通槽的带状塑料排水板用插板机插入软土中，然后在土面上加载预压，土中水沿着塑料板的通槽上升溢出土层，使地基得以加固，如图1-4-35所示。

图1-4-35　塑料排水板

3. 换填法

（1）开挖换填法

开挖换填法是采用挖掘机械，铲除软土层后换填好土，分层压实。选择强度较大、性能稳定的填料（砂、砂砾）。根据开挖深度与土的抗剪强度确定合理的边坡坡度。开挖时用水泵排水，防止边坡坍塌破坏。填料应及时运进、随挖随填，防止挖方边坡坍塌。

（2）强制换填法

强制换填法是把好土直接铺撒在软土地基表层，靠土的自重将软土挤向周围，从而换上好土的施工方法。适用于薄软土层，对于厚软土层，视工程种类及加固目的而定。

施工要点：从路中线逐渐向两侧填筑。

（3）爆破换填法（爆破挤淤法）

利用炸药爆炸时的能量将软土扬弃或压缩，然后填以强度较高的渗水土或一般黏性土，达到换土的目的。适用于换填深度超过3m，功效较高、施工期紧迫且允许爆破的情况。

施工要点：对于稠度较大的软土采用先爆后填，对于稠度小的软土，可以先填后爆破。

(4)抛石挤淤法

选用不易风化的片石，片石厚度或直径不小于300mm。当软土地层平坦、软土呈流动状时，填筑应沿路基中线向前成三角形方式投放片石，再渐次向两侧全部范围扩展。软土地层横坡陡于1:10，应自高向低填筑，并在低侧坡脚外一定宽度内同时抛填形成片石平台。片石抛填出软土面后，应用小石块填塞垫平，并碾压密实。

4. 土工合成材料加固法

(1)土工布

由高分子聚合物合成纤维通过针刺或编织而成的透水性土工合成材料。成品为布状，一般宽度为4～6m，长度为50～100m。土工布分为有纺土工布和无纺土工布。土工布具有优秀的过滤、排水、隔离、加筋、防渗、防护作用，具有质量轻、抗拉强度高、渗透性好、耐高温、抗冷冻、耐老化、耐腐蚀等优点。

(2)土工格栅

土工格栅是一种以高分子聚合物为主要原料，经过拉伸形成的具有方形成矩形的聚合物网材。一般分为单向拉伸土工格栅和双向拉伸土工格栅。主要用于路基加固、滑坡、塌方的修复及治理水土流失等工程。缺点是：抗老化能力差，对紫外线敏感。

5. 化学加固法

(1)注浆法

利用机械压力将浆液通过注入管，均匀注入地层，浆液以填充和渗透方式，排挤土粒间或石隙中的水分和空气，浆液凝固后，可使用原土层或缝隙固结成整体。可用于加固软土地基，加固流砂地基，防护坡面和沿河堤岸，整治滑坡等病害，改善地下工程的开挖条件。

(2)灰土挤密桩

按设计布桩的位置成孔，用打碎的生石灰颗粒与活性掺和料(粉煤灰或炉渣)，按一定的比例混合，干拌均匀后，分层灌入桩孔内，并分层夯实。这种桩依靠生石灰吸水膨胀达到挤密土壤的效果，加固后的地基质量可靠。

第六节　膨胀土地区路基

一、概念

膨胀土是指土的黏土矿物成分中富含亲水性黏土矿物，具有吸水显著、膨胀软化、失水急剧收缩硬裂以及往复湿胀干缩特性的高塑性黏土，又称裂土、裂隙黏土(见图1-4-36)。膨胀土地基常见病害有深陷变形、滑坡、纵裂、坍塌等。

二、膨胀土路基的加固和防护

为防止膨胀土路基边坡变形及对已经产生变形的膨胀土路基边坡进行整治，及时做好路基加固、防护工程和排水设施有着十分重要的意义。

1. 膨胀土路堑的防护与加固

在膨胀土路堑中，最常见的病害是表土溜坍。原因是路堑开挖后，经日晒雨淋的干湿循环作用，使表土软化而溜坍。如果清除溜坍体，刷成较缓的新坡，短时间又会出现溜坍现象。因此，防止裂土的溜坍病害，应从其干缩湿涨的原因着手，及时防护新挖的路堑边坡，使边坡表土不受日晒雨淋的影响，保持原有的自然含水率。

图1-4-36　膨胀土

膨胀土路堑边坡防护主要有以下几种类型，如图 1-4-37 所示。

(1)植物防护

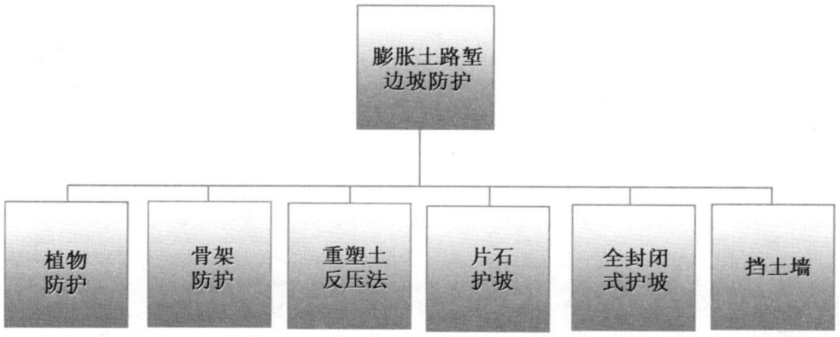

图1-4-37　膨胀土路堑边坡防护类型

边坡防护以铺草皮、种紫穗槐。单独采用铺草皮坡面防护一般只适用低矮堑坡。植物防护措施也常与其他防护措施配合使用。

(2)骨架护坡

为了防止坡面表土风化，同时加强风化土体的稳固，可设骨架护坡。

常用的骨架护坡有方格骨架护坡、拱形骨架护坡，骨架护坡采用浆砌片石，厚度最小为 0.5m。应当注意，风化特别严重或骨架嵌入困难地段不宜采用骨架护坡。

(3)重塑土反压法

可利用溜坍下来的土，移到邻近断面的边坡上填筑夯实，叫做重塑土反压法。如路堑边坡无宽裕位置，则可在底部用片石垛收坡，如图 1-4-38 所示。

(4)片石护坡

对于已经产生局部溜坍变形的堑坡，可采用干砌片石或浆砌片石护坡。

(5)全封闭式护坡

对于裂隙发育的边坡，采用喷射混凝土全封闭式护坡。但是由于裂土边坡的膨胀与收缩变形可能造成全封闭式护坡的破坏,故应与其他防护加固措施同时使用。

(6)挡土墙

由于膨胀土的特性和变形规律,在路堑坡脚设置挡土墙,对于及时恢复膨胀土边坡开挖前的应力状态,防止风化和变形,稳定边坡有着显著的效果。

路堑基床顶面 0.2 ~0.5m 范围内,应换填好土。无换土的条件时,须将表层土挖松、掺砂修筑路拱,并做好侧沟的防渗处理,保护基床不受渗水危害。

2. 膨胀土路堤的防护与加固

凡用膨胀土填筑的路堤,容易发生路堤下沉,道砟陷槽、翻浆冒泥、边坡表土溜坍及滑坡等病害。

为了防止膨胀土出现上述病害,路堤应加强坡面防护加固,常用的有效防护加固措施有:植物防护、支撑渗沟及支挡加固措施等,如图 1-4-39 所示。

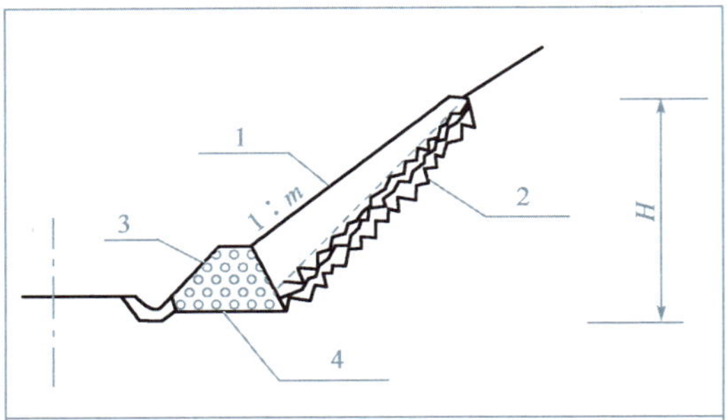

图1-4-38　重塑土反压法

1-重塑土(夯实);2-渗水土(厚0.5m);3-片石垛;4-浆砌片石

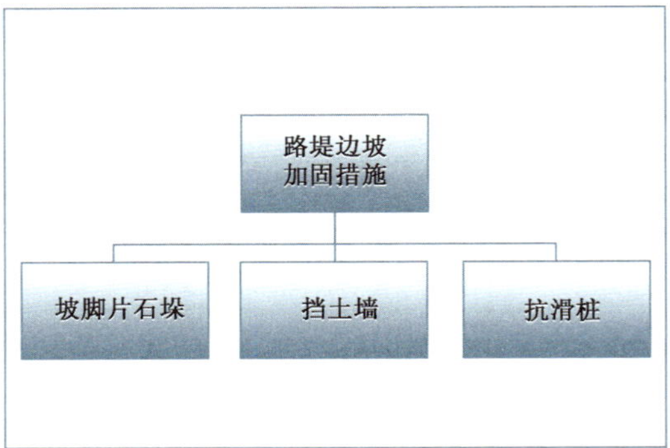

图1-4-39　路堤边坡加固措施

植物防护的方法与路堑防护相同。一般适用于膨胀性较弱、高度较低的路堤边坡。对高路堤常与支撑渗沟共同配合使用。

第七节　冻土地区路基

一、概念

冻土是指温度等于或低于摄氏零度,含有冰的各类土(土中只有负温而不含冰时为寒土),如图 1-4-40 所示。根据冻结时间不同,有季节性冻土、多年冻土和瞬时冻土之分。

季节性冻土是受季节性的影响,冬季冻结,夏季全部融化,冻结状态持续时间大于一个月,呈周期性冻结融化的土,冻结深度为数厘米乃至 1 ~2m。季节性冻土在我国的华北、西北和东北广大地区均有分布,因其周期性的冻结融化,对地基土的稳定性影响较大。

多年冻土是冻结状态持续三年以上不融的冻土(冬季冻结,一至两年内不融化的土层称为隔年冻土层)。多年冻土常存在地面下的一定深度,其上部接近地表部分,往往亦受季节影响,冬冻夏融,此部分称为夏季冻融层。

瞬时冻土指冬季冻结状态仅持续几个小时至数日的冻土,其冻结深度为数厘米至数毫米。

图1-4-40　冻土

二、冻土区的不良地质现象(见图 1-4-41)

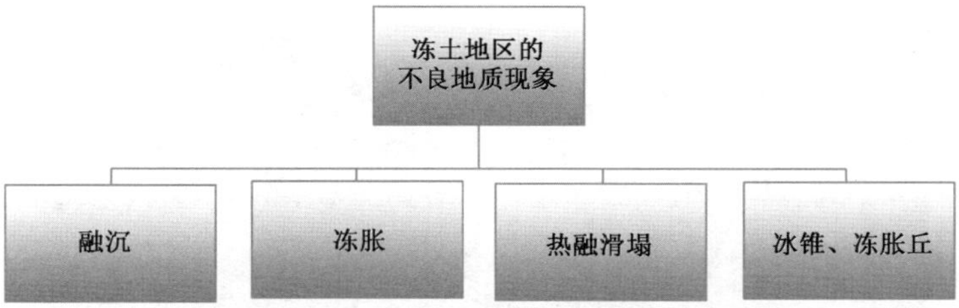

图1-4-41　冻土地区的不良地质现象

1. 融沉

融沉也称融化下沉,是指土中过剩冰融化所产生的水排出以及土体的融化固结引起的局部地面的向下运动,是自然(如气候转暖)或人为因素(如砍伐或焚烧树木)改变了地面的温度状况,引起季节融化深度加大,使地下冻土层发生局部融化所致,如图 1-4-42 所示。

2. 冻胀

由于路基填筑材料的不均匀,或不同岩性和水文地质条件地段路基过渡处理不当,可能引起不均匀冻胀,使线路在平、纵断面上失去平顺性。若用粉质土和黏性土填筑的路基,由于冻结时的水分迁移可能在上部聚冰而引起翻浆。

3. 热融滑塌

当多年冻土地区斜坡下有厚层地下冰分布时,斜坡如受到自然或人为因素影响,其热平衡受到破坏,地表层在重力作用下沿着融冻界面滑塌,称为热融滑塌,如图 1-4-43 所示。

4. 冰锥、冻胀丘

冰锥是指水多次溢出地表冻结而形成的地面冰体。由土的差异冻胀作用所形成的丘状地形,总称为冻胀丘,如图 1-4-44 所示。冻胀丘形成后产生巨大的隆胀力,使道路变形。冰锥在冬季可能覆盖路面,中断交通,而在夏季造成道路翻浆和路基沉陷。

图1-4-42　融沉现象

图1-4-43　热融湖塘

图1-4-44　冻胀丘

三、冻土区路基病害类型

(1)不均匀冻胀:是指使用冻胀性土的路段,在冬季负气温作用下,当有水分供给时,水分不断向上聚集,在路基上部形成冰夹层,冰透镜体,导致路基不均匀隆起。

(2)翻浆冒泥:是指在冬季负气温作用下连续向上聚流、冻结成的冰,在春季气温升高的条件下融化,使土基含水过多,强度急剧降低,在行车作用下路基发生翻浆冒泥等现象。

四、冻土区路基病害整治措施

1. 做好路基排水

良好的路基排水可防止地面水或地下水侵入路基,使土基保持干燥,减少冻结过程中水分聚流的来源。路基范围内的地面水、地下水都应通过顺畅的途径迅速引离路基,以防水分停滞浸湿路基。为此,应重视排水沟渠的设计。

2. 提高路基填土高度

提高路基填土高度,可增大路基边缘至地下水或地面水水位间的距离,从而减小冻结过程中水分向路基上部迁移的数量,使冻胀减弱,使翻浆的程度和可能性变小。

3. 设置隔离层

隔离层是高在路基中一定深度处,用于防止水分进入路基上部,从而保持土基干燥,起防治冻胀与翻浆作用的防水结构。透水性隔离层用碎石、砾石或粗砂等做成，其厚度一般为10～20cm。

4. 换土

当采用水稳性好、冰冻稳定性好、强度高的粗颗粒土换填上部时，可以提高土基的强度和稳定性。

阅读材料

抗滑桩施工作业指导书

1. 工程概况

K230+214～K230+310主线右线右侧，地表坡度25°～35°，坡体多已被开垦成耕地。由于该段基岩岩性为泥质板岩，表层岩体受重力作用产生了大范围"膝折"变形现象，对高边坡稳定产生严重地不利影响。采取以抗滑桩及锚杆框架梁为主的治理工程措施。

抗滑桩布设于第一级边坡，起讫桩号K230+214～K230+310，在右线右侧1m宽的碎落台外侧，桩顶比主线碎落台高8m，桩间距6m，单根桩长18m，共17根，桩截面尺寸为1.8m×2.4m，C20钢筋混凝土护壁厚0.25m，桩身为C25钢筋混凝土。抗滑桩顶一级平台上为改移后的地方道路。

2. 抗滑桩施工

1)抗滑桩开口顺序

抗滑桩需隔桩开挖，具体如图1-4-45所示。该段高边坡应自上而下分级进行，在开挖至各级平台后，即进行该级坡面防护工程的施工待其完成后再进行下一级边坡开挖。路堑开挖至一级平台后进行抗滑桩施工，待桩体混凝土强度达到设计强度75%以上，再进行第一级边坡的开挖。桩孔开挖到设计高程后，施作10cm厚封底混凝土。桩身混凝土边灌注边振捣，全桩混凝土应一次浇筑完成。

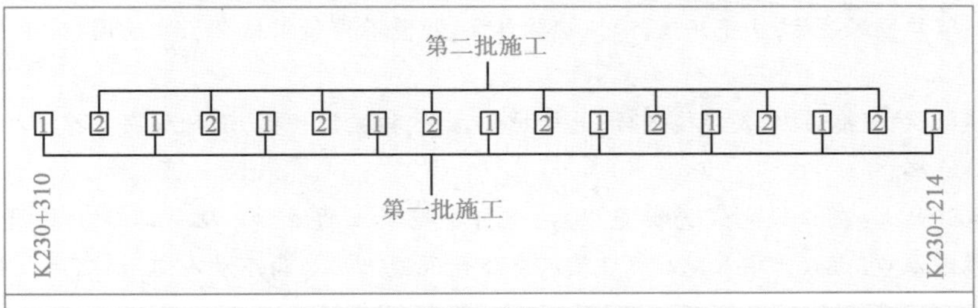

图1-4-45 跳桩开挖桩示意图

2)抗滑桩施工方案

(1)桩体开挖及护壁施工

每根桩四个工人施工，两个人在孔下挖孔，两个人在孔上操作卷扬机倒土。

开挖前先用全站仪根据控制点精确放样出各桩点的中心及各边位置，再将桩引出开挖断面1m设置护桩并经常检查校核。

每节开挖深度1m,开挖一节即做好该节护壁,护壁混凝土达到设计强度70%后方可开挖下一节。开挖全部由人工自上而下逐层用镐、锹进行。开挖次序为先挖中间部分后挖周边,遇到硬土层时,用锤、钎破碎或用空压机带风镐开挖。如遇地下水位,在孔内挖集水井,用小型潜水泵将水排至孔口外指定地点。

在孔口上安装钢管三角架,三角架上安装滑轮,孔口的1/2部分覆盖厚5cm的木板,通过卷扬机提升吊土桶,将手推车推至木板上进行出土(见图1-4-46)。随着挖孔加深,及时安装通风、照明等设备。挖孔达到设计高程后,进行孔底处理,使孔底平整、无松渣淤泥及沉渣,经监理工程师检查合格后应马上封底,绑扎钢筋笼,灌注桩身混凝土。

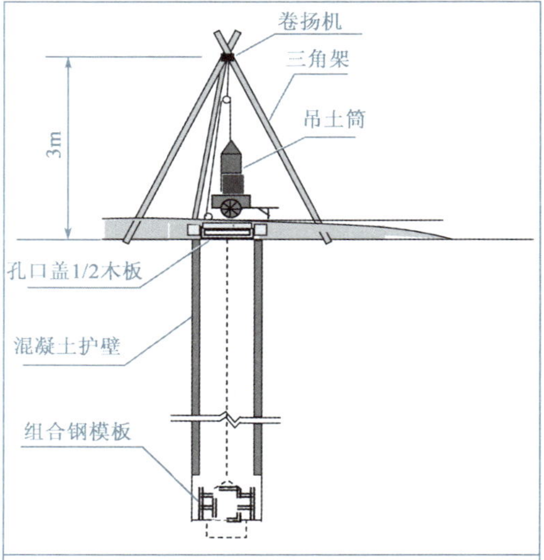

图1-4-46　三角架垂直运输示意图

为防止坍孔和保证施工的安全,根据设计要求,桩孔采用钢筋混凝土护壁支护,每节高1m,厚250mm,C20混凝土内配ϕ12@250钢筋。护壁模板采用组合钢模板拼装而成,拆上节支下节循环周转使用,具体施工步骤如下:

①在挖完一节护壁深度后,修整井壁,保证护壁厚度,护壁不得侵入桩身尺寸范围内,下护壁钢筋,进行绑扎、焊接。

②立护壁模板:护壁钢筋绑扎、焊接好后,进行护壁立模,按测设位置,进行加固支撑。护壁钢筋各节纵向钢筋采取焊接连接。

③灌注护壁混凝土:在立模完成并检查以后,进行护壁凝土的灌注。从第二节护壁模板开始上部留200mm高空隙做灌注口(混凝土灌注完后立即填满空隙),混凝土用串筒下放人工灌注,灌注护壁混凝土时,对称灌注,并用振捣器捣固密实。

④拆护壁模板:在灌注完护壁12h后,拆除模板,进行下一节开挖。

(2)模板的制作及安装要求

①保证混凝土结构和构件各部分设计形状、尺寸和相互间位置正确。

②具有足够的强度、刚度和稳定性,能承受新浇筑混凝土的重力、侧压力及施工中可能产生的各项荷载。

③接缝不漏浆,制作简单,安装方便,便于拆卸和多次使用。

④模板与混凝土接触面涂刷脱模剂,板缝用双面胶填塞。

⑤拆除模板后要清除其上面的残留混凝土，重新涂刷脱模剂。

(3)桩身钢筋制作安装

桩身钢筋采用在孔内绑扎，先将焊接好的桩身主筋运至孔口适当地方，然后用起吊设备将主筋一根一根下到孔里，在孔内进行钢筋束点焊操作，由下至上，再将加工好的桩身箍筋人工下到孔里，与主筋绑扎牢靠，最后人工将勾筋下到孔里，绑扎牢靠。

桩身钢筋制作与安装注意以下几点：

①钢筋间距等尺寸符合图纸和规范要求。

②受力钢筋接头需错开，同一截面钢筋接头数不得超过钢筋总数的1/4，且有接头的截面之间的距离不得小于2.5m，主筋需点焊成束。

③在桩孔内焊接钢筋笼时，注意接头处不得设在土石分界面和滑动面上。

(4)桩身混凝土灌注

灌注前清理孔底浮土和积水，灌注混凝土期间经常观察混凝土灌注情况以及钢筋笼是否有上浮现象。

灌注混凝土时，设专人量井记数，在技术人员配合下每半小时量一次灌注深度。串筒应离混凝土表面1m高并根据灌注情况及时拆除串筒，防止混凝土将串筒埋住。灌注混凝土一气呵成，灌注完后7d内按要求对混凝土进行养护。

桩身混凝土灌注的要求如下。

①防止混凝土离析：混凝土自高处倾落的自由高度不应超过2m，当浇筑高度超过2m时，要采用串筒使混凝土下落。

②混凝土浇筑应连续进行，当必须间歇时，其间歇时间不能大于混凝土的初凝时间。

③混凝土振捣的要求：

采用插入式振动棒捣固，其分层厚度不大于振动器作用部分长度的1.25倍。即每层厚度约为40cm。采用全面分层浇筑，并自下而上逐层进行。施工时从短边开始沿长边进行，亦可从中间向两端或从两端向中间同时进行。振动棒振动点的距离不大于振动器作用半径的1.5倍(振动器的作用半径一般为300~400mm)，距模板的距离以50~100mm为宜。

振捣方法：插入式振动器的振捣方法有两种，即垂直振捣和斜向振捣。垂直振捣就是振动棒与混凝土表面垂直，其优点在于容易掌握插点距离，控制插入深度，不易产生漏振，不易触及钢筋及模板，混凝土受振后能自然下沉、均匀密实；斜向振捣就是振动棒与混凝土表面成40°~45°角插入，其优点在于操作省力，效率高，出浆快，易排出空气，不会产生严重离析现象，振动棒拔出时，不会形成空洞。混凝土振捣操作要点如下。

a.要“快插慢拔”。“快插”是为了防止先将混凝土表面振实，与下面混凝土产生分层离析现象；“慢拔”是为了使混凝土填满振动棒抽出时形成的空洞。

b.振动器插点要均匀排列，可采取“行列式”或“交错式”，防止漏振。

c.每一插点的振捣延续时间，要使混凝土表面呈现浮浆和不再沉落。一般每点振捣时间为20~30s，使用高频振动器时，亦要大于10s。

d.在振捣上一层时应插入下层混凝土的深度不小于5cm，以消除两层间的接缝，同时要在下层混凝土初凝前进行。在振捣进程中，宜将振动棒上下略为抽动，使上下振捣均匀。

e.振动器应避免碰撞钢筋、模板、预埋件等。

3.安全注意事项

抗滑桩施工中必须注意以下几点：

(1)孔内施工人员不超过2人且必须佩带安全帽。

(2)孔内人员在施工时,孔上人员与孔下人员随时保持联系。

(3)保持孔外2m范围内无杂物,在孔四周设立至少0.8m高的安全防护网,并在每个孔外设立安全警示牌。

(4)在滑坡段安排一个人随时观察地质情况,一旦发现滑坡有滑动的趋势立即通告作业人员安全撤离现场。

(5)随时测量孔内空气质量,当孔深超过10m后要增设孔内通风设施。

(6)须待护壁混凝土达到设计强度后方可下孔进行下一工序。

(7)孔内绑扎钢筋的施工人员必须戴安全帽和系安全带。

(8)因故停工1d以上,再下孔作业时前必须要事先用火烛(或小动物)检查孔内空气质量半个小时确认安全后方可下孔。

(9)操作人员上下禁止乘坐卷扬机,须配备爬梯。

(10)卷扬机每天在工作前要有专人检查,发现钢丝绳磨损立即更换,要有专人操作,建立卷扬机交接班制度。

(11)每次所出渣(土)不能超过容器容量的2/3,以免掉落砸伤孔内的操作人员。

(12)不往孔下丢工具及其他物体。

(13)孔下照明采用安全电压。

【任务】

认识各种特殊土路基的特点及其施工方法。

第二篇　轨　　道

单元一　普速铁路轨道构造与施工

引言

轨道是运输设备的基础，机车车辆作用于轨道上的力有垂直压力、横向水平力、纵向水平力以及因温度变化所产生的温度附加力等。所以，要求轨道结构有足够的强度和稳定性，各组成部分的结构要合理，以保证列车按规定的速度安全、平稳、不间断地运行。

第一节　钢　　轨

一、钢轨的功用、性能和断面

钢轨是铁路轨道的主要部件，用于引导机车车辆车轮前进，它承受车轮的巨大压力并传递到轨枕上，为车轮提供连续、平顺和阻力最小的滚动表面。在电气化铁道或自动闭塞区段，钢轨还兼做轨道电路。

列车行驶过程中巨大的压力首先落在钢轨上，可见钢轨必须具备足够的强度、稳定性和耐磨性。

人们在长期的研究和探索中，发现工字形断面受力好、省材料，具有最佳抗弯性能。工字形钢轨断面，由轨头、轨腰、轨底三部分组成，如图 2-1-1 所示。

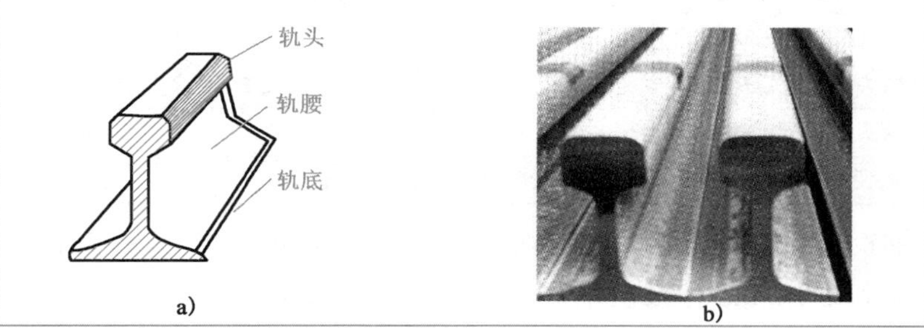

图2-1-1　钢轨断面

二、钢轨的类型及轨缝

1. 钢轨的类型

我国现行的钢轨类型主要有 43kg/m、50kg/m、60kg/m、75kg/m 四种，如图 2-1-2 所示，具体断面尺寸及类型见表 2-1-1。为了提高线路的通过能力，我国铁路正逐步淘汰小质量钢轨，主要线路一般铺设 60kg/m 或 75kg/m 的重型钢轨。

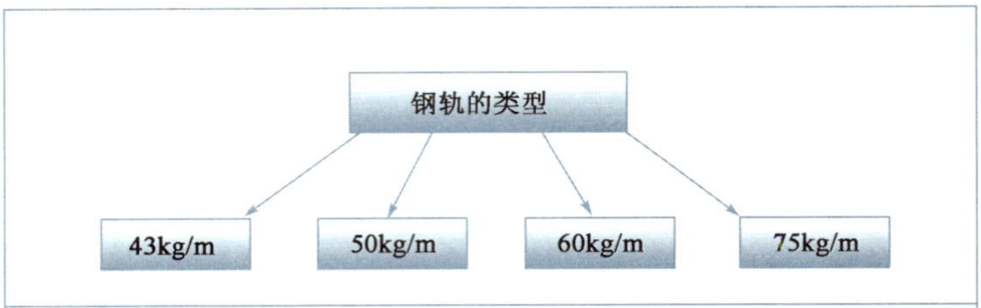

图2-1-2　钢轨类型

钢轨断面尺寸及特性　　表 2-1-1

项　目	类型(kg/m)			
	75	60	50	43
每米质量 m(kg)	74.414	60.640	51.514	44.653
断面面积 F(cm^2)	95.037	77.45	65.8	57
重心距轨底面的距离 y_1(mm)	88	81	71	69
对水平轴的惯性矩 J_x(cm^4)	4490	3217	2037	1489
对竖直轴的惯性矩 J_y(cm^4)	665	524	377	260
底部断面系数 W_1(cm^3)	509	396	287	217
头部断面系数 W_2(cm^3)	432	339	251	208
轨底横向挠曲断面系数 W_y(cm^3)	89	70	57	46
轨头所占面积 A_h(%)	37.42	37.47	38.68	42.83
轨腰所占面积 A_h(%)	26.54	25.29	23.77	21.31
轨底所占面积 A_h(%)	36.54	37.24	37.55	35.86
钢轨高度 H(mm)	192	176	152	140
钢轨底宽 B(mm)	150	150	132	114
轨头高度 h(mm)	55.3	48.5	42	42
轨头宽度 b(mm)	75	73	70	70
轨腰厚度 t(mm)	20	16.5	15.5	14.5

我国标准钢轨长度有 25m 和 12.5m 两种。对于 75kg/m 钢轨，只有 25m 一种。另外，还有用于曲线轨道上比 12.5m 标准轨缩短 40mm、80mm、120mm 和比 25m 标准轨缩短 40mm、80mm、160mm 的六种标准缩短轨。

2. 轨缝

钢轨与钢轨之间留有一定的缝隙(称为轨缝)，通过夹板和接头螺栓将钢轨夹紧而连接起来。随着轨温变化，钢轨要伸缩，这个伸缩量是由钢轨螺栓孔、夹板螺栓孔与螺杆之间的间隙来提供的，我们把它们之间在构造上能实现的轨端最大缝隙称为构造轨缝。在铺轨施工时，也需要预留一定的轨缝，称为预留轨缝。预留轨缝要适当，能保证冬天不超过构造轨缝，以防止拉弯接头螺栓及增大车轮冲击，还可使夏天轨缝不顶严，以防温度压力太大而胀轨跑道。《铁路线路修理规则》（铁路〔2006〕146号）规定普通线路预留轨缝计算公式为：

$$a_0 = \alpha L(t_z - t_0) + \frac{1}{2}a_g \qquad (2\text{-}1\text{-}1)$$

式中：a_0——更换钢轨或调整轨缝时的预留轨缝（mm）；

α——钢轨线膨胀系数，为0.0118mm/（m·℃）；

L——钢轨长度（m）；

t_z——更换钢轨或调整轨缝地区的中间轨温（℃）。

$$t_z = \frac{1}{2}(T_{max} + T_{min})$$

T_{max}、T_{min}——当地历史最高和最低轨温（℃）；

t_0——更换钢轨或调整轨缝时的轨温（℃）；

a_g——构造轨缝，43kg/m、50kg/m、60kg/m、75kg/m钢轨a_g均采用18mm。

最高、最低轨温差不大于85℃地区，在按式（2-1-1）计算以后，可根据具体情况将轨缝值减小1～2mm。

25m钢轨铺设在当地历史最高、最低轨温差大于100℃的地区应个别设计。

12.5m钢轨地段，更换钢轨或调整轨缝时的轨温不受限制。25m钢轨地段，更换钢轨或调整轨缝时的轨温限制范围为（t_z－30℃）～（t_z＋30℃）；最高、最低轨温差不大于85℃地区，如将轨缝值减小1～2mm，轨温限制范围相应降低3～7℃；特殊情况下，在轨温限制范围以外更换的25m钢轨，必须在轨温限制范围以内时调整轨缝，使其符合上述规定。

三、钢轨的化学成分

钢轨的强度、耐磨性及韧性在很大程度上取决于钢轨的材质，即取决于钢轨的化学成分，如图2-1-3所示。化学成分是钢轨质量的第一个特征。严格控制钢轨的化学成分，是保证钢轨质量的主要途径之一。

四、钢轨的伤损

钢轨伤损是铁路上一个比较突出的问题，钢轨在极其复杂的条件下使用，不可避免会产生各种伤损。其伤损的原因，既有钢轨在冶炼过程中出现的缺陷，又有在运输、使用过程中出现的破损。钢轨伤损对行车的安全威胁很大，因此及时发现钢轨伤损，摸清钢轨伤损规律，进而加强对钢轨的管理工作，对铁路工务部门极为重要。钢轨伤损分为折断、锈蚀和磨耗，如图2-1-4～图2-1-6所示。

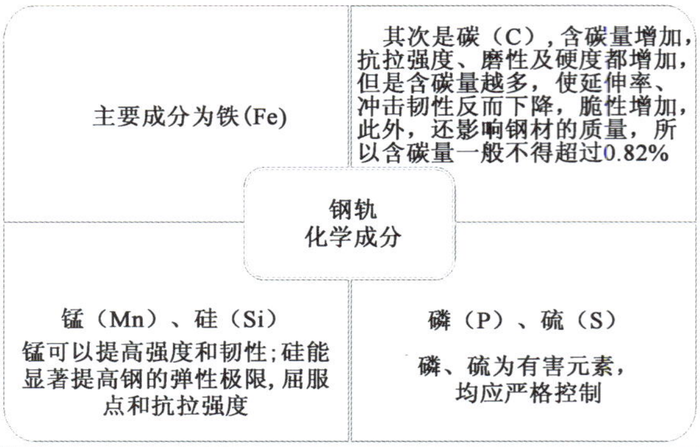

图2-1-3　钢轨化学成分图

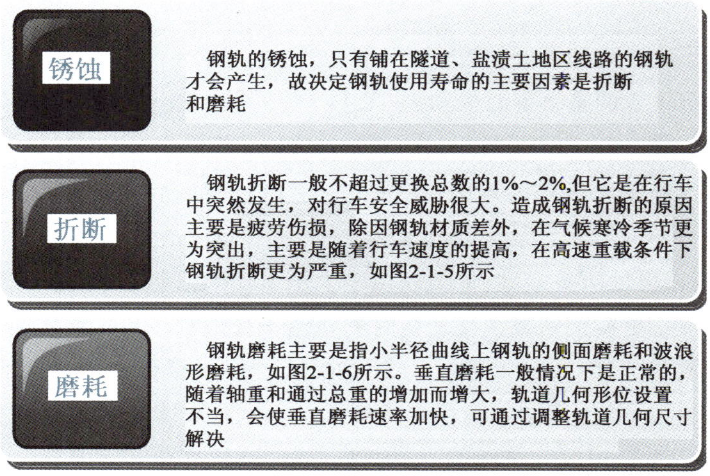

图2-1-4　钢轨伤损分类

图2-1-5　钢轨折断

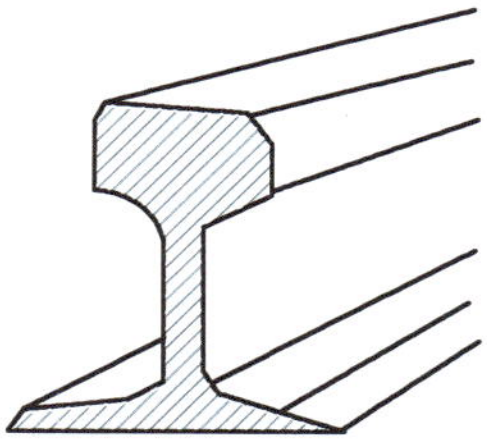

图2-1-6　钢轨磨耗

第二节 轨 枕

轨枕的功用是保持钢轨位置、方向和轨距，并将它承受的力均匀地分布到道床上。因此要求轨枕有一定的坚固性、弹性和耐久性，并能便于固定钢轨，有抵抗纵向和横向位移的能力。

轨枕的种类按材料分有木枕和混凝土，如图 2-1-7 所示；按用途分为普通轨枕、岔枕和桥枕。

a) b)

图2-1-7 轨枕

一、木枕

1. 优缺点

木枕即为木制轨枕，又称为枕木。木枕富于弹性，便于加工、运输和维修；有较好的电绝缘性能；此外，还与道砟之间有较大的摩擦系数，以保证轨道稳定。但是，我国木材缺乏，价格很贵，而且易腐朽、磨损，使用寿命短，不同种类木材的木枕弹性也不一致，因此在我国木枕逐渐地被混凝土枕所代替。

2. 分类及断面尺寸

木枕分为普通木枕、道岔木枕和桥梁木枕，如图 2-1-8 所示。

中华人民共和国国家标准关于《枕木》(GB 154—1984)规定的普通木枕分类如下：

(1)I 类木枕长度 250cm，高度 16cm，底宽 22cm；II 类木枕长 250cm，高度 14.5cm，底宽 20cm。I 类木枕多用于正线，II 类木枕使用于站线。

(2)道岔木枕不分类，长度为 260 ~ 480cm(按 20cm 进级)，高度 16cm，底宽 24cm。

(3)桥枕是用于桥梁上的木枕，其截面尺寸因主梁(或纵梁)中心间距的大小而异。

二、混凝土轨枕

混凝土枕全称应当是预应力钢筋混凝土轨枕。混凝土枕按其用途分为普通混凝土枕、混凝土岔枕、混凝土桥枕三种。

1. 优缺点及适用范围

混凝土枕的优点是材源丰富，尺寸统一，轨道弹性均匀，提高了轨道的稳定性且不受气候、

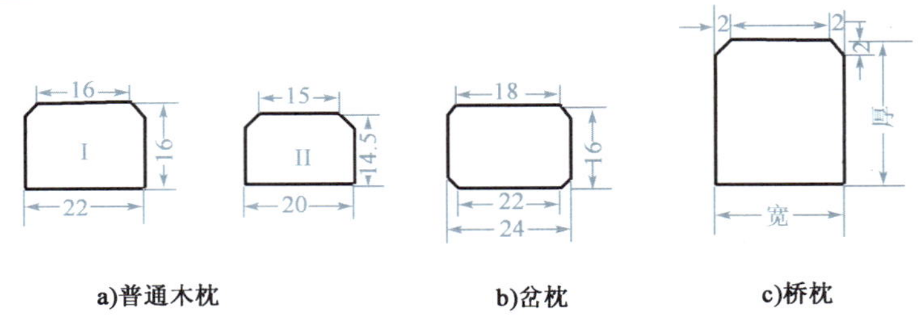

图2-1-8 木枕断面形状和尺寸（尺寸单位：cm）

腐朽、虫蛀及失火的影响，使用寿命长。此外，混凝土枕还应具有较高的阻力，这对提高无缝线路的横向稳定性是十分有利的。但是混凝土枕也存在以下缺点：弹性差、钢轨联结零件复杂、绝缘性能低、更换较困难；一根混凝土枕的质量为220～250kg，是木枕的4倍左右；其弹性差，在同样荷载作用下，道床受力比木枕大25%左右，冲击作用也比木枕大得多，所以要求道床材质好，断面厚度大，并必须在钢轨底部增设弹性垫层。对于临时便线、冻害或严重翻浆冒泥以及其他路基不稳定地段、半径小于300m的曲线及正线上使用沙道床地段，均不宜铺设混凝土枕。

2. 外形

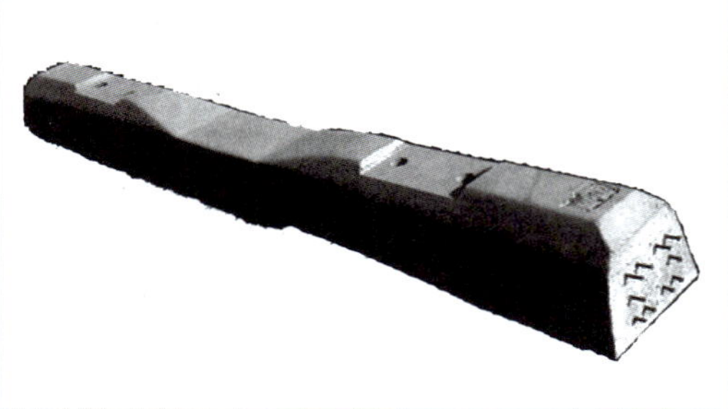

图2-1-9 混凝土轨枕

各类混凝土枕的截面，采用上窄下宽的梯形，这是为了增加轨枕的支承面积，节省混凝土用量，减少自重。在轨枕中部长度60cm范围内，采用相同的枕底宽度，60cm范围外至枕端逐渐增加枕底宽度，并在枕底做出一些凹槽；轨枕的厚度为两端厚中间薄，如图2-1-9所示。

我国铁路使用的混凝土枕，随着轨道荷载的增加，轨枕的承载能力应有所加强，主要采用提高混凝土等级，增加预应力截面高度等措施，目前铁路广泛采用的I型枕和II型枕，其外形尺寸完全相同，相关数据见表2-1-2。

混凝土枕主要尺寸 表2-1-2

轨枕类型	主筋数量	混凝土强度等级	截面高度(cm)		截面宽度(cm)			底面积(cm²)	质量(kg)	长度(cm)
			轨下	中间	端部	轨下	中间			
I	36ϕ3	C48	20.2	16.5	29.45	28	25	6.588	251	250
II	44ϕ3、4ϕ10	C48	20.2	16.5	29.45	28	25	6.588	251	250

3. 结构形式

钢筋混凝土轨枕按其结构形式可分为整体式、组合式和短枕式，如图2-1-10所示。

整体式轨枕整体性强，稳定性好，制作简便，是线路上广泛使用的一种形式；组合式轨枕由两个钢筋混凝土块组合而成，整体性不如整体式轨枕，但钢杆承受正负弯矩的能力比较强；半

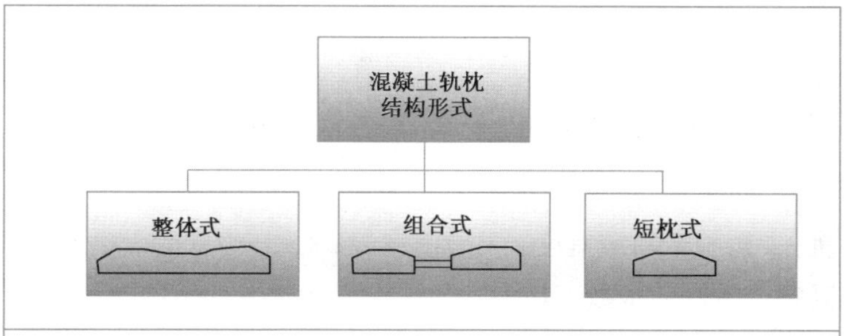

图2-1-10　混凝土轨枕的结构形式

枕式又称短枕式，主要用在整体道床上。整体式混凝土轨枕整体性强，稳定性好，制作简便，是目前各国使用最多的一种类型。

三、轨枕间距

轨枕间距与每公里配置的轨枕根数有关，后者应根据运量、行车速度及线路设备条件确定，并和钢轨及道床等综合考虑，合理配套，以求在最经济的条件下，保证轨道具有足够的强度和稳定性。轨枕密一些，道床、路基面、钢轨以及轨枕本身受力都可小一些。同时，使轨距、方向易于保持，对行车速度高的地段尤为重要。但也不能太密，太密则不经济，而且净距过小，也会在一定程度上影响捣固质量。

《铁路线路设计规范》（GB 50090—2006）规定：符合下列条件之一的地段，正线轨道应加强。

（1）在混凝土枕轨道 $R \leqslant 600$m 的曲线（包括缓和曲线和圆曲线）或木枕轨道、电力牵引线路 $R \leqslant 800$m 的曲线地段；

（2）坡度大于 1.2% 的下坡制动地段；

（3）长度等于或大于 300m 的隧道内线路。

轨枕加强地段每千米增加的轨枕数量和最多铺设根数应符合表 2-1-3 的规定。

每千米增加轨枕数量和最多铺设根数（单位：根）　　表 2-1-3

轨枕类型	III 型混凝土枕	II 型混凝土枕	木　枕
每千米增加的轨枕数量	40	80	160
每千米最多铺设根数	1760	1840	1920

普通轨道上，钢轨接头处车轮的冲击动荷载大，接头处轨枕的间距应当比中间的小一些，并且从接头间距向中间间距过渡时，应有一个过渡间距，以适应荷载的变化，如图 2-1-12 所示。每节钢轨下轨枕间距应当满足：$a > b > c$。接头轨枕间距一般是给定的：对于 50kg/m 及以上钢轨，木枕接头间距为 440mm，混凝土接头间距为 540mm。由图 2-1-11 可知：

$$a = \frac{L - c - 2b}{n - 3} \tag{2-1-2}$$

设 $b = \dfrac{a + c}{2}$，代入上式：

$$a = \frac{L - 2c}{n - 2} \tag{2-1-3}$$

代入式(2-1-2),求得 b 值:

$$b = \frac{L - c - (n - 3)a}{2} \tag{2-1-4}$$

式中:L——标准轨长(含一个轨缝宽度),一般取 8mm;

n——一节钢轨下轨枕的根数;

a——中间轨枕间距;

c——接头轨枕间距;

b——过渡轨枕间距。

根据式(2-1-3)算出的轨枕间距 a 取整,然后代入式(2-1-4)求得 b 应有的值。对于无缝线路,轨枕间距应均匀布置。轨枕间距尺寸按《铁路线路修理规则》(铁运〔2006〕J146 号)有关规定设置。

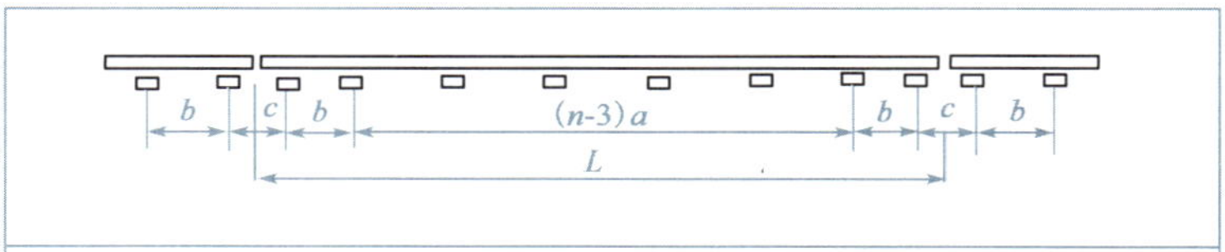

图2-1-11　轨枕间距计算图

第三节　联 结 零 件

钢轨联结零件包括联结钢轨与钢轨的接头扣件,联结钢轨与轨枕的中间扣件(又称轨枕扣件),如图 2-1-12、图 2-1-13 所示。

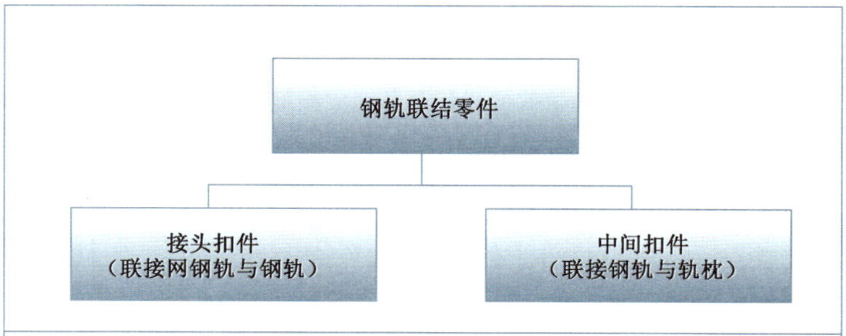

图2-1-12　钢轨联结零件

一、钢轨接头扣件

在轨道上,钢轨与钢轨之间用夹板连接,称为钢轨接头。

接头是轨道结构的薄弱环节之一。据统计,在铺设普通 12.5m 标准轨的线路上,整治接头病害的费用占线路维修费用的 40%,增加行车阻力约 25%。

图2-1-13　联结零件

1. 接头联结形式

我国钢轨接头的形式，从基本结构来分：有普通接头和尖轨接头两种。

(1) 普通接头：是我国普通线路、无缝线路普遍采用的接头联结形式，可分为三种形式。

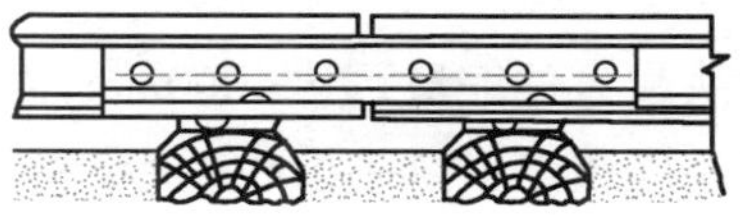

图2-1-14　悬空式接头

①按其相对于轨枕的位置，可分为悬空式和双枕承垫式两种，如图 2-1-14、图 2-1-15 所示。

②按两股钢轨接头相互位置分为相对式和相错式两种，如图 2-1-16 所示。

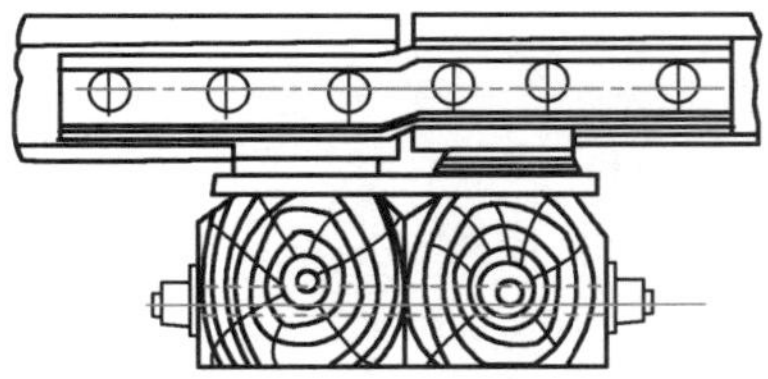

图2-1-15　双枕承垫式异形接头

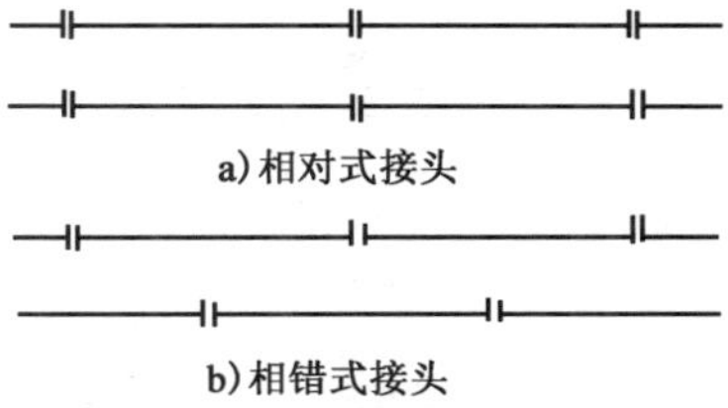

图2-1-16

③按其用途可分为普通接头、异形接头、导电接头、绝缘接头、冻结接头、胶结绝缘接头等。

a. 异形接头：用于连接不同类型断面的不同钢轨。如图 2-1-15 所示。

b. 导电接头：用于自动闭塞区段及电力牵引地段，供传导轨道电流或作为牵引电流回路之用。轨间传导连接装置用两根 $\phi5$ 左右镀锌铁丝组成，如图 2-1-17 所示。

c. 绝缘接头：用于自动闭塞区段闭塞分区两端的钢轨接头。使钢轨、夹板与螺栓之间，螺栓孔四周以及轨端之间均用尼龙绝缘套管和尼龙绝缘垫片，将电流隔断，如图 2-1-18 所示。

d. 冻结接头：用月牙垫片填塞螺栓孔的方法，阻止钢轨自由伸缩的接头，如图 2-1-19 所示。

e. 胶结绝缘接头：是用高强度胶粘剂，将钢轨和夹板胶合成一整体的接头。胶合层由胶黏剂与玻璃布组成，具有黏结和绝缘性能。

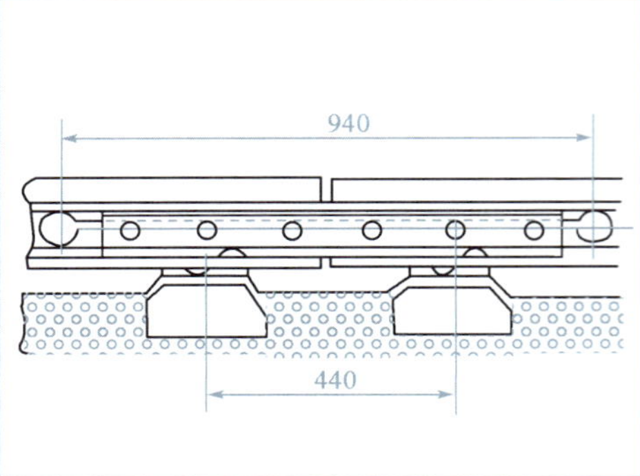

图2-1-17　导电接头（尺寸单位：mm）

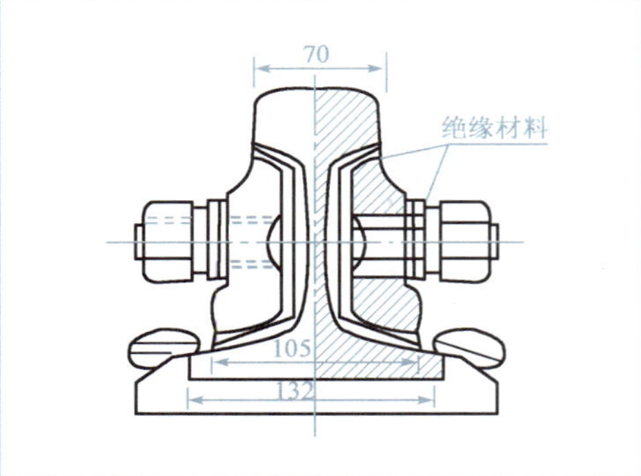

图2-1-18　绝缘接头（尺寸单位：mm）

(2)尖轨接头：是指接头用尖轨和弯折基本轨组成的联结形式，如图2-1-20所示，是用于特大桥上无缝线路的尖轨接头。它允许接头处钢轨随轨温变化有较大的伸缩。我国设计的尖轨接头最大伸缩量可达1000mm，因此，这种接头又称伸缩接头或温度调节器。在我国铁路上除在跨度大于或等于100m的钢桥上使用外，寒冷地区自动的放散应力式无缝线路也曾使用过，以适应接头处有较大的伸缩量。

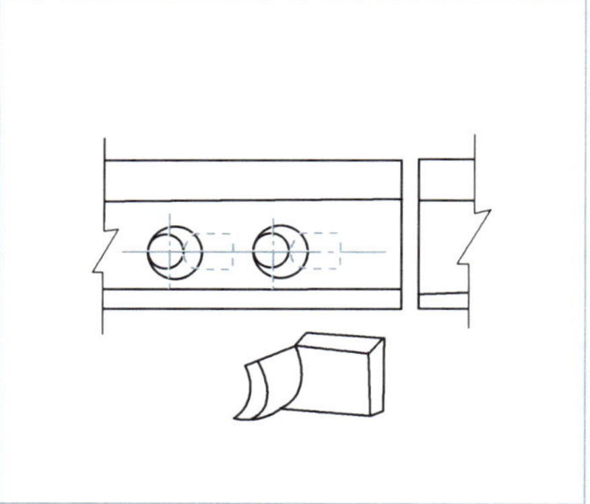

图2-1-19　冻结接头

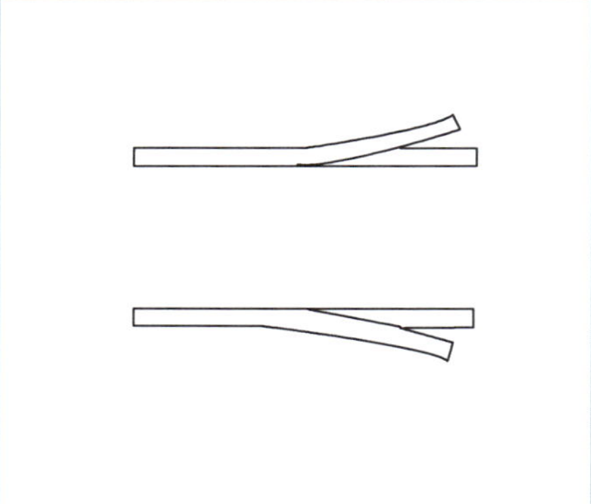

图2-1-20　尖轨接头

2. 接头联结零件

钢轨接头联结零件包括夹板、螺栓、螺母、垫圈等，如图2-1-21所示。

(1)钢轨夹板

夹板的作用是夹紧钢轨。目前我国标准钢轨使用的夹板均为双头式。夹板的上下两面均有斜坡，使能楔入轨腰空间，但不贴住轨腰。这样当夹板稍有磨耗，以致连接松弛时，即可重新拧紧螺栓，保持接头连接的牢固。每块夹板上有6个螺栓孔，圆形孔与长圆孔相间。为避免装、卸夹板或螺栓时互相干扰，车轮万一在接头一侧脱轨时切割全部螺栓头，因此，螺栓方向要里外相间。圆形螺孔的直径较螺栓直径略大，长圆形螺栓孔的长径较螺栓头下凸出部分的长径略大。依靠钢轨螺栓孔直径与螺栓直径之差，以及夹板圆形螺栓孔直径与螺栓直径之差，就可以使钢轨在预留轨缝值范围内随轨温变化而伸缩。

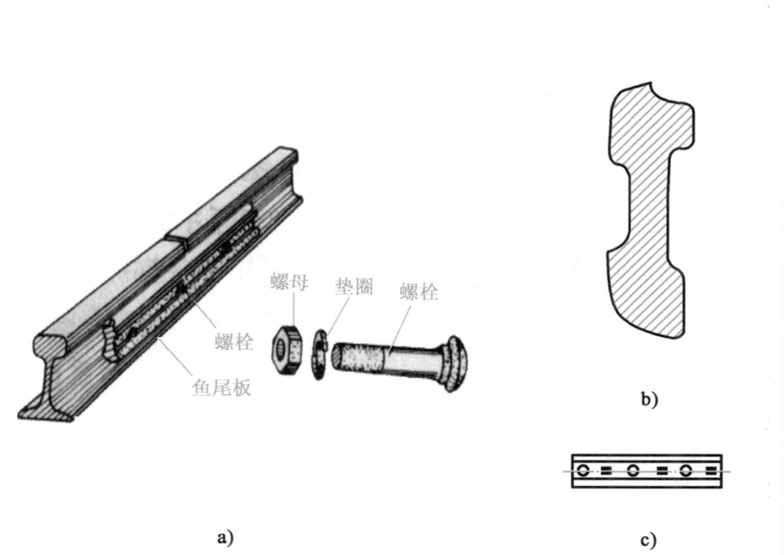

图2-1-21 接头联结零件

(2)接头螺栓

螺栓应使夹板与钢轨连接牢固可靠,紧密贴合,但又必须保证在气温变化时轨端能在两夹板间作纵向移动。螺栓的直径越大,固紧力越强,但加大螺栓直径,必然要加大钢轨及夹板上的螺栓孔径,从而削弱钢轨与夹板的强度。因此,螺栓宜用高碳钢制造和热处理的高强度螺栓。目前,在我国铁路的钢桥上,轨道和无缝线路均采用高强度螺栓。

①接头螺栓组成。

接头螺栓是钢轨接头构造的主要零件,由螺栓、螺母和垫圈组成。夹板所用螺栓如图2-1-21所示。

②接头螺栓扭矩。

接头螺栓拧紧扭矩达到表2-1-4的规定值,并应保持均匀。当扭矩不足时,不得低于规定值100N·m以上。

普通线路接头螺栓扭矩标准 表2-1-4

项目	单位	25m钢轨						12.5m钢轨	
		最高、最低轨温差>85℃			最高、最低轨温差≤85℃				
钢轨	kg/m	60及以上	50	43	60及以上	50	43	50	43
螺栓等级	—	10.9	10.9	8.8	10.9	8.8	8.8	8.8	8.8
扭矩	N·m	700	600	600	500	400	400	400	400
*C*值	mm	6			4			2	

注:1. *C*值为接头阻力及道床阻力限制钢轨自由伸缩的数值。
2. 小于43kg/m钢轨比照43kg/m钢轨办理。
3. 高强度绝缘接头螺栓扭矩不小于700N·m。

③接头螺栓等级。

《钢轨用高强度接头螺栓与螺母》(TB/T 2347—1993)中规定:螺栓分10.9和8.8两级,10.9级螺栓直径为24mm,8.8级螺栓直径分为24mm和22mm两种,螺母均为10级。

3. 中间联结零件(中间扣件)

中间扣件是联结钢轨与轨枕的部分其分类如图2-1-22所示,它应具有将钢轨固定在轨枕的稳固位置上,并有相对轨距;具有足够阻力阻止钢轨纵、横向位移;具有足够的强度、耐久性和一定的弹性,起到缓冲减振作用的功能;此外还应具有零件少,便于拆卸、维修的条件。中间扣件又称为轨枕扣件,现场简称为扣件。

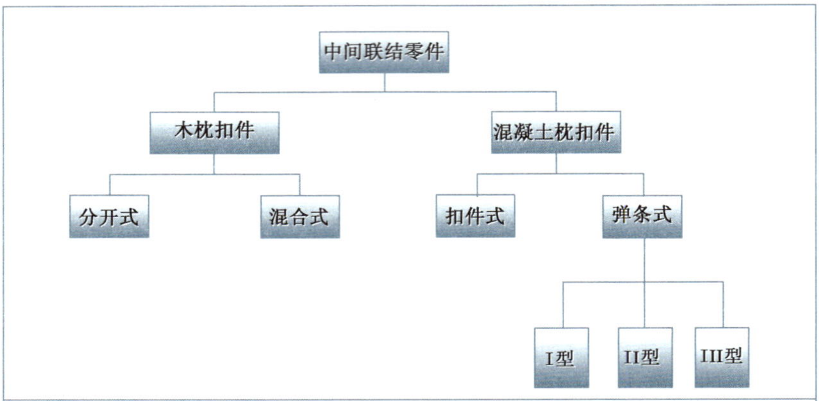

图2-1-22　中间联结零件分类

(1)木枕扣件

木枕的扣紧方式主要有分开式和混合式等两种。

①分开式。分开式系将垫板分别与轨枕和钢轨单独扣紧,如图2-1-23所示为K形分开式扣件联结情况。先用四枚螺纹道钉将垫板旋紧在木枕上,再用轨卡及轨卡螺栓将轨底扣压在垫板上。为了增加扣紧的弹性,在轨枕与垫板间衬以轨下垫板,及在螺帽下安装弹簧垫圈。由于扣着力大,不但能有效地防止钢轨的纵横向位移,基本上消除了垫板的振动,且可预先组装以提高安装质量,更换钢轨时也不必扰动垫板与木枕的连接,从而缩短现场铺设或更换的时间,并可延长木枕使用寿命。其缺点是零件多、用钢量大、弹性差、装卸较困难,故仅在个别道岔及桥梁上使用。

②混合式。混合式是先用道钉将垫板与木枕扣紧,再另外用道钉将钢轨、垫板与木枕一同钉连在一起,如图2-1-24所示。这种扣件能缓减垫板的振动,其优点是零件少,安装方便;缺点是钢轨受荷载后向上挠曲时会将扣紧钢轨的道钉拔起,降低扣紧力。

(2)混凝土枕扣件

混凝土枕扣件较木枕用的扣件要复杂。目前我国在混凝土枕上使用的扣件主要有扣板

图2-1-23　K形分开式扣件

1-螺纹道钉；2-轨卡；3-轨卡螺栓；4-铁垫板；5-轨下垫板；6-弹簧垫圈

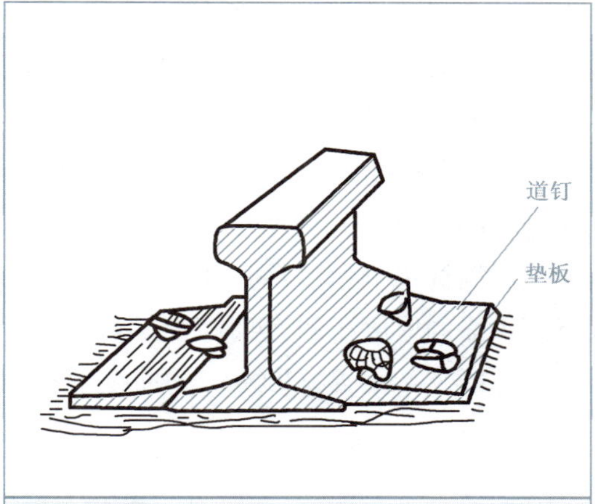

图2-1-24　木枕的扣紧

式、弹片式和弹条式三种。但弹片式扣件已不再生产，线路上既有的弹片式扣件，通过大修，将被换掉。故在这里仅介绍扣板式和弹条式两种扣件。

①扣板式扣件。扣板式扣件主要由螺旋道钉、扣板、螺母、弹簧垫圈、平垫圈、铁座、绝缘缓冲垫片、衬垫等组成，如图2-1-25所示。

螺旋道钉用硫黄水泥砂浆锚固在混凝土枕承轨台上的预留孔中。这种锚固工艺是我国独创的。

在锚固好的螺旋道钉上安装一块用马铁制成的刚性扣板，加垫平垫圈和弹簧垫圈并上紧螺母后扣紧钢轨。扣板的一端压紧钢轨底部顶面，同时顶住轨底侧面，使保持需要的轨距和传递横向推力于铁座及混凝土枕的承轨槽挡肩。在铁座与挡肩之间安装绝缘缓冲挡肩垫片，以缓和横向推力的冲击作用，防止混凝土挡肩被挤损坏，并起绝缘作用。

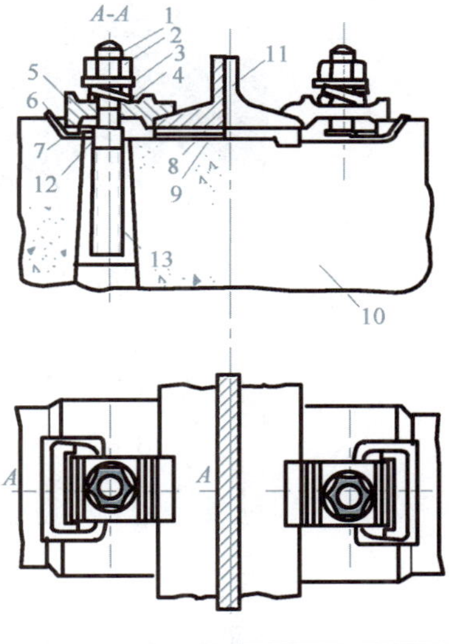

图2-1-25　扣板式扣件

1-螺纹道钉；2-螺母；3-平垫圈；4-弹簧垫圈；5-扣板；6-铁座；7-绝缘缓冲垫片；8-绝缘缓冲板；9-衬垫；10-轨枕；11-钢轨；12-绝缘防锈涂料；13-硫黄锚固剂

为适应不同钢轨类型和轨距的需要，有六种不同规格的扣板，每块扣板上下两面的尺寸不同，可以翻转使用，这样就有12个不同的尺寸号码。采用不同号码的扣板可以调整不同类型钢轨的不同轨距。

为减缓对钢轨的冲击作用，并适应轨道绝缘的要求，在钢轨与轨枕之间垫入绝缘缓冲垫层，垫层一般采用橡胶制品。在弹性垫层之下加垫衬垫，衬垫可采用胶合竹片、木片和塑料垫片等。垫层与衬垫可供少量轨面高差的调整之用。

扣板式扣件零件少，构造简单，调整轨距比较方便。缺点是弹簧垫圈弹性不足，扣件刚性大，在列车重复荷载作用下容易松动，造成扣压力不足。

②弹条式扣件。由螺旋道钉、螺母、平垫圈、弹条、轨距挡板、挡板座及弹性垫板等零件组成的一种混凝土枕扣件，为弹条式扣件。现已成为中国混凝土轨枕使用的主要弹条式扣件主要分弹条I,II,III型扣件三种。

弹条I型扣件见图2-1-26，因弹条形状像ω，所以又称ω扣件。弹条用于扣压钢轨，要求保持一定的扣压力及足够强度，轨距挡板的作用是调整轨距，传递钢轨的横向水平推力。挡板座为支撑挡板用，后背斜面支承在轨枕挡肩上，要求挡板座有一定强度和足够的绝缘性能。挡板座两斜面的厚度不同，可调换使用，也可起到调整轨距的作用。弹条I型扣件适用于标准轨距铁路直线及半径$R \geqslant 300$mm的曲线地段，与50kg/m、60kg/m钢轨相联结。

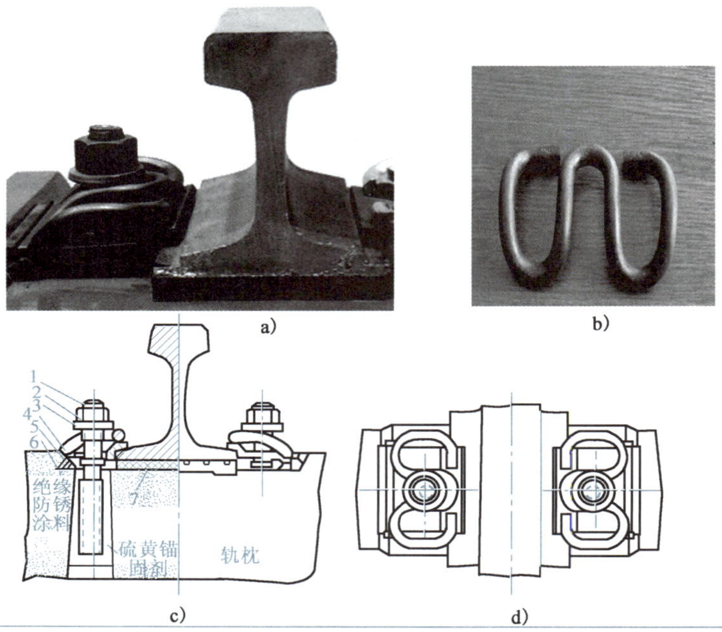

图2-1-26　弹条I型扣件

1-螺纹道钉；2-螺母；3-平垫圈；4-弹条；5-轨距挡板；6-挡板座；7-橡胶垫板

为适应不同钢轨类型的不同轨距需要，有四种规格的轨距挡板和两种规格的挡板座。

弹条II型扣件除弹条采用新材料重新设计外，其余部件与弹条I型扣件通用，仍为带挡肩、有螺栓扣件。选用优质弹钢作为II型弹条的材料，II型扣件具有扣压力大的优点，适用于60kg/m钢轨与II型或III型混凝土轨枕。弹条II型扣件具有一定的调高能力，且调轨距量也相对较大。

弹条III型扣件见图2-1-27，是无螺栓无挡肩扣件，由弹条、预埋铁座、绝缘轨距块和橡胶垫板组成。适用于标准轨距铁路直线或半径大于等于350m的曲线上，铺设60kg/m钢轨和III型无挡肩混凝土轨枕的无缝线路轨道。轨距的调整用不同号码的绝缘轨距块配置。III型扣件具有压力大、弹性好等优点，特别是取消了混凝土枕挡肩，从而消除了轨底在横向作用下发生横移导致轨距扩大的可能性，因此保持轨距的能力强，同时由于取消了螺栓联结的方式，大大减小了扣件养护工作量。

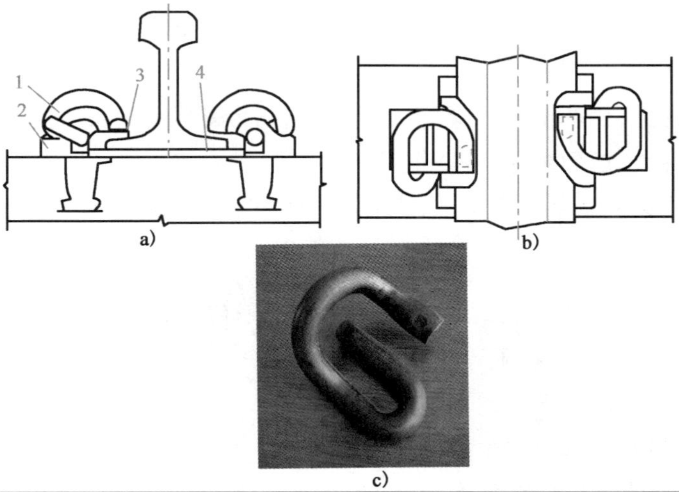

图2-1-27　弹条III型扣件

1-弹条；2-预埋铁座；3-绝缘轨距块；4-橡胶垫板

第四节　道　　床

一、道床的分类(见图2-1-28)

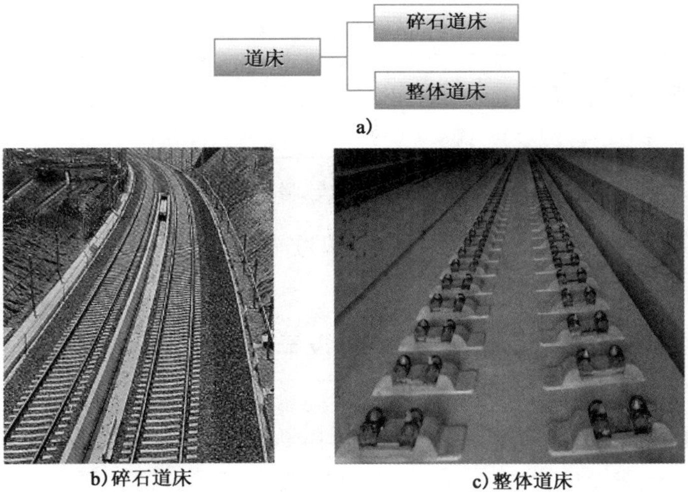

图2-1-28　道床

二、道床的功用

道床是轨道框架的基础，它的功用有：

(1)传递由钢轨、轨枕传来的机车车辆动荷载,使其均匀地分布在路基基床面上,防止路基基床压陷;

(2)提供抵抗轨道框架纵、横向位移的阻力,保持轨道稳定和正确的几何位置,保证行车安全;

(3)提供排水能力,使基床面干燥,有足够强度,防止翻浆冒泥及轨道下沉;

(4)提供轨道弹性,起到缓冲、减振作用;

(5)调节轨道框架的水平和方向,保持良好的线路平面和纵断面。

三、碎石道床材料

由于道床应具有上述功能,因此其组成成分——道砟应具有下列的性能:

(1)质地坚韧,有弹性,不易压碎和捣碎;

(2)排水性能好,吸水性差;

(3)不易风化和被风吹动或被水冲走。

要达到这些性能的道床材料即道砟,有碎石、筛选级配卵石(卵石和碎石混合物),天然级配卵石、粗砂、熔炉矿渣。

原则上,新线和改建铁路正线和到发线应采用碎石道砟;中型轨道碎石供应困难时,可以用筛选卵石;轻型轨道和其他站线、次要线可以就地取材,选用各种道砟材料。在我国既有线正线,绝大部分都是采用碎石作为道砟。

根据国外对道砟研究的成果,结合我国的具体条件,制定了我国道砟粒径及级配的标准,见表2-1-5。

碎石道砟粒径、级配 表2-1-5

方孔筛孔边长(mm)	16	25	35.5	45	56	63
过筛重量分率(%)	0~5	5~15	25~40	55~75	92~97	97~100

标准碎石道砟;粒径为16~63mm用于新建铁路、大修和维修;其中,中粒碎石道砟,粒径16~40mm用于维修;细粒碎石道砟,粒径8~20mm,用于宽轨枕垫砟起道。

四、碎石道床断面

道床断面包括道床厚度、顶面宽度及边坡坡度三个主要特征。

1.道床厚度

道床厚度是指在钢轨下(曲线为里股钢轨下),轨枕底面与路基面之间的道砟厚度。根据轨道类型不同,规定道床厚度为30~50cm,包括垫层和面层。道床厚度应以满足压力传布不超过路基面上容许的最大压力为度,道床过厚既有碍作业,也不经济。但在运量较小,行车速度较低的线路上,以及在隧道、车站范围内,因受限制时,可以酌情降低道床厚度,即木枕地段不得小于20~25cm;混凝土枕地段不得小于30cm;站线上不得小于20cm;桥梁上道砟槽内不得小于25cm,如有困难可减至20cm;隧道内不应小于20cm。

2. 顶面宽度

道床顶面宽度等于轨枕长度与其两端道床肩宽之和。道床在轨枕两端的伸出部分称为道床肩宽。为了保证道床有足够的横向阻力，并阻止道砟自轨枕端部下面挤出，道床必须有一定的肩宽。道床肩宽为 a，轨枕长度为 l，所以道床顶面宽度为 $b = l + 2a$，如图 2-1-29 所示。《铁路线路设计规范》(GB 50090—2006) 规定的单线铁路正线碎石道床顶宽，应符合表 2-1-6 的规定。

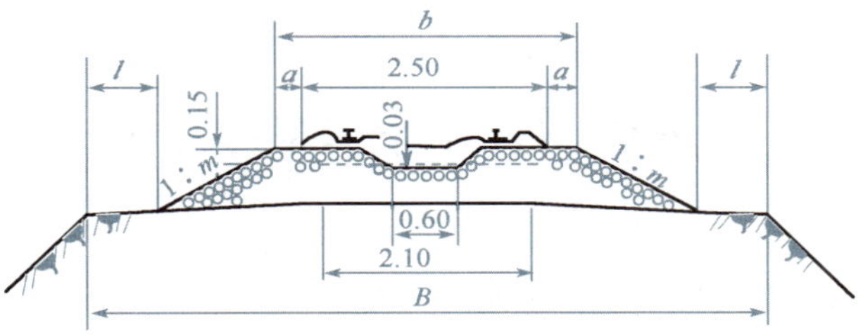

图2-1-29　道床顶面宽度（尺寸单位：mm）

单线碎石道床顶面宽度　　表 2-1-6

轨道类型	路段旅客列车设计行车速度(km/h)	道床顶面宽度(m)	
		无缝线路	非无缝线路
特重型	≤140	3.30	3.10
重型	140	3.30	3.10
重型、次重型	≤120	3.30	3.00
中型	≤100	—	3.00
轻型	≤80	—	2.90

注：1. 我国铁路正线轨道类型分为特重型、重型、次重型、中型和轻型。
2. 新建和改建铁路的轨道，应根据此设计线路在铁路网中的作用、性质、行车速度和年通过总质量确定轨道类型。

一般木枕轨道的道床顶面应低于轨枕顶面 3cm。混凝土枕地段的道床中部 60cm 范围内，其道床顶面还应凹下，并低于轨枕底 3cm。S-2、J-2 型混凝土枕中部道床可不掏空，但应保持疏松。

3. 道床边坡坡度

道床边坡坡度见表 2-1-7，自道床顶面引向路基顶面的斜边称为道床边坡。根据试验定为 1∶1.75，在次要线路上可降低为 1∶1.5。其边坡大小应保证道床的坚固稳定，在列车动力荷载作用下不发生坍塌。

道床边坡坡度值　　　　表 2-1-7

轨道类型	道床边坡坡度值
特重型、重型、次重型、重型	1:1.75
轻型	1:1.50

五、整体道床

整体道床由混凝土整体灌筑而成的道床，道床内可预埋木枕、混凝土枕或混凝土短枕，也可在混凝土整体道床上直接安装扣件、弹性垫层和钢轨，又称为整体轨道。整体道床具有维护工作量少、结构简单、整体性强及表面整洁等诸多优点，如图 2-1-28c）所示。

第五节　线路爬行及防爬设备

列车运行时产生纵向水平力，使钢轨沿着轨枕或轨道框架沿着道床顶面纵向移动，这种现象称为线路爬行。使钢轨产生爬行的纵向水平力称为爬行力。

一般情况下，钢轨爬行是沿着列车运行方向。当轨枕扣件扣压力不足，扣件阻力小于轨枕下道床纵向阻力时，则钢轨沿轨枕顶面爬行；如果扣件阻力大，而道床纵向阻力小，则钢轨—轨道框架（简称轨道框架）沿着道床顶面爬行。

影响线路爬行的因素有：

（1）在长大下坡、进站地段，列车减速、限速、制动；

（2）运量大，爬行量也大，爬行方向与列车运行方向一致；

（3）列车轴重大、速度高，则沿着运行方向爬行也大；

（4）线路状态不良，扣件松弛，道床松散，爬行加大。

线路爬行时引起钢轨轨缝的挤严或拉大，轨枕歪斜，间距不一致，使线路动力的不平顺加剧，增加了维修工作量。如果是在无缝线路、道岔前后、桥梁两端处的线路爬行，会产生更加严重的后果。

为了防止线路爬行，必须提高线路的纵向阻力，一是提高扣件阻力，采用弹条扣件，加大扭矩，防止螺栓松动，保持一定的扣压力；二是加强道床的捣固、夯实，以提高轨道下道床的纵向阻力。在正常情况下，混凝土枕线路的每根轨枕下，道床的纵向阻力为 1000N 左右。

对于木枕道钉扣件、混凝土枕扣板式扣件，一股轨下的扣件阻力分别为 500N、4000N（扭矩为 80N·m），都比道床纵向阻力小。因此，必须采取补充措施，加强钢轨的锁定，防止沿轨枕面爬行。

这些补充措施，就是设置防爬设备。防爬设备有两种：一种是防爬器，另一种是防爬撑。防爬器有穿销式防爬器和弹簧防爬器，我国广泛应用穿销式防爬器。

穿销式防爬器由轨卡、挡板和穿销组成，如图 2-1-30 所示。挡板紧贴在轨枕侧面，通过穿销使轨卡紧紧地卡在轨底，这样，当钢轨爬行时，带动防爬器一起前进，而挡板又贴靠轨枕，因此又带动轨枕一起爬行，发挥了穿销防爬器的防爬作用。一个防爬器的阻力为 15000N，而一根轨枕下道床阻力只有7000～10000N，发挥不了防爬器的阻力作用。因此，在线路上使用时，在3～5根轨枕之间安装防爬木撑（或石撑），将轨枕连成整体，充分发挥防爬作用，我们把防爬器和木撑组成一起称为防爬设备。

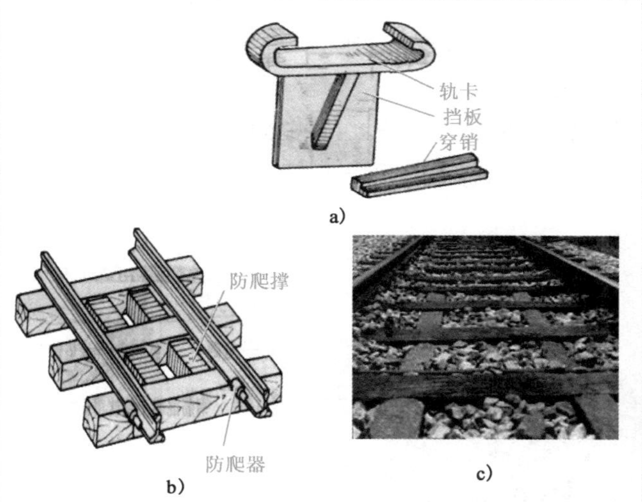

图2-1-30　防爬器与防爬撑

左右两股标准轨下安装几对防爬器，《铁路线路维修规则》规定，见表2-1-8。

正线防爬器安装数量和方式　　表2-1-8

线路及运营特征	安装方向	非制动地段（对）		制动地段（对）	
		25m钢轨	12.5m钢轨	25m钢轨	12.5m钢轨
复线单方向运行线路	顺向/逆向	6/2	3/1	8/2	4/1
单线两方向运量接近	顺向/逆向	4/4	2/2	6/4	3/2
单线两方向运量显著不同	运量大/运量小	6/2	3/1	8/2	4/1
	运量小/运量大	—	—	4/6	2/3

注：1. 表中分子表示制动方向安装对数，分母表示另一方向安装对数。
2. 到发线比照正线处理。
3. 非标准长度钢轨，可比照本表安装。

防爬器随着安装位置不同，在复线、道岔区的防爬器分正向（又称顺向）防爬器和反向（逆向）防爬器两种，所谓正向防爬器是指阻止列车向运行方向爬行的防爬器，反之为反向防爬器。

从上面分析，不是所有的线路都要安装防爬设备，而只对扣件阻力不足的线路加以补充，具体使用条件如下：

（1）木枕线路正线及到发线，应根据运量情况照表2-1-8办理安装防爬设备。其他站线、道岔应根据爬行情况适当安排防爬设备。

(2)混凝土枕线路使用弹条型扣件,可以不安装防爬设备。使用其他扣件时,对线路坡度大于6的地段、制动地段、有正规列车通过的道岔、绝缘接头、桥梁(明面桥)前后各75m地段,可根据具体情况安装防爬设备;数量可比照木枕线路适当减少。

(3)在碎石道床地段,单方向锁定为一对穿销式防爬器和三对支撑;双方向锁定为两对穿销式防爬器和三对支撑组成;对沙石道床和卵石道床可比照碎石道床,每组防爬器增加一对支撑。

(4)防爬设备安装在钢轨中部,不宜在接头附近两根轨枕处,支撑应安装在轨底下。

(5)在混凝土上装防爬器时,为了与混凝土枕斜面贴靠,需加斜形承力板装在防爬器的挡板与混凝土斜面之间。

第六节 道 岔

图2-1-31 道 岔

从一条线路转向另一条线路时所用的设备叫做道岔。如图2-1-31所示。通过它可以起到连接两条以上线路的作用。道岔由转辙部分、辙叉部分、连接部分及岔枕和联结零件等组成。

一、道岔的种类

铁路轨道的连接和交叉是通过道岔来实现的。道岔的功能是保证机车车辆以规定的速度,安全可靠地从一股轨道转入另一股轨道。我国习惯上把道岔和交叉设备统称为道岔,这些设备包括各种道岔、交叉及道岔和交叉的组合。我国铁路上铺设和使用的标准型式的道岔有:普通单开道岔、单式对称道岔、三开道岔、交叉渡线和交分道岔,如图2-1-32所示。

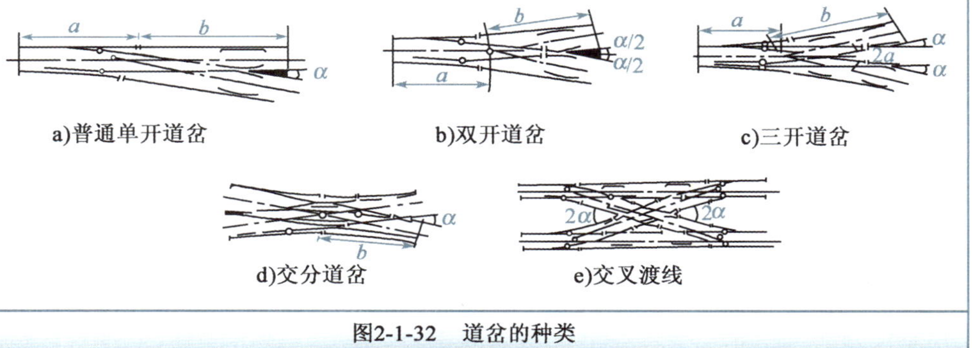

图2-1-32 道岔的种类

注:*a*-道岔前长;*b*-道岔后长;*α*-辙叉角

在道岔的各种类型中，以单开道岔使用最为广泛，占各类道岔总数的95%以上，并具有一定的代表性。所以，本节主要介绍单开道岔的构造。

二、道岔的构造

一组单开道岔，主要由转辙器、连接部分、辙叉及护轨以及岔枕等组成，如图2-1-33所示。

1. 转辙器

单开道岔的转辙器由两根基本轨、两根尖轨、各种联结零件和道岔转辙机构组成，如图2-1-34所示。

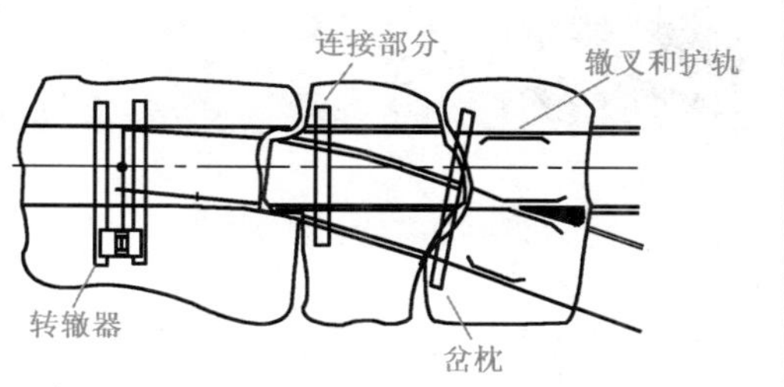

图2-1-33　单开道岔组成

(1)基本轨是用一根12.5m或25m标准断面的普通钢轨制成，主股为直线，侧股按转辙器各部分的轨距在工厂事先弯折成规定的折线。基本轨除承受车轮的垂直压力外，还与尖轨共同承受车轮的横向水平力。

(2)尖轨是转辙器的主要部分，机车车辆进出道岔靠它引道。尖轨在平面上可分为直线形和曲线形。我国铁路大部分为12号及12号以下的道岔均采用直线型尖轨。直线型尖轨制造简单，便于更换，尖轨前端的刨切较少，横向刚度大，尖轨的摆度和跟端轮缘槽较小，可用于左开或右开。但这种尖轨的转辙角较大列车对尖轨的撞击也大，尖轨尖端易于磨耗和损伤。我国新设计的12号道岔和18、24号道岔均采用曲线形尖轨，这种尖轨冲击角较小，导曲线半径大，列车进出侧线比较平稳。

尖轨的长度随道岔号数和尖轨的形式不同而异。在我国铁路上，9号道岔的尖轨长度为6.25m，12号道岔直线型的尖轨长度为7.7m，曲线形的尖轨长度为11.3～11.5m，18号道岔的尖轨长度为12.5m。

2. 辙叉及护轨

辙叉及护轨包括辙叉、护轨、主轨(安装护轨的基本轨)及其他联结零件。辙叉与护轨组成一个整体，共同配合发挥作用。

(1)辙叉

辙叉是道岔中两股线路相交处的设备。其作用是使列车能够按确定的行驶方向，跨越线路正常的通过道岔，如图2-1-35所示。

①辙叉结构。

辙叉是由翼轨和心轨(叉心)组成。翼轨的始端称辙叉趾端；叉心的末端称为辙叉跟端；叉心两个工作边的交点称为辙叉理论中心(理论尖端)；叉心实际尖端处有6～10mm的宽度称为实际尖端；叉心两个工作边的夹角α称为辙叉角(道岔角)。

图2-1-34　单开道岔转辙器

图2-1-35　辙叉及护轨

辙叉趾端处两个工作边之间的宽度称为前开口；辙叉跟端两个工作边之间的宽度称为后开口；两个翼轨之间的最窄处称为辙叉咽喉；由咽喉至实际尖端的距离，因轨线中断，车轮在此处对钢轨产生剧烈冲击，此空间称为道岔的"有害空间"；由辙叉理论尖端至趾端的距离称为辙叉趾长 n；由辙叉理论尖端至跟端距离称为辙叉跟长 m；由趾端至跟端沿一股轨道线量取的长度称为辙叉全长。

②辙叉号数。

辙叉号数也称道岔号数，是表示辙叉角大小的一种方法。因为辙叉角是以度、分、秒表示的，运用不方便，故在实际工作中都以辙叉号数 N 表示。

道岔按号数分类有 6、7、9、12、18、24 号以及大号码（如 30、38、42 号道岔）等，主要运营铁路干线常用的单开道岔有 9 号、12 号、18 号。客运专线以 18 号道岔为主。6 号、7 号道岔主要用于工矿企业专用线和货运站场。

我国铁道部规定是以辙叉角的余切表示辙叉号数。

a. 直线辙叉，如图 2-1-36 所示。

$$N = \cot\alpha = \frac{AC}{BC} \tag{2-1-5}$$

式中：N——辙叉号数（道岔号数）；

α——辙叉角；

BC——叉心工作边任一点 B 至另一工作边的垂直距离；

AC——由叉心理论尖端至垂足 C 的距离。

b. 曲线辙叉，如图 2-1-37 所示。

$$N = \cot\alpha = \frac{BD}{BC} \tag{2-1-6}$$

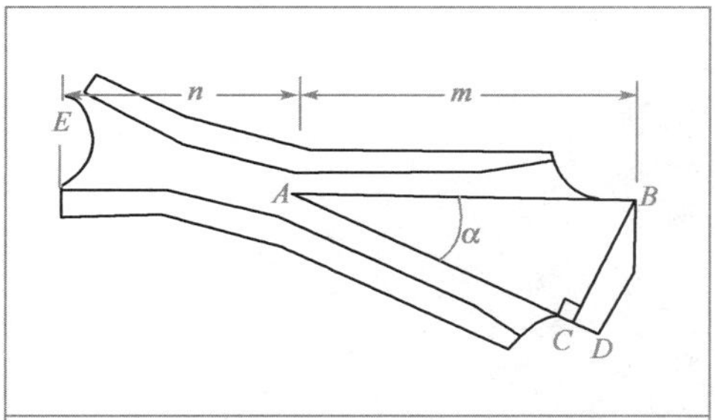

图2-1-36　直线辙叉

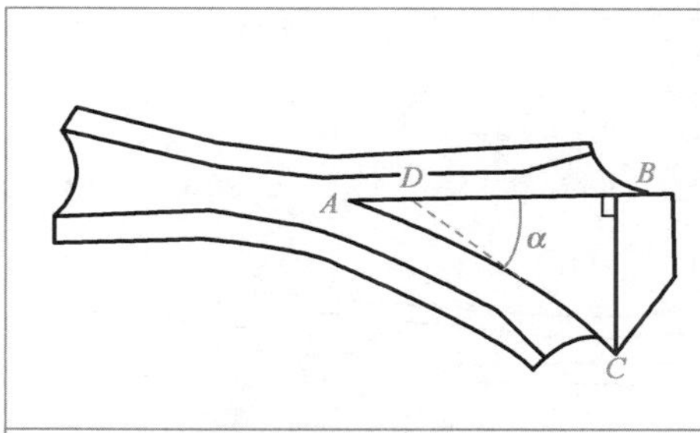

图2-1-37　曲线辙叉

式中：D——曲边跟端 C 点的切线与直边工作边的交点；

BC——跟端 C 至直边工作边的垂直距离；

BD——由垂足 B 点至交点 D 的距离。

c. 辙叉角 α。

$$\alpha = \arctan \frac{1}{N} \tag{2-1-7}$$

显然，辙叉角越大，道岔号数越小，反之辙叉角越小，道岔号数越大。我国常用的几种道岔号数与辙叉角的对应关系列于表2-1-9中。

道岔号数与辙叉角的关系　　表2-1-9

道岔号数 N	6	7	9	12	18	24
辙叉角 α	9°27′44″	8°07′48″	6°20′25″	4°45′49″	3°10′47″	2°23′09″

③辙叉类型。

按构造材料分类，辙叉有锰钢整铸式和钢轨组合式之分；按翼轨与心轨的固定关系分类，有固定式和可动心轨之分；按平面形状分类，有直线式和曲线式之分。现简要分述如下。

a. 钢轨组合式辙叉。这种辙叉的主要特点是翼轨、心轨（包括长心轨和短心轨）都是用普通钢轨经过弯折，刨切加工与联结零件拼装组合而成，如图2-1-38所示。

b. 高锰钢整铸式辙叉。这种辙叉的主要材料，是用含锰量为11%～14%和含碳量为1.0%～1.4%的高锰合金钢，把翼轨和心轨铸成一个整体，如图2-1-39所示，既无间隔铁、螺栓等零件，也无须刨切加工。

上述两种辙叉是在单开道岔中铺设使用。钢轨组合辙叉各部分之间联系很差，零件较多，养护维修困难，使用寿命很短。高锰钢整铸辙叉不仅使用寿命长，而且零件少，结构坚固，能经常保持轮缘槽及控制尺寸的正确，提高行车的平稳性和安全性。此外，由于高锰钢整铸辙叉的主要尺寸与钢轨组合式辙叉相同，因而可以互换使用。目前在我国铁路主要干线上，已广泛采用高锰钢整铸辙叉代替原来的钢轨组合辙叉。

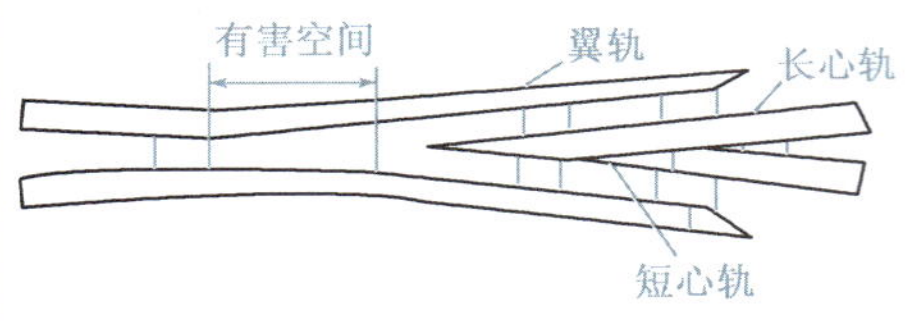

图2-1-38　组合式辙叉

图2-1-39　整铸辙叉

c. 可动心轨式辙叉(活动辙叉)。上述两种辙叉均属于固定辙叉,由于这种固定辙叉都存在着"有害空间",会形成轨线断开,当列车通过辙叉时,具有车轮剧烈冲击钢轨,产生车体的振荡,加速辙叉主要部件的磨耗损伤等缺点,限制了过岔速度的提高。而可动心轨式辙叉,则是利用心轨可以摆动并与翼轨紧密贴靠的特点,来达到消灭"有害空间"的一种新型辙叉,这种辙叉直股可以不设护轨。由于心轨贴靠翼轨使轨线连续不断,不但避免了车轮对翼轨和心轨的冲击,而且还可以大大提高列车直向通过道岔的速度,如图 2-1-40 所示。

a)

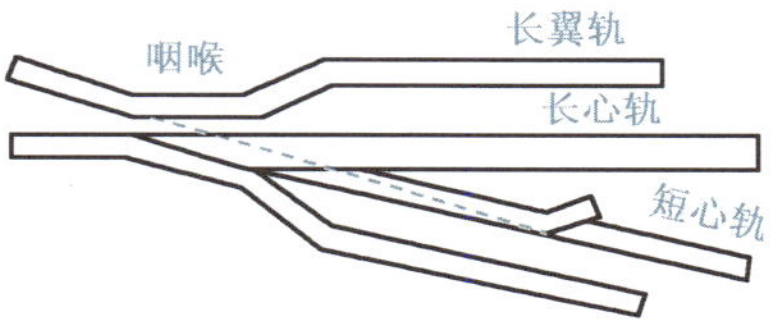

b)

图2-1-40　可动心轨辙叉

d. 曲线型辙叉。这种辙叉的特点为一股轨线保持直线(直向),另一股轨线则为曲线(侧向)或两股轨线皆为曲线。其优点为可以缩短道岔长度或加大导曲线半径,以提高侧向通过速度,如用于对称三开道岔中的曲线辙叉,可较显著的缩短道岔全长。其缺点是制造加工较复杂,且不能左右侧互换使用。

(2)护轨

护轨与辙叉的配合有以下两方面的作用:一方面是控制车轮的运行方向,使之正常通过

“有害空间”而不错入轮缘槽；另一个方面是保护辙叉尖端不被轮缘冲击撞伤，如图2-1-41所示。

图2-1-41　护轨

护轨的平面形状，在中间的一段应为与主轨平行的直线，其长度为由咽喉至叉心顶宽为50mm处之间的距离，两端再附加100～300mm，该直线段内护轨与主轨轮缘槽宽度为42mm。然后两端各向轨道内侧弯折一段长度，称为过渡段或缓冲段，其弯折角应近似等于尖轨的冲击角，使车轮进入护轨时起缓冲引导作用。护轨末端的外侧面，将轨头在150mm长度内斜切去一部分，形成喇叭口，该处的槽宽规定为90mm。

护轨是用普通钢轨经过刨切弯折而成，并用间隔铁、螺栓等零件与主轨连接，间隔铁为可调整宽度的螺栓型，以便在护轨侧面磨耗达到限度时，可以调整轮缘槽的宽度。

我国标准的9号、12号及18号单开道岔的护轨，全长分别为3.6～3.9m、4.5～4.6m、7.4～7.5m。

3. 连接部分

连接部分是转辙器和辙叉之间的连接线路。它包括四股钢轨，即两股直线钢轨和两股曲线(导曲线)钢轨重叠组成。

导曲线的平面形式一般都采用圆曲线，大号码的道岔也可以采用对称三次抛物线形；导曲线半径的大小，取决于道岔号数或侧向过岔的速度，道岔号数大，则相应的导曲线半径也大，列车侧向通过道岔速度也越高，同时道岔长度也必相应加长。常用的几种道岔号数及其相对应的导曲线半径，其数值列于表2-1-10中。

常用道岔的号数及其对应的导曲线半径　　表2-1-10

道岔号数 N	9	12		18
导曲线半径(m)	180	330	350	800

导曲线起点一般位于尖轨跟端处，终点位于辙叉理论尖端前一段直线长度处，这段直线的作用是使车体转向架进入叉心前，处于直线位置上，使列车平稳地通过辙叉。

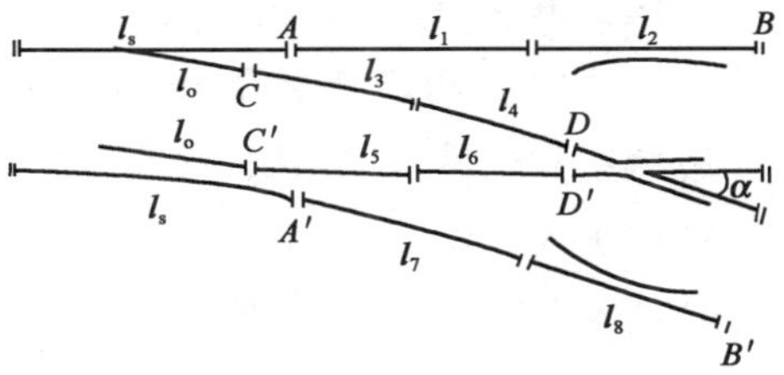

图2-1-42　道岔连接部分

为了保持导曲线的位置和圆顺度，除铺设支距垫板和平垫板外，还在导曲线钢轨内外侧设置一定数量的轨撑，必要时增设轨距拉杆。也可以在导曲线范围内设置一定数量的防爬设备，以减少钢轨爬行。

连接部分一般配置8根钢轨,直股连接线4根,曲股连接线4根。配轨时要考虑轨道电路绝缘接头的位置和满足对接接头的要求,并尽量采用12.5m或25m长的标准钢轨。连接部分使用的短轨,一般不短于6.25m,在困难的情况下,不短于4.5m。

我国标准的9、12及18号道岔连接部分的配轨如图2-1-42所示,尺寸见表2-1-11。

标准道岔的配轨尺寸(单位:mm) 表2-1-11

N	9	12	18	N	9	12	18
l_1	5324	11791	10226	l_5	6838	12500	16574
l_2	11000	12500	18750	l_6	9500	9385	12500
l_3	6894	12500	16903	l_7	5216	11708	10173
l_4	9500	9426	12500	l_8	11000	12500	18750

单开道岔的导曲线,由于长度和限界的限制,一般不设超高和轨底坡。但在用50号AT型尖轨时,导曲线外轨设置有6mm超高,对防止反超高的出现是有利的。所以导曲线是控制侧向通过速度的因素之一。

4. 岔枕

在我国铁路上,岔枕以使用木枕为主,近年来已设计和试铺设了混凝土岔枕。

木岔枕断面和普通木枕基本相同,长度分为12级,其中最短的为2.60m,最长的为4.80m,级差为0.20m。

钢筋混凝土岔枕最短的为2.60m,最长者为4.90m,级差为0.10m,共24级。

岔枕的间距不应大于区间线路上的轨枕间距,通常为(1~0.9)倍的区间轨枕间距。

三、提速道岔

为了满足行车需要,提速道岔的直向过岔最高速度为160km/h。提速道岔主要是12号道岔,共有两种形式,即整铸辙叉式和可动心轨式。

第七节 普速轨道的施工

一、铺轨前准备工作

1. 内业准备

(1)施工准备:轨道工程施工前,应熟悉已批准的施工设计文件(含变更设计文件),接收轨道施工已竣工工程及变更设计资料,并进行核对。

(2)编制实施性施工组织设计。

(3)施工人员培训:施工队伍作业人员应进行岗前培训,经考试合格后持证上岗。

(4)技术交底:铺轨前,路基、桥梁、隧道及过渡段应有检验合格资料。铺轨施工单位应接收线下施工单位的线路测量资料及控制桩,核实基桩、水准点应钉设齐全,缺损点应在铺轨前补齐。

2. 外业准备

(1)施工调查:调查沿线道砟来源、供砟方式、道砟运输条件及道砟储备场设置条件,调查沿线水、电等资源条件及收集沿线自然条件如水文、气象资料等。

(2)轨道部件的质量检验及储存。

(3)机械准备：施工机械设备及各种小型机具进场及调试，如运输列车、铺轨机、换轨车、倒装龙门架等，进场后认真调试其性能，确保开工后状态良好。

图2-1-43　人工铺轨

二、人工铺轨(见图2-1-43)

1. 铺轨前预铺道砟

为防止轨枕断裂和压入路基成槽引起病害，在铺轨前应预铺部分道砟。双层道床宜按垫层厚度铺足，单层道床铺设厚度宜为15～20cm。顶面整平，中间拉成槽。铺设混凝枕地段中间凹槽宜为60cm。道砟来源困难时，铺轨前可在每股下先铺厚度大于等于10cm，宽度大于等于80cm的两条砟带。桥两端各30m也应预铺高出台挡砟墙5cm厚度的道砟，并做好顺坡。

2. 铺轨

(1)轨料散布方法

①散轨联结法：用运轨拖车将钢轨拉运上路基，按配轨计划表铺设顺序用人工配对将钢轨卸下并散布在路肩。轨枕用汽车运上路基人工散布(此法实用于路基可用拖车运轨上路基)。

②拖拉机拖拉散轨法：在存料场或接轨点用拖拉机按配轨计划顺序成对或几对轨拖拉到路基上，将轨移置于两侧路肩上，轨枕用汽车运上路基人工散布(此法应用较广，但只适用拖拉距离较短地段)。

③拉轨散轨法：先在预铺道床上散布轨枕(轨枕不要全部布足，只要能固定两股钢轨，可行运轨平车即可，其余轨枕在铺轨后进行补足)，可用已铺轨道或是由既有线引出的轨道，用运轨平车将轨按铺设顺序推运到铺轨现场轨道前端，用止轮器将平车堰住后，再用带铁钩的粗绳钩住钢轨，众人拉绳将轨前端拉至着地后打掉止轮器，在轨后端轨枕上放2～3根硬圆木，倒推小平车，使轨落入道心，拨串正位后，连接夹板，上部分枕扣件。再重复进行运拉轨作业继续铺轨(此法为减小拉轨摩擦力可在运轨平车上设滚轴，或采取其他降阻措施。以降低劳动强度，此法不受条件限制，但效率较低)。

④利用既有线散布钢轨和轨枕。它是指在车站利用某既有股道或已铺股道用机车或牵引车，推运运轨车和轨枕平车，到位卸下。摆正轨枕，将钢轨拨就位安装连接件，方正轨枕安装扣件。

在区间可集中卸料，再用拖拉机成对或多对拖拉钢轨散轨于路肩，用汽车运轨枕散枕，摆铺好轨枕后，拨轨到位，方正轨枕，安装连接件与扣件拨正线路上渣作道(利用既有线散布轨料人工铺轨,适用于站场和区间局部改建工程)。

(2)铺轨作业过程

轨料运送到工地后,应按下列作业过程铺设(采用拉轨散布钢轨时,应先散布轨枕,尔后散布钢轨。其他均先散布钢轨至路肩,尔后再散布轨枕)。

①散布轨枕,基本对中摆齐;

②散布钢轨及配件,并摆正位置;

③安装钢轨连接配件;

④方正轨枕;

⑤安装钢轨扣件或全部钉道;

⑥拨正线路方向并整道。

三、机械化铺轨

1. 机械化铺轨工艺流程

我国机械铺轨,目前广泛应用是悬臂铺轨的铺轨机,铺轨机主要由主机(1 号车)、机动平车(2 号车)和倒装龙门三大部分组成。采用主机铺设轨节、倒装龙门成组倒装轨节、机动平车成组转运轨节的作业程序,铺轨机三部分平行作业。作业流程如图 2-1-44 所示,实际操作见图 2-1-45。

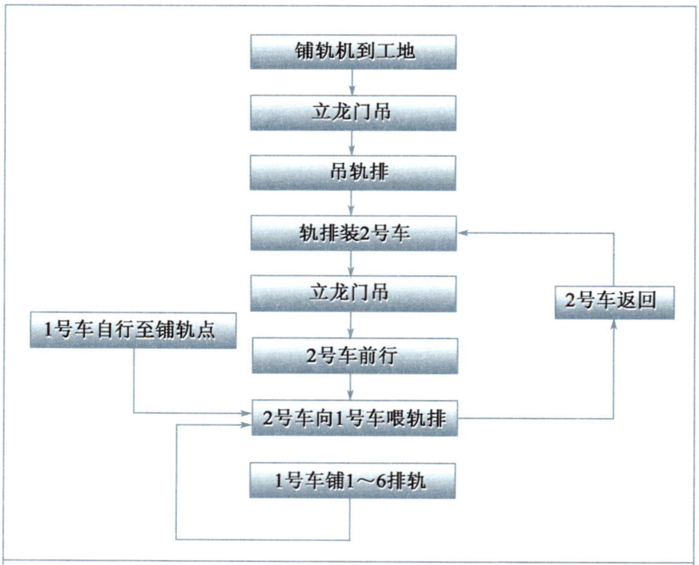

图2-1-44 机械化铺轨工艺流程

2. 轨排组装

(1)轨排组装作业方式

轨排组装作业方式决定着轨排组装作业线的布置和组装轨排的机具设备。因此,在轨排组装前,应结合具体情况确定组装作业方式。

图2-1-45　机械化铺轨

轨排组装作业可分为活动工作台和固定工作台两种作业方式，下面分别予以介绍。

①活动工作台作业方式。这里主要介绍组装混凝土轨枕轨排的单线往复式活动工作台组装轨排，如图 2-1-46 所示。

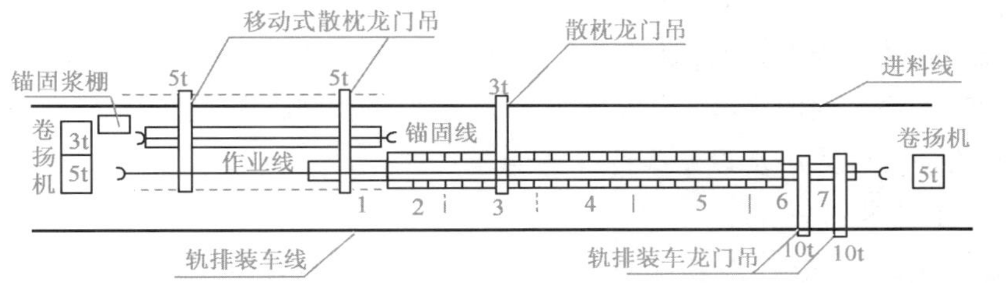

图2-1-46　活动工作台轨排组装作业线

1-硫黄锚固；2-匀枕散配件；3-吊散钢轨；4-上扣件；5-拧紧螺母；6-质量检查；7-轨排装车

这种组装方法，是将工作人员和所需机具按工序的先后固定在相应的工作台位上，而且用若干个可移动的工作台组成流水作业线，依靠工作台往复移动传递轨排，按组装顺序流水作业，直到轨排组装完成。在组装轨排时，工作台的往复移动是由设在工作台两侧的轨枕起落架配合进行的，每完成一个工序，工作台就前移一个台位，并由起落架将轨排顶起，工作台退回至原位，然后降下起落架，轨排即留在次一工序的工作台上进行下一工序的作业。这样，每完成一个工序，工作台前后往复一次，起落架也相应升降一次，保证了轨排组装的连续性。

②固定工作台作业方式。这种作业方式是将组装作业线划分为若干个作业台位，作业时，各工序的作业人员和所需机具沿各个工作台位完成自己工序的作业后依次前移，而所组装的轨排则固定在工作台位上固定不动，并在这一台位上完成全部工序。当沿作业线组装完第一层轨排后，在第一层轨排上继续依次组装第二层轨排，到作业高度过高不便作业时(一般为三层)，作业人员即转移到其他作业线的作业台位上继续组装。轨排组装作业线的布置如图 2-1-47所示。

这种组装方式，往往采用带悬臂的自行式龙门吊车做散枕、散轨、轨排装车、轨料卸车和存

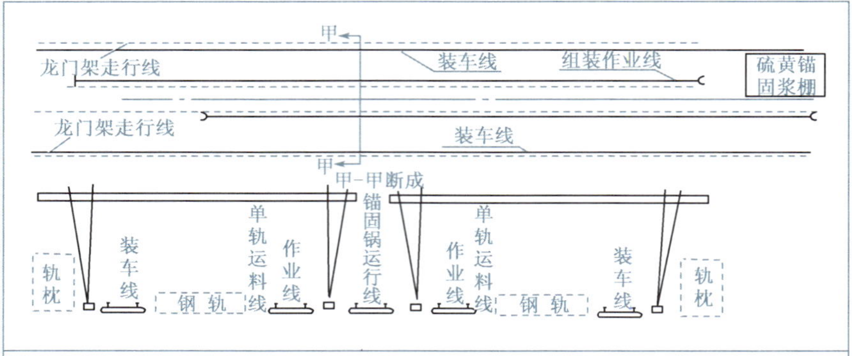

图2-1-47　固定工作台轨排组装作业线

放的作业之用，机动性较大，也可以提高轨排组装的工效。

固定工作台作业方式的优点是（和活动工作台式比较）：需要的机械和动力设备较少，基地易于筹建；在作业时每工班的作业人员可多可少。其缺点是作业人员组装轨排时需往返行走，工具来回搬动，劳动强度较大；组装作业与轨料卸车有干扰。此外还需要较大的基地面积，占地较多。活动工作台式的优缺点恰好与它相反。在铺轨施工中，这两种作业方式的采用可根据各单位施工任务的大小及设备条件等选用。

（2）组装作业线的布置

轨排组装作业线的布置，随组装作业方式的不同而不同，现按两种不同作业方式分别介绍。

①活动工作台作业方式的作业线布置。参见图2-1-46，在进料线与装车线中间，为一条长约200m的轨排组装作业线。在组装作业线上一般可分：轨枕硫黄锚固、散枕匀枕、配轨散轨、上扣件、紧螺帽、质量检查及轨排装车七个工序。每个工序约长26m为一个作业台位。从第二个工序至第六个工序，两边对称安装轨枕起落架，每边起落架顶上各铺一根钢轨，用以承托组装的轨排。钢轨的顶面应水平，以保证起落架工作时动作一致，受力均匀。

在组装作业线一端的硫黄锚固工序一侧，另设长约80m的硫黄锚固作业线，以配合硫黄锚固作业。这是因为硫黄锚固作业工序作业时间较长，往往成为控制工序，为平衡各工序作业时间，提高组装效率而设的。在锚固作业线的端部附近，设有硫黄锚固浆的配制设备，配制浆液应搭设工棚，以免受天气影响并保证锚固作业顺利进行。

在组装作业线及硫黄锚固作业线上，七个工序的工作台位均设有可移动的工作台。工作台是由58t的铁平车拼组而成，铁平车间隔距离约5m，每四辆铁平车用2根25m长的钢轨连接起来，即为一个工作台，组成流水作业线，工作台在散枕工序的25m范围内，连接铁平车的钢轨改用两对槽钢，以便在槽钢内设置匀枕小车匀散轨枕。工作台面应高出起落架轨面（未升起时）5cm，以利台车移动。牵引工作台作往复移动的电动卷扬机，分设在组装作业线的两端，牵引起落架升降的卷扬机设于作业线的一端。

为便于进料和作业，在硫黄锚固工序、散枕工序及配轨工序处，都设有横跨进料线及组装作业线的龙门吊车。将轨排组装完后，在装车工序也设有横跨装车线与组装作业线的龙门吊。由于25m轨混凝土轨枕轨排质量较大，约为14t，通常两台龙门吊吊装轨排。

在上扣件、紧螺帽及质量检查等工序上均可搭工棚，以改善劳动条件；在紧螺帽作业线两侧还可搭设工作台，以便使用风动或电动扳手拧紧螺帽。

②固定工作台作业方式的作业线布置。由于这种作业方式所组装的轨排是固定不动的，仅是作业人员和机具沿工作台位移动，所以作业线布置比较简单，只需在组装作业线上划分一下固定工作台的台位即可。每个工作台位长约26m。固定台位的多少及作业线的长度，可根据铺轨任务量的大小和铺设日进度的需要而定。

图2-1-47中，设置两条组装作业线，在组装作业线中间，铺设一股小轨道，以便运送锚固浆。在小轨道的一端，还应设置硫黄锚固浆配制工棚。此外，还应设横跨作业线及材料或轨排装卸线的移动式龙门吊，用以散枕及送轨，兼作材料卸车及轨排的装车。龙门吊的配备数量随作业量大小及起重能力而定。

(3)轨排组装作业过程(见图2-1-48)

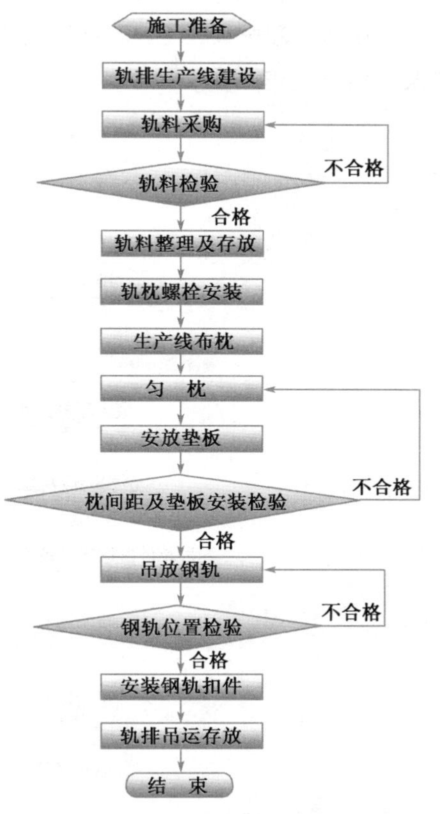

图2-1-48　轨排组装作业过程

3. 轨排运输

为了保证机械铺轨的速度，需要组织好从基地到铺轨前方的轨排运输，以使前方能不间断地进行铺轨。轨排列车通常是由滚轮平车所组成。

轨排运输所需的列车数量与下列因素有关：

①铺轨机每天铺轨的能力。

②每列轨排车装载轨排的数量。

③每列轨排车的装车和运行的周转时间。

运输轨排列车的合理数目，应能保证铺轨机和运输轨排车辆得到充分利用，即不允许由于轨排列车过少而产生铺轨停工等待轨排的现象，也不允许由于轨排列车而积压大量车辆。机械铺轨时，一般有一列轨排列车在铺轨工地跟随铺轨机供应轨排，当该列车的轨排用完后，立即返回邻近铺轨工地的车站，与从基地驶来的轨排列车相交换，以保证轨排的不断供应。因此，当工地距基地较近，轨排列车装车和运行时间之和小于或等于铺轨机铺设一列车轨排所需的时间时，则仅需要配备两列轨排列车；当基地至工地间距离逐渐增加，而轨排列车装车和运行时间之和大于铺轨机铺设一列车轨排所需的时间时，则需配备三列轨排列车，其中两列进行装车与运输。一列随铺轨机供应轨排。

由于新铺轨道的道砟不足，轨距、水平与方向均需要逐步整正，为保证铺轨列车的安全运行，列车的车速由前方站至铺轨工地不得大于15km/h，仅做重点整道地段不得大于20km/h，已做初次整道地段，不得大于30km/h，已做二次整道地段，则不宜大于40km/h。

当轨排供应距离过远时，应考虑设置轨排换装站。此时，基地至换装站的轨排列车采用普通平板车运输，到换装站后，通过起吊设备，将轨排倒装到滚轮车上，再将其运往工地。换装站的起吊设备一般采用两台40～65t的龙门吊，以便能同时吊起设于平板车上的六个轨排，再将它换装到滚轮车上去。

四、道岔的铺设（见图2-1-49）

图2-1-49　道岔铺设流程图

阅读材料

(1)京沪高速铁路于2008年4月开工,从北京南站出发至上海虹桥站,线路全长1318公里,如图2-1-50所示。途经北京、天津、上海三大直辖市和河北、山东、安徽、江苏四省。是新中国成立以来一次建设里程最长、投资最大、标准最高的高速铁路。2011年6月30日正式开通运营。它的建成使北京和上海之间的往来时间缩短到5h以内。

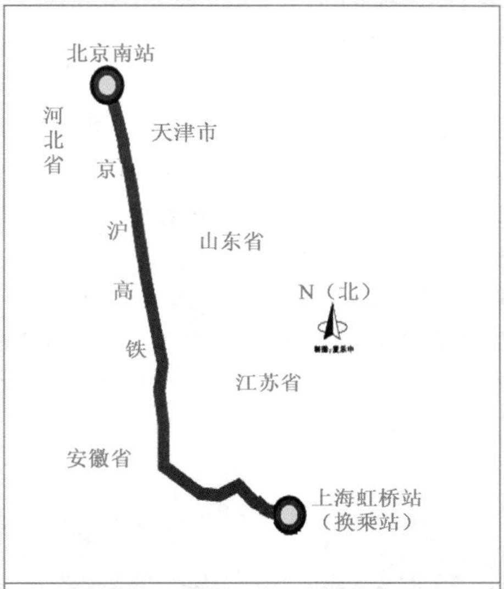

图2-1-50　京沪高速铁路线路图

(2)青藏铁路格拉段沿线45个车站中共有32个站安装有道岔融雪装置,在调度所、车站安装有降雪报警和融雪控制装置。遇到降雪天气,这些装置可以自动融化积雪,避免道岔转换困难。记者在那曲站北1km处的道岔处看到,尽管雪夹着冰雹落到道岔上,但很快就融化了。

【任务】

1. 搜集、整理国内外铁路发展的相关资料,了解世界及国内铁路的发展概况和发展前景。

2. 认识轨道的组成,以及各组成部分的功用、类型。

单元二　高速铁路轨道结构与施工

引言

和普通速铁路轨道相比，高速铁路的轨道（见图 2-2-1）要求更高，具体体现在以下几个方面：

（1）高速铁路非常平顺，采用的都是无缝钢轨，而且绝大部分是无砟轨道，就是没有石子的整体式道床，以保证行车安全和舒适性。

（2）高速铁路的平整度和线间距要求很高，并大量采用高架桥梁和隧道，以保证平顺性和缩短距离。一般高速铁路的双线间距都在 5m 以上。

（3）高速铁路的弯道少，弯道半径大，道岔都是可动心高速道岔。最高速度达 300km/h 的轨道，最小曲线半径不得小于 1500m，道岔的最高通过速度要求至少在 250km/h。

（4）高速铁路的接触网，就是火车车顶电线的悬挂方式，也与普通铁路不同，以保证高速动车组的接触稳定和耐久性。另外，高速铁路的钢轨的质量要求是每米至少 65kg，一般铁路是 60kg。

（5）高速铁路对路基沉降的要求要比普通铁路的要求高很多。此外，高速铁路的信号控制系统比普通铁路高级，因为发车密度大，车速快，安全性一定要高。

图2-2-1　高速铁路无砟轨道

第一节　无砟轨道概述

高速铁路轨道结构和普通铁路轨道结构一样，由钢轨、轨枕、扣件、道床、道岔等部分组成。这些力学性质截然不同的材料承受来自列车车轮的作用力，它们的工作是紧密相关的。任何一个轨道零部件的性能、强度和结构的变化都会影响其他零部件的工作条件，并对列车运行质量产生直接的影响，因此轨道结构是一个系统。

一、高速铁路轨道结构的主要类型

高速铁路轨道结构的主要类型包括：有砟轨道和无砟轨道。

砟(zhǎ)：岩石、煤等的碎片，在铁路上指路基上的小块石头。传统的有砟轨道具有弹性良好、价格低廉、更换与维修方便、吸噪特性好等优点。但随着行车速度的提高，有砟轨道不均匀下沉产生的120Hz以下频率范围的激振严重，轨道破损和变形加剧，从而使维修工作量显著增加，维修周期明显缩短。基于这一情况，许多专家认为，从经济角度和维修管理角度看，高速铁路应采用无砟轨道。无砟轨道具有使用寿命长、线路状况良好、不易胀轨跑道、高速行车时不会有石砟飞溅等优点，因此无砟轨道在国外高速铁路中获得了越来越广泛的应用，其铺设范围已从桥梁、隧道（见图2-2-2）发展到土质路基和道岔区，无砟轨道结构在高速铁路上的大量铺设已成为发展趋势。

图2-2-2　隧道内的无砟轨道

无砟轨道：用整体混凝土结构代替传统有砟轨道中的轨枕和散粒体碎石道床的轨道结构。优点是线路稳定、平顺，有利于铺设无缝线路和高速行车，维修工作量少，坚固耐久，整洁美观，使用寿命长，在隧道、地铁中还能减少开挖面积。无砟轨道也是有缺点的，比如一旦破坏，整修困难；对扣件弹性要求高。

二、无砟轨道结构的主要类型（见图2-2-3）

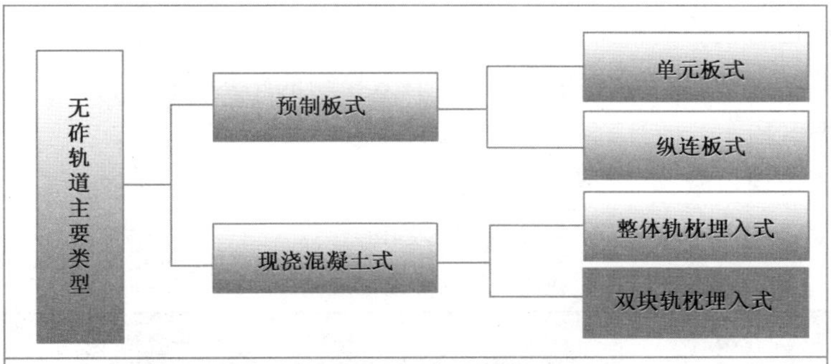

图2-2-3　无砟轨道主要类型

国外目前比较常见的无砟轨道有（见图2-2-4）：

(1)日本的板式轨道；

(2)德国的雷达2000型无砟轨道；

(3)德国的旭普林型无砟轨道；

(4)德国的博格板式轨道。

国内高速铁路常用的无砟轨道有：

(1)CRTS Ⅰ、Ⅱ型板式无砟轨道；

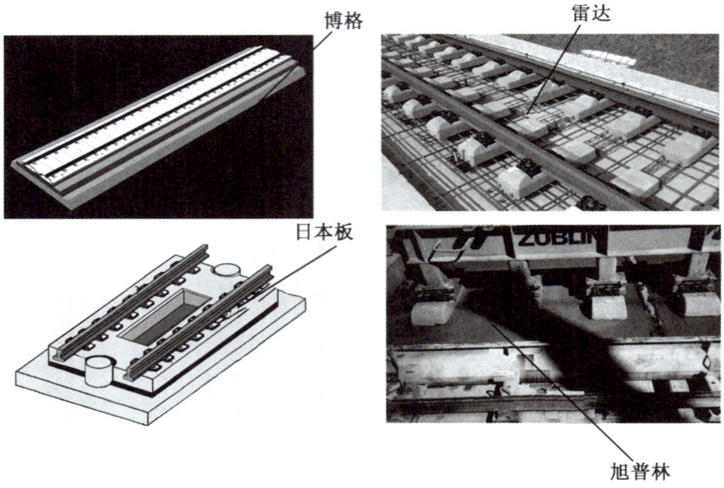

图2-2-4　常见的无砟轨道类型

(2)CRTS Ⅰ、Ⅱ型双块式无砟轨道;

(3)岔区轨枕埋入式无砟轨道;

(4)岔区板式无砟轨道。

适于无砟轨道铺设的范围:

(1)基础变形相对较小的桥梁、隧道区段;

(2)地质条件好、基础坚实、工后沉降易于有效控制的路基区段;

(3)特殊减振区段;

(4)优质道砟资源短缺、人工成本高的地区。

我国各种无砟轨道类型的应用情况见表2-2-1。

我国无砟轨道类型的应用　　表2-2-1

轨道结构类型	应用线路
CRTS Ⅰ型板式无砟轨道(日本板)	遂渝试验段、石太、广州新客站、广深港、广株、沪宁城际等
CRTS Ⅱ型板式无砟轨道(德国博格板)	京津城际、京沪、京石、石武、津秦、沪杭、合蚌等
CRTS Ⅰ型双块式无砟轨道(德国雷达2000)	武广客运专线、合武、温福、福厦、襄渝
CRTS Ⅱ型双块式无砟轨道(德国旭普林)	郑西客运专线
岔区无砟轨道	轨枕埋入式:京津城际、武广客运专线、郑西客运专线等 板式:京津城际、武广客运专线、京沪等

第二节　CRTS Ⅰ型板式无砟轨道

一、CRTS Ⅰ型板式无砟轨道结构(以哈大客运专线为例)

1. 轨道结构组成

CRTS Ⅰ型板式无砟轨道由钢轨、弹性分开式扣件、充填式垫板、轨道板、砂浆调整层、混凝土底座、凸形挡台及其周围填充树脂等组成,见图2-2-5。

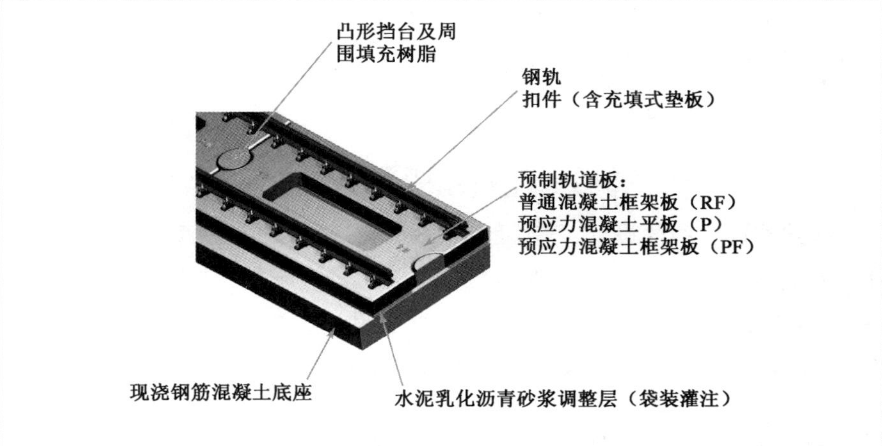

图2-2-5　CRTS Ⅰ型板式无砟轨道的组成

路基上的轨道结构高度为787mm,一般简支梁桥上的轨道结构高度为687mm。在道岔区、设计标高地段受其他因素控制的桥梁上,CRTS Ⅰ型板式无砟轨道的实际轨道结构高度应以轨面高程为准进行计算,通常通过底座厚度调整。

(1)路基地段(见图2-2-6)

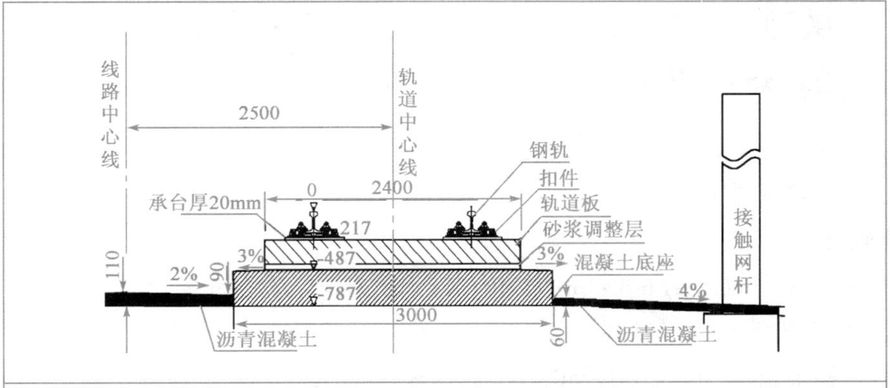

图2-2-6　路基地段CRTS Ⅰ型板式无砟轨道标准横断面（尺寸单位：mm）

(2)桥梁地段(见图2-2-7)

(3)无砟～有砟过渡段(见图2-2-8)

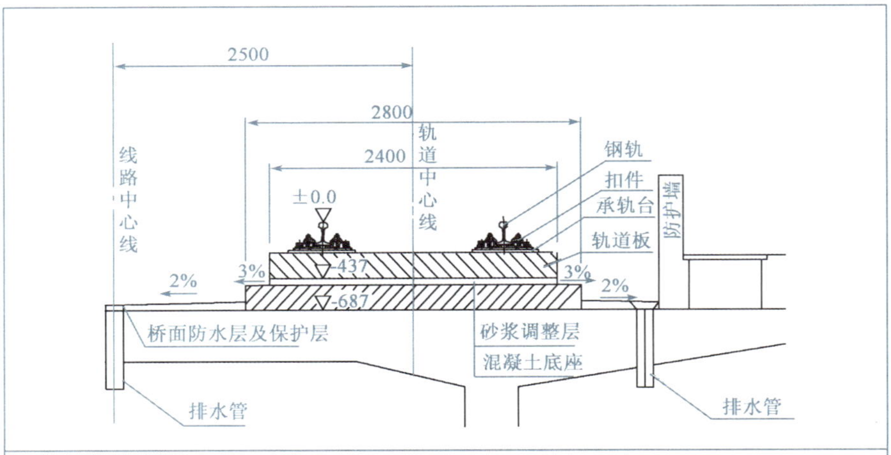

图2-2-7 桥梁地段CRTS I型板式无砟轨道标准断面（尺寸单位：mm）

无砟～有砟结构过渡段的设计，原则上应在同一下部基础上过渡，过渡段总长25m，有砟轨道侧20m采用过渡段轨枕。辅助轨采用25m长、60kg/m钢轨，其中无砟区段5m，有砟区段20m。基本轨采用WJ-7B型扣件，辅助轨采用扣板式扣件。在有砟轨道侧道砟下设置长8m、厚250mm钢筋混凝土基础板，基础板和板式轨道底座形成整体。

图2-2-8 CRTS-I型板式无砟轨道过渡段

2. 轨道结构技术要求

(1) 钢轨

客运专线正线钢轨采用60kg/mU71Mn(K)无孔新轨，质量应符合《350km/h客运专线60kg/m钢轨暂行技术条件》(铁科技〔2004〕120号)及《客运专线250km/h和350km/h钢轨检验及验收暂行标准》(铁建设〔2005〕402号)的要求，线路按一次铺设跨区间无缝线路设计。

(2) 扣件

扣件节点间距一般为629mm，困难情况下不宜大于650mm，特殊不利情况下大跨连续梁梁缝处不宜大于725mm。路基及一般简支梁连续梁地段采用WJ-7B常阻力扣件。

扣件系统由T形螺栓、螺母、平垫圈、弹条、绝缘块、铁垫板、绝缘缓冲垫板、轨下垫板、锚固螺栓、重型弹簧垫圈、平垫块和定位于混凝土轨枕或轨道板的预埋套管组成。钢轨高低调整时采用调高垫板（分轨下调高垫板和铁垫板下调高垫板）（见图2-2-9）。

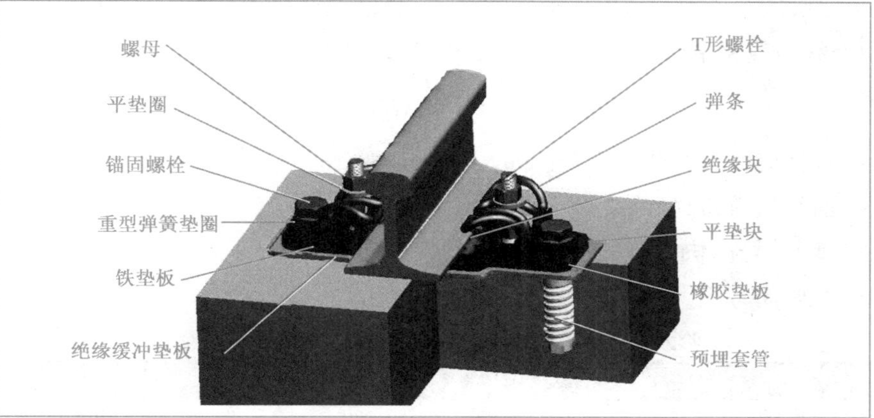

图2-2-9　WJ-7型扣件结构

（3）轨道板

轨道板长度可分为5500mm、4962mm、4856mm、3685mm，宽度为2400mm、厚度为200mm，承轨台厚20mm。采用双向预应力板，轨道板的制造验收应按照《客运专线铁路CRTS Ⅰ型板式无砟轨道混凝土轨道板暂行技术条件》执行。

（4）底座及凸形挡台

底座在路基基床表层上分段设置，标准底座宽3000mm、厚300mm。路基中部通常每两块轨道板长度底座设置一道宽20mm的伸缩缝，伸缩缝对应凸形挡台中心并绕过凸形挡台，伸缩缝下部采用聚乙烯塑料泡沫板填充，上部50mm范围采用改性沥青软膏封闭。见图2-2-10。

底座采用C40钢筋混凝土，双层配筋，纵横向钢筋直径为14mm，其中纵向钢筋间距为150mm，横向钢筋间距为200mm。

凸形挡台分圆形和半圆形，梁端及路基上无砟轨道结束端为半圆形，其余为圆

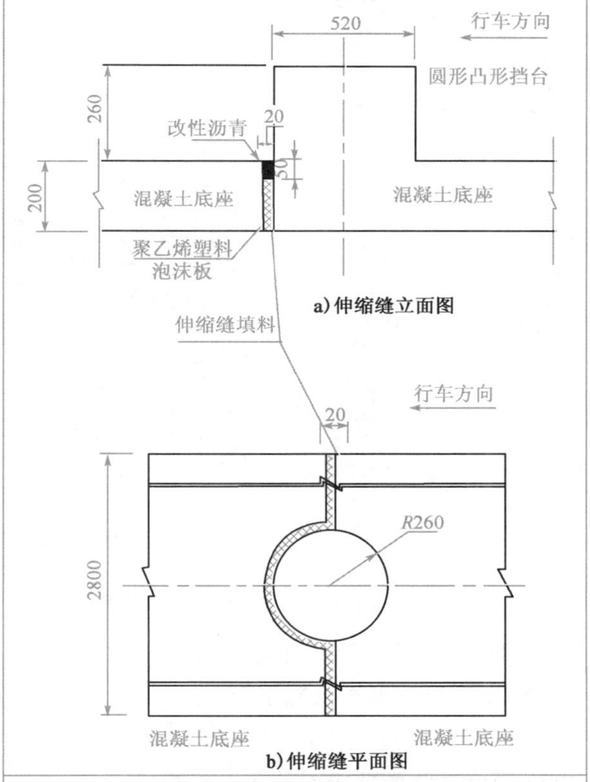

图2-2-10　伸缩缝（尺寸单位：mm）

形,半径为260mm,高度为260mm。

凸形挡台内竖向钢筋在底座施工时与底座骨架的上、下层钢筋采用焊接方式连接,并与圆形或半圆形箍筋焊连。

直线地段底座中心线与线路中心线重合,曲线超高地段底座中心线与轨道中心线存在偏移,底座中心线与线路中心线横向偏移量由式(2-2-1)计算。

$$e = \frac{H \times h}{1500} \tag{2-2-1}$$

式中:H——偏移处结构距轨面高度(mm);

h——曲线轨道超高(mm)。

CRTS Ⅰ型板式无砟轨道线路曲线超高均在底座上设置,采用外轨抬高方式,并在缓和曲线区段完成过渡,示例见表2-2-2,具体见图2-2-11。

哈大客运专线沈哈段无砟轨道曲线实设超高表(区间)　　表2-2-2

曲线半径(m)	12000	11000	10000	9000	8000	7000
缓和曲线长度(m)	330	370	430	490	570	670
设计超高(mm)	90	105	115	140	155	175
备注	不含车站前后部分调整超高的曲线					

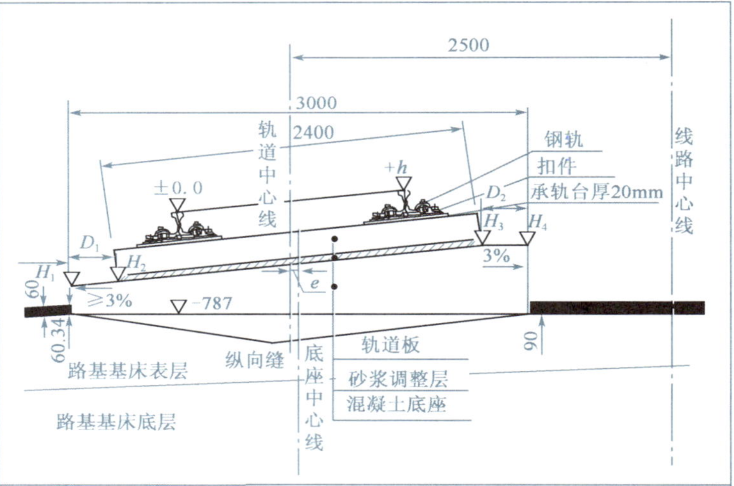

图2-2-11　路基上曲线超高地段轨道横断面图(尺寸单位:mm)

二、CRTS Ⅰ型板式无砟轨道施工

CRTS Ⅰ型板式无砟轨道结构组成见图2-2-12。常用CRTS Ⅰ型板式无砟轨道类型见图2-2-13。

1. 底座及凸形挡台施工

(1)无砟轨道施工前,应按《客运专线铁路无砟轨道铺设条件评估技术指南》(铁建设〔2006〕158号)的要求对线下工程进行评估验收,并符合《客运专线无砟轨道铁路工程施工质量验收暂行标准》(铁建设〔2007〕85号)的相关要求。

(2)混凝土用原材料、拌制、运输及钢筋连接、安装(见图2-2-14)等应符合《铁路混凝土工

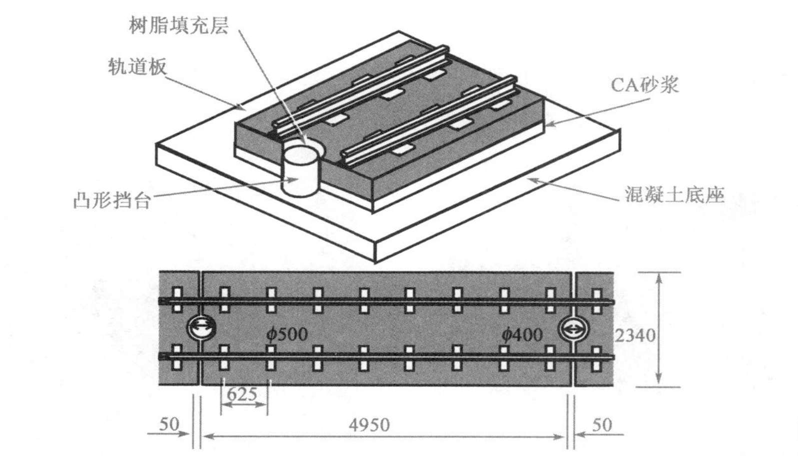

图2-2-12　CRTS Ⅰ型板式无砟轨道结构（尺寸单位：mm）

图2-2-13　常用CRTS Ⅰ型板式无砟轨道类型

程施工质量验收补充标准》(铁建设〔2005〕160 号)、《铁路混凝土耐久性设计暂行规定》(铁建设〔2005〕157 号)和现行《铁路混凝土工程施工技术指南》(TZ 210—2005)的有关规定。

(3)底座宽度范围内的梁面按要求进行处理。梁面表面的浮砟、浮浆、碎片、油渍等应清理干净,无积水。

(4)混凝土的入模温度不宜超过 30℃;当工地昼夜平均气温连续 3d 低于 5℃或最低气温低于 −3℃时,应采取冬期施工措施,混凝土的入模温度不应低于 5℃。

(5)混凝土浇筑后及时刷毛(见图 2-2-15),应避免与流动水接触,并在 12h 内覆盖和洒水养护,洒水次数应能保持混凝土处于润湿状态;当环境温度低于 5℃时,禁止洒水养护,可在混凝土表面喷涂养护液养护,并采取适当保温措施。养护期一般不少于 7d。

(6)在底座混凝土拆模 24h 后,方可进行凸形挡台混凝土的浇筑(见图 2-2-16)。

(7)在混凝土未达到设计强度的 75% 之前,严禁各种车辆在底座上通行。

(8)混凝土底座顶面高程的允许偏差为 ±5mm,宽度允许误差为 ±10mm,中线允许偏差为3mm，平整度为10mm/3m；凸形挡台中线允许偏差为3mm，挡台中心间距偏差为±5mm，轨道板与挡台间隙不得小于30mm（见图2-2-16）。

（9）底座施工时伸缩缝处应采用端头模板成型；路基地段底座施工时还应正确固定传力杆，传力杆安装位置偏差小于10mm、方向偏差小于5mm。

图2-2-14　底座钢筋绑扎

图2-2-15　底座刷毛

图2-2-16　凸形挡台

2. 轨道板施工

轨道板施工要采用专用施工设备铺设，所以需要先铺设工具轨道（见图2-2-17）。

（1）轨道板吊装运输

①轨道板应垂直立放，并采取防倾倒措施。相邻轨道板间用木块或橡胶垫块隔离。临时平放（不超过7d）时，堆放层数不超过4层，层间净空不小于20mm，承垫物位于起吊螺栓处，并保证承垫物上下对齐。

②轨道板装卸时应利用轨道板上起吊装置水平吊起（见图2-2-18），四角均匀受力，严禁碰、撞、摔。

③运输时应采取防止轨道板倾倒和三点支承的相应措施，并保证轨道板不受过大的冲击。

（2）轨道板调整

①铺设前底座混凝土面不得有杂物和积水，并预先在两凸形挡台间的底座表面放置支承垫木（尺寸宜为50mm×50mm×300mm）。

②采用球形棱镜法进行轨道板精调作业，见图2-2-19，曲线地段轨道板平面定位时，轨道板中心线与凸形挡台中心连线有一个偏移值，施工时将轨道板向曲线外侧移动正矢的1/2，见图2-2-20。

图2-2-17　轨道板安装专用施工设备工具轨的安装

图2-2-18　轨道板起吊

③轨道板中线允许偏差为 2mm，支撑点处和轨面高程偏差为 ±1mm，与两端凸形挡台间隙之差小于 5mm。

④曲线地段要调整好每块轨道板的偏角，并用弦测法校核。

⑤轨道板高低的调整应满足设计超高的要求。

⑥轨道板与混凝土底座的间隙不应小于 40mm，不得大于 60mm。

安装完成的轨道板见图 2-2-21。

图2-2-19　轨道板精调

3. 砂浆调整层施工（见图 2-2-22）

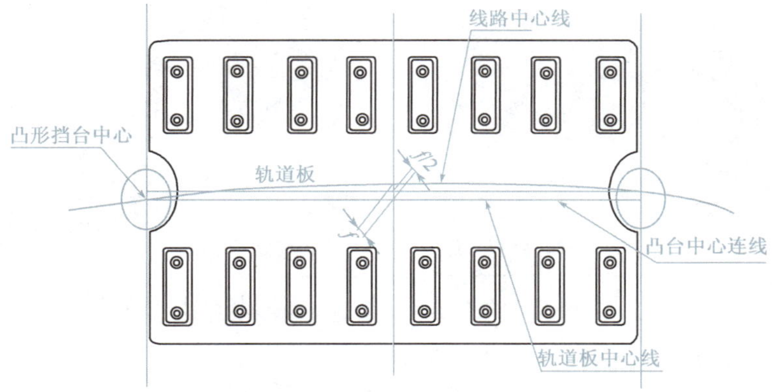

图2-2-20　曲线地段轨道板铺设示意图

（1）砂浆调整层施工采用灌注袋方式施工，施工主要工序包括原材料准备及底座顶面清理、灌注袋铺设、砂浆拌制、砂浆灌注、养护等环节。

(2)砂浆调整层施工除应满足《客运专线铁路CRTS Ⅰ型板式无砟轨道水泥乳化沥青砂浆暂行技术条件》、《客运专线铁路CRTS Ⅰ型板式无砟轨道水泥乳化沥青砂浆暂行技术条件—严寒地区补充规定》(科技基〔2009〕77号)、《客运专线铁路CRTS Ⅰ型板式无砟轨道水泥乳化沥青砂浆和凸台树脂用灌注袋暂行技术条件》、《客运专线铁路板式无砟轨道充填层施工技术指南》、《客运专线铁路板式无砟轨道充填层施工质量验收实施细则》的相关要求，施工时还应严格执行严寒地区砂浆调整层和凸形挡台树脂相关技术条件。

图2-2-21 安装完的轨道板

(3)砂浆调整层应注入专用灌注袋内，见图2-2-23。砂浆调整层灌注前，应保证底座顶面无积水、杂物、灰尘等；灌注袋铺设时要完全拉平展开，不得形成褶皱；砂浆拌制及施工温度应严格控制在5～35℃，当天最低气温低于-5℃时，全天不得进行砂浆灌注；砂浆应一次连续流入灌注袋，不得夹入气泡；雨天时不得进行砂浆灌注施工，并应对尚未硬化的充填砂浆采取防水措施；砂浆调整层作业停止或完成时，应对搅拌机等机具进行清洗；洗涤水和砂浆调整层残料的废弃物应慎重处理，不得随意排放、污染环境；砂浆调整层的养生，原则上采用自然养生，当气温高于30℃或低于5℃时，应采取相应养护措施覆盖养生；砂浆调整层抗压强度达到0.1MPa以上方可拆除支撑螺栓。

图2-2-22 砂浆调整层施工

图2-2-23 往专用灌注袋灌注砂浆

4.凸形挡台周围填充树脂施工(见图2-2-24)

(1)凸台树脂灌注的施工工序包括清理灌注位置、安装灌注袋、搅拌、灌注、养护等环节。

(2)凸台树脂灌注施工应严格执行《客运专线铁路CRTS Ⅰ型板式无砟轨道凸形挡台填充聚氨酯树脂(CPU)暂行技术条件》、《客运专线铁路CRTS Ⅰ型板式无砟轨道水泥乳化沥青砂浆和凸台树脂用灌注袋暂行技术条件》及《客运专线无砟轨道铁路工程施工质量验收暂行标准》的相关要求。

(3)灌注前应在凸形挡台及周围铺设塑料防护布,防止轨道板和凸形挡台受到污染。灌注树脂到轨道板倒角下缘位置,停止灌注;灌注完毕后,用木棒等工具深入到树脂内部,贴近轨道板或凸形挡台侧面摩擦几下,防止产生褶皱扭曲及空气滞留现象。

图2-2-24　凸台树脂灌注

(4)轨道超高时,树脂不能一次灌注到位,需要进行二次灌注甚至多次灌注,在上一次灌注的树脂固化时进行。灌注前,用刀具去除表面的大气泡。

5. 钢轨铺设及精调

轨道板铺设完成后,进行长钢轨的铺设(见图2-2-25)、焊接。长钢轨铺设后,采用充填式垫板精确调整轨道几何状态,见图2-2-26。其施工技术要求按《客运专线铁路无砟轨道充填式垫板暂行技术条件》及《客运专线无砟轨道铁路工程施工质量验收暂行标准》的相关要求办理。

图2-2-25　长钢轨的铺设

图2-2-26　充填式垫板施工

6. 无缝线路应力放散及锁定工作

轨道精调、充填式垫板施工完成后,才能进行长钢轨的应力放散及锁定。长钢轨焊接、应力放散及锁定按无缝线路相关技术条件执行。应力放散必须松开全部扣件后,用滚筒支承钢轨进行应力放散。达到锁定轨温(或拉轨)后尽快拧紧全部扣件,锁定线路。

7. 路基面封闭层

路基面防水材料采用沥青混凝土应符合《客运专线无砟轨道路基面防水层沥青混合料暂行技术条件》的相关要求。若路基面防水层变更为纤维混凝土,混凝土封闭层应满足《铁路混凝土耐久性设计暂行规定》(铁建设〔2005〕157号)和《铁路混凝土工程施工质量验收补充标准》(铁建设〔2005〕160号)的相关技术要求,外掺纤维材料必须满足相关技术条件的要求。

第三节　CRTS Ⅱ型板式无砟轨道

一、CRTS Ⅱ型板式无砟轨道结构(以京沪高铁为例)

1. CRTS Ⅱ型板式无砟轨道系统的主要特点(见图2-2-27)

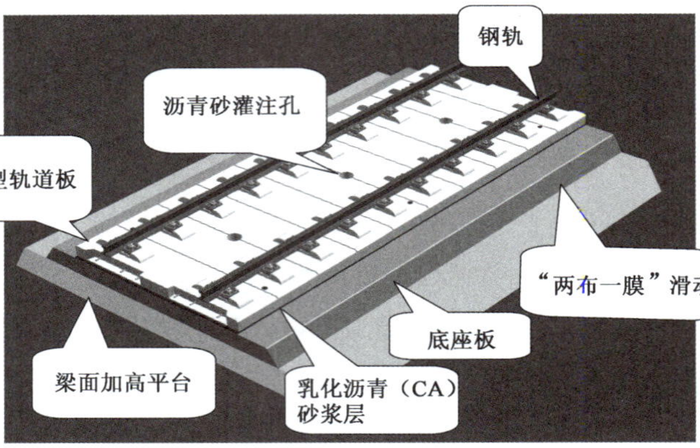

图2-2-27　CRTS Ⅱ型板无砟轨道总体结构图

CRTS Ⅱ型板式无砟轨道与其他类型无砟轨道的明显区别在于全线轨道板和桥上底座板均为纵向连续结构。

(1)轨道板采用工厂化预制,通过布板软件计算出轨道板布设、制作、打磨、铺设等工序所需的全部轨道几何数据,实现了设计、制造和施工的数据共享。

(2)轨道板相互之间通过纵向精轧螺纹钢筋连接,较好地解决了板端变形问题,提高了行车舒适度。

(3)轨道板采用数控机床打磨工艺,打磨精度可达0.1mm,通过高精度的测量和精调系统,轨道板铺设后即可获得高精度的轨道几何,最大限度地降低了铺轨精调工作,大幅度提高了综合施工进度。

(4)桥上底座板不受桥跨的限制,为跨越梁缝的纵向连续结构,桥上的轨道板与路基、隧道内的一致,均为标准轨道板,利于工厂化、标准化生产,便于质量控制,同时简化了轨道板的安装和铺设。

(5)连续底座板端部设置端刺,以平衡底座板的温度力和制动力,使桥梁纵向力不影响路基段轨道结构。

(6)梁面设置滑动层,隔离桥梁与轨道间的相互作用,以减小桥梁伸缩引起的钢轨和板内纵向附加力,从而取消了大跨连续梁上的伸缩调节器。

(7)在桥梁固定支座上方,桥梁和底座板间设置剪力齿槽、预埋件,将制动力和温度力及时向墩台上传递。

(8)在梁缝处设置高强度挤塑板，减小梁端转角对无砟轨道结构的影响。

(9)在底座板两侧设计侧向挡块进行横向、竖向限位。

(10)支承层采用水硬性材料或素混凝土，不需要配筋，结构简单，施工方便，同时可减少工程投资。

2. 结构及形式尺寸和相关技术要求

(1)路基上(见图2-2-28、图2-2-29)

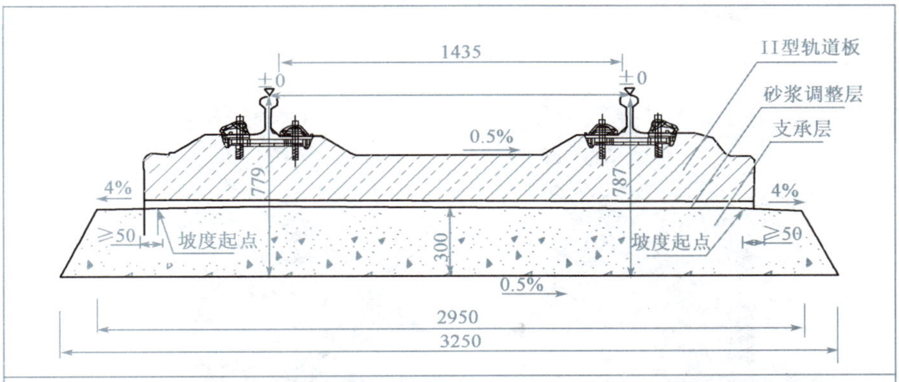

图2-2-28　直线路基上II型板式无砟轨道设计横断面细部图（尺寸单位：mm）

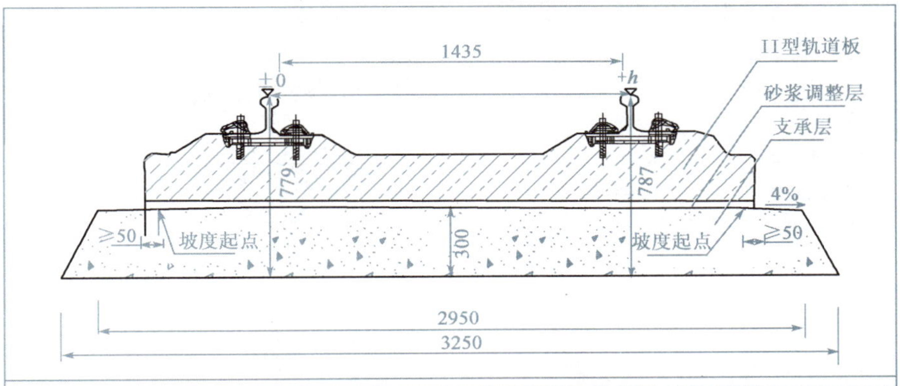

图2-2-29　直线路基上II型板式无砟轨道设计横断面细部图（尺寸单位：mm）

①结构组成。轨道主要由钢轨、配套扣件、预制轨道板、砂浆调整层及支承层等部分组成。

②形式尺寸及相关技术要求。

a. 形式尺寸。轨道结构高度(内轨轨顶面至支承层底面)为779mm，曲线超高在路基表层上设置。轨道板宽度为2550mm，厚度为200mm，标准轨道板长度为6450mm，异型轨道板(补偿板)长度根据具体铺设段落合理配置。砂浆调整层理论厚度为30mm，相关技术条件应符合有关规定。水硬性材料支承层顶面宽度为2950mm，底面宽度为3250mm，厚度为300mm；线间C25混凝土封闭层最小厚度为150mm。

b. 技术要求。支承层材料的物理力学性能及施工工艺等性能指标应符合相关规定。混凝土结构对材料的选定、施工工艺及耐久性措施参照规范执行。左右线支承层间填筑矿物混合料,其顶面采用C25混凝土封闭。轨道外侧支承层表面采用乳化沥青进行表面处理。直线地段利用线间C25混凝土封层上的人字坡向线路两侧排水;曲线地段利用线间集水井进行排水。

(2)桥上(见图2-2-30)

①结构组成(见图2-2-31、图2-2-32)。轨道主要由钢轨、配套扣件、预制轨道板、砂浆调整层、连续底座板、滑动层、侧向挡块等部分组成,每孔梁固定支座上方设置剪力齿槽,梁缝处设置硬泡沫塑料板,台后路基上设置摩擦板、端刺及过渡板(见图2-2-33)等。

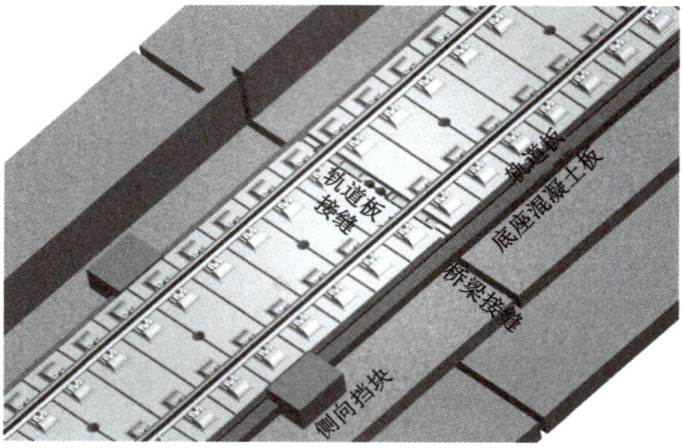

图2-2-30　桥上CPTS Ⅱ型板式无砟轨道系统示意图

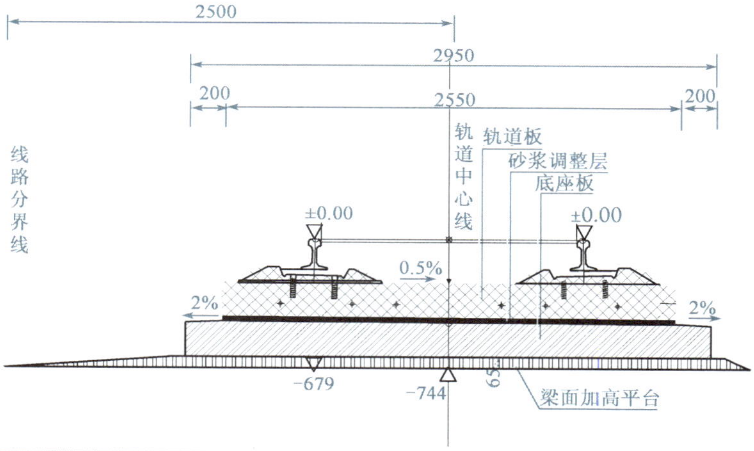

图2-2-31　直线桥梁地段Ⅱ型板式无砟轨道设计横断面细部图(尺寸单位:mm)

②形式尺寸及相关技术要求。

a.形式尺寸。轨道结构高度:直线地段为679mm;曲线超高180mm地段为753mm;其余

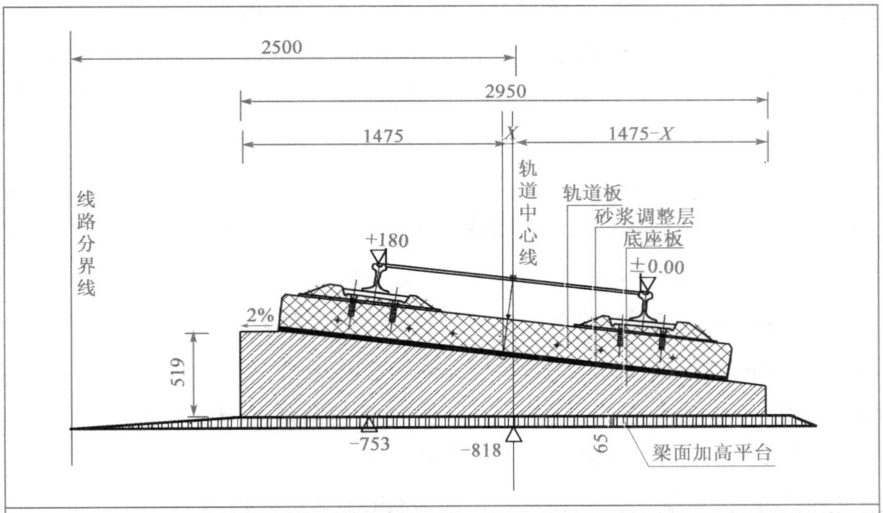

图2-2-32　曲线桥梁地段Ⅱ型板式无砟轨道设计横断面细部图（尺寸单位：mm）

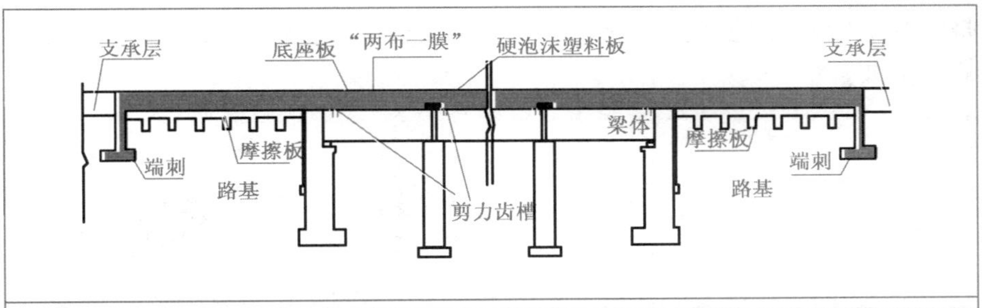

图2-2-33　全桥Ⅱ型板式无砟轨道底座板布置示意图

超高地段，按线性内插计算确定。轨道板宽度为2550mm，厚度为200mm，标准轨道板长度为6450mm，异型轨道板（补偿板）长度根据具体铺设段落合理配置。砂浆调整层设计厚度为30mm。底座宽度为2950mm，直线地段平均厚度为200mm，曲线地段根据超高设计情况计算确定，最大厚度约为500mm，最小厚度约为180mm。全桥纵向连续铺设。见图2-2-34。

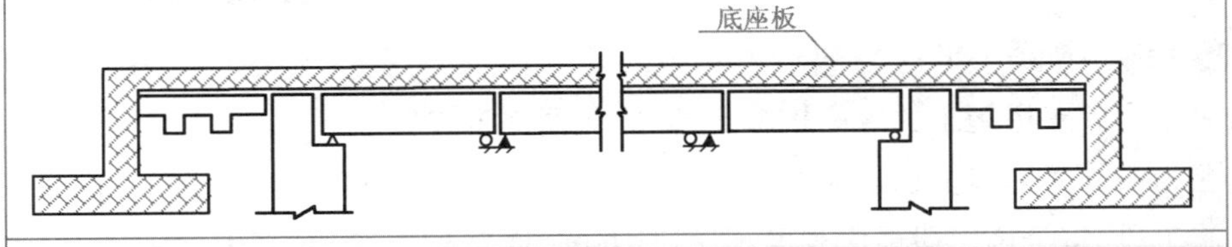

图2-2-34　底座板纵向布置示意图

标准摩擦板长度为50m，宽度为9m，厚度约为0.4m。

一般地段采用的标准端刺：上部结构沿线路纵向厚度为1m，沿线路横向为9m，高度为2.75m；下部结构沿线路纵向为8m，沿线路横向为9m，厚度为1m（见图2-2-35）。

侧向挡块长度为800mm,顶面宽度为590mm,底面宽度为400mm,高度根据计算确定。

b. 技术要求。轨道板横向设置60根直径为10mm的预应力筋,纵向通过6根直径为20mm的精轧螺纹钢筋连接成整体;标准轨道板上设置10对承轨台,纵向间距为650mm,承轨台间设置横向预裂缝;混凝土强度等级为C55。

水泥乳化沥青砂浆调整层设计厚度为30mm;相关技术条件应符合《客运专线铁路CRTS II型板式无砟轨道水泥乳化沥青砂浆暂行技术条件》(科技基〔2008〕74号)的有关规定。

摩擦板、端刺及过渡板采用C30级混凝土,现场浇筑。

滑动膜采用PE-HD聚乙烯高密度薄膜,厚度为1mm;土工布采用白色聚丙烯,厚度为2.2mm。

底座板与摩擦板间铺设两层土工布,摩擦系数控制在0.5~0.8,摩擦板表面做凿毛处理。

梁缝处和过渡板下设置高强度挤塑板,减小梁端转角对轨道系统的影响。

在试验满足要求的前提下,底座板可不做绝缘处理。

桥上底座板采用C30混凝土现场浇筑,钢筋采用HRB500级钢筋,全桥范围纵向连续铺设。

对于长大桥梁上的底座板,可根据施工情况,设置临时端刺进行施工,其中临时端刺长度约为800m,常规混凝土浇筑段可以150m左右为单位利用钢板连接器进行分段施工。钢板连接器后浇带宽500mm(见图2-2-36),齿槽后浇带宽678mm,后浇带宽度必须严格控制,以确保钢筋的屈曲稳定性。

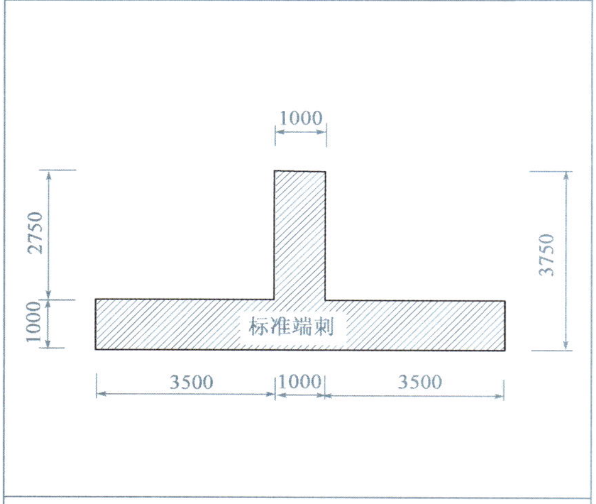

图2-2-35 标准端刺尺寸(尺寸单位:mm)

图2-2-36 钢板连接器后浇带

3. 长大桥梁底座板施工的底座板单元划分(见图2-2-37)

常规区为一与桥面有剪切连接的底座板结构单元,长度不限,但至少为10跨梁。常规区分为多个施工段,每个施工段最大长度不超过160m,通常按5跨、3跨、1跨划分,施工段之间通过钢板连接器连接(一般设置于跨中),浇筑时预留50cm宽后浇带(BL1),每个施工段中部剪力齿槽部分与桥面一次浇筑成型,其余剪力齿槽只进行钢筋连接,浇筑时预留67.8cm宽后浇带,称之为剪力齿槽后浇带(BL2)。临时端刺大于等于780m,为一与桥面临时无剪切连接

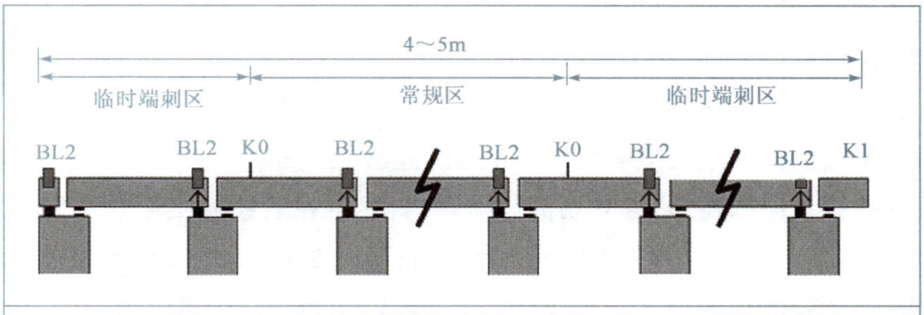

图2-2-37　底座板单元划分示意图

的底座板结构单元，对称分布于常规区前后两侧。临时端刺分为五段，从靠近常规区一侧起，依次为≈220m、≈220m、≈100m、≈100m、≈130m，各段之间逢跨中采用钢板连接器连接，在临时端刺中依次命名为 K_0、J_1、J_2、J_3、J_4、K_1。临时端刺区剪力齿槽处均预留后浇带，见图2-2-38（常规区和临时端刺均为过程概念，均为底座板的一部分）。

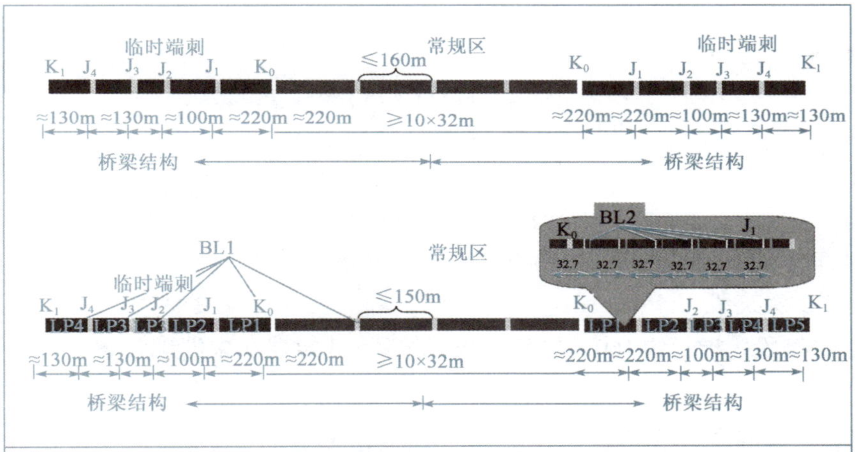

图2-2-38　底座板单元划分

4. CRTS Ⅱ 型板式无砟轨道相关术语

（1）水泥沥青砂浆层

水泥沥青砂浆层灌注于轨道板和混凝土底座或混凝土支承层之间，具有一定的弹性。

（2）滑动层

滑动层是指铺设在桥面与混凝土底座板之间由土工布 + 薄膜 + 土工布构成的隔离层，其作用是避免由温度变化引起的强制力传入桥墩。

（3）施工段（单元段）

一个施工段是指特大桥上的一段，其长度为 4 ~ 5km，一个施工段由两个端刺或临时端刺中间夹一个常规区构成。

（4）常规端刺

常规端刺设在桥台后面，在路基中与摩擦板相连。它可以将没有经过摩擦板传入地基的剩余荷载传入地基，并且产生很小的位移。

(5)临时端刺

在长大桥梁无砟轨道施工中，须将底座板分成若干区段。为提供底座板张拉所需反力，在每个常规区两端需设置两段长度各为800m的底座板，并依靠这两段底座板与桥梁间的摩擦力来提供底座板张拉所需反力，因其功能与端刺相仿，且在后续施工中被消除，故称此为临时端刺（属于底座板的一部分）。临时端刺分为五段，两个220m段（LP1及LP2）、两个130m段（LP4及LP5）、一个100m段（LP3），共设K_0、J_1、J_2、J_3、J_4、K_1六个BL1后浇带，并在每个孔梁上设置齿槽后浇带。

(6)常规区

常规区是指一次张拉锁定并浇筑完成的底座板区域，位于两临时端刺之间。

(7)后浇带

底座板混凝土浇筑采用分段浇筑，在两个混凝土浇筑段之间有后浇混凝土接缝，称此接缝为后浇带。

后浇带的分类如下：

- 后浇带
  - 钢板连接器后浇带（BL1），跨中或需要处
    - 常规区（BL1）
    - 临时端刺区（J_1、J_2、J_3、J_4）
    - 常规区与临时端刺交界处（K_0或K_1）
  - 剪力齿槽后浇带（BL2），梁端剪力齿槽
    - 常规区中部分设置或不设
    - 临时端刺中所有剪力齿槽处

(8)混凝土浇筑段

混凝土浇筑段是指长约160m的底座板浇筑段，其始端和末端都设置钢板连接器后浇带（BL1）。

(9)钢板连接器后浇带（BL1）

两相邻底座混凝土浇筑段之间的空隙（宽度约50cm），其作用是避免由温度变化引起的强制力传入桥墩。后浇带中设置连接器，用于传递混凝土浇筑段之间的力，称为钢板连接器后浇带（BL1）。

(10)剪力齿槽后浇带（BL2）（见图2-2-39）

桥梁上临时端刺处为确保其变形不受阻碍而设的空隙（宽度约为678mm），位于底座板和桥梁间的固定连接处（齿槽和螺栓连接），称为剪力齿槽后浇带（BL2）。

(11)剪力齿槽

剪力齿槽为客运专线CRTS Ⅱ型轨道板式提供纵向摩擦阻力，防止轨道纵向移动。底座板与桥梁的螺栓锚接，布置在桥梁的固定支座一侧，可将所有上部纵向力和横向力传递到桥梁基础。

(12)侧向挡块（见图2-2-40）

侧向挡块为客运专线CRTS Ⅱ型轨道板式提供横向约束力，防止轨道横向移动。位于混

凝土底座板或混凝土支承层两侧，限制无砟轨道道床产生侧向或竖向位移。

图2-2-39　剪力齿槽后浇带（BL2）

图2-2-40　京沪高铁侧向挡块

二、CRTS Ⅱ型板式无砟轨道施工

1. 路基与桥上 CRTS Ⅱ型板式无砟轨道系统的不同

(1) 桥上 CRTS Ⅱ型板式无砟轨道系统(见图 2-2-41)

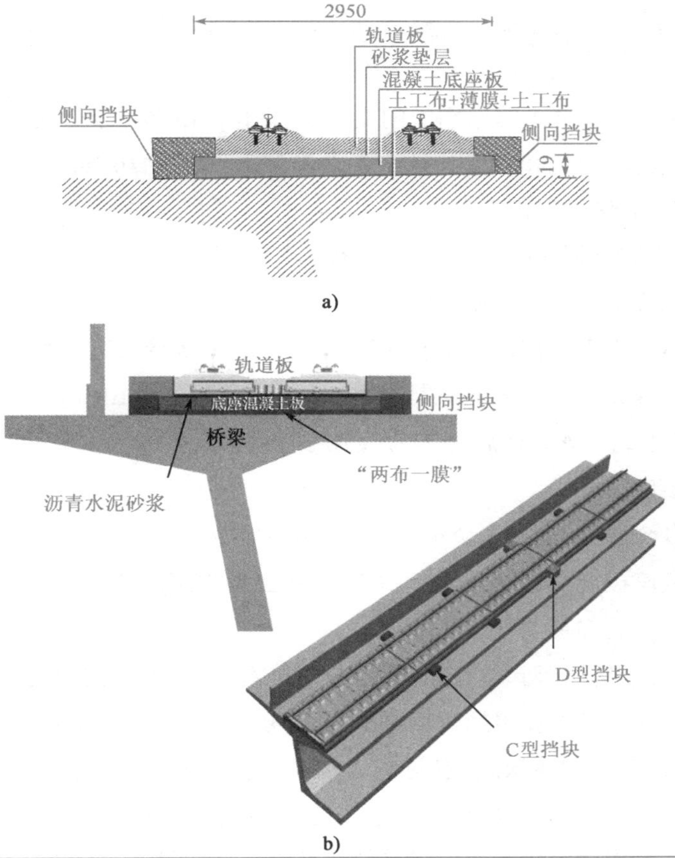

图2-2-41　桥上CRTS Ⅱ型板式无砟轨道系统（尺寸单位：mm）

该无砟轨道系统主要分为 4 个明显的结构层,自上至下的结构主要包括钢轨、弹性扣件、混凝土轨道板(第一层)、沥青砂浆调整层(第二层)、混凝土连续底座板(第三层)、“两布一膜”滑动层(第四层)、侧向挡块等。此外,还需要在台后路基上设置摩擦板、端刺及过渡板,梁缝处设置硬泡沫塑料板。无砟轨道设计使用寿命不小于 60 年。

(2)路基上 CRTS Ⅱ 型板式无砟轨道系统(见图 2-2-42)

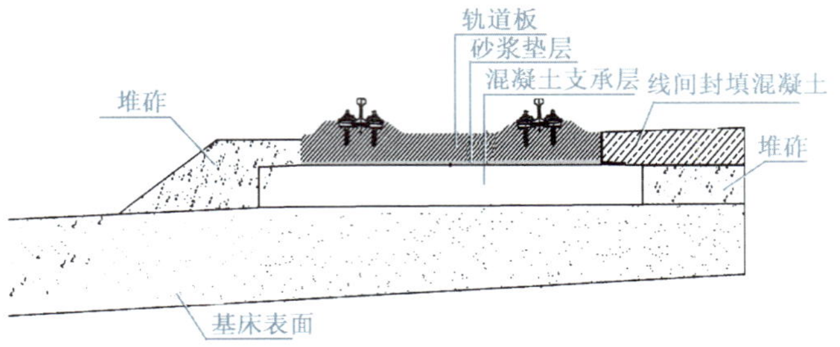

图2-2-42 路基CRTS Ⅱ型板式无砟轨道系统(尺寸单位:mm)

路基上 CRTS Ⅱ 型板式无砟轨道板的支承层,采用 C15 素混凝土垫层或干硬性材料压筑成型(称之为水硬性支承层,HGT),设计宽度为 3.25m,厚度为 0.3m。支承层施工与桥上底座板施工基本相同,主要区别有以下几点:

①支承层无“两布一膜”滑动层、高强挤塑板及钢筋。

②支承层直接浇筑在路基基床表层上。

③路基上支承层施工无需设置临时端刺区、后浇筑带等施工结构和工序。

④支承层需每隔 2.5 ~5m 进行切缝处理,切缝深度至少为 10cm。

2. CRTS Ⅱ 型板式无砟轨道施工工艺(以桥梁为例)

(1)底座板施工

底座板分为多个单元,可由一个单元开始向相邻单元依次施工,也可分多个工作面同时施工。同一单元内底座板施工顺序为:临时端刺区施工→常规区施工→另一侧临时端刺区施工→钢筋连接器张拉→后浇带混凝土浇筑。

①桥面验收。为了保证无砟轨道各部结构的技术条件,施工前应对桥面施工质量进行验收和技术评估。验收内容主要包括桥梁平面位置、桥面高程、桥面平整度、相邻梁端高差及梁端平整度(见图 2-2-43)、防水层质量(见图 2-2-44)、桥面预埋件(包括梁端剪力筋、侧向挡块预埋筋)、剪力齿槽几何尺寸的规范性、桥面清洁度、桥面排水坡等。

②测量复核。无砟轨道底座板施工前必须对所有设标网进行复测,对梁面高程、梁面平整度、中线线位、相邻梁端高差等几何要素进行测量复核,对不能满足无砟轨道施工要求的,及时

进行整修、处理。

③滑动层施工(见图2-2-45)。

图2-2-43 平整度检查

图2-2-44 防水层质量检查

滑动层自下至上由土工布、塑料薄膜、土工布组成,简称为“两布一膜”。每孔箱梁上滑动层的铺设范围为桥梁固定端的剪力齿槽边缘至桥梁活动端,在梁缝处配合硬泡沫塑料板的安装局部调整滑动层的铺设。

图2-2-45 滑动层施工

④铺设硬泡沫塑料板。硬泡沫塑料板(弹簧板)设于桥梁接缝处,硬泡沫塑料板规格尺寸按桥面拼接需要确定,硬泡沫塑料板的拼接应满足相关要求。“两布一膜”和硬泡沫塑料板的铺设见图2-2-46、图2-2-47。

土工布铺设流程:梁面清扫检查→滑动层铺设位置放样弹线→黏结剂涂刷位置弹线→梁端接缝处硬泡沫塑料板铺设→底层土工布粘贴→塑料薄膜铺设→上层土工布铺设。

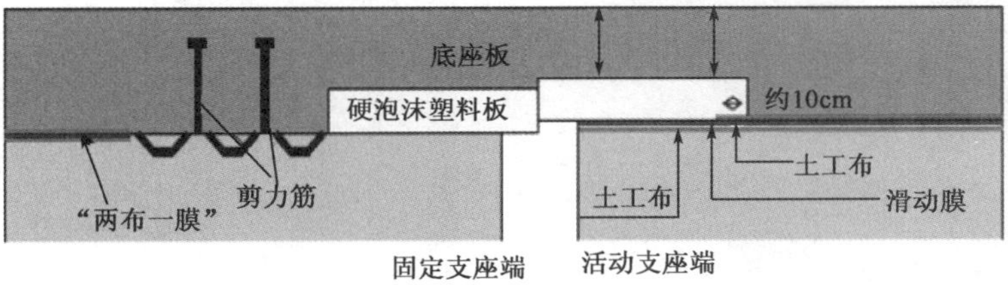

图2-2-46 “两布一膜”和硬泡沫塑料板的结构

图2-2-47　桥缝处铺设硬泡沫塑料板滑动层

“两布一膜”滑动层从剪力齿槽一端边缘铺设至下一剪力齿槽边缘。见图2-2-48。

⑤钢筋工程。根据工期要求和现场实际情况，钢筋笼可在钢筋加工厂预制或在桥上绑扎施工。为了缩短工期、加快进度，钢筋笼尽量采取在钢筋加工厂预制，拖车运输至桥下，吊装至桥面组装连接的方案施工。

针对无砟轨道电路的特殊要求，底座钢筋间连接的高强度绝缘塑料卡，形成了底座钢筋绝缘施工技术。见图2-2-49。

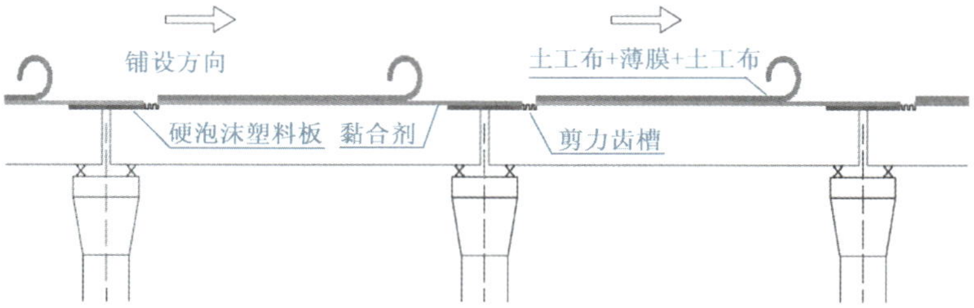

图2-2-48　“两布一膜”铺设方向

⑥剪力筋安装(见图2-2-50)。桥梁固定齿槽内剪力筋因架梁运梁的需要，分为桥内和底座板内两部分。桥内部分(含套筒)在梁场制作时预埋在箱梁顶板的齿槽内；底座板内部分在底座板施工时用套筒连接，伸入底座板钢筋内。剪力筋制作长度应根据底座板超高设置及现场预埋套筒高低情况“量身定做”，以避免安装后过高或过低，影响剪力筋受力。安装时应将剪力筋拧进到位，确保安装质量。

图2-2-49　测试钢筋绝缘

图2-2-50　剪力筋安装

⑦安装钢筋连接器(见图 2-2-51)。钢筋连接器在桥下预制,安装时整体吊装上桥,在钢筋笼安装初期安放到位。

⑧底座板模板系统(见图 2-2-52)。混凝土底座板模板采用型钢加工专用钢模,并满足普通地段和曲线超高地段的模板拼装需要,模板组合高度宜略低于底座板设计厚度(一般 20mm 左右),以适应线路曲线超高变坡和梁面平整度情况。

⑨混凝土浇筑。底座板混凝土灌注施工采用混凝土泵车泵送入模。混凝土入模后,混凝土振捣前面采用人工插入式振捣器捣固,后面采用混凝土摊铺整平机摊铺并整平混凝土面(见图 2-2-53)。超高地段底座板施工,混凝土摊铺整平过程中须用人工不断补充超高范围混凝土,最后用摊铺机来回两遍整平压实。混凝土的养护须紧跟底座板施工,整段混凝土完成后再正式覆盖土工布和塑料薄膜,以实现保湿养护(见图 2-2-54)。

图2-2-51　钢筋连接器

图2-2-52　特制钢模及支撑系统

图2-2-53　摊铺机摊铺成型

图2-2-54　保湿养护

⑩底座板混凝土的检查验收。底座板施工完成后应进行混凝土施工质量检查及中线和高程测量检查,根据检查验收结果进行相应处理。其中,对高程误差大于 8mm 的底座板区域表面要进行削切处理(宜使用混凝土削切机,如使用打磨机,则须进行表面再刷毛操作),确保 CA 砂浆厚度至少满足 20mm 厚的要求。

底座板施工流程：底座板钢筋笼场内加工→钢筋笼整体吊装就位→钢板连接器及剪力齿槽锚固筋安装→模板制作安装→测温电偶安装→底座板混凝土浇筑（后浇带除外）→顶面边缘收坡→顶面拉毛→顶面边缘横坡收光→模板拆除→混凝土养护→钢筋连接器张拉→后浇带混凝土浇筑→后浇带混凝土顶面收坡、拉毛→后浇带混凝土模板拆除养护。

（2）轨道板粗铺

①施工技术准备。

a. 全面、系统的施工技术培训和实作培训，全部一线管理人员和施工操作人员（含测量人员）都必须多次反复参与培训和实作培训。

b. 砂浆车的调试，必须达到使用要求。

c. 博格精确测量系统，精调作业必须经过熟练练习。

d. 铺板龙门吊、双向运板车等施工大型机械，必须到位。

e. 垫层砂浆中转仓，能够满足现场施工的需要。

f. 其他设备，如运板车、汽吊、乳化沥青运输车等，都必须准备充足。

②底座板验收。在底座混凝土达到交验条件后，对底座板进行放样验收测量，测设精调所需的 GRP 点，铺板轨道板粗铺时，根据轨道板调节托架的调整量，其纵横向精度均需控制在10mm 以内，这样有利于轨道板的精调，确保一次调整到位。

现场测的数据要真实、详细、有效地记录，数据处理由负责计算测量数据的专人进行，并由他人复核，尽量避免现场数据处理。测量工作应提前一定时间进行，以便在出现偏差时可以及时处理。

③圆锥体安装。圆锥体是轨道板精确调整之前，粗放轨道板的辅助安装工具，它可使轨道板的铺设精度达到 10mm，从而减少精确量。

安装定位锥和测设 GRP 点（在超高地带，应设于轨道板较低一侧）：定位锥安装采用电锤钻孔，用鼓风器将孔内粉尘吹干净，然后用合成树脂灰泥胶粘锚杆，见图 2-2-55。钻孔孔径为20mm，深度为：直线上 15cm，有超高的线路上 20cm。定位锥锚杆为直径 15mm 的螺纹钢筋，长550mm。测设 GRP 点时，应对设标网进行段内联测检，防止误用被破坏或触动变位的设标网点支架形成测量错误。锚固剂达到强度后，将圆锥体套上锚杆并用翼形螺母固定。轨道板垫层灌浆达一定强度以后，在拆除压紧装置的同时将锚杆拆除。

④轨道板吊装。轨道板粗铺前，测量确定各编号轨道板的位置，并在底座板上用墨线标示（不推荐完全依赖定位锥，以确保粗放精度，提高后续精调速度），同时标注轨道板编号。

轨道板吊装方案由各单位根据具体情况确定。便道条件不好时，可将轨道板运至桥下相对固定的位置，由吊车配合吊至桥面运板车上（见图 2-2-56），桥上运板车再纵向运输并吊装到位（见图 2-2-57）；便道条件较好（沿桥有纵向贯通便道）时，可将轨道板直接运至施工地点，采用桥上悬臂龙门吊吊装上桥，必要时桥下吊车配合（便道不能直接靠近桥梁时），轨道板上桥后纵向移动到位。

⑤轨道板粗铺定位（见图2-3-58）。轨道板落放前，应有专人核对轨道板编号与底座板标示号是否相符，确保轨道板“对号入座”，其后根据定位锥确定轨道板平面粗放位置并完成粗放。其中各类后浇带（BL1及BL2）处轨道板可先铺在设计位置上，待测量完成且有关施工机械通过后于底座板连接前再用吊架吊出，置于前（后）方轨道板上（叠放）并在精调前回铺。

图2-2-55　定位锥和GRP点

图2-2-56　轨道板吊装

图2-2-57　运板车纵向移动运输

图2-2-58　轨道板粗铺定位

⑥粗铺板的支点设置。每块板粗放板支点应为6个，支点材料为2.8cm厚松木条，板块两侧前、中、后各1根，木条应紧靠精调爪铺放。轨道板粗放时，板前、后端支点（4个）先设置到位，轨道板中间部位支点木条在粗放板后楔入，且支点应设于预裂缝下，以免造成轨道板开裂。

（3）轨道板精调及CA砂浆灌注

①设标网复测。精调施工前，设标网测设单位应对精调段设标网进行复测检核，确认无误

后方可开展精调施工。

②安装轨道板精调调节装置(见图 2-2-59)。精调调节装置使用前应对相关部位进行润滑,调节装置在待精调板(纵向)前、中、后部位两侧安装,共计 6 个,其中板前、后部 4 个精调装置应具备平面及高程调节能力,中部 2 个具备高程调节能力。

③测量、精调。测量标架校核→全站仪安装(在与待精调板相隔 1 ~ 2 块板处安装,对中精度 0.5mm)→测量标架布设→开启无线电装置(建立全站仪与电脑系统间的联系)→测量定向(基于已完成精调板上的标架,作为已知点)→测量定向的校核(基于 GRP 点)→对待精调板上前、后两标架进行测量并读取精调数据→轨道板初步精调(对板前、后两端进行平面及高程精调)→对待精调板中部标架进行测量→读取精调数据(主要为高程数据)→顺接性精调修正(直至相邻板间平面及高差小于 0.4mm)。精调测量在布板计算的基础上进行。见图 2-2-60。

图2-2-59 轨道板精调调节装置安装

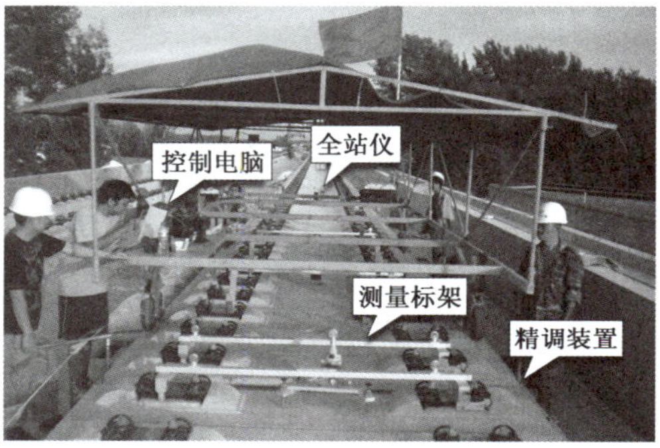

图2-2-60 轨道精调全景

④轨道板边缝密封。在轨道板精调工作完成并满足精度要求以后,为了防止在垫层灌浆时垫层砂浆从轨道板侧面溢出,必须将混凝土承载层和轨道板之间的缝隙进行密封。

轨道板纵向的密封:密封砂浆按试验配合比及工艺搅拌。搅拌好的砂浆采用人工涂抹,在纵向形成一条沿着混凝土底座板和轨道板之间缝隙的楔型密封。应注意不要使砂浆进到轨道板的下面,为了能使轨道板下面全部面积上都填满垫层砂浆,在密封层中必须有相应的排气孔。这些排气孔布置在边角附近和轨道板中间。

横向接缝的密封:轨道板对接处横向接缝的密封使用可刮抹的稠度较大的垫层砂浆。垫层砂浆的注入量应超出轨道板底边至少 2cm。

⑤轨道板的固定(见图 2-2-61)。为了保证在垫层灌浆时轨道板不浮起,要安装压紧装置。压紧装置由锚杆、L 形钢架及翼形螺母组成,锚杆锚固深度应为 100 ~ 150mm,植筋胶锚固,锚固完成的锚杆应确保处于垂直状态。压紧装置的具体设置位置:

a. 轨道板中间部位的两侧;b. 两块板接缝处的中间部位。

⑥砂浆垫层灌注作业。垫层砂浆搅拌车在便道上搅拌垫层砂浆，再设中转仓将垫层砂浆吊装至桥面进行灌注（见图2-2-62）。

在砂浆灌注地点，将灌注软管与砂浆中转仓（或灌浆斗）进行连接，灌注软管另一端作为出口对准灌浆孔（见图2-2-63），进行灌浆施工。灌浆过程中，应对侧面封边砂浆的6个排气孔进行观测，排气孔冒出砂浆后，用木塞或泡沫材料塞住排气孔，同时观察灌浆孔内砂浆表面

图2-2-61　轨道板固定

图2-2-62　吊装CA砂浆上桥

高度的变化情况。当确保砂浆面达到轨道板的底边（有超高时应高出底边，且至少达到砂浆垫层最高点）且没有回落时，灌浆过程才可告结束。砂浆中转仓运回地面清洗（有余料时，可填入新料继续使用）后方可再次使用。

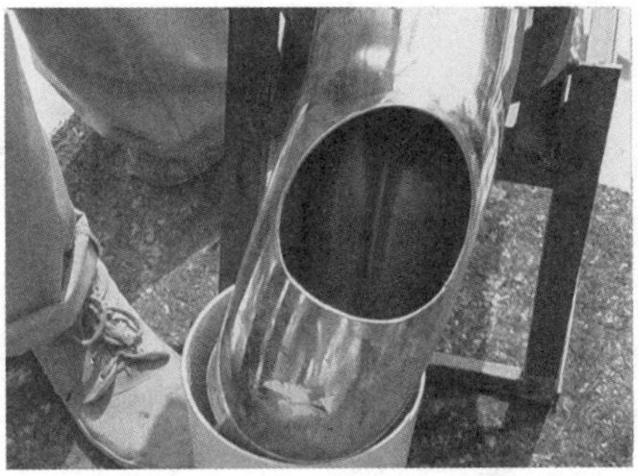
图2-2-63　灌浆施工

砂浆处于初凝状态（不具备流动能力）时，将灌浆孔中多余的砂浆掏出，使砂浆表面距轨道板顶面保持在约15cm的位置。为保证后续封孔混凝土与垫层砂浆的良好连接，在垫层砂浆轻度凝固时将一根S形钢筋从灌浆孔插入至垫层砂浆中，S形钢筋由长约23cm（ϕ6mm）的圆钢制成。

（4）底座板轨道板纵向连接施工

①轨道板纵向连接（见图2-2-64）。垫层砂浆的强度达到9MPa后就可以对轨道板实施张拉。轨道板张拉连接采用配套的张拉锁件。张拉时按照先中间后两端，由内侧向外侧对称进行。张拉扭矩为450N·m。张拉结束后绑扎板间钢筋骨架，进行绝缘测试后立好侧模进行混凝土浇筑，并封堵灌浆孔。

②轨道板宽、窄接缝施工。填充宽、窄接缝时的环境温度不允许高于25℃。该施工顺序如下：

a. 安装模板和钢筋，根据钢筋图配置钢筋。

b. 灌注宽、窄接缝，规定使用加抑制剂和蓬松剂的 C55 混凝土材料。

c. 填充灌浆孔，宽、窄接缝填充时也要将灌浆孔填充封闭。

③剪切连接。铺轨前，在梁缝处、路桥分界点处的轨道板要进行剪切连接。

剪切连接采用钻孔植筋方式，钻孔深度为 39cm，锚杆采用直径为 28mm、HRB500 级钢筋，长度为 34cm（见图 2-2-65）。

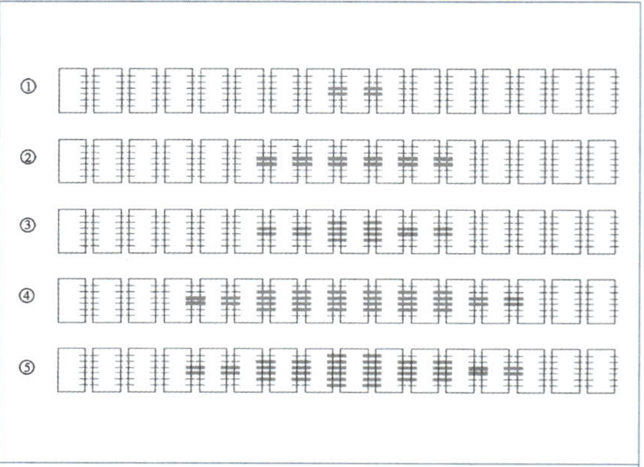

图2-2-64　轨道板纵向张拉顺序

图2-2-65　剪切连接钻孔

（5）钢轨铺设

钢轨铺设采用铺轨拖拉机（见图 2-2-66），该机械可在狭窄空间的轨道板上行走、自动导向、智能避让侧向挡块、一次拖拉两根 500m 长轨。

（6）侧向挡块作业（见图 2-2-67）

为防止底座板的横向移动，设置侧向挡块。侧向挡块钢筋提前加工成半成品，在桥上安装。

图2-2-66　铺轨拖拉机

图2-2-67　侧向挡块

第四节 CRTS I 型双块式无砟轨道

一、CRTS I 型双块式无砟轨道结构(以大西客专为例)

双块式无砟轨道大体分为路基和桥梁两类结构形式。路基结构使用于路基、隧道、站场到发线,主要特点是轨枕间距均匀,结构连续,施工简单。桥梁结构适用于铁路桥梁,特点是轨枕间距需根据桥梁孔垮随时调整,并便于与桥梁温度变化产生的纵向变形相适应,在无砟轨道道床板与桥面之间设有凸台或凹槽。

1. 轨道系统组成(见图 2-2-68)

CRTS I 型双块式无砟轨道由钢轨、WJ-8B 型扣件、双块式轨枕、道床板、支承层(路基地段)或底座(桥梁地段)组成。

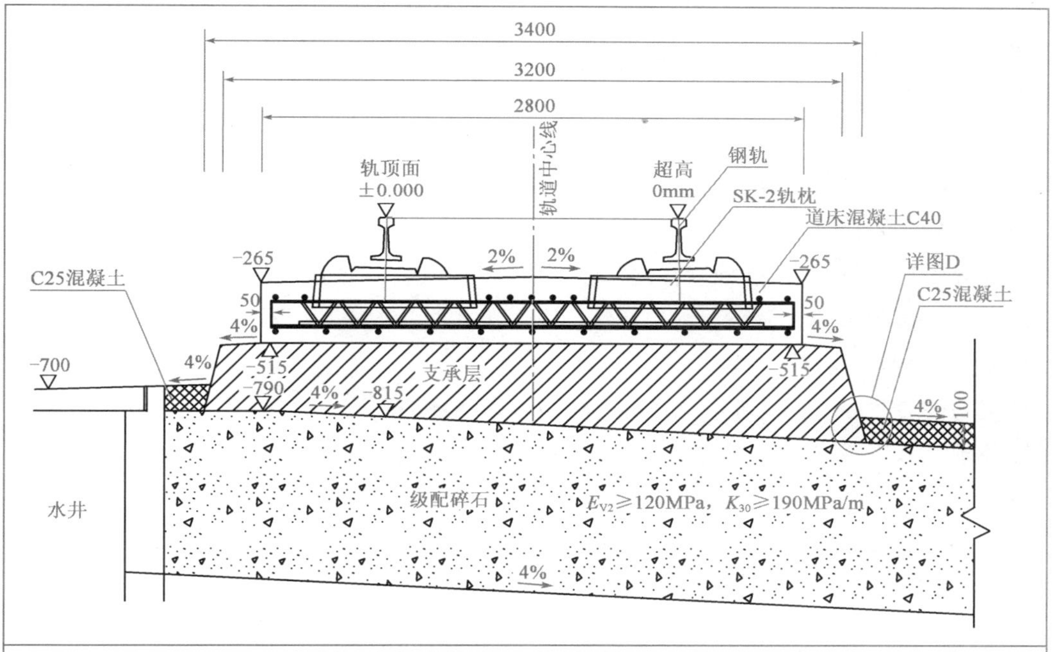

图2-2-68 CRTS I型双块无砟轨道横断面(京沪)(尺寸单位:mm)

2. 结构特点

(1)钢轨

焊接用钢轨采用 60kg/m、U71Mn(K)、定尺长 100m 无螺栓孔新钢轨,其质量应符合《250km/h 客运专线 60kg/m 钢轨暂行技术条件》(铁科技〔2005〕298 号)及《客运专线 250km/h 和 350km/h 钢轨检验及验收暂行标准》(铁建设〔2005〕402 号)的规定。

(2)扣件

采用 WJ-8B 型扣件,扣件组装、铺设、验收等按《WJ-8 型扣件暂行技术条件》(科技基〔2007〕207 号)执行。

(3)轨枕(见图2-2-69)

图2-2-69　双块式轨枕

采用通用SK-2型双块式轨枕,轨枕间距控制在600~650mm之间。

(4)道床板

采用现浇C40钢筋混凝土结构,宽度为2800mm,平均厚度为260mm。直线段道床板顶面根据具体情况设置一定的横向排水坡。纵横向钢筋、纵向钢筋与轨枕桁架交叉点及纵向钢筋搭接处根据综合接地和轨道电路绝缘要求分别设置焊接接头或绝缘卡。

(5)支承层

采用C15混凝土支承层,支承层材料性能应满足《客运专线铁路无砟轨道支承层暂行技术条件》表4.2的要求。支承层宽度为3400mm,厚度为300mm。

(6)底座

采用C40钢筋混凝土结构,宽度为2800mm,厚度为210mm,长度与道床板一致。

(7)曲线超高设置

采用外轨超高方式,路基地段在路基表层设置超高,桥梁地段在底座设置超高,隧道地段在道床板上设置超高。

(8)轨道结构高度

桥梁地段:725mm;路基地段:815mm;隧道地段:515mm。

3. 路基上直线段CRTS Ⅰ型双块式无砟轨道结构(见图2-2-70)

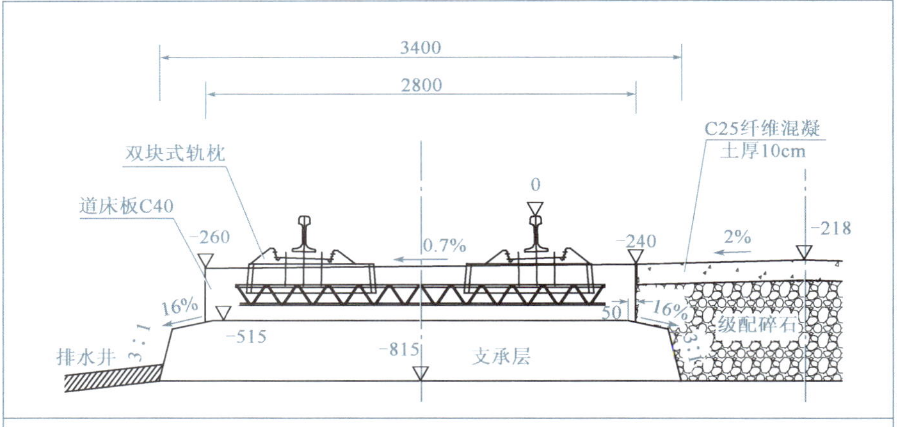

图2-2-70　路基上直线段CRTS Ⅰ型双块式无砟轨道横断面图(大西)(尺寸单位:mm)

路基上直线段CRTS Ⅰ型双块式无砟轨道由钢轨、扣件、轨枕、道床板、支承层等部分组成。

路基上道床板连续浇筑,道床板平均厚度为260mm,宽度为2800mm,直线地段道床板顶面横向向线路外侧设置0.7%的排水坡。道床板采用C40钢筋混凝土现浇而成。道床板内纵横向钢筋、纵向钢筋与双块式轨枕桁架钢筋交叉点及纵向钢筋搭接处根据综合接地和轨道电路绝缘要求分别设置焊接接头或绝缘卡。混凝土浇筑前应进行轨道电路传输距离测试检查，满足相关要求后方可浇筑混凝土。纵横向钢筋均采用HRB335级热轧带肋螺纹钢筋。

一般情况下，在路基基床表层铺设水硬性混合料支承层，不便于机械化施工的地段可采用C15混凝土支承层。支承层材料性能应满足《客运专线铁路无砟轨道支承层暂行技术条件》表4.2的要求。支承层宽度为3400mm，厚度为300mm。混凝土支承层连续铺筑，并在不远于5.2m处设一处横向伸缩假缝，缝深100mm。伸缩假缝位置应通过测量在两轨枕的正中间设置，误差不超过50mm，避免伸缩假缝位置处于轨枕块的下方。切缝应在支承层硬化前进行，最迟不得超过浇筑后12h。混凝土初凝前，应对道床板范围内的支承层表面进行纵向拉毛处理。支承层端部设置16%的排水坡（见图2-2-71），排水坡延伸到道床范围内50mm，防止雨水渗入，支承层侧面设置3∶1的斜坡。

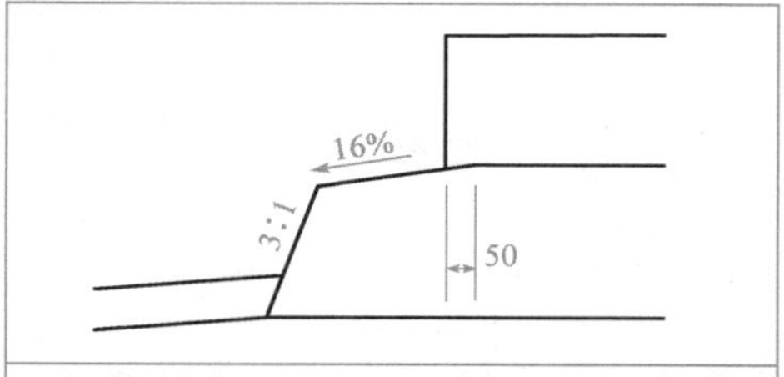

图2-2-71　支承层排水坡设计（尺寸单位：mm）

两线间采用级配碎石填充，压实度满足相关规定，其顶面采用10cm厚的C25纤维混凝土封面，每立方米混凝土中掺0.9kg纤维素纤维，且在不远于3m处切一横向缝，缝深30mm、宽10mm，并以树脂防水嵌缝胶填充。线间封闭层与道床板交界处设置10mm×70mm聚乙烯泡沫板，顶面设置10mm×30mm树脂防水嵌缝胶封闭（见图2-2-72）。

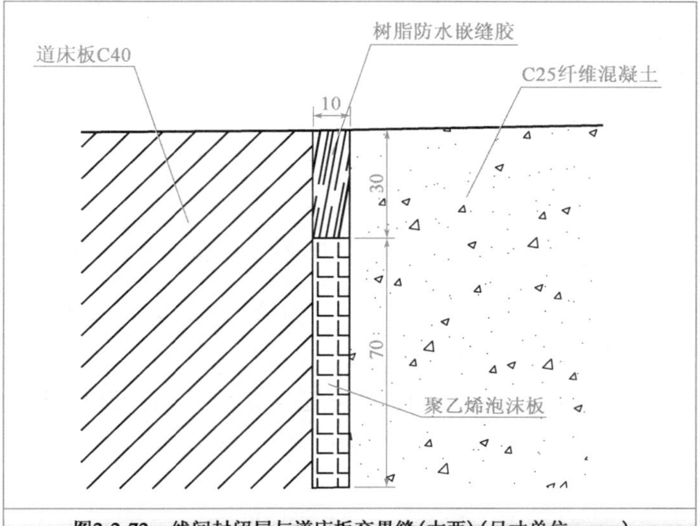

图2-2-72　线间封闭层与道床板交界缝（大西）（尺寸单位：mm）

4.路基上曲线段CRTS Ⅰ型双块式无砟轨道结构（见图2-2-73）

路基上直线段CRTS Ⅰ型双块式无砟轨道由钢轨、扣件、轨枕、道床板、支承层组成，路基地段曲线超高在路基基床表层上实现。

5. 桥上 CRTS Ⅰ 型双块式无砟轨道结构(见图 2-2-74、图 2-2-75)

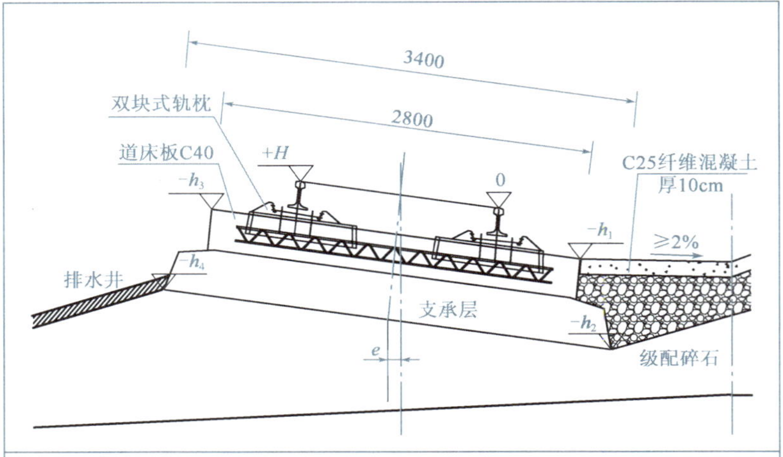

图2-2-73 路基上曲线段CRTS Ⅰ型无砟轨道断面图(大西)(尺寸单位:mm)

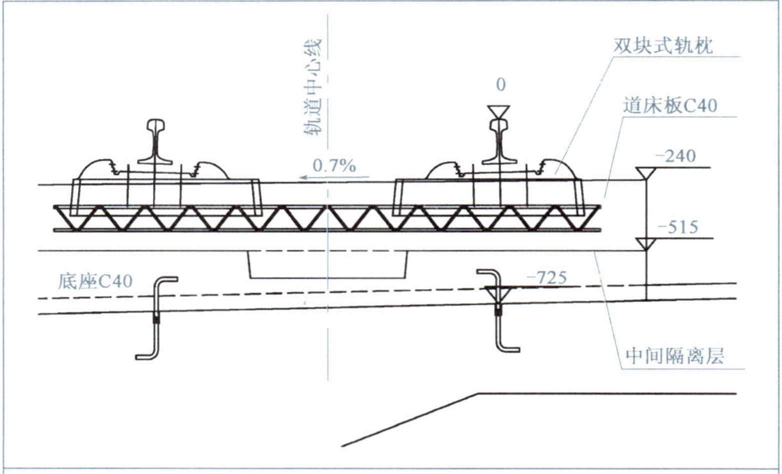

图2-2-74 桥梁直线段CRTS Ⅰ型无砟轨道横断面图(大西)(尺寸单位:mm)

桥上 CRTS Ⅰ 型双块式无砟轨道由钢轨、扣件、轨枕、道床板、底座组成。其中钢轨、扣件、轨枕与路基上 CRTS Ⅰ 型双块式无砟轨道相同。

道床板、底座采用 C40 钢筋混凝土结构,每块道床板设置两个限位凸台,底座设置限位凹槽(见图 2-2-76)。限位凹槽侧面设置 A、B 型弹性垫板(A 型沿线路纵向,B 型沿线路横向),见图 2-2-77。

底座与道床板间设置中间隔离层,隔离层采用 4mm 厚聚丙烯土工布。

桥上 CRTS Ⅰ 型双块式无砟轨道为单元分块式结构,分板长度在 5 ~ 7.5m,扣件节点间距一般取 650mm,在梁端可适当调整间距,调整后一般在 600 ~ 650mm 之间。

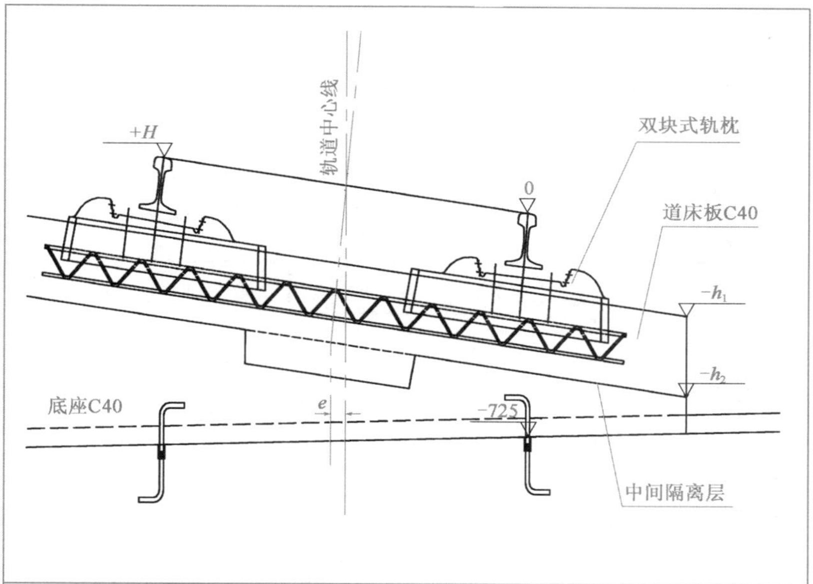

图2-2-75　桥梁曲线段CRTS I型无砟轨道横断面图（大西）（尺寸单位：mm）

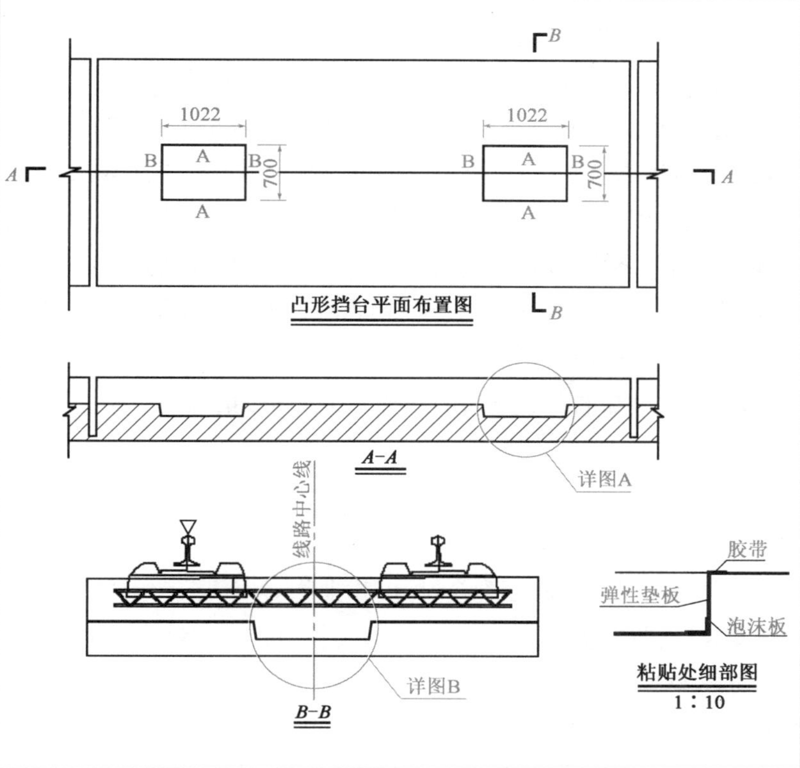

图2-2-76　底座凹槽与轨道板凸台（尺寸单位：mm）

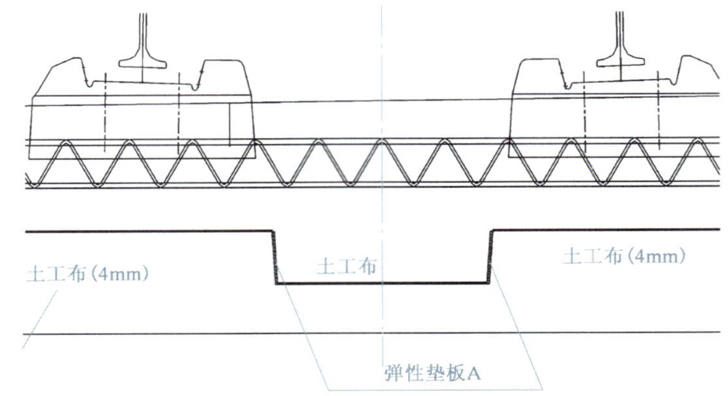

图2-2-77 限位凹槽弹性垫板布置

二、CRTS Ⅰ型双块式无砟轨道施工（工具轨法）

双块式无砟轨道具有整体性好、适应性强、工艺原理明确、施工简单、相对经济等特点，被广泛应用于高速铁路的正线、到发线、长大隧道等。

施工内容包括：施工准备、测量放线、摆放底座纵向钢筋、布置双块式轨枕、安装工具轨、安装螺杆调节器托轨盘、粗调机调整轨排至基本空间位置（误差5mm以内）、安装支撑螺杆调支承轨排质量、将底层纵向钢筋与轨枕桁架钢筋绑扎成底层钢筋网、布置表层纵横向钢筋与轨枕桁架钢筋绑扎成表层钢筋网、安装接地端子、安装临时夹板、安装横向模板、安装纵向模板、精确调整轨排空间位置、清除杂物、浇筑轨道板混凝土、养护轨道板、拆除纵向模板、拆除横向模板、拆除支撑螺杆、拆除螺杆调节器托轨盘、测量轨道板施工后精度（作为向铺设长轨单位移交资料）后拆除工具轨及临时夹板、填补轨道板支撑螺杆孔并养护、铺设临时运输轨、拆除临时运输轨、铺设长轨（由长轨铺设单位完成）、测量长轨精度、精确调整长轨、清理现场、正式向接管单位验交。

1. 施工准备

（1）内业准备工作是指在施工前，室内可完成的准备工作。

施工培训、支承层及轨道板混凝土配合设计、作业指导书、施工组织设计、施工计划安排、物流组织方案、质量控制措施、安全保障措施、应急措施、技术及管理档案等，应在正式开工前由相关部门分别完成。

（2）外业准备工作包括：CPIII测量控制网建立、现场物流通道调查、设备进场组装及调试、周转材料及器具的进场储存、路基沉降观测及评估、桥隧排水及四电接口工程、混凝土拌和站及运输设备的保养调试等。

2. 底座施工

底座是指路基支承层、桥梁桥面保护层和凸台或凹槽。

(1)路基底座施工

路基必须通过沉降评估,满足永久沉降要求后方可展开支承层施工。

路基支承层又称底座,设计宽度为3.4m、厚度为0.3m,路基曲线超高设在下部路基级配碎石层内,因此支承层厚度一致。支承层施工,采用摊铺机摊铺贫混凝土(见图2-2-78)或采用模筑C15混凝土(见图2-2-79)均可。

图2-2-78　滑膜摊铺机摊铺法

图2-2-79　人工模筑法

支承层每隔4~5m需设一道深10.5cm、宽5mm的假缝。若采用切缝工艺时,切缝时间应控制在混凝土浇筑后6h左右;注意按常规实施支承层混凝土养护7d以上。

(2)桥梁底座施工

桥梁底座,又称保护层及凸台或凹槽,属于桥面系施工范畴,桥面保护层一般厚140mm,混凝土等级为C40,在桥面上连续铺设。应注意桥面预留1.5%的排水人字坡,施作"两布一膜"防水层(见图2-2-80),按设计要求完成所有电缆槽、排水孔、防撞墙、接触网基座等桥面系施工项目,达到无砟轨道施工基本条件。

图2-2-80　桥梁底座上的土工布铺设

3. 轨道板施工

(1)底座板(支承层)上测量放样

清除道床板范围内下部结构表面浮渣、灰尘及杂物;支承层每隔13m测设并标记一个线路中线控制点,用彩笔绘制线路中线,轨枕两侧边缘线偏差不超过2mm;标示出道床板纵向模板内侧边线和横向模板固定钢条位置,模板内线边偏差不超过±2mm。

(2)布设下层钢筋、轨枕铺设

支承层上纵向钢筋单根长 9m,为便于绑扎,提前将下层 11 根 N1(HRB335ϕ20)钢筋摆放在已完成清理的支承层上。摆放时,相邻钢筋间错开距离不小于 1m,接头处钢筋搭接不小于 0.7m(见图 2-4-81)。底座铺设下层钢筋前先铺设聚乙烯土工布,土工布应平整。先绑扎道床板凸形挡台钢筋,再摆放下层钢筋,下层钢筋摆放施工同支承层。钢筋安装时,应注意避免对弹性垫板、泡沫板及土工布造成损伤。

由于双块式无砟轨道工程数量很小,不适合大规模机械化作业,所以采用人工配合汽车吊铺设双块式轨枕,见图 2-4-82。

图2-2-81　摆放纵向钢筋

图2-2-82　吊车配合人工散枕

在铺枕过程中不得损坏轨枕,应避免磕碰。放置时若混凝土本身破坏、钢筋变形或损伤混凝土支承层、底座及土工膜,受损轨枕必须更换。

轨枕铺设时应尽量保证与线路垂直,避免轨排组装时方枕量过大。轨枕间距允许偏差为 ±5mm。应控制相邻轨枕的间距,以减少调整工作量。

(3)工具轨铺设、轨排连接

双块式无砟轨道铺设采用工具轨法施工,因此使用合格的工具轨是进行轨道精调的关键前提。在各个环节中,必须加强对工具轨的保护和检验。发现工具轨有弯翘、扭曲现象时,必须进行校准,不得采用不合格的工具轨。

场内工具轨输采用公铁两用吊车利用混凝土浇筑间隔从后方倒运至前方循环使用。运输中,码放在公铁两用车平台上的工具轨不得超过 3 层,层与层之间用方木垫平,确保工具轨不变形,见图 2-2-83。

采用汽车吊配合尼龙吊带吊放工具轨到轨枕上,吊放时设专人指挥,确保轨枕扣件及轨枕混凝土完好。

轨排组装前应细调轨枕间距,严格放正轨枕;检查轨枕与工具轨的垂直度以及扣件是否发生塑性变形,如不满足要求则进行调整。见图 2-2-84、图 2-2-85。

轨排组装完成后,应对轨距、轨枕位置、轨枕间距进行检查。轨距允许偏差为 ±1mm;轨枕间距允许偏差为 ±5mm。

图2-2-83　吊车吊装工具轨

图2-2-84　轨排组装

图2-2-85　紧扣件螺栓

(4)轨道粗调

检查所有轨道扣件安装是否紧固;检查待调轨排的轨距是否满足施工要求,标准轨距为1435mm±2mm,使用轨检尺按轨枕位置逐个检测(见图2-2-86),不符合标准值的应立即调整。架设轨检小车于工具轨端头,全站仪自由设站,打开轨检小车电脑进行全站仪小车通信。轨检小车计算出每一测点与设计位置的偏差(调整数据),进行水平、垂直、超高位置的调节。

粗调也可以利用利用全站仪配合粗调机粗略调整工具轨排的空间位置(见图2-2-87),精度要求为左右±5mm,高低+0、-5mm。粗调时需有人工配合,待粗调机调整轨排后,人工及时根据设计超高情况,调整螺杆调节器托轨盘角度,安装支撑螺杆,保证螺杆底端与支承层有效接触。

(5)安装螺杆调节器(见图2-2-88)

通过螺杆调节器对工具轨的高低、轨距和轨向进行调整,使之满足轨道线形验标要求,并固定工具轨的空间几何状态。托盘则是螺杆调节器相对钢轨的支承平台。

按照支承层顶面复测高程及轨面高程计算螺杆安装高度,并在每托盘处支承层明显标记。

按照计算高度,每根工具轨自一端到另一端两侧对称安装螺杆。

图2-2-86 轨排检测

图2-2-87 粗调机粗调

(6)安装钢筋、接地

按设计要求布置轨道板钢筋(见图2-8-89),纵、横向钢筋交叉处用尼龙自锁绝缘夹将钢筋绑扎牢固。纵、横向钢筋交叉处不得存在焊接点。绑扎过程中不得扰动粗调过的轨排。

图2-2-88 螺杆调节器

图2-2-89 轨道板钢筋绑扎

接地端子由厂家直接焊接成300mm的成品,安装时端子位置要正确。为防止接地端子污染,焊接后在端子孔内塞上纱布并用胶带封闭。道床板架设完成后,进行绝缘和接地性能测试,确保符合要求。

(7)安装纵、横向模板(见图2-2-90)

按照墨线标示吊运模板就位,用锚栓固定模板加固孔,上部拉筋加固;用螺栓固定纵向模板,在模板两侧端部设置双面胶条,防止跑浆。

模板在安装就位后,检查模板拼缝处是否严密,竖向边框是否垂直,以防止漏浆。检查合格后,方能浇筑混凝土。

纵、横向模板安装一定要垂直,纵模板行车轨道下的支撑垫块一定要牢固平整,设备通过时不得有任何松动,否则会影响模板的垂直性。

(8)轨排精调

可以采用轨检小车、专用便携计算机、全站仪和无线通信,检测高低、轨向、水平、轨距等轨

图2-2-90　纵、横向模板安装

道不平顺参数,精确确定线路轨道的实际位置与理论位置的偏移量,使无砟轨道施工铺设、线路整理精度达到客运专线的要求(见图2-2-91、图2-2-92)。

图2-2-91　人工配合精调小车精调

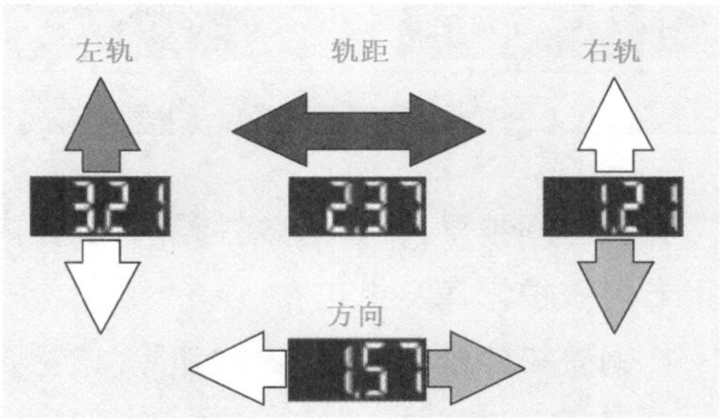

图2-2-92　精调小车屏幕直观显示

轨道精调完成至浇筑混凝土的时间应控制在6h以内,如果轨道放置时间过长,或环境温度变化超过15℃,必须重新检查或调整。禁止使用外力扰动轨排。

精调施工在条件许可的情况下,也可采用专用精调机进行精调施工(见图2-2-93)。

(9)道床板混凝土浇筑与养护

浇筑与养护前的工作包括:清理浇筑面上的杂物,采用塑料纸包裹工具轨;采用轨枕防护罩保护轨枕及扣件;喷水湿润道床板底部。

轨道板混凝土浇筑工艺流程:清理润湿工作面→轨排复测→混凝土运输→混凝土浇筑(见图2-2-94)→抹面、养护(见图2-2-95、图2-2-96)。

利用混凝土罐车集中运输混凝土。混凝土采用汽车泵泵送入模。表层混凝土振捣完成后,及时修整、抹平混凝土裸露面。

抹面完成后,及时清刷钢轨、轨枕和扣件,防止污染。

图2-2-93　技术人员使用精调机对轨道进行调整

图2-2-94　混凝土浇筑

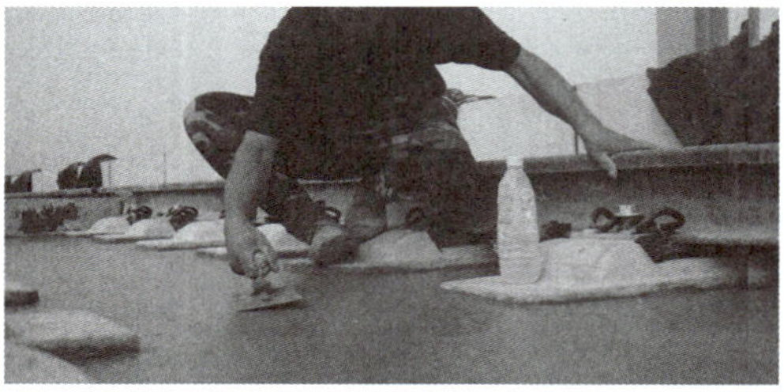

图2-2-95　抹面作业

图2-2-96　初期养护施工

养护时间越早，养护有效性越高，应在内部结构中的水挥发之前就开始养护。混凝土养护采用专用养护帐篷及土工布。

4. 钢轨扣件松开、螺杆支撑卸除、遗留孔填充及成品保护

在混凝土初凝前，浇筑约3h后，逆时针旋转调节器螺杆，拧松1/2圈，约2mm，消除桁架弯矩和混凝土竖向沉陷产生的间隙。

图2-2-97　封堵遗留孔

由于温差效应，钢轨会产生内部应力，因此，在混凝土浇筑4～5h后，拧松全部扣件，释放钢轨应力；如环境温度变化较大，可适当提前。

在混凝土浇筑3～4h后，松开横向模板和施工缝模板。

在取出调整装置之后，遗留孔必须使用高强度无收缩砂浆进行封堵（见图2-2-97）。

已建成的道床板表面应清洁、美观、无污染、无磕碰。进行松扣件、模板操作时注意不要扰动轨排，避免混凝土受到损伤。在混凝土达到设计强度的75%前，禁止在道床板上行车及碰撞轨枕，之后就可进行无缝线路铺设、轨道调整和验收。

第五节 无砟轨道用扣件系统

我国从 20 世纪 60 年代开始无砟轨道的研究,采用过多种扣件形式。如 TF-Y 型弹性扣件,秦岭隧道整体道床用弹性扣件、弹条 I、II 型弹性分开式扣件,弹条 III 型弹性分开式扣件,WJ-1 型扣件,WJ-2 型扣件等。随着客运专线建设的发展,新近研发了 WJ-7 型扣件和 WJ-8 型扣件。以下主要介绍几种常用的扣件形式。

一、TF-Y 型弹性扣件

TF-Y 型弹性扣件主要适用于铺设 50kg/m 钢轨、钢筋混凝土支承块式整体道床线路。如图 2-2-98 所示,该扣件属分开式弹性扣件,由预埋塑料套管与螺旋道钉配合紧固铁垫板,采用楔形轨距块调整轨距,铁垫板上设有 T 形螺栓插入座,由 T 形螺栓紧固弹条扣压钢轨,弹条由直径为 14mm 的弹簧钢制造,扣压力较大。该扣件的主要优点是轨距调整量大(直线地段为 −16 ~ +12mm,曲线地段增加了丙型楔形轨距块,调整量为 −20 ~ +8mm),扣压力大,铁垫板下设塑料垫板,可减小列车荷载对钢筋混凝土支承块的冲击。但使用中发现塑料套管与螺旋道钉配合会出现问题,塑料套管不易养护,加之部件通用性差,给维修带来困难。

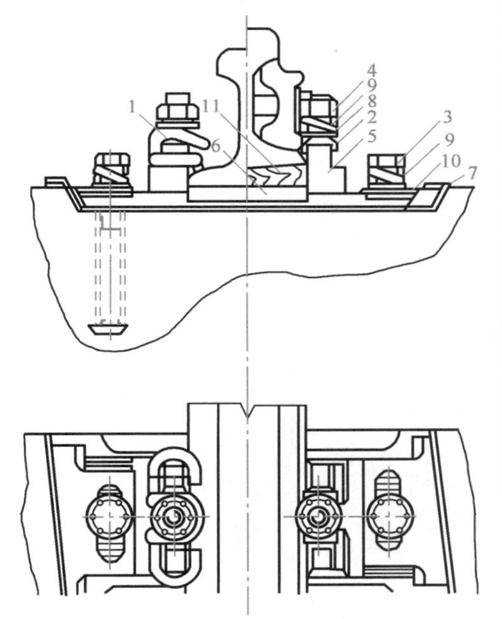

图2-2-98 TF-Y型弹性扣件

1-中间弹条;2-接头扣件;3-螺纹道钉;4-轨卡螺栓及螺母;5-铁垫板;6-胶垫;7-塑料垫板;8-平垫圈;9-弹簧垫圈;10-楔形轨距块;11-调高垫板

二、WJ-1 型扣件

针对在九江长江大桥上无砟无枕预应力混凝土梁铺设无缝线路的工程特点,20 世纪 70 年代末我国研制出了 WJ-1 型小阻力弹性扣件。如图 2-2-99 所示,WJ-1 型扣件为带铁垫板的弹性分开式扣件,属小阻力扣件。由预埋于混凝土短轨枕的塑料套管和锚固螺栓配合紧固铁垫板,铁垫板上设有 T 形螺栓插入座,扣压件采用弹片形式,由 T 形螺栓紧固弹片扣压钢轨,轨下使用粘贴不锈钢板的复合胶垫以降低摩擦系数,铁垫板与承轨台间设置 5mm 厚的绝缘缓冲垫板。扣件钢轨调高量为 40mm,通过在铁垫板下和轨下垫入调高垫板实现。单股钢轨左右位置调整量为 ±10mm,通过移动带有长圆孔的铁垫板来实现,为连续无级调整。弹片设计扣压力 4kN,前端弹程 7mm,T 形螺栓螺母扭矩 80N · m。

因弹片扣压件工作时主要利用材料的弯曲变形性能,加工相对简易,造价也往往较低,但由于为紧固螺栓而开孔,在该部位容易出现应力集中,且弯矩最大处恰恰是截面削弱最大处。在九江长江大桥上使用时也发现存在弹片开裂现象,后来采取在弹片上附加补强弹片的措施才得以减小主弹片螺栓孔处的应力。

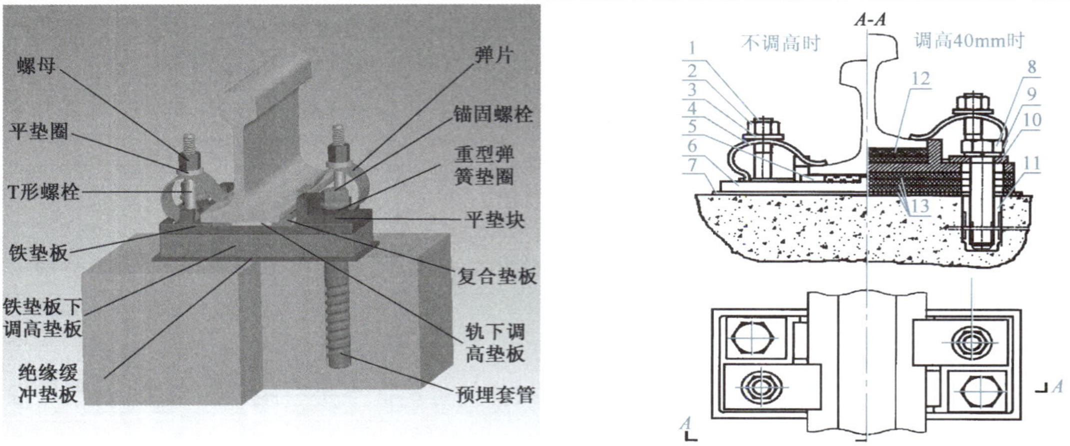

图2-2-99　WJ-1型扣件

1-螺栓；2-螺母；3-平垫圈；4-弹片；5-复合垫板；6-铁垫板；7-绝缘缓冲垫板；8-锚固螺栓；9-弹簧垫片；10-平垫块；11-预埋套管；12-轨下调高垫板；13-铁垫板下调高垫板

三、WJ-2 型扣件

WJ-2 型扣件按 60kg/m 钢轨设计，适用于要求钢轨高低和左右位置调整量大并铺设焊接长钢轨的预应力混凝土梁的无砟轨道结构，也属于小阻力扣件。该扣件已铺设在秦沈客运专线长枕埋入式无砟轨道结构上，经受了时速为 321km 的高速列车试验，性能良好。

如图 2-2-100 所示，该扣件结构与 WJ-1 型扣件相似，只是将弹片扣压件改用弹条扣压件，该弹条设计扣压力 4kN，前端弹程 11.5mm。WJ-2 型扣件主要设计参数与特点如下：

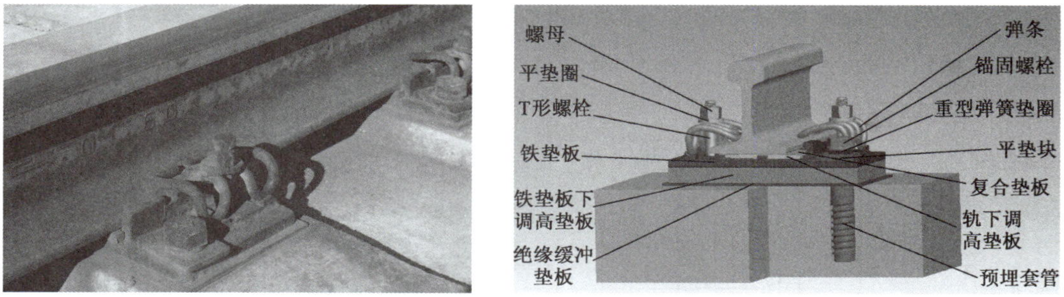

图2-2-100　WJ-2型扣件

（1）扣件调高量为 40mm，钢轨高低调整通过在轨下、铁垫板下垫入调高垫板实现，轨下调整量为 10mm，铁垫板下调整量为 30mm。

（2）扣件左右位置调整量为每轨 ±10mm，调整轨距通过移动带有长圆孔的铁垫板来实现，为连续无级调整。

（3）扣件设计最大承受横向力为 50kN（疲劳荷载），混凝土承轨台不设挡肩。

(4)铁垫板上设置 1∶40 轨底坡。

(5)扣件节点刚度为 40 ~ 60kN/mm。

(6)扣件 T 形螺栓的螺母不采用松紧搭配方式布置,要求松紧程度一致,使扣件均匀受力,T 形螺栓的螺母扭矩为 90 ~ 100N·m。

(7)锚固螺栓拧紧扭矩为 300N·m。

(8)预埋绝缘套管抗拔力大于 100kN。

四、客运专线用 WJ-7 型扣件

WJ-7 型扣件系统是为适应铺设各类无挡肩无砟轨道,满足客运专线扣件系统的技术要求而研发的一种无砟轨道扣件系统,是在原 WJ-1 型和 WJ-2 型无砟轨道扣件系统的基础上优化而成的。该扣件系统在桥上、隧道内和路基上的轨枕埋入式(双块式轨枕和长轨枕)和板式无砟轨道均可应用。针对客运专线无砟轨道扣件系统需要解决的弹性高、绝缘性强、结构通用性强、弹条扣压力衰减小和疲劳强度高、与基础可靠联结、钢轨高低和左右位置调整量大等关键技术问题,该扣件系统研究中作了以下几方面的优化改进:

(1)提高扣件结构通用性;

(2)提高扣件系统绝缘性能;

(3)降低弹条扣压力衰减,提高其疲劳强度;

(4)提高扣件系统与基础联结的可靠性;

(5)降低扣件系统的刚度;

(6)提高 T 形螺栓在铁垫板中固定的可靠性。

1. 主要设计参数

主要设计参数见表 2-2-3。

2. 系统组成

如图 2-2-101 所示,WJ-7 型扣件系统由 T 形螺栓、螺母、平垫圈、弹条、绝缘块、铁垫板、绝缘缓冲垫板、轨下垫板、锚固螺栓、重型弹簧垫圈、平垫块和定位于混凝土轨枕或轨道板的预埋套管组成。钢轨高低调整时采用调高垫板(分轨下调高垫板和铁垫板下调高垫板)。

3. 结构特征

该扣件系统为带铁垫板的无挡肩弹性分开式结构,具有以下结构特征:

(1)混凝土轨枕或轨道板承轨槽不设混凝土挡肩,铁垫板上设置 1∶40 轨底坡,混凝土轨枕或轨道板承轨面为平坡,既可用于轨枕(双块轨枕、长枕)埋入式无砟轨道,也可用于轨道板无砟轨道,列车传来的横向荷载主要由铁垫板的摩擦力克服。

(2)钢轨轨底与铁垫板间设橡胶垫板,实现系统的弹性。通过更换不同刚度的轨下垫板可分别适应 350km/h 客运专线和 250km/h 客运专线(兼顾货运)的运营条件。

(3)铁垫板上设有 T 形螺栓插入座和钢轨挡肩,通过拧紧 T 形螺栓的螺母紧固弹条。配套设计的弹条比我国既有弹条弹程大(各种弹条弹程均为 14mm),疲劳强度高,在采用较低刚度轨下弹性垫层时弹条的扣压力衰减小。

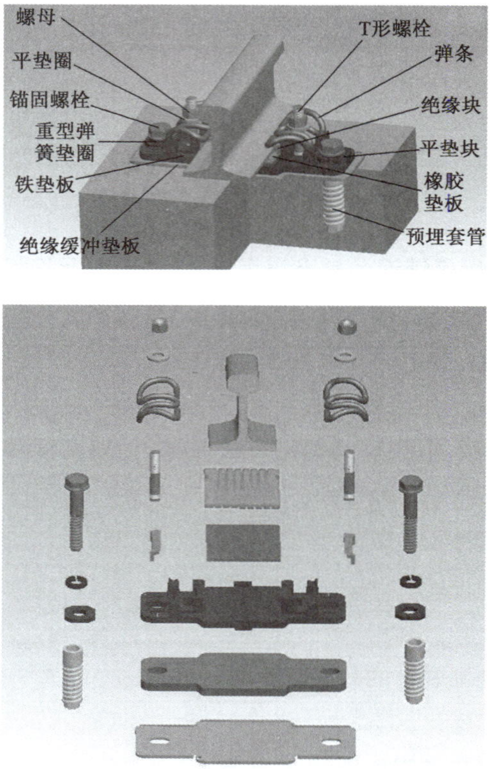

图2-2-101　WJ-7型扣件结构

(4)铁垫板上钢轨挡肩与钢轨间设有绝缘块,用以提高扣件系统的绝缘性能。

(5)铁垫板与混凝土枕或轨道板间设绝缘缓冲垫板,缓冲列车荷载对混凝土枕或轨道板的冲击,同时提高系统的绝缘性能。绝缘缓冲垫板周边设凸肋并留有排水口,可有效地提高水膜电阻。

(6)同一铁垫板可安装多种弹条(常规扣压力弹条和小扣压力弹条),配合使用摩擦系数不同的轨下垫板(橡胶垫板或复合垫板)可获得不同的线路阻力,既可用于要求大阻力的地段,也可用于要求小阻力的地段,满足各种线路条件下铺设无缝线路的要求。

(7)铁垫板通过锚固螺栓与预埋于混凝土枕或轨道板中的绝缘套管配合紧固。预埋套管上设有螺旋筋定位孔,便于螺旋筋准确定位。混凝土枕或轨道板中的预埋套管中心对称布置,便于混凝土枕或轨道板的布筋设计。

(8)调整轨向和轨距时无需任何备件,通过移动带有长圆孔的铁垫板来实现,为连续无级调整,可精确设置轨向和轨距,作业简单方便。

(9)钢轨高低位置调整量大,满足无砟轨道的使用要求,在轨下垫入充填式垫板可实现高低的无级调整。

(10)该扣件在钢轨接头处安装时无需特殊备件,不妨碍接头夹板的安装。

4. 配套轨枕或轨道板接口技术要求

该扣件系统对轨枕或轨道板接口的技术要求主要是轨枕或轨道板中预埋套管的埋设位置和精度,另外轨枕或轨道板不设轨底坡。图 2-2-102 为具体接口尺寸要求。

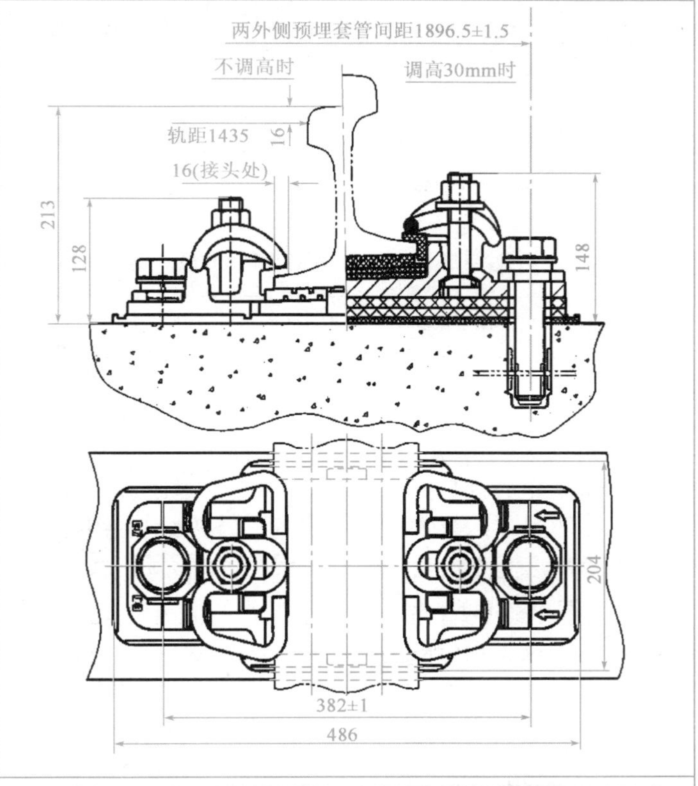

图2-2-102　WJ-7型扣件系统界面(尺寸单位：mm)

五、客运专线用 WJ-8 型扣件

WJ-8 型扣件是为适应铺设德国既有有挡肩无砟轨道,满足客运专线扣件系统的技术要求而研发的一种无砟轨道扣件系统。

该扣件系统是在原板式和双块式无砟轨道承轨槽尺寸和位置的限定条件下设计的,属带铁垫板的弹性不分开式扣件结构。WJ－8 型扣件适用范围如下:

WJ-8A 型扣件采用 A 类弹性垫板,静刚度为(35 ±5)kN/mm,适应兼顾货运的最高速度为250km/h 的客运专线运营条件;

WJ-8B 型扣件采用 B 类弹性垫板,静刚度为(23 ±3)kN/mm,适应铺设双块式无砟轨道,

最高速度为 350km/h 的客运专线运营条件;

WJ-8C 型扣件采用 B 类弹性垫板,静刚度为(23 ± 3) kN/mm,适应铺设 CRTS II 型轨道板,最高速度为 350km/h 的客运专线运营条件。

1. 主要设计参数

主要设计参数见表 2-2-3。

WJ-7 型和 WJ-8 扣件系统主要设计参数 表 2-2-3

序 号	项 目	性能指标	
		WJ-7 型扣件	WJ-8 型扣件
1	适应钢轨类型	中国 60kg/m 钢轨	
2	轨距	1435mm	
3	轨底坡	在铁垫板上设置 1:40 轨底坡	在轨枕或轨道板上设置 1:40 轨底坡
4	钢轨纵向阻力	一般地段,每组扣件大于 9kN;小阻力地段,每组扣件约为 4kN	
5	系统弹性	A 类弹性垫板静刚度为 30 ~ 40kN/mm,适应 250km/h 客运专线(兼顾货运); B 类弹性垫板静刚度为 20 ~ 30kN/mm,适应 350km/h 客运专线	
6	动静刚度比	不大于 2.0	不大于 1.5
7	疲劳性能	扣件系统在调高 30mm 时按 EN13146-4 进行试验,经 300 万次荷载循环后各零部件无伤损,轨距扩大但小于 6mm,且扣压力、钢轨纵向阻力和节点静刚度满足以下要求:扣压力变化≤20%;钢轨纵向阻力变化≤20%;节点静刚度变化≤25%	
8	绝缘电阻	扣件系统按 EN13146-5 进行测试,两轨间绝缘电阻大于 3Ω · km,并满足轨道电路对其绝缘电阻的要求	
9	恶劣环境条件影响	扣件系统经 EN13146-6 所述 300h 盐雾试验之后,用手工拆卸工具能顺利拆卸	
10	钢轨左右位置调整量	单股钢轨左右位置调整量:-6 ~ +6mm; 轨距调整量:-12 ~ +12mm,连续无级调整	单股钢轨左右位置调整量:-5 ~ +5mm; 轨距调整量:-10 ~ +10mm,调整级别为 1mm
11	钢轨高低位置调整量	30mm	
12	扣压力及弹程	常用弹条(W1 型):单个弹条扣压力大于 9kN,弹程 14mm; 小阻力弹条(X2 型):单个弹条扣压力 6kN,弹程 12mm	
13	预埋套管在轨枕中的抗拔力	不小于 100kN	不小于 60kN

2. 系统组成

如图 2-2-103 所示,扣件系统由螺旋道钉、平垫圈、弹条、绝缘块、轨距挡板、轨下垫板、铁垫板、铁垫板下弹性垫板和定位于混凝土轨枕或轨道板的预埋套管组成。钢轨高低调整时采用调高垫板(分轨下调高垫板和铁垫板下调高垫板)。

3. 结构特征

(1) 该扣件系统为带铁垫板的弹性不分开式扣件，混凝土轨枕或轨道板承轨槽设混凝土挡肩，由钢轨传递而来的列车横向荷载通过铁垫板和轨距挡板，最后传递至混凝土挡肩，降低了横向荷载的作用位置，使结构更加稳定。

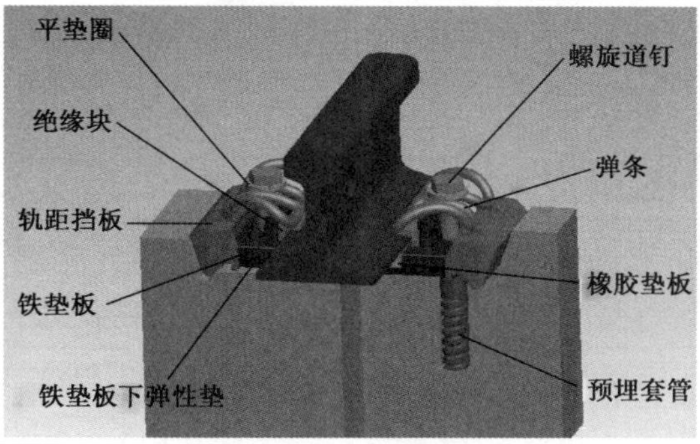

图2-2-103 WJ-8型结扣件结构

(2) 铁垫板上设挡肩，挡肩与钢轨之间设置工程塑料制成的绝缘块，不仅可以缓冲钢轨对铁垫板的冲击，而且大幅提高扣件系统的绝缘性能，尤其是提高系统在降雨时的绝缘电阻。

(3) 铁垫板与混凝土挡肩间设置工程塑料制成的轨距挡板，用以保持和调整轨距，同时起绝缘作用。

(4) 同一铁垫板可安装多种弹条（常规扣压力弹条和小扣压力弹条），配合使用摩擦系数不同的轨下垫板（橡胶垫板或复合垫板）可获得不同的线路阻力，既可用于要求大阻力的地段，也可用于要求小阻力的地段，满足各种线路条件下铺设无缝线路的要求。

(5) 扣件组装紧固螺旋道钉时，以弹条中肢前端接触轨底为准，避免了在钢轨与铁垫板间垫入调高垫板时弹条扣压力不足或弹条应力过大的现象。

(6) 采用与 WJ-7 型扣件相同的弹条，弹程大，疲劳强度高，在采用较低刚度弹性垫层时弹条的扣压力衰减小。

(7) 垫板下设弹性垫层，扣件系统具有良好的弹性，垫层采用长寿命热塑性弹性体材料制成。

4. 配套轨枕或轨道板接口技术要求

图 2-2-104 为配套的既有混凝土轨枕或轨道板的承轨槽形式和尺寸要求。

六、扣件的施工技术（以 WJ-8C 型扣件为例）

1. 扣件部件组成及说明（见图 2-2-105）

WJ-8C 型扣件（以下简称扣件）由螺旋道钉、平垫圈、弹条、绝缘轨距块、轨距挡板、轨下垫板、铁垫板、铁垫板下弹性垫板和预埋套管组成。此外，为了钢轨高低位置调整的需要，还包括轨下微调垫板和铁垫板下调高垫板。

(1) 轨距挡板

轨距挡板分一般地段用 WJ8C 轨距挡板和钢轨接头处用 WJ8C 接头轨距挡板两种。一般地段用 WJ8C 轨距挡板又分为 4 号、7 号和 10 号三种规格，标准轨距时使用 7 号轨距挡板。见图 2-2-106。

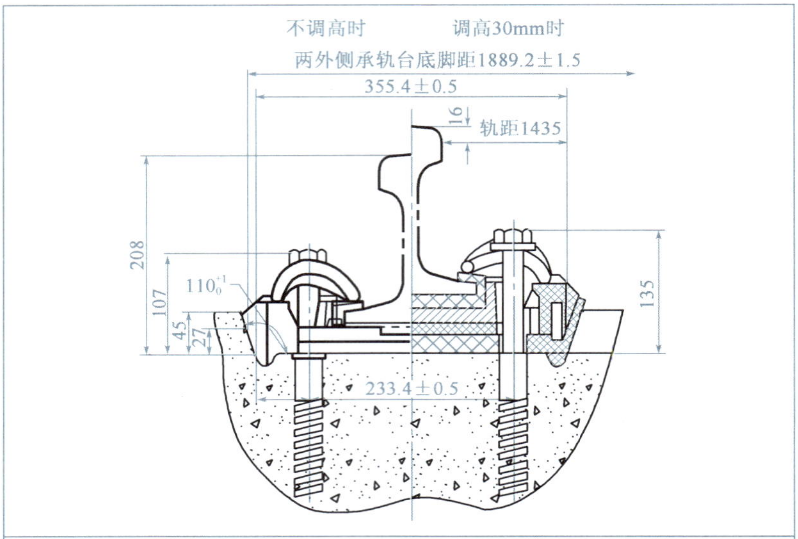

图2-2-104　WJ-8型扣件系统界面(尺寸单位：mm)

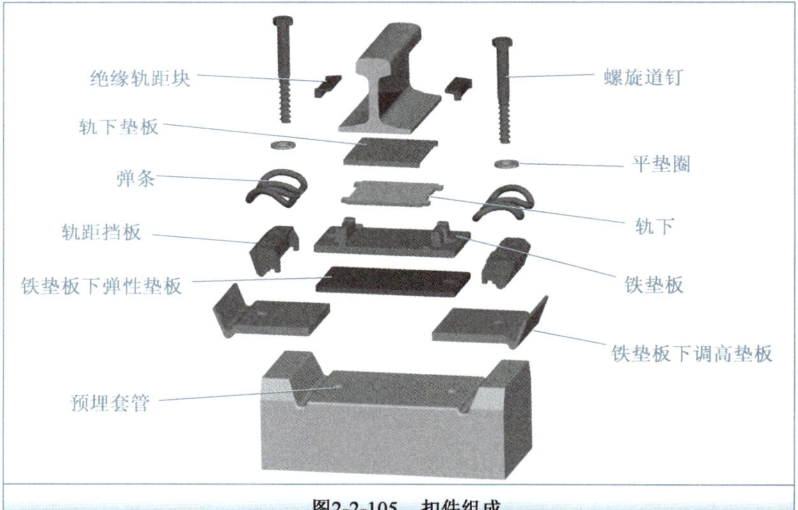

图2-2-105　扣件组成

(2)绝缘轨距块

绝缘轨距块分Ⅰ型和Ⅱ型两种，一般地段采用Ⅰ型绝缘块，钢轨接头处采用Ⅱ型绝缘块。Ⅰ型绝缘轨距块又分为7号、8号、9号、10号和11号五种规格，标准轨距时使用9号绝缘轨距块。见图2-2-107。

(3)螺旋道钉

螺旋道钉分S2型和S3型两种，在钢轨调高量不大于15mm时用S2型，大于15mm时用S3型。见图2-2-108。

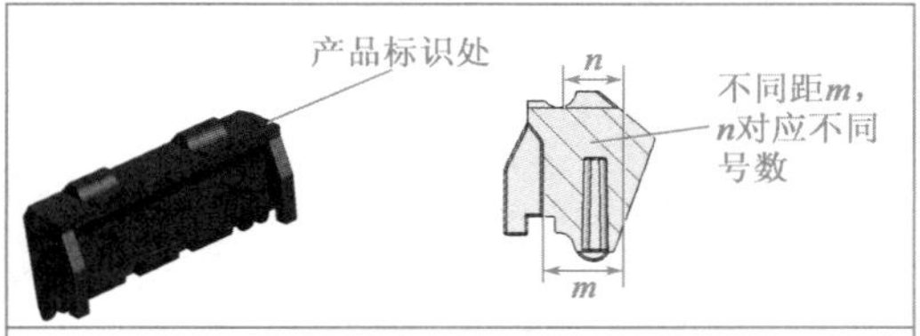

图2-2-106　轨距挡板

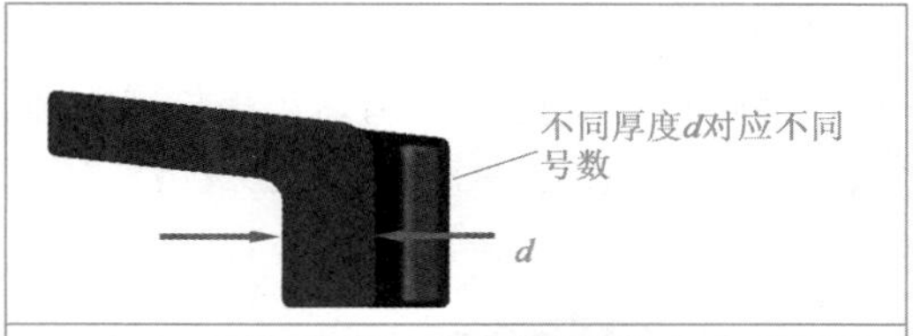

图2-2-107　绝缘轨距块

(4)轨下垫板

轨下垫板分 2mm、3mm、4mm、5mm 和 6mm 五种，正常安装时采用 6mm 厚轨下垫板。见图 2-2-109。

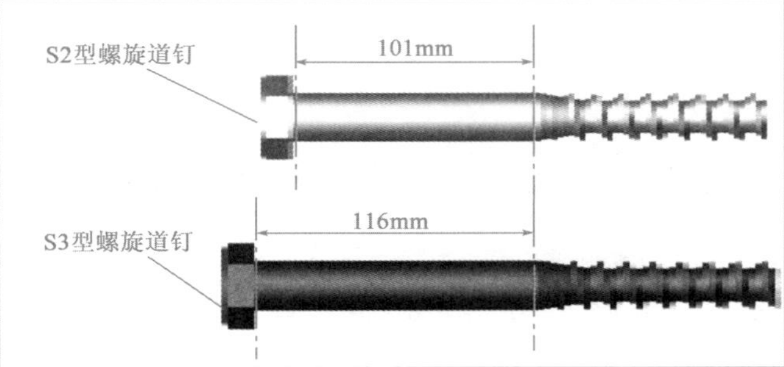

图2-2-108　螺旋道钉

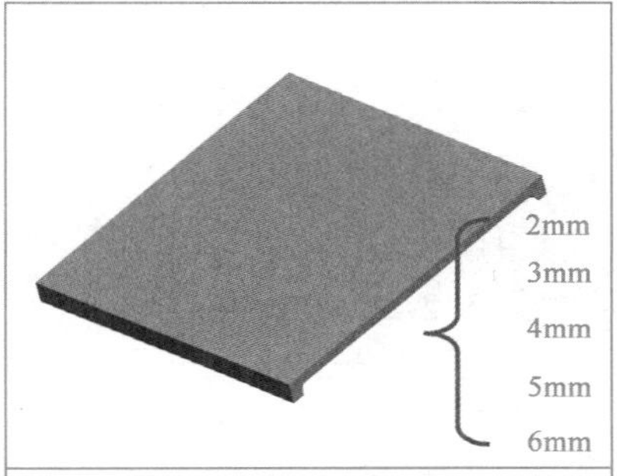

图2-2-109　轨下垫板

(5)预埋套管加盖塑料(或其他材料)盖

该部件预先埋设于轨枕或轨道板中，埋设精度应满足要求，且预埋套管顶面应与轨枕或轨道板承轨面齐平。预埋套管埋设后，应加盖塑料(或其他材料)盖以防雨水和泥污进入。见图 2-2-110。

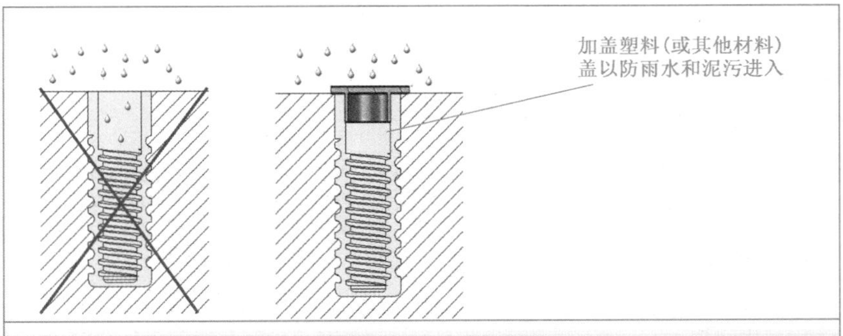

图2-2-110　预埋套管

(6)调高垫板

调高垫板分轨下微调垫板和铁垫板下调高垫板两种，分别放置于轨下垫板与铁垫板之间和铁垫板下弹性垫板与轨枕或轨道板承轨面之间。轨下微调垫板按厚度分为1mm、2mm和5mm三种规格；铁垫板下调高垫板按厚度分为10mm和20mm两种规格，铁垫板下调高垫板由两片组成，应成副使用。见图2-2-111。

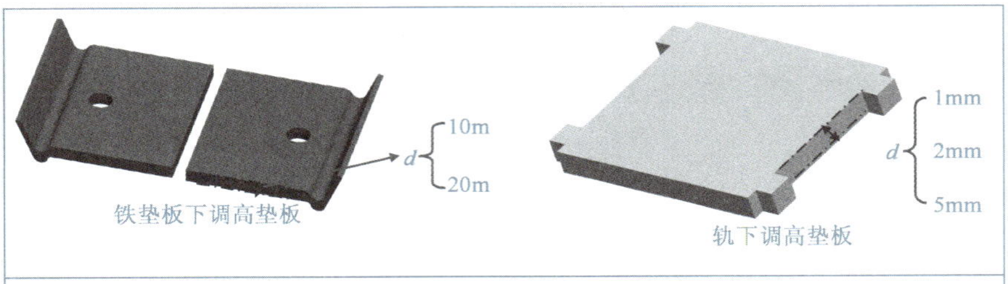

图2-2-111 调高垫板

2. 扣件与轨枕接口

(1)轨枕主要接口尺寸

扣件对轨枕接口的主要技术要求是承轨槽的形式尺寸及轨枕中预埋套管的埋设位置和精度。见图2-2-112。

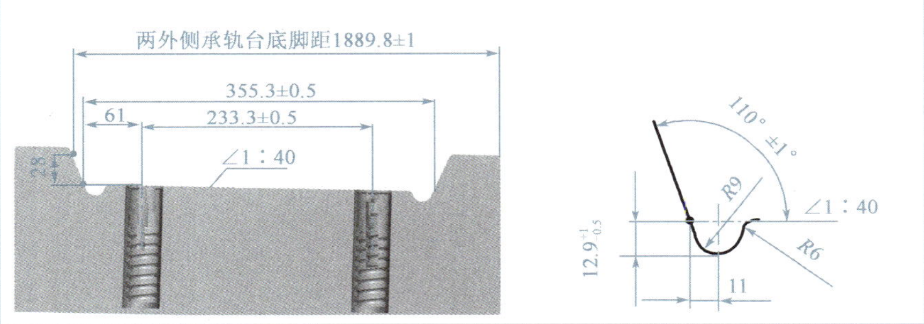

图2-5-112 接口尺寸(尺寸单位：mm)

(2)扣件组装后尺寸(见图2-2-113)。

3. 扣件铺设顺序及要求

(1)安装前的准备工作

①选择并准备7号轨距挡板。

②选择并准备I型9号绝缘轨距块。

③选择并准备S2型螺旋道钉。

④选择并准备6mm厚的轨下垫板。

⑤清除轨枕或轨道板承轨面和轨底的泥污。

⑥摘除预埋套管上的塑料(或其他材料)盖。

(2)正常安装状态的安装顺序(见图2-2-114)

步骤1：在承轨台中间位置铺设铁垫板下弹性垫板，使垫板孔与预埋套管孔对中。

步骤2：安放铁垫板，铁垫板的螺栓孔中心应与预埋套管中心对正。

步骤3：在铁垫板中间位置安放轨下垫板，轨下垫板的凸缘应扣住铁垫板。

步骤4：安设轨距挡板，轨距挡板的圆弧凸台应安放在轨枕或轨道板承轨槽底脚的凹槽内。

注意：安装轨距挡板时，不得猛烈敲击轨距挡板使其入位。入位后应观察其与轨枕或轨道板缝隙情况，前端两支撑应与承轨面密贴。

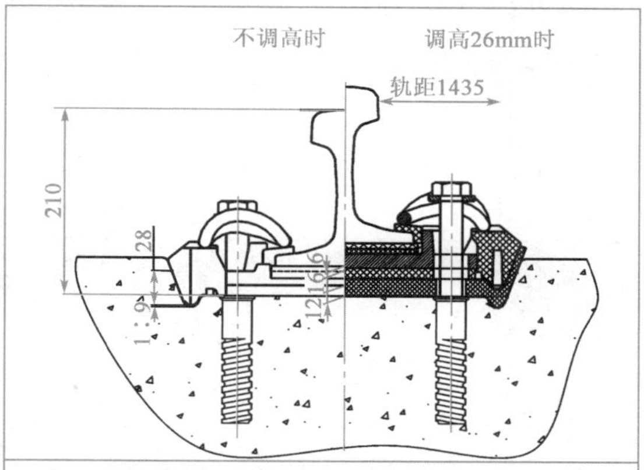

图2-2-113　组装后尺寸(尺寸单位：mm)

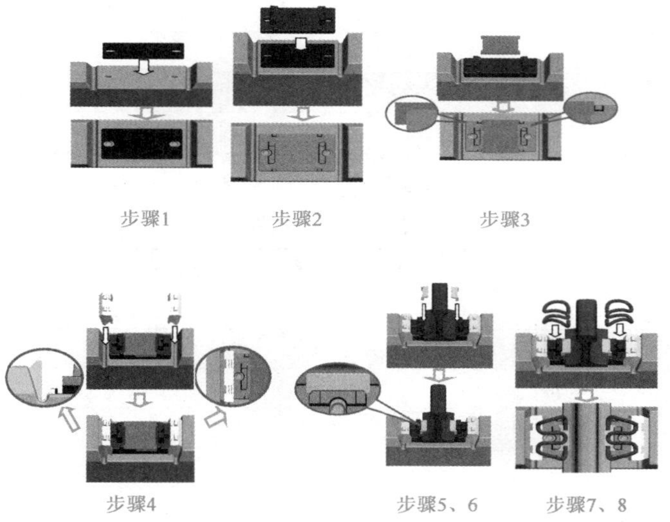

图2-2-114　安装步骤

步骤5：铺设钢轨。

步骤6：安放绝缘块。

步骤7：安放弹条。

步骤8：将螺旋道钉套上平垫圈且在螺纹部分涂满铁路专用防护油脂(厂内预组装时，可事先将约15g铁路专用防护油脂灌注到套管中)，然后拧入套管，紧固弹条。弹条的紧固以弹条中肢前端下颚与绝缘轨距块接触为准。

安装建议：在现场大规模安装前，建议先取 5 ~ 10 个扣件节点进行安装，以测出弹条安装到位的实际扭矩，再按照该实际扭矩进行大规模安装。

4. 安装调整

(1) 检查轨距和轨向，如有不适，应按表 2-2-4 调换不同号码的绝缘轨距块或轨距挡板。

绝缘轨距块和轨距挡板号码选择　　表 2-2-4

单股钢轨调整量 (mm)	钢轨外侧		钢轨内侧	
	轨距挡板	绝缘轨距块	绝缘轨距块	轨距挡板
-5	10	11	7	4
-4	10	10	8	4
-3	10	9	9	4
-2	7	11	7	7
-1	7	10	8	7
0	7	9	9	7
+1	7	8	10	7
+2	7	7	11	7
+3	4	9	9	10
+4	4	8	10	10
+5	4	7	11	10

(2) 检查钢轨空吊、高低和水平，如有不适，应参照表 2-2-5 进行调整。

调高垫板的选择　　表 2-2-5

钢轨高低位置调整量	WJ8C 轨下垫板厚度	WJ8C 轨下微调垫板总厚度	WJ8 铁垫板下调高垫板厚度
-4mm	2mm	0	0
-3mm	3mm	0	0
-2mm	4mm	0	0
-1mm	5mm	0	0
0	6mm	0	0
+1 ~ +6mm	6mm	1 ~ 6mm	0
+7mm	3mm	0	10mm
+8mm	4mm	0	10mm
+9mm	5mm	0	10mm
+10mm	6mm	0	10mm
+11 ~ +16mm	6mm	1 ~ 6mm	10mm
+17mm	3mm	0	20mm
+18mm	4mm	0	20mm
+19mm	5mm	0	20mm
+20mm	6mm	0	20mm
+21mm ~ +26mm	6mm	1 ~ 6mm	20mm

第六节　无砟高速道岔

一、概述

道岔是指将一条铁路线分成两条或以上线路的轨道设备，主要由钢轨件、扣件和连接零件等组成。客运专线道岔是指客运专线铁路正线铺设的道岔，即通称的高速道岔。

与常速道岔相同，高速道岔由转辙器、辙叉及护轨、连接件三部分组成。道岔区的轨枕采用混凝土枕或混凝土轨枕板。关键是要处理好弹性垫层，尽可能使道岔内的基础刚度与区间一致，以降低刚度不平顺。枕式客运专线道岔见图2-2-115。

1. 客运专线道岔的特点

(1)道岔种类较为单一，以单开道岔为主。

(2)道岔号码较大，一般在18号以上，最大可达65号。

(3)道岔要具有高平顺性、高稳定性，以保证列车平稳、舒适运行。

(4)辙叉普遍采用可动心轨辙叉。

(5)道岔适用于跨区间无缝线路。

(6)电务转换采用外锁闭装置。

(7)轨下基础采用混凝土长岔枕或道岔板，并与道床相匹配。

图2-2-115　枕式客运专线道岔

(8)道岔要具有较高的制造、组装、铺设精度。

2. 客运专线道岔的种类划分

客运专线道岔均为单开道岔，其种类可以按速度(包括直向容许通过速度和侧向容许通过速度)、轨下基础类型进行分类。

(1)按直向容许通过速度分为250km/h和350km/h两种。

(2)按侧向容许通过速度分为80km/h、160km/h、220km/h三种，其中规定侧向容许通过速度为80km/h的道岔，应采用18号，并规定了主要尺寸。

(3)按轨下基础分为有砟道床和无砟道床，道岔也分为有砟道岔和无砟道岔。

(4)无砟道岔的轨下基础分为混凝土岔枕和道岔板两种类型，但道岔本身相同。

3. 客运专线道岔铺设特点

(1)道岔的装卸、铺设需采用专门的机械设备，不得采用目前的常规方法。

(2)客运专线道岔对铺设质量要求较高，需要专业的铺设队伍。

(3)客运专线道岔需严格按照相关文件的要求进行铺设，确保道岔的铺设精度。

(4)客运专线道岔铺设验交后，即需满足列车以设计速度通过的要求。

4. 自主研发客运专线道岔主要尺寸(见表 2-2-6)

自主研发客运专线道岔主要尺寸　　表 2-2-6

序号	号数	总长(m)	前长(m)	后长(m)	辙叉角度(° ′ ″)	结构高度(mm)	
						有　砟	无　砟
1	18	69.0	31.729	37.271	3 10 47.39	454	423
2	42	157.2	60.573	96.627	1 21 50.13	452	423

二、客运专线道岔的主要结构

1. 钢轨件

尖轨、心轨用 60D40 钢轨制造(70kg/m),不采用中国 60AT 钢轨。其优点是高度较小,便于滑床板的结构设计,横向刚度较小,有利于减小扳动力。

2. 尖轨跟端的传力结构

尖轨跟端传力机构的作用是将导曲线钢轨的温度力传递给基本轨,以保证尖轨尖端的伸缩位移在规定的限度内。尖轨跟端的传力机构主要有限位器(见图 2-2-116)和间隔铁两种形式。

3. 滑床板范围基本轨内侧的弹性扣压

滑床板和护轨垫板采用弹性夹扣压基本轨,其优点是扣压力大,安装和拆卸均较为方便(见图 2-2-117、图 2-2-118)。

图2-2-116　限位器

图2-2-117　施维格弹性夹

4. 滑床台板的减磨方案

为减小扳动和不足位移,尖轨和心轨的滑床台板必须采取减磨措施。在滑床台板表面增设镍基合金自润滑复合镀层。

对于尖轨部分,每隔 3m 左右设一对施维格辊轮滑床板(见图 2-2-119)。辊轮高高度可以无级调整,最大调高量达 6mm,以保证辊轮与滑床台板的接触。

5. 动心轨辙叉的翼轨(见图 2-2-120)

18 号道岔的翼轨通长采用特种断面钢轨制造,42 号道岔的翼轨采用特种断面翼轨与普通 60kg/m 钢轨厂内焊接的方式。

6. 心轨结构(见图 2-2-121)

心轨均采用 60D40 钢轨组合的结构,具有制造简单、实现容易的特点,缺点是工电结合部的设计较为困难,整体性较差。

图2-2-118　滑床板与弹性夹

图2-2-119　施维格辊轮滑床板

图2-2-120　可动心轨辙叉的翼轨

图2-2-121　可动心轨辙叉的心轨

7. 心轨跟端结构(见图2-2-122、图2-2-123)

自主研发的18号道岔心轨跟端采用斜接头。42号道岔采用双肢弹性可弯结构。

8. 翼轨跟端结构(见图2-2-124)

翼轨跟端结构是指翼轨与心轨或岔跟尖轨的连接方式,主要用来固定心轨并将心轨的温度力传递给翼轨。

国内自主研发的客运专线道岔采用在翼轨与心轨或岔跟轨之间设置两个大间隔铁,并在厂内胶接的方式。

9. 道岔的扣件系统(见图2-2-125)

10. 道岔转换设备——心轨外锁闭装置(见图2-2-126)

心轨外锁闭装置主要由锁闭杆、锁钩、锁闭框组成,锁闭框直接安装在翼轨上。

三、CRTS Ⅱ型板式无砟道岔铺设(以石武客专为例)

1.结构设计及技术标准

图2-2-122　心轨跟端的斜接头

图2-2-123　双肢弹性可弯心轨

图2-2-124　翼轨跟端结构

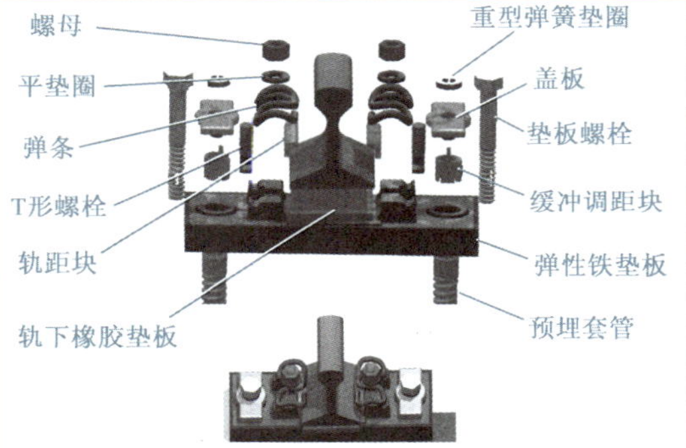

图2-2-125　道岔区扣件系统结构

(1)结构设计(见图2-2-127)

CRTS Ⅱ型板式无砟道岔结构自下而上依次为:路基、级配碎石防冻层、130mm厚C25混凝土垫层、180mm厚C40钢筋混凝土底座、240mm厚C55钢筋混凝土预制道岔板、扣件系统和钢轨。其中,道岔板采用C55混凝土工厂预制,厚度为240mm,长宽根据道岔板不同编号有所不同;道岔钢轨采用工厂预拼装,然后分段运至铺设地点。

正线部分前后搭接为CRTS Ⅱ型板式无砟轨道,开岔接口为双块式无砟轨道。

(2)技术标准

CRTS Ⅱ型板式无砟道岔的技术标准分为道岔道床和道岔钢轨两部分,主要如下。

①道岔道床。

a.找平层:表面高程允许偏差为±5mm,平面位置允许偏差为±20mm,表面平整度为4mm/4m,横向切缝标准间距为5m且不得大于5m或小于2m。

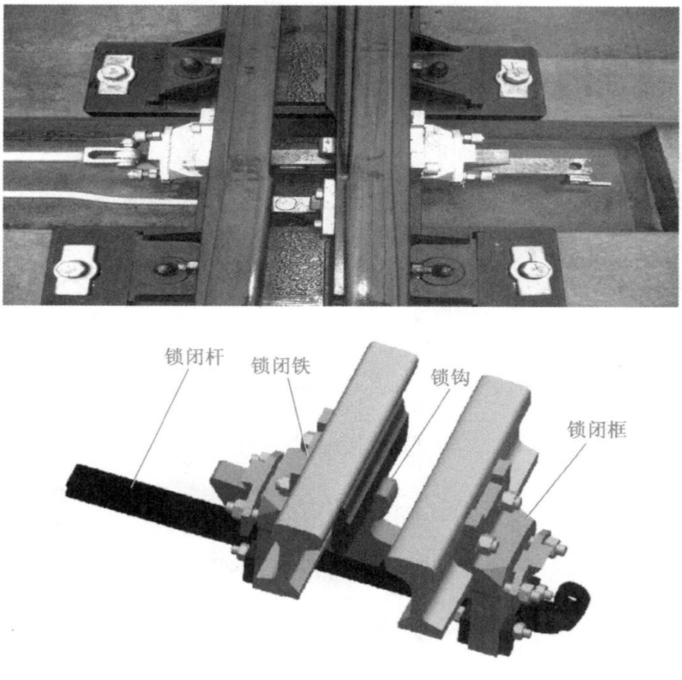

图2-2-126　心轨外锁闭装置

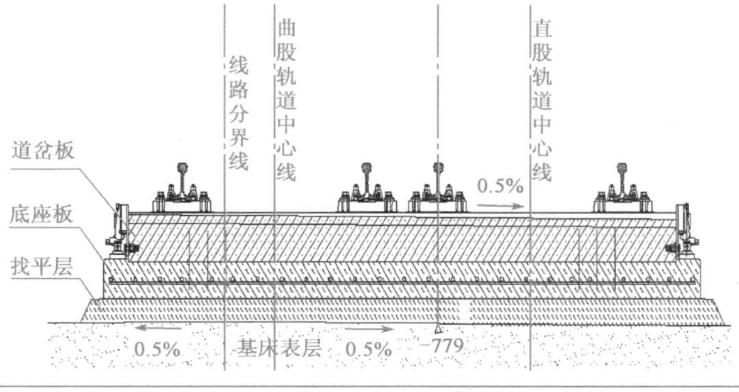

图2-2-127　CRTSII型板式无砟道岔结构

b. 底座混凝土：按京沪高速铁路自流平混凝土技术条件 C40 高流态混凝土的特殊配合比进行搅拌，新拌混凝土扩散度大于等于 750mm。

c. 道岔板：预留槽顶面至承轨台顶面为 180～188mm，排水坡为 0.5%～1.0%；道岔板粗铺精度（高程、横向、纵向）为 ±5mm，精调精度（高程、横向、纵向）为 ±0.3mm、中部高程为 ±0.5mm。

d. 转辙机基础：顶面高程允许偏差为 ±5mm。

②道岔钢轨。

道岔钢轨，包括道岔钢轨及扣件系统。其施工精度及要求符合相关规定。

a. 道岔铺设静态精度的主要指标：轨距 ±1mm，轨距变化率 1.5‰，水平 ±1mm，水平变化率 2mm/2.5m；轨向 2mm/30m 弦，高低 2mm/30m 弦。

b. 钢轨接头焊接接头平直度：轨顶面 0 ~ +0.2mm，工作边 0 ~ −0.2mm，圆弧面 0 ~ −0.2mm，轨底焊筋 0 ~ +0.5mm，焊接质量符合应《钢轨焊接技术条件》(TB/T1632.1、3—2005)的要求。

CRTS II 型板式无砟道岔施工工艺流程图见图 2-2-128。

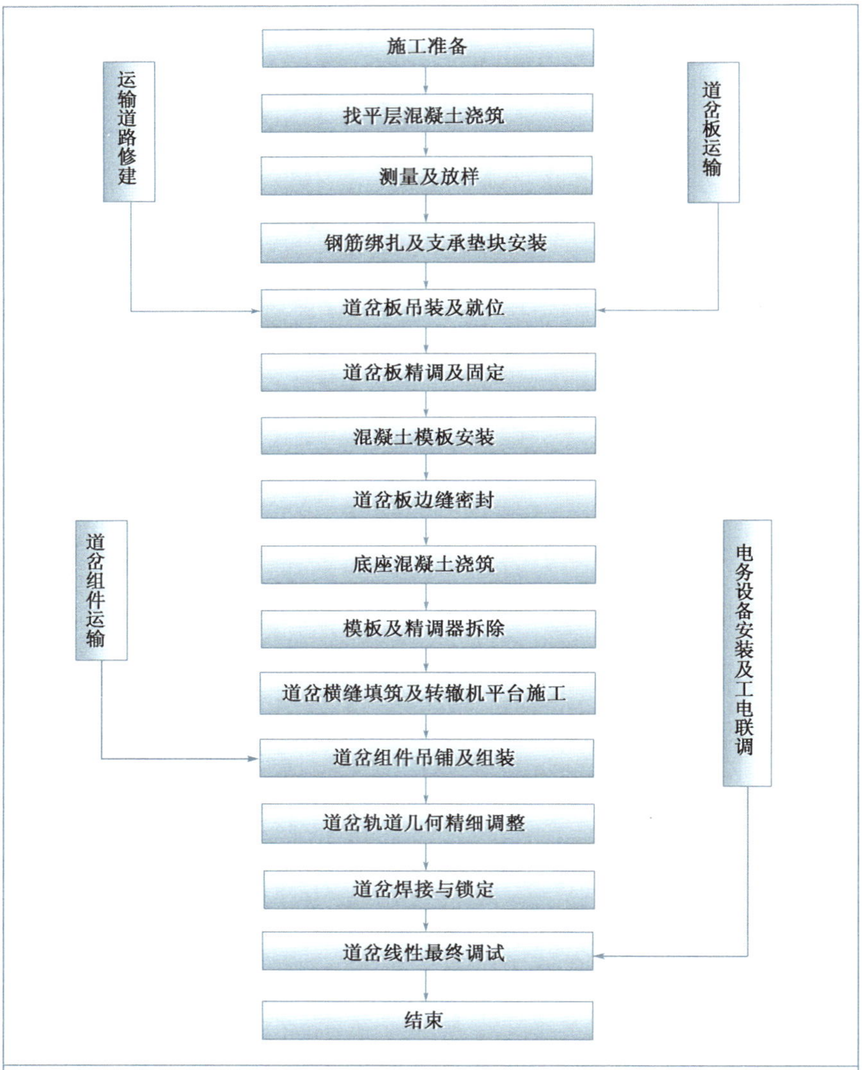

图2-2-128　CRTS II型板式无砟道岔施工工艺流程图

2. 施工工艺

(1)施工准备及工艺流程

施工准备：正式施工之前，在业主主持下，线上线下施工单位对路基组织验收(宽度、平整度、高程、沉降评估)、交接，复测基准测量网CPIII网的资料，确定道岔板及道岔组件进场方案并修建运输通道，对部分道路和转弯半径较小地段拓宽处理，若有危桥进行加固处理，确保大型拖车运输安全。进行设计图复核和审查，对施工作业人员进行技术交底和上岗前的培训。完成测量设备和精调器系统验证，完成C40高性能自流平混凝土配制及工艺试验，完成钢轨焊接形式试验并取得合格报告，提前预订道岔、扣配件并调整扣件等。

工艺流程图见图2-2-128。

(2)找平层施工(见图2-2-129)

路基级配碎石层完成，经复核，高程、平整度及宽度满足条件后，进行找平层混凝土施工。测量队精确测量出找平层混凝土边线、中线和顶面高程控制点。由于垫层标高控制要求较高，故每隔2m才用挂线法配合铝合金刮尺控制垫层高程。混凝土采用模筑法施工，泵送入模，振动梁振捣密实。在混凝土初凝前，采用刮尺将混凝土大面整平，人工收面压光，在混凝土初凝后，用塑料毛刷拉毛。混凝土浇筑24h后，采用混凝土切割机横向切缝，横向切缝间距为5m，特殊情况下不得小于2.5m。

(3)钢筋绑扎及垫块安装(见图2-2-130)

图2-2-129　找平层施工

图2-2-130　底座钢筋施工

找平层混凝土浇筑完成，达到高程±5mm、平整度4mm/4m的要求，并拉毛处理，养护7d之后，绑扎底座混凝土钢筋网，钢筋下支垫50mm厚的与底座同配合比的混凝土垫块。钢筋纵横交叉点处做绝缘处理，加绝缘扎丝绑扎固定。钢筋绑扎完成后，使用电阻测试仪按要求进行绝缘测试，纵、横向钢筋之间的绝缘电阻值不小于设计规定值。

完成钢筋绑扎后，采用早强、黏结性好的砂浆在安放支撑垫块的安放位置铺设一层2cm厚的砂浆垫层，安装精度控制在2mm以内。对影响垫块安装的钢筋可适当调整间距以避开。

(4)铺板基标测量

待支承垫块安装完成后，在预先安装定位的垫块和浇筑完工的找平层上标注道岔板的边角位置，标注 GRP 点点位，采用钻机钻孔、植筋胶结的方式安装铜质基标（见图 2-2-131）。铺岔基标依据 CPIII 网复测成果，采用高精度全站仪后方交会法放样，电子水准仪完成高程复测，经 GRP 点平差软件对 GRP 点测量数据平差，使最终使用的铺岔基标的精度达到两邻点位水平 0.2mm、高程 0.1mm。

（5）道岔板运输及粗铺

道岔板采用平板汽车运送至各车站道岔铺设或临时存放位置。每台平板汽车可装道岔板 3 层，每层轨道板间加 6 块 20cm 方垫木支垫，方木支垫与道岔板和车厢接触处采用防滑塑料垫，并在平板汽车四周加装角钢围挡，道岔板与围挡之间的间隙采用硬杂木填充，以防止道岔板在运输过程中晃动碰损。

道岔板采用专用吊具吊装，专用吊具由 4 根带连接螺栓的吊链组成，吊装时将吊链上的连接螺栓与道岔板上预埋螺栓孔连接即可。根据工地条件，用 150t 汽吊将道岔板从便道上吊到路基面铺设位置。

汽吊逐块吊装道岔板并粗铺到位（见图 2-2-132），每吊装一块，汽吊都需要换一个位置。粗铺时，人工使用小撬棍配合将道岔板落在预安装的混凝土垫块上，通过对照道岔板轨道中线标志和找平层上轨道中线可使道岔板的粗铺精度控制在 5mm 以内。

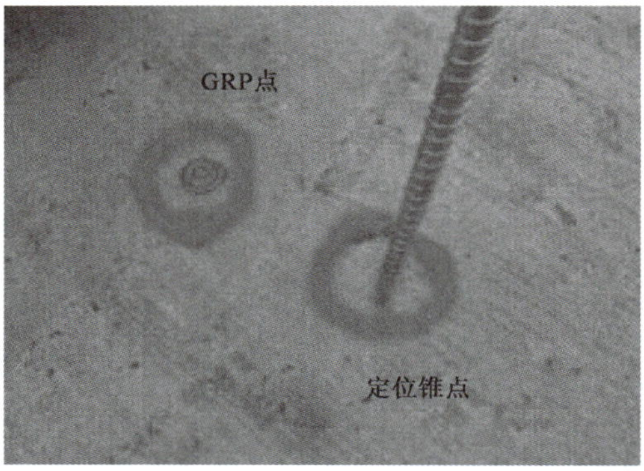

图2-2-131 GRP点点位

图2-2-132 道岔板粗铺

粗铺到位后，及时在道岔板两侧安装支撑牛腿及多向精调爪（见图 2-2-133）。

（6）道岔板精调及固定（见图 2-2-134）

道岔板精调通过专用精调系统实现。精调时，球形棱镜的安放点利用道岔板扣件预留螺栓孔确定，可采用 4～6 个棱镜为 1 组对道岔板进行定位。由于道岔板预留螺栓孔有一定的偏差，在道岔板出厂时需精确测定安放棱镜的孔位偏差，及时修正该螺栓的坐标值，以提高精调成果的准确性，精调时通过测量安装在定位孔中的棱镜即可判定道岔板位置是否准确。

精调时，将道岔板上的设计坐标转换为精调用的大地坐标，调整第一块道岔板时，采用相邻道岔板的基准点定向，测量道岔板棱镜，调整各个精调爪的位置，直至道岔板的位置在铺设的允许偏差范围内。全站仪架设在道岔板之间的基准点上，以上一块已经精调到位的轨道板直股上的一个棱镜点及对应的基准点两个点定向。

图2-2-133　精调抓

图2-2-134　道岔板精调现场

精调完成后的道岔板定位精度可达到横向、纵向、高程 ±0.3mm 以内，再借助辅助量尺、游标卡尺等，对相邻道岔板上定位孔之间的测距进行测量检查，可获得纵向补充控制。

道岔板精调精度指标要求见表 2-2-7。

表 2-2-7

平面精度	高程精度	相邻板高差	道岔板中部高程
±0.3mm	±0.3mm	±0.3mm	±0.5mm

道岔板精调完成后，按施工图在道岔板两侧及两道岔板之间预定位置安装扣压装置（见图 2-2-135）。采用植筋方式安装锚固螺杆，再在锚固螺杆上安装 L 形扣压装置和图形扣压装置，固定道岔板。

图2-2-135　安装成型的侧模和L形扣压装置

（7）轨道板横向封边

用 C40 混凝土对轨道板横向边缝分两次进行填充。第一次在钢筋绑扎完成后进行，填充宽度较轨道板横缝宽 10cm，填充高度高出钢筋层 3cm 且低于道岔板底部 5cm，并捣实抹平，用毛毡覆盖洒水养护。第二次在轨道板粗铺、精调后进行，填充宽度同轨道板横缝，填充高度至轨道板底部以上，并按 50cm 间距在板缝两侧设置观测气孔，养护方法相同。

（8）底座混凝土灌注（见图 2-2-136）

为减少对已精调好的道岔板扰动，精调完成后，所有人员不能踩踏道岔板，因工作需要必须在道岔板上作业时，采用架高型钢搭桥。道岔板下的底座混凝土采用 C40 高性能自流平混凝土浇筑，浇筑之前，完成模板安装、道岔板之间横向边缝的混凝土浇筑。C40 高性能自流平

图2-2-136　自流平混凝土灌注

混凝土采用重力式灌注方式，按每块道岔板分别施工。混凝土拌制和灌注过程中，应按验标要求对混凝土拌和物的坍落度与扩展度进行测定，并进行同条件试件留置，且混凝土入模温度控制在5～30℃之间。

混凝土浇筑前完成模板的安装和固定，利用胶带纸贴住模板接缝，并做好混凝土配合比及工艺试验。

灌注前，对道岔板底部采用高压旋转喷头进行喷水湿润。

施工时采用专用料斗配合灌注，厂拌混凝土、罐车运输、混凝土汽车泵输送，混凝土通过灌注料斗上导管、梭槽滑动至道岔板下面，并靠自身流动性填充密实。当一块道岔板灌注完成后且相邻道岔板即将灌注完成时，及时拆除两道岔板之间的隔离模板，以使混凝土良好结合。

板边混凝土在初凝后人工压光抹平，终凝后喷洒养护剂。之后，土工布覆盖、洒水养护7d。其间，用同强度等级的混凝土灌注道岔板间接缝，对伸缩缝用热沥青浇筑。

(9)道岔钢轨安装及精调

道岔板施工完成且混凝土强度达到承重条件后，即可运输和铺设道岔钢轨组件。道岔组件应先在工厂内按轨枕式道岔预组装的要求进行组装和检查，合格之后将钢轨件和扣件系统、零部件尽可能按大组件解体装运，由运输道岔轨排节段的专用运输车运输到施工现场。

现场利用汽吊、吊具梁将道岔钢轨件吊卸在铺岔位置(见图2-2-137)，再通过人工转运就位，人工铺设组装道岔。道岔组装流程：先摆放扣件及螺栓，再散铺钢轨，最后组装扣件。组装过程中，应保证扣件安放准确，扭力符合要求，各部件间密贴，钢轨平齐(见图2-2-138)。

(10)道岔轨道几何精细调整(见图2-2-139)

道岔钢轨组件组装完成，检查扣件扭力、各部件密贴符合要求后，按以下流程精细调整轨道几何。

①在轨道状态测量仪测量之前，清除黏附在道岔板上特别是承轨部位的尘土、污垢、油污；对照铺设图纸检查钢轨部件的完整性，更换缺损零件；检查并调整尖轨及心轨工装点至平齐；

检查螺栓扭矩。

图2-2-137　吊具梁吊卸道岔组

图2-2-138　铺岔现场

②提前制定道岔精调计划，配齐施工人员和工具，准备调整扣件。

③复测道岔及前后各300m的CPIII测量网，用轨道状态测量仪（轨检小车系统）测量道岔及前后过渡段的轨道几何，测量结果至少反映里程、轨距、水平、绝对高程、高低、方向等指标，使用专用软件分析并计算轨道调整量，以表格形式输出。

④现场调整按"先方向，后水平；先直股，后曲股；先整体，后局部"的原则对照调整量清单展开。用30m弦线检查并调整道岔直基本轨顺直，检查并调整直向轨距、直基本轨方向和水平；按密贴度调整曲尖轨，检查并调整曲向轨距、曲基本轨方向和水平；用弦线法继续检查并调整直轨方向、轨距和水平，弦线检查时两次搭接区应在5m以上；支距法检查及调整曲股导轨段的方向、轨距和水平；根据水平资料调整道岔水的高低。

（11）钢轨焊接（见图2-2-140）与道岔锁定

图2-2-139　轨检小车对钢轨进行精调作业

图2-2-140　钢轨的铝热焊焊接

道岔轨道几何精细调整完成后，对道岔内钢轨接头采用铝热焊接，并填写铝热焊焊接记录表。

道岔铝热焊接作业主要分为轨端干燥、轨端除锈去污，对轨，夹具安装，砂模安装，封箱，砂箱预热，铝热坩埚就位，焊剂高温反应，拆模、推瘤，热打磨、冷却打磨及外观、探伤检查等过程（见图2-2-141、图2-2-142）。

四、长枕埋入式无砟道岔铺设(以沪宁高速铁路为例)

沪宁高速铁路采用的18号无砟道岔由中铁宝桥集团生产,全长69m,前长为31.729m,后长为37.271m。旅客列车直向通过速度为350km/h,侧向通过速度为80km/h,道岔范围内的轨距均为1435mm。

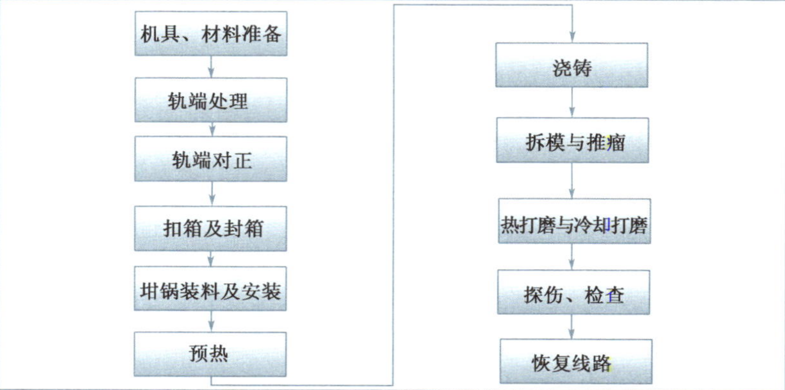

图2-2-141　铝热焊基本工艺流程

图2-2-142　道岔接头铝热焊接作业

1. 无砟道岔运输、吊装注意事项(见图2-2-143)

由于无砟道岔的铺设精度要求非常高,如果道岔组件在运输或者吊装的过程中发生变形,就有可能给后期的精调工作增加难度,必要时甚至只能更换道岔组件。因此,无砟道岔施工前,必须建立一套行之有效的运输、吊装方案。

(1)道岔钢轨件的储存(见图2-2-144)

尖轨与基本轨组件、可动心轨组件、长轨件码垛层数不得多于4层,每层用木质垫块垫实、垫平,垫块应按高度方向垂直设置。道岔所有零部件在运输、储存时应采取防雨措施。

(2)道岔钢轨组件的运输(见图2-2-145)

转辙器尖轨和基本轨组件、可动心轨辙叉组件的运输应采用不至使其产生变形的运输方式。工件悬出车辆长度不应大于8m,装车时工件之间应坚实、平整。各种轨件多层码垛时层数不得超过4层,每层用木质垫块垫实、垫平,装车时横垫木之间间距不宜大于8m。

图2-2-143　长枕埋入式无砟道岔

图2-2-144　长轨件码剁

(3)道岔钢轨的吊装(见图2-2-146)

道岔钢轨的吊装采用专用柔性多吊点扁担梁进行。吊装时使轨料重心处于扁担梁的中心位置,各吊点间距相等且不大于6m,钢轨端头距离最近吊点位置不大于8m。相邻两个吊点之间挠度不得大于100mm,可动心轨辙叉组装件挠度不大于20mm。

图2-2-145　钢轨组件的运输

(4)岔枕的存储与吊装(见图2-2-147)

岔枕的储存不超过4层。岔枕吊装过程中,吊装点必须始终对称布置,吊点最小间距要保证不小于岔枕总长的一半,且吊带与水平线夹角不小于60°。吊装时每钩岔枕层数不得超过4层,且每层不得超过5根岔枕。层间用垫木支垫,且各层垫木在竖直方向应处于同一点位。

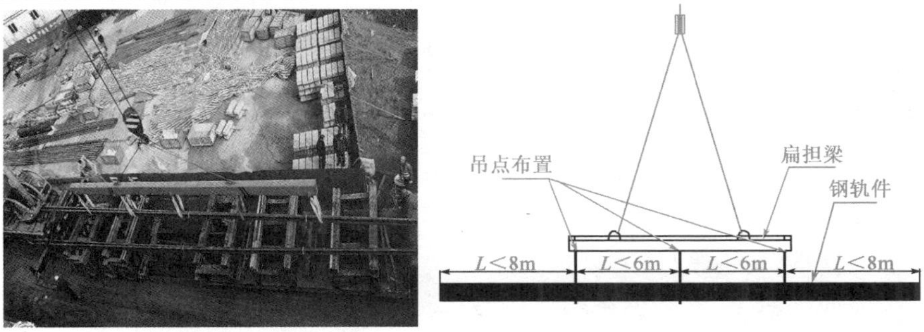

图2-2-146　道岔钢轨的吊装

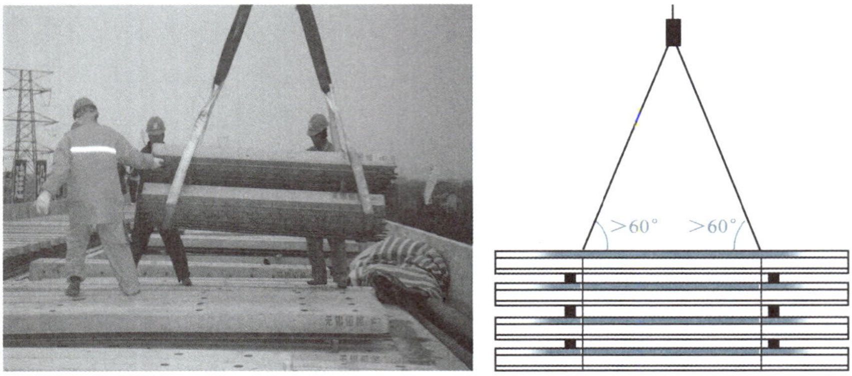

图2-2-147　岔枕的吊装

2. 无砟道岔施工工艺

（1）岔区施工测量放样（见图2-2-148）

图2-2-148　测量放样

平面测量采用徕卡 TCA2003 或徕卡 TCA1800 全站仪，满足角度测量精确度 ±1s、距离测量精确度 ±2mm + 2ppm 的要求。

高程测量采用天宝 DINI2 电子水准仪，测量精确度满足 1km 双线水准仪的均方差为0.3mm的要求。

通过 8 ~ 10 个 CPIII 点来确定自由测站位置（见图 2-2-149），在工作区域内均匀布置，其中前后至少各使用一个 60m 以上的控制点（测站前后必须各有 4 个 CPIII 点）。

根据控制桩及加密桩进行道岔及前后过渡段道床板模板安装施工放线，允许误差：边线不大于 3mm，中线不大于 2mm。

（2）桥面铺设“两布一膜”

道岔底座验收合格后，按照图纸铺设“两布一膜”中间分隔层，土工布及 PE 膜铺设时搭接宽度应不小于 300mm，PE 膜接缝处进行熔接（见图 2-2-150）。

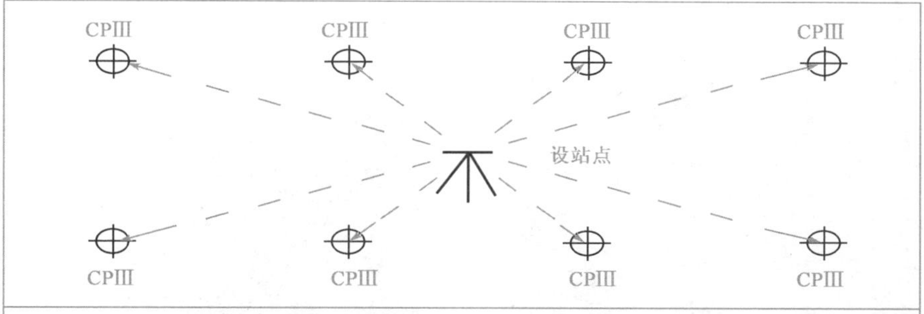

图2-2-149　CPIII后方交会

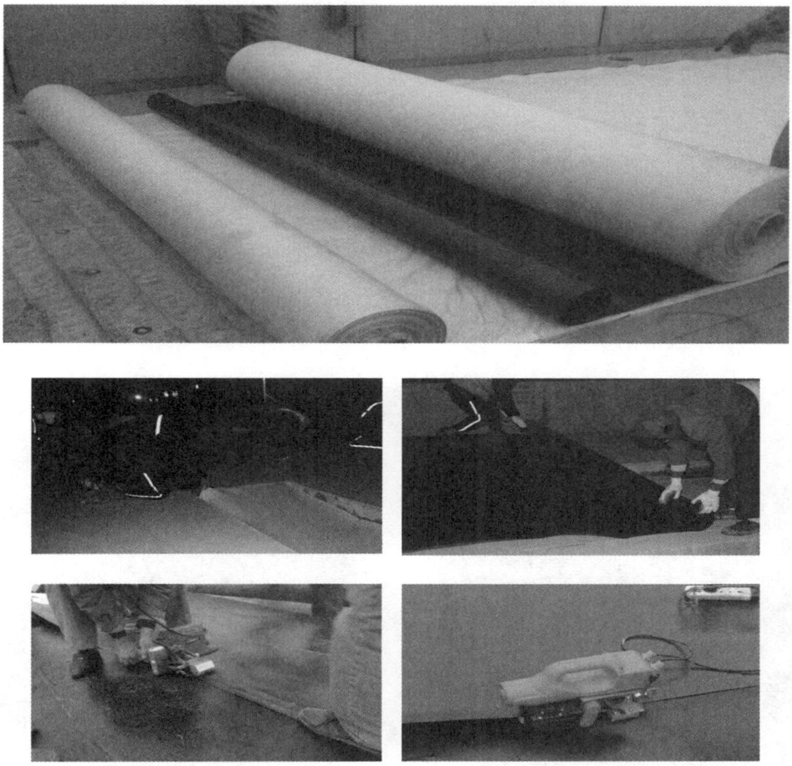

图2-2-150　“两布一膜”施工

(3)底层钢筋绑扎(见图2-2-151)

将道床板底层钢筋按照标记位置和钢筋编号正确摆放,间距和绝缘满足设计要求。下层钢筋绑扎完成后进行中层钢筋摆放,待道岔组装完成后进行绑扎。纵向接地钢筋在绑扎前应提前焊接好。

(4)平台搭建(见图 2-2-152)

图2-2-151 底层钢筋绑扎

图2-2-152 平台搭建

使用 100mm 高、3m 长的工字钢简易平台进行组装。根据岔前桩、岔心桩、岔后桩及护桩位置,在直、曲基本轨位置摆放组装平台,在辙叉趾端到跟端底部位置加铺工字钢组成三轨平台。摆放平台时工字钢之间搭接长度为 200mm。

(5)摆放岔枕(见图 2-2-153)

根据岔前桩、岔后桩及其护桩位置,精确定好第一根岔枕位置。以第一根岔枕为基准,调整岔枕间距,并在直基本轨侧拉弦线,使直基本轨一侧岔枕上同一部位的螺栓孔位于同一直线上。调整间距过程中应使用长尺,不得以岔枕间距积累测量,牵引点处岔枕间距不得小于设计尺寸。

(6)安装垫板(见图 2-2-154)

图2-2-153 摆放岔枕

图2-2-154 安装垫板

岔枕摆放好后根据道岔垫板布置图摆放普通垫板和滑床板,安装时注意轨底坡方向。安装时,应对缓冲调距块的使用情况进行详细记录。

(7)安装钢轨件(见图 2-2-155)

由于高速道岔结构尺寸要求精度高,特别是转辙器和辙叉部分,因此钢轨件的组装首先应保证这两部分的几何形位,再进行中间连接部分钢轨的安装。安装时,详细记录轨距块的使用情况。安装示意见图 2-2-155。

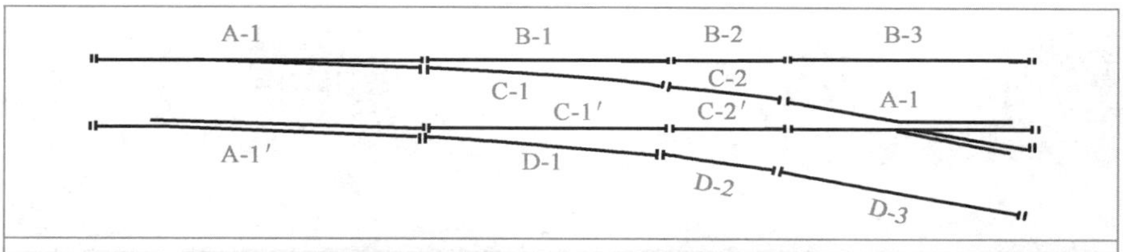

图2-2-155　钢轨安装顺序

(8)支撑体系安装

为了减少支撑体系对道岔的作用力,在支撑体系安装前,主要应将整组道岔的平面几何形位调整到位。主要内容包括:调整岔枕间距、轨距、支距、接头方正等主要几何尺寸,调整尖轨与基本轨、心轨与翼轨密贴。道岔各检查项点尺寸偏差符合要求,且道岔安装的横向和纵向位置满足:横向位置 ±5mm、纵向位置 ±5mm 后,上紧扣件,使扭矩达到 300 ~350N · m,

①竖向调节装置安装(见图 2-2-156)。

道岔平面几何形位基本调整到位后,首先进行竖向调节装置的安装,竖向装置每两根岔枕安装一对,并调整道岔的高程误差 -15mm, +0mm。

②横向调节装置安装(见图 2-2-157、图 2-2-158)。

图2-2-156　竖向调节装置安装

图2-2-157　横向调节装置安装

(9)道岔粗调(见图 2-2-158)

①轨距及支距调整。调整时应以直基本轨一侧为基准,按照先调支距再调轨距的步骤进行,使尖轨检测点支距和导曲线支距允许偏差符合设计要求(±1mm)。

②轨向调整。调整直线尖轨的直线度满足组装要求(1mm/10m);曲线尖轨圆顺、平滑、无硬弯。

③密贴调整。调整尖轨、心轨密贴和顶铁间隙,确保密贴良好。

(10)接地焊接(见图 2-2-159)

根据设计图纸对指定接地钢筋进行焊接。接地端子焊接时端头与模板面严格平贴。混凝土浇筑之前不得去掉端头螺栓孔上的橡胶塞。

接地焊接完成后要求在浇筑混凝土前进行接地钢筋的电阻检测,测量电阻大于 2MΩ 为合格。

图2-2-158　道岔粗调

图2-2-159　接地端子焊接

图2-2-160　模板安装

(11)模板安装(见图2-2-160)

道床板混凝土边模板采用定型钢模板,将模板按先前测量放线确定的位置摆放好,相邻模板拼缝保证密贴,在支撑层上的模板边缘位置钻孔,孔内放置短钢筋限制模板下部的横向位移,模板外侧采用三脚架支撑,通过支撑调整模板的位置。模板立模标高应比混凝土面高出5cm左右。

(12)第一次精调(见图2-2-161)

采用天宝S6(或S8)全站仪配GEDO CE轨检小车或徕卡1800配Amberg轨检小车,为一次精调提供数据。

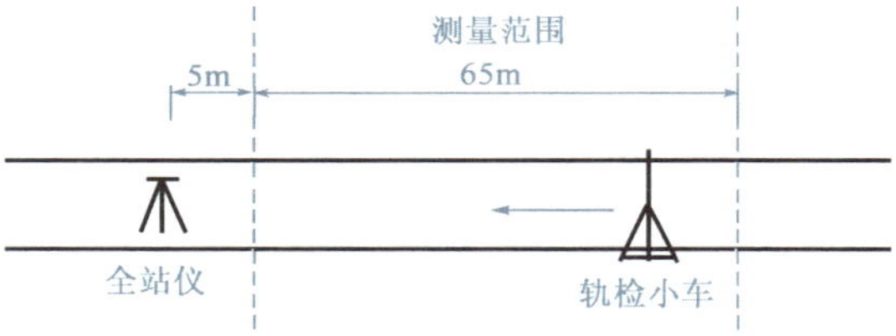

图2-2-161　第一次精调

全站仪设站采用岔区前后至少 8 个 CPIII 点，然后利用轨检小车逐根检查道岔几何形位，一边测量一边调整道岔的水平、轨距、方向、高低等。每个测站距离为 5～65m，两次测量重叠区不少于 5 根轨枕，按照由远到近的方式进行测量。

(13) 工电联调

道岔第一次精调完成后进行工电联调。安装电务转换设备，电务转换设备安装调试完成后，由工务和电务技术人员相互配合进行道岔工电联调及定位。

(14) 第二次精调（见图 2-2-162）

道床板混凝土浇筑施工前，须对道岔系统进行验收和二次精调。道岔二次精调，采用轨检小车及其他检测工具检测道岔方向、高低、水平、轨距等几何形位指标，根据轨检小车检测数据确定精调数值。随轨检小车移动，根据检测反馈数值逐点对道岔水平、方向进行微调定位。

第二次精调须达到的标准见表 2-2-7。

第二次精调偏差要求（单位：mm）　　表 2-2-7

项　目	方　向	轨　距	支　距	高　程	轨枕间距	10m 弦线	水　平
偏差要求	±1	(0, -1)	±1	(-0.5,0)	±5	1	1

(15) 混凝土浇筑

当道岔二次精调完毕，各项几何尺寸达到验收标准，钢筋绑扎及绝缘符合设计要求，模板安装位置符合规定时，可进行混凝土浇筑。

①浇筑前的主要准备工作。

a. 混凝土浇筑前 2h 应对混凝土基础层及岔枕洒水湿润，以利于界面结合（见图 2-2-163）。

图2-2-162　第二次精调

图2-2-163　洒水湿润

b. 对道岔钢轨部件、垫板、滑床垫板、扣件等用彩条布和塑料袋包裹扣件及钢轨件，避免混凝土浇筑过程中钢轨及扣件被混凝土污染（见图 2-2-164）。

②混凝土浇筑（见图 2-2-165）。

图2-2-164　包裹扣件及钢轨件

图2-2-165　混凝土浇筑

混凝土浇筑时应从岔前位置往岔后方向进行，先浇筑岔区，浇筑完岔区后再进行过渡段的浇筑，所有浇筑过程要求一次性完成。

图2-2-166　铝热焊焊接

道床板混凝土浇筑2～5h达到初凝后，松开扣件螺栓（辙叉部分除外），拆除竖向支撑螺杆，遗留孔洞以同级无收缩砂浆填充密实。

混凝土浇筑完毕，及时覆盖养生土工布，土工布上加盖彩条布，养生期间保证混凝土表面湿润，且不受阳光直射和风吹。

（16）道岔焊接

道岔采用铝热焊焊接（见图2-2-166）。

道岔焊接及锁定前，将道岔区划分为若干单元，先进行岔内焊接，再进行岔头、岔尾与无缝线路的焊联。

阅读材料

京津高速铁路无砟轨道施工技术创新

1. 工程背景

（1）线路概况

京津城际铁路（见图2-2-167）全长113.544km，是我国建设的第一条真正意义上的高速铁路，设计行车速度350km/h，采用CRTS Ⅱ型板式无砟轨道结构。

路基上CRTS Ⅱ型板式无砟轨道结构，见图2-2-168，桥上CRTS Ⅱ型板式无砟轨道结构见图2-2-169。

无砟轨道施工质量控制标准：施工测量采用CP Ⅲ基准网，基准网精度为1/100000，两相邻基标点间相对精度为平面位置±1.0mm、高程±0.5mm，轨道板加密基标的相邻平面位置±0.2mm、高程±0.1mm。

①底座混凝土表面精度：高程±5mm；中线10mm，表面平整度7mm/4m。

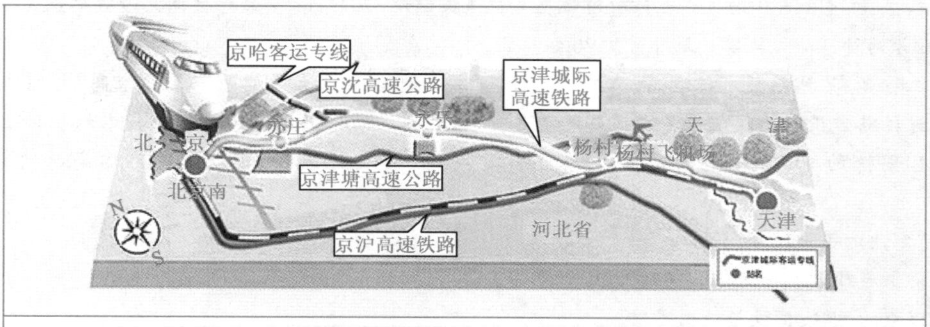

图2-2-167　北京至天津城际铁路客运专线线路平面示意图

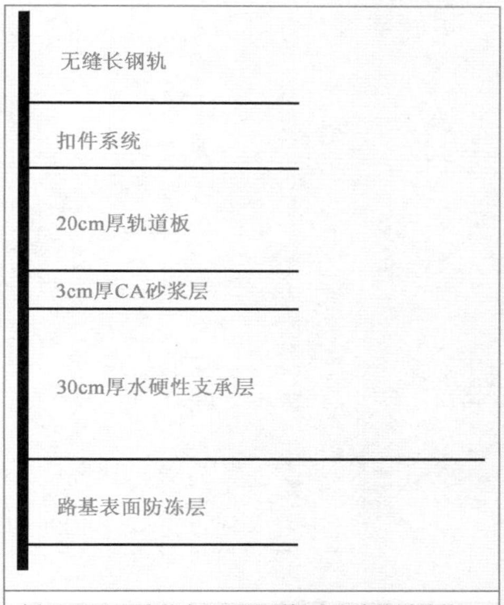

图2-2-168　路基上CRTS Ⅱ 型板式无砟轨道结构

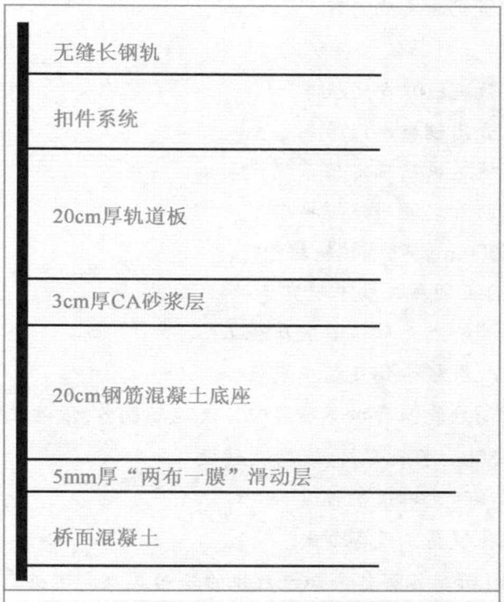

图2-2-169　桥上CRTS Ⅱ 型板式无砟轨道结构

②轨道板铺设精度的主要指标：高程 ±0.5mm，中线 0.5mm；相邻轨道板接缝处承轨台相对高差及中线 ±0.3mm。

③CA 砂浆材质性能指标应满足《CRTS Ⅱ 型板式无砟轨道暂行质量验收细则》要求。轨道板 CA 砂浆垫层灌注厚度为 20 ~ 40mm。

④钢轨焊接接头平直度：轨顶面 0 ~ +0.2mm，内侧作用边 0 ~ +0.2mm，轨底（焊筋）0 ~ +0.5mm，焊接质量符合《钢轨焊接技术条件》（B/T 1632.1、3—2005）要求。

⑤道岔铺设精度的主要指标：轨距 ±1mm，高低、轨向、扭曲（6.25m 基线）、水平等均为 2mm。

（2）工程特点

线下工程——“三桥两站”（跨北京环线特大桥、凉水河特大桥、杨村特大桥、亦庄站、永乐站）总长 18.672km的土建工程施工，制运架梁 806 孔。

线上工程——CRTS Ⅱ型板式无砟轨道底座与轨道板铺设32.41km，全线跨区间无缝线路铺设225.22km，18号和36号两种可动心轨单开无砟道岔26组。

京津工程具有"线路技术标准高、施工工艺新、施工工期紧、施工设备选型配套要求高"等特点，基于我国缺乏高速铁路建设经验及相应施工设备的情况，必须在引进、消化、吸收国外先进技术的基础上，开发研究适合我国国情的CRTS Ⅱ型板式无砟轨道施工专用设备及施工技术，以满足京津高速铁路建设的需要。

(3)需解决的关键技术问题

①长桥上连续轨下基础与梁、桥受力变形协调。

②轨道板的运输、铺设与精确定位。

③高性能沥青水泥砂浆配方以及相应的制拌设备。

④500m长钢轨在无砟轨道上的运输及铺设，以及跨区间无缝线路在低温条件下的焊接与锁定。

⑤板式高速无砟道岔的铺设与精确定位。

2.研究的主要内容

(1)五种关键设备研制

①轨道板双向运板车

②专用铺板龙门吊

③轨道板精确定位系统

④沥青水泥砂浆搅拌车

⑤500m长钢轨铺轨机组

(2)五项施工技术研究

①长桥上无砟轨道底座施工

②轨道板运铺及精确定位

③高性能沥青水泥砂浆配方及现场制备、灌注工艺

④500m长轨焊接、运输及铺设

⑤高速无砟道岔铺设

3.关键施工设备创新

(1)研制具有自主知识产权的轮胎式双向运板车

该双向运板车车体能自动调平，微动、双向走行，适应大纵坡、超高、长距离等复杂路面情况。

(2)研制具有自主知识产权的轮胎式龙门吊

该龙门吊具有变跨、变高、倾斜起吊功能，可全线无障碍走行，抗冲击性和稳定性好。

(3)研制轨道板精确定位系统

研发的轨道板精调系统由全站仪、工控机、测量三脚架及标架、精调装置等组成。研发的基于Windows平台的中文操作系统软件，操作简便，实现了轨道板高精度定位(0.3mm)和定位数据的实时处理。此外，还研制了高精度的测量标架、棱镜。采用多频段数据传输电台，避免了多套系统同时工作时的相互干扰。

(4)研发具有自主知识产权的水泥沥青砂浆车

该水泥沥青砂浆车采用全自动姿态控制技术，为高精度设备运行提供了保证。采用高精度的计量系统和高效低泡的搅拌系统。整车自动化程度高，操作便捷、安全环保。填补了国内空白，达到国际先进水平，其价格只有进口产品的1/3。

(5)研制世界上首台无砟轨道500m长轨铺轨机组

该铺轨机组可在狭窄空间的轨道板上行走、自动导向、智能避让侧向挡块、一次拖拉两根500m长轨。

4. 关键施工技术创新

(1)长桥上“分段施工、整体连接”的底座施工技术

该技术成功实现了在超长桥上修筑板式无砟轨道，实现了连续底座板与桥梁的协调变形。

(2)长桥上轨道板运铺和精确定位施工技术

基准网布设：依据设在防撞墙上的CP III(平面精度1mm，高程精度0.5mm)，测设每块轨道板的基准点GRP和圆锥体安放点(距线路中心线0.1m)。

轨道板粗放：采用定位圆锥体进行，可使轨道板铺设精度达到10mm。

轨道板精调：高程±0.5mm，中线0.5mm；相邻轨道板接缝处承轨台顶面相对高差及平面位置为±0.3mm。

(3)水泥沥青砂浆配方及现场制备、灌注施工技术

(4)500m长钢轨运铺及跨区间无缝线路施工技术

现场设置焊轨基地，将100m钢轨焊接成500m长钢轨。采用铺轨机组运输、铺设500m长轨。研发了无砟轨道跨区间无缝线路“低温锁定”施工技术，设计锁定轨温(23±2)℃，相邻单元轨间的锁定轨温之差不大于5℃，同一区间单元轨间的最高与最低锁定轨温之差不大于6℃，左右股钢轨锁定轨温之差不大于3℃。

试验研究表明，在轨温-10℃条件下，90t的液压拉伸机可满足长度2000m的单元轨节设计的锁定轨温(23±2)℃的应力放散施工需要。钢轨拉伸前，两条钢轨间预留4cm的轨缝。

(5)高速无砟道岔施工技术

①板式无砟道岔铺设

自主研发了“道岔板工厂预制、现场组装、精确定位、自流平道床混凝土灌注”的新技术，在国内外首次成功铺设了板式高速无砟道岔。

②长枕埋入式无砟道岔铺设

自主研制了39号长枕埋入式无砟道岔高精度定位支架系统；研发了“工厂预组装、大节段运输、分节组装、纵移就位、精确定位、现场灌注道床混凝土”的道岔铺设技术。

京津城际铁路，2006年开工建设，2008年通车运营，社会反响强烈。

【任务】

1. 认识无砟轨道各种结构类型。
2. 阐述各项施工中主要专业术语的含义。
3. 讨论无砟轨道、道岔各种施工技术的不同。

单元三　轨道的平顺标准

引言

轨道直接承受来自机车车辆的载荷，并引导机车车辆的运行。为确保列车的安全运行，轨道的两股钢轨之间应保持一定的距离；两股钢轨的顶面位于同一水平或保持一定的相对高差；轨道的轨向在直线上应保持顺直，曲线上应保持圆顺；为使钢轨顶面与车轮锥形踏面相吻合，以使轨顶受力均匀，两股钢轨均应向内侧倾斜等。

第一节　直线轨道

直线轨道（见图2-3-1）的平顺标准由轨距、水平、高低、轨向、轨底坡等几方面来衡量。

图2-3-1　直线轨道

一、轨距

两根钢轨轨头内侧之间的距离称为轨距。

我国规定，轨距应在钢轨头部内侧顶面下16mm处测量，如图2-3-2所示。我国铁路主要采用1435mm的标准轨距，世界各国铁路也普遍采用1435mm的轨距。

轨距宽于1435mm的称为宽轨铁路，如俄罗斯采用1524mm的宽轨铁路；轨距窄于1435mm的称为窄轨铁路，我国云南省曾有从昆明至河口的1000mm的窄轨铁路。

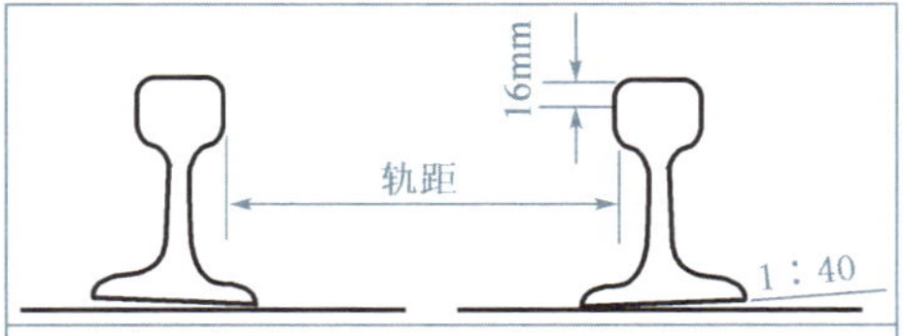

图2-3-2　轨距示意图

在机车车辆不断运行的情况下，轨距可能产生一定的误差，我国规定普通线路标准轨距的误差宽不得超过6mm，窄不得超过2mm。为了保证机车车辆顺利通过小半径曲线，曲线轨距应考虑加宽。

轨距静态用道尺（轨距尺，见图2-3-3），动态用轨道检查车（轨检车，见图2-3-4～图2-3-6）进行测量。在日常检查时，通常每6.25m检查一处。容许偏差管理值详见《铁路线路修理规则》。另外，轨距变化应和缓平顺，其变化率在正线、到发线上不得大于2‰（规定递减部分除外），允许速度大于120km/h的线路不得大于1‰。

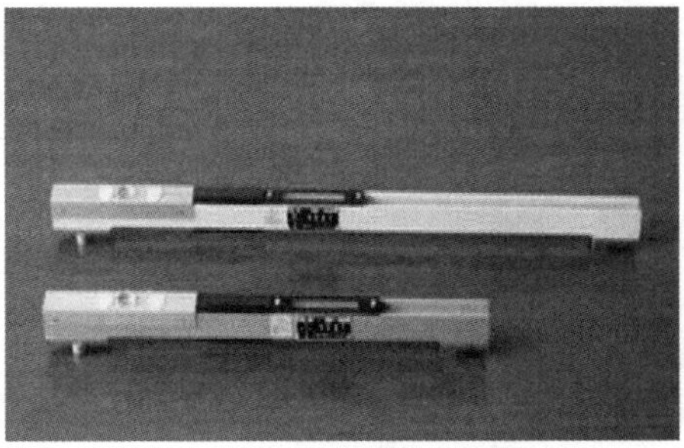

图2-3-3　数显轨距尺

图2-3-4　轨检车

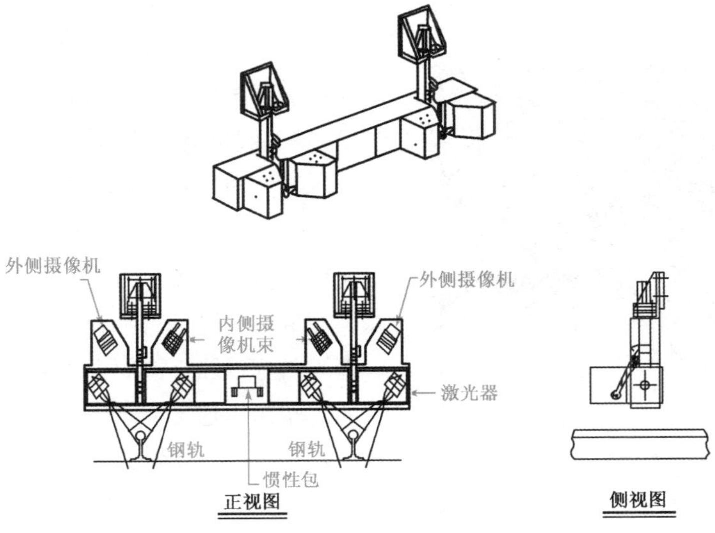

图2-3-5　轨检车检测设备结构图

为了使列车在轨道上顺利运行，轨距应略大于轮对（见图2-3-7）宽度，两者之间应留有一定的空隙，称为游间。游间不能过大或过小，过大易使列车运行时产生剧烈的摇摆，影响行车的平稳性和轨道的稳定性；过小则轮对易被两股钢轨楔住，增加行车阻力和轮轨间的磨耗。

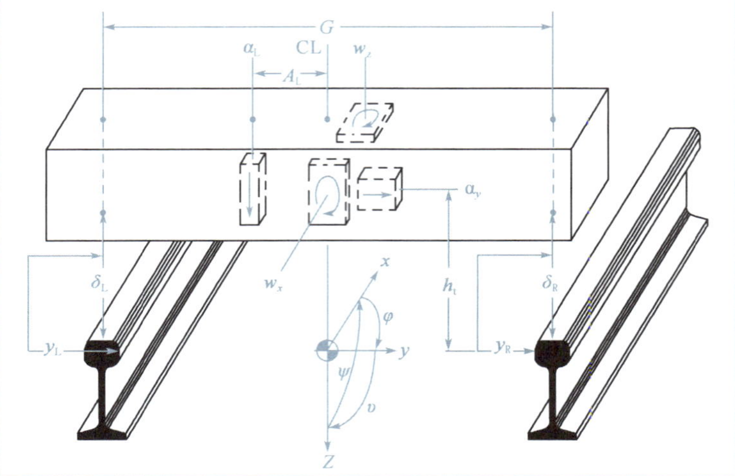

图2-3-6 轨检车检测坐标系

二、水平

水平是指在线路同一断面处左右两股钢轨顶面的高度差。在直线地段，两股钢轨顶面应置于同一水平面上，使两股钢轨受力均匀，保持列车平稳运行。在曲线上两股钢轨顶面应保持一定的超高，使内外两股钢轨受力均匀和垂直磨耗均等，以及满足旅客乘坐舒适度。

图2-3-7 轮对

为确保行车平稳与安全，两股钢轨顶面的水平误差应控制在一定范围内，其容许偏差管理值参见《铁路线路修理规则》。

水平用道尺或轨检车测量。结合轨距检查，每6.25m检查一处。在日常管理上，直线部分按里程前进方向，以左股为标准股，道岔以直线上股为标准股，标准股高计为正，反之计为负；曲线以下股为标准股，外轨较内股高出的数值减去规定的外轨超高值即为水平偏差值。

两股钢轨顶面的水平偏差值，沿线路方向的变化率不可太大，在1m距离内，这个变化不能超过1mm，否则即使两股钢轨的水平偏差不超过允许范围，也将引起机车车辆的剧烈摇晃。因此，规定水平的变化率不得超过1‰。

实践中有两种性质不同的钢轨水平偏差，对行车的危害程度也不相同。一种偏差称为水平差，就是在一段较长的距离内，一股钢轨的顶面始终比另一股高；另一种称为三角坑，即在一段不太长的距离内，先是左股钢轨高于右股，后是右股钢轨高于左股，两股钢轨在立面上出现扭曲，即水平差出现正、负交替。日常对三角坑的检查，是在检查水平时按前后两检查点（每6.25m检查一处）的水平相对差来表示三角坑的大小，连续两处水平误差符号相同或有一处为零时不需要计算三角坑，只有在连续两处水平误差为一正一负时才需要计算三角坑，如图2-3-8所示。三角坑的允许偏差管理值参见《铁路线路修理规则》。

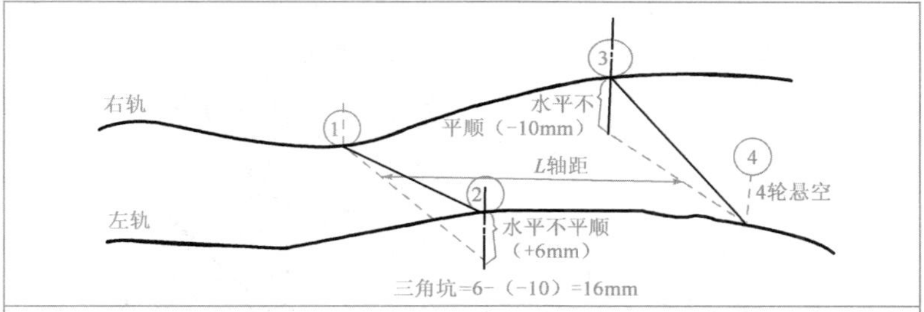

图2-3-8 三角坑

在一般情况下，线路上出现超过容许限值的水平差，只是引起车辆摇晃和两股钢轨不均匀受力，并导致钢轨不均匀磨耗；但轨道不允许有三角坑存在，否则会引起车辆剧烈摇晃。对于不同线路种类，我国铁路规定，在18m距离内，不许有超过6mm的三角坑存在。过大的三角坑会使个别车轮悬空，轮缘爬上轨面而发生脱轨事故。

三角坑危害：引起车辆侧滚和侧摆，轮载变动，车辆倾覆脱轨，危及行车安全，必须立即消除。

三、高低

高低是指一股钢轨顶面纵向的高低差。高低反映的是钢轨顶面纵向的平顺情况。钢轨顶面的高低不平顺，会使列车通过时冲击动力增加，使道床变形加快，反过来又扩大不平顺，从而使列车对轨道的破坏力更大，形成恶性循环，对行车极为不利。

空板（或暗坑）：轨枕与道床顶面之间出现超过2mm的间隙。

吊板：轨底与垫板、垫板与轨枕之间出现超过2mm的间隙。

高低应目视平顺，用10m弦测量轨顶最大矢度，其允许偏差管理值详见《铁路线路修理规则》。

在日常检查时，先俯身目视钢轨下颚线的高低平顺情况，找出高低不良处，然后用10m弦线在钢轨顶面中部测量最大矢度，弦线应置于能测量出最大矢度的位置上（见图2-3-9）。如钢轨是向上凸起的，应使用相同厚度的垫块将弦线两端垫高，垫块厚度一般可采用20mm或30mm，将测得的结果减去垫块厚即为高低差。对直线地段两股钢轨的高低应分别进行检查，对曲线地段只检查里股钢轨的高低。为减小误差，还应考虑弦线的挠度，一般按1mm考虑。

四、轨向

轨向是指轨道中心线在水平面上的平顺性，也称方向。为了使行车安全与平稳，直线轨道应当顺直，曲线轨道应当圆顺。若直线不直则必然引起列车的摇晃和蛇形运动。相对轨距来说，轨道方向往往是行车平稳性的控制性因素。

在无缝线路地段，若轨道方向不良，还可能在高温季节引发胀轨跑道事故，严重威胁行车安全。

直线方向必须目视平顺，用 10m 弦（曲线用 20m 弦）在钢轨顶面下 16mm 处测量最大矢度（见图 2-3-10），其允许偏差管理值详见《铁路线路修理规则》。

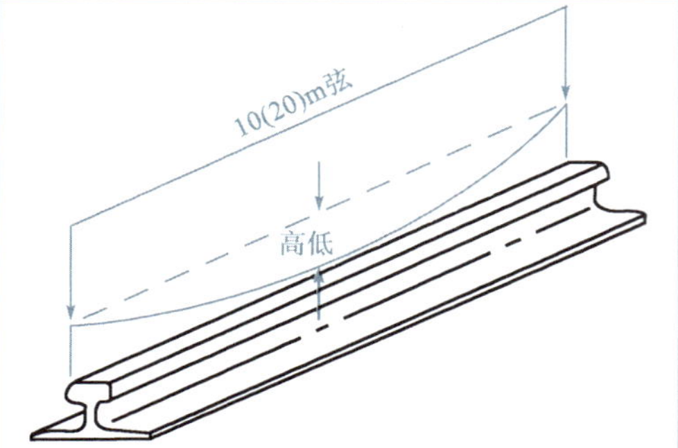

图 2-3-9

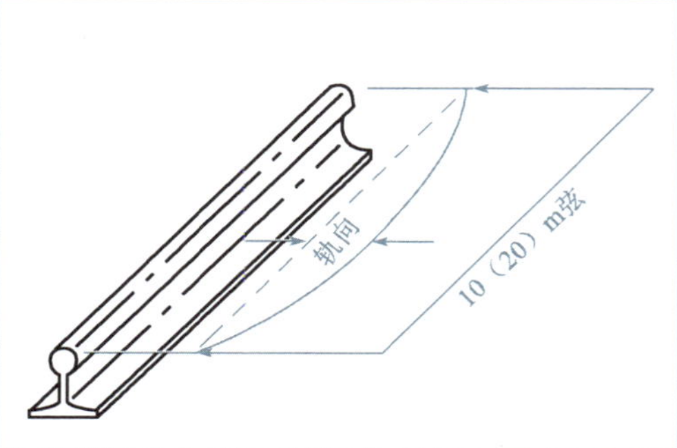

图 2-3-10

测量直线线路方向时，检查者首先跨站一股钢轨或站在一股钢轨的里侧，目视前方，找出方向不良的位置，然后在该处拉 10m 弦线，在钢轨顶面下 16mm 处测量轨头内侧与弦线间的最大矢度，即为该处方向偏差。如轨向是向轨道内凹入者，应使用等高的两块木垫板将弦线两端垫离轨头，测得的最大矢度减去木垫板高即为该处的方向偏差。轨向偏向轨道外侧时记为“＋”，偏向道心时记为“－”。

方向不平顺的危害：（1）横向力增加；（2）容易脱轨；（3）胀轨跑道。

五、轨底坡

车轮在钢轨上滚动的面称为车轮踏面，车轮踏面为圆锥形。踏面的斜坡由 1∶20 和 1∶10 两段组成，如图 2-3-11 所示。1∶20 的一段是经常与钢轨顶面接触的部分，1∶10 的一段只在小半径曲线上才与钢轨顶面接触。车轮踏面的主要部分做成 1∶20 圆锥面后，可以减少横向水平力对车轮的影响，增加车辆行驶的平稳性；同时可使直线地段上行驶的车辆，当偏向轨道一侧时，由于左右车轮滚动半径的不同，仍然能返回到轨道中线。

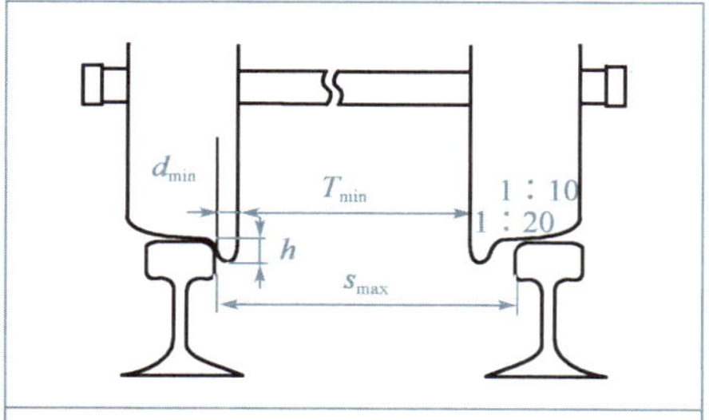

图2-3-11　车轮踏面

车轮踏面和钢轨顶面主要接触部分是 1∶20 的斜坡，为了使钢轨轴心受力，钢轨不应竖直铺设，而要适当地向内倾斜。如果钢轨保持竖直，车轮的压力将离开钢轨的中心线而偏向道心一侧，且略向外斜，其结果将使钢轨头部磨耗不均，腰部弯曲，在轨头与轨腰连接处发生纵裂，甚至折损。

在直线上钢轨不是竖直铺设，而要向内倾斜 1∶40的坡度，称为轨底坡。

车轮踏面经过一段时间的磨耗后,原来1:20的部分也接近1:40的坡度。为此,从1965年起,把直线地段的轨底坡标准从1:20改为1:40。

轨底坡设置目的:车轮压力集中于钢轨中轴线上;减小荷载偏心矩;降低轨腰应力;避免轨头与轨腰连接处发生纵裂。

轨底坡是否正确,可以从钢轨顶面的光带位置来判断。光带如偏向内侧,则说明轨底坡不足;光带如偏向外侧,则说明轨底坡过大。在任何情况下,轨底坡不应大于1:20或小于1:60,否则都会使轨头偏磨,故应及时进行调整。

第二节 曲线轨道

由于受地形和其他各种因素的限制,整条铁路线路不可能是一条直线,其方向需要不断改变,当线路在平面上由一个方向转向另一个方向时,在两条直线之间必须用曲线来连接,曲线轨道如图2-3-12、图2-3-13所示。

图2-3-12 曲线轨道(1)

图2-3-13 曲线轨道(2)

一、曲线轨道特点

1. 曲线轨道构造特点

与直线轨道相比,曲线轨道具有以下特点:

(1)曲线半径较小时,轨距适当加宽。

(2)外轨增设超高。

(3)曲线两端与直线连接处设置缓和曲线。

(4)在曲线内轨上应铺设缩短轨。

(5)曲线地段的建筑接近限界须适当加宽等。

2. 曲线基本要素

铁路线路在转向处所设的曲线,其基本组成要素有:曲线半径R,曲线转角α,曲线长L,切线长度T,缓和曲线长度L_0(直线与圆曲线之间的过渡线)等,如图2-3-14所示。

直线与缓和曲线的连接处称为直缓点或缓直点，用 ZH 或 HZ 表示；缓和曲线与圆曲线的连接处称为缓圆点或圆缓点，用 HY 或 YH 表示；曲线中部称为曲中点，用 QZ 表示。

如曲线未设缓和曲线，而是直线和圆曲线直接相连接，其连接处称为直圆点或圆直点，用 ZY 或 YZ 表示。

(1) T、L、E_0、α、R 总称为圆曲线要素。其中，T 为切线长，即交点至直圆点或圆直点的直线长度(JD-ZY，JD-YZ 的距离)，见图2-3-15；L 为曲线长，即圆曲线的长度(ZY-QZ-YZ 圆弧的长度)；E_0 为外矢距，即交点至曲中点的距离(JD-QZ 的距离)；α 为转向角，即直线方向转变的水平角；R 为圆曲线半径。

圆曲线主点为 ZY-QZ-YZ。

圆曲线要素的计算公式为：

$$T = R \cdot \tan \frac{\alpha}{2} \tag{2-3-1}$$

$$L = R \cdot \alpha \cdot \frac{\pi}{180^\circ} \tag{2-3-2}$$

$$E_0 = R \cdot \sec \frac{\alpha}{2} - R = R\left(\sec \frac{\alpha}{2} - 1\right) \tag{2-3-3}$$

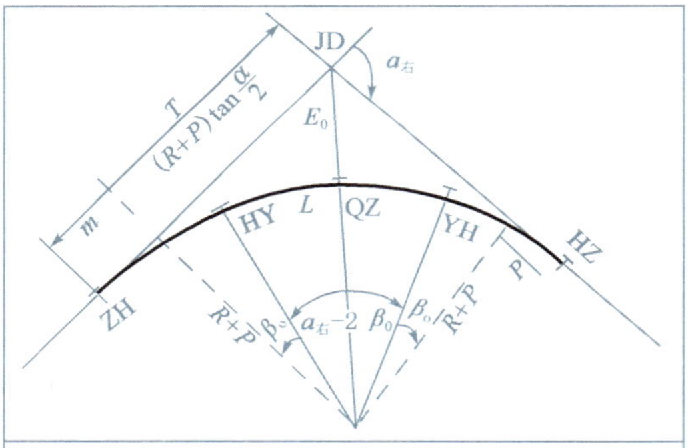

图2-3-14 曲线要素示意图

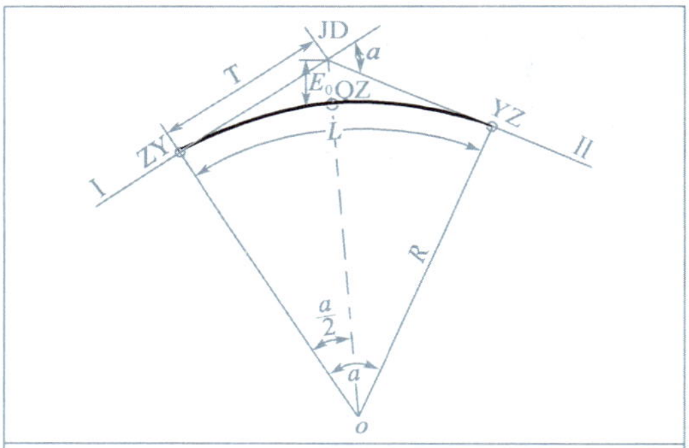

图2-3-15 圆曲线及其主点和要素

(2) 圆曲线加设缓和曲线前后变化如图 2-3-16 所示。

由图中可看出：

①圆心由 O 移动到 O_1。

②加入了两段缓和曲线长 l_0，圆曲线长变短了，整个曲线 L 及切线 T 变长了。

③曲线主点变为五个：ZH、HY、QZ、YH、HZ。

在各要素中，曲线半径是决定列车运行条件的主要因素，曲线半径愈大，列车运行条件就愈好。因此，若地形条件允许，应尽可能采用较大的曲线半径。

我国铁路规定，客货共线铁路区间线路最小曲线半径不得小于表 2-3-1 的规定值，客运专线铁路区间线路最小曲线半径规定值见表 2-3-2。不能满足上述规定时，须经铁道部批准。

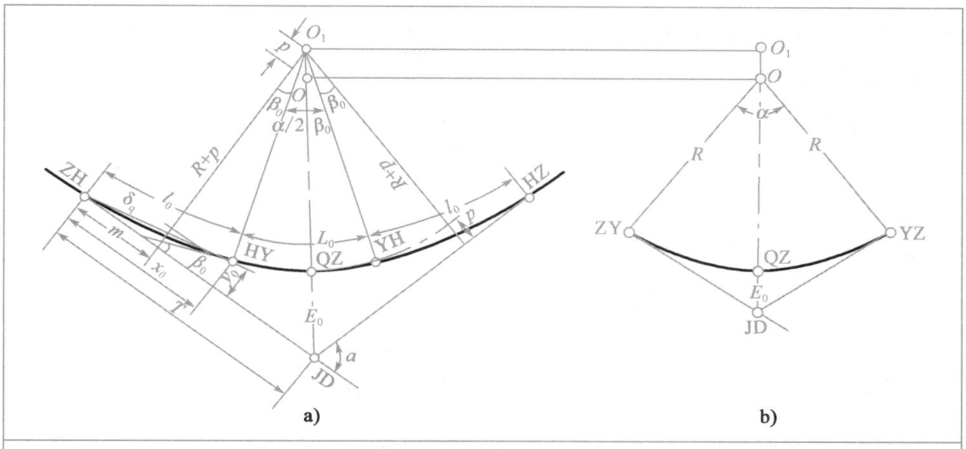

图2-3-16　圆曲线加设缓和曲线前后

客货共线铁路区间线路最小曲线半径　　表 2-3-1

路段列车设计行车速度(km/h)			200	160	140	120	100
最小曲线半径(m)	工程条件	一般	3500	2000	1600	1200	600
		困难	2800	1600	1200	800	600

客运专线铁路区间线路最小曲线半径　　表 2-3-2

路段旅客列车设计行车速度(km/h)			350	300	250	200
最小曲线半径(m)	工程条件	一般	7000	4500	4000	2200
		困难			3500	2000

3. 曲线基本形式

(1)单曲线:只有一个圆心和一个半径的圆曲线称为单曲线。

(2)复曲线:两条或两条以上半径不同的圆曲线直接或用缓和曲线连接所组成的曲线称为复曲线。

因复曲线结构复杂,铺设和养护维修不便,故我国铁路规定,允许速度大于 120km/h 的线路不得采用复曲线,其他线路不宜采用复曲线,仅在个别特殊困难地段保留原有的复曲线。复曲线两圆曲线的曲率差大于表 2-3-3 规定的数值时,应设置中间缓和曲线。中间缓和曲线的长度应根据计算确定,不得短于 20m。复曲线每个圆曲线的长度不得短于 50m,其超高应在正矢递减范围内,从较大超高向较小超高均匀顺坡。

复曲线可不设中间缓和曲线的两圆曲线的最大曲率差　　表 2-3-3

线路允许速度(km/h)	140	120	100	80
可不设中间缓和曲线的两圆曲线的最大曲率差	1/6000	1/4000	1/2000	1/1000

相邻两曲线根据其转向角的方向不同，可分为同向曲线和反向曲线两种形式。相邻两曲线若转向角的方向相同，则这两条曲线称为同向曲线，如图2-3-17所示；若转向角的方向相反，则这两条曲线称为反向曲线，如图2-3-18所示。无论是同向曲线还是反向曲线，其相邻两曲线之间均有夹直线相连接。夹直线的长度应满足表2-3-4的规定。

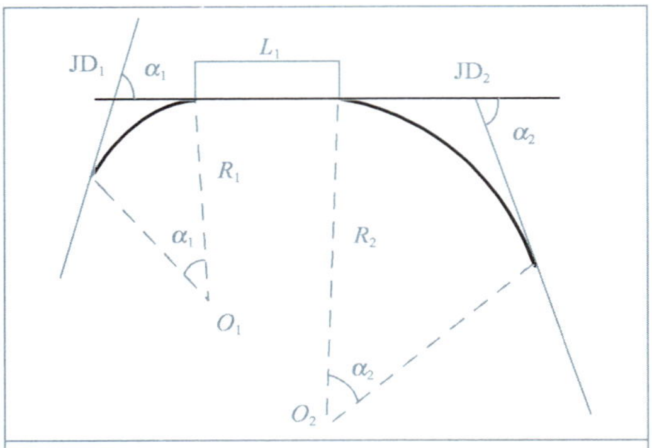

图2-3-17 同向曲线

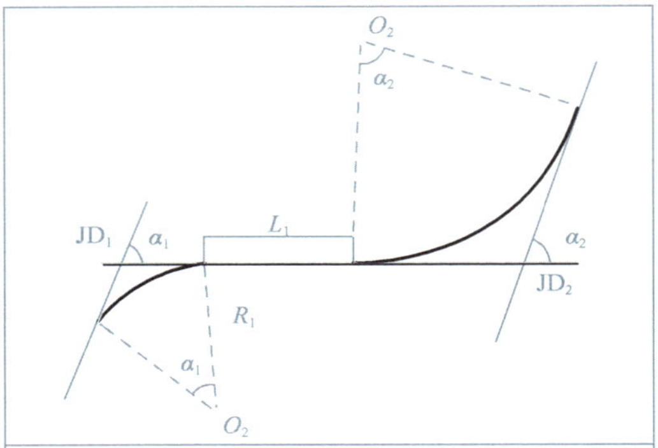

图2-3-18 反向曲线

圆曲线或夹直线最小长度　　表2-3-4

线路允许速度(km/h)		200	160	140	120	100	80
圆曲线或夹直线最小长度(m)	一般	140	130	110	80	60	50
	困难	100	80	70	50	40	30

二、曲线轨道的外轨超高

1. 设置外轨超高的目的

列车在曲线上行驶对轨道产生离心力，使外轨承受较大的压力，发生严重的侧面磨耗，并使旅客感觉不适，严重时甚至造成列车倾覆事故。为此，须将外轨抬高一定程度，借助于因车体内倾所产生的重力内向分力来平衡这种离心力(见图2-3-19)。

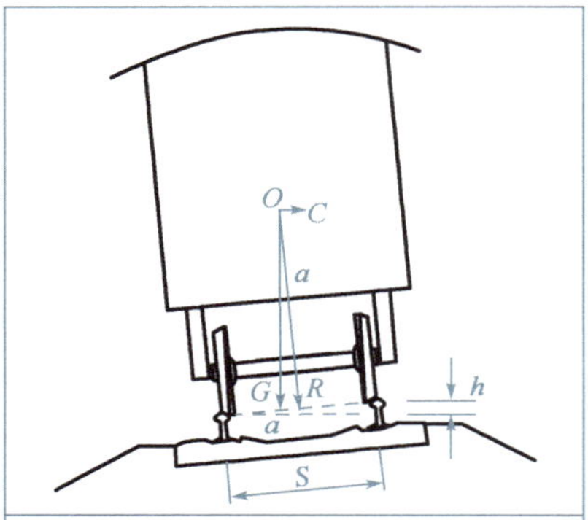

图2-3-19 外轨超高

2. 外轨超高的计算

曲线上外轨抬高的数量，称外轨超高度。由列车通过时离心力的大小确定。离心力与车速平方成正比，与曲线半径大小成反比，因此半径越小，车速越大，离心力越大，需设的超高就越大。在车速和曲线半径都为已知的情况下，借助于上述各力的平衡关系，按使两轨垂直磨耗均等的条件，可得外轨超高的计算公式为：

$$H=\frac{11.8v_{\mathrm{p}}^{2}}{R} \tag{2-3-4}$$

超高设置是否合适，在很大程度上取决于平均速度选用是否恰当。平均速度的计算有如下两种方法。

（1）平均速度 v_p 应取每昼夜通过该曲线列车牵引总重的加权平均速度：

$$v_p=\sqrt{\frac{\sum N_iQ_iv_i^2}{\sum N_iQ_i}} \tag{2-3-5}$$

《铁路线路修理规则》规定，在确定曲线外轨超高时，平均速度按式（2-3-5）计算。

（2）在新线设计与施工时，采用的平均速度 v_p 由下式确定：

$$v_p = 0.8v_{max} \tag{2-3-6}$$

$$h = 11.8\frac{v_p^2}{R} = 7.6\frac{v_{max}^2}{R} \tag{2-3-7}$$

式中：H——超高（mm），计算结果取整，取为5mm整倍数；

v_p——平均速度（km/h）；

R——曲线半径（m）；

N_i——一昼夜各类列车次数（列）；

Q_i——各类列车质量（t）；

v_i——实测各类列车速度（km/h）。

当列车速度 $v=v_p$，此时两股钢轨承受相同的荷载，旅客也没有不舒适感觉。

当列车速度 $v>v_p$，说明超高不足（此差值称为欠超高），从而导致外轨承受偏载，同时也因离心力未被平衡而使旅客感觉不舒适。

当列车速度 $v<v_p$，说明超高过大（此差值称为过超高，亦称余超高），从而导致内轨承受偏载和旅客不适。

按上式算出后，对未被平衡欠超高和未被平衡过超高分别按下列公式检算：

$$H_c=\frac{11.8v_{max}^2}{R-H} \tag{2-3-8}$$

$$H_g=\frac{H-11.8v_H^2}{R} \tag{2-3-9}$$

式中：H——实设超高（mm），计算结果取整，取为5mm整倍数；

H_c——未被平衡欠超高（mm）；

H_g——未被平衡过超高（mm）；

v_{max}——线路允许速度（km/h）；

v_H——货物列车平均行车速度（km/h）。

未被平衡欠超高不应大于75mm，困难情况下不应大于90mm，但允许速度大于120km/h线路个别特殊情况下已设置的90（不含）~110mm的欠超高暂时保留，但应逐步改造；未被平衡过超高不应大于30mm，困难情况下不应大于50mm，允许速度大于160km/h线路在个别特殊情况下不应大于70mm。

实设超高在满足上述条件下，货物列车较多时，宜减小 H_g；旅客列车较多时宜，减小 H_c。

我国铁路规定：实设最大超高，在单线上不得大于125mm；在双线上不得大于150mm。常采用加厚外侧道床的办法来实现曲线外轨的超高。

如行车条件有较大变化，或曲线发生木枕压切、混凝土枕挡肩破损、钢轨不正常磨耗等情况，应通过实测行车速度，重新计算和调整超高。

如两线路中心距离在5m以下的曲线地段，内侧曲线的超高不得小于外侧曲线超高的一半。否则，必须根据计算加宽两线的中心距离。

3. 外轨超高顺坡

(1) 曲线外轨超高应在整个缓和曲线内顺完，允许速度大于120km/h的线路，顺坡坡度不应大于$1/(10v_{max})$，其他线路不应大于$1/(9v_{max})$；如缓和曲线长度不足，顺坡可延伸至直线上；如无缓和曲线，允许速度大于120km/h的线路，在直线上顺坡坡度不应大于$1/(10v_{max})$，其他线路不应大于$1/(9v_{max})$；允许速度大于160km/h的线路，超高必须在整个缓和曲线内顺完；允许速度为120(不含)~160km/h的线路，在直线上顺坡的超高不应大于8mm；其他线路，有缓和曲线时不应大于15mm，无缓和曲线时不应大于25mm。

在困难条件下，可适当加大顺坡坡度，但允许速度大于120km/h的线路不应大于$1/(8v_{max})$；其他线路不应大于$1/(7v_{max})$，且不得大于2‰。

(2) 同向曲线两超高顺坡终点间的夹直线长度应满足表2-3-4的规定，允许速度不大于160km/h的特殊困难地段不应短于25m；允许速度不大于120m/h的线路在极个别情况下不足25m时，可在直线部分设置不短于25m的相等超高段；如设置相等超高段困难，可在直线部分从较大超高向较小超高均匀顺坡。

(3) 反向曲线两超高顺坡终点间的夹直线长度应满足表2-3-4的规定，允许速度不大于160km/h的特殊困难地段不应短于25m；允许速度不大于120km/h的线路在极个别情况下不足25m时，正线不应短于20m，站线不应短于10m；困难条件下可按不大于$1/(7v_{max})$顺坡，特殊困难条件下超高顺坡可延伸至圆曲线上，但圆曲线始终点的未被平衡欠超高不得超过规定数值。

(4) 允许速度不大于120km/h的线路在特殊困难条件下的超高顺坡不得大于2‰。

三、曲线轨道的轨距加宽

机车车辆进入曲线轨道时，仍然存在保持其原有行驶方向的惯性，只是受到外轨的引导作用才沿曲线轨道行驶。为使机车车辆顺利通过曲线而不致被楔住或挤开轨道，减小轮轨间的横向作用力，曲线轨距要适当加宽，如图2-3-20所示。

1. 曲线轨距加宽原则及加宽标准

曲线轨距的加宽值与机车车辆转向架在曲线上的几何位置有关。根据运营经验，以自由内接最为有利，但机车车辆的固定轴距长短不一，不能全部满足自由内接的通过。为此，确定轨距加宽必须满足如下原则：

(1) 保证占列车大多数的车辆能以自由内接形式通过曲线。

(2)保证固定轴距较长的机车通过曲线时不出现楔形内接,但允许以正常强制内接形式通过。

(3)保证车轮不掉道,即最大轨距不超过容许限度。

因此,在确定曲线轨距加宽标准时以主要类型的车辆为计算依据,对于机车及少量特殊形式的车辆,只在必要时才检算其所需轨距。

根据车辆条件确定轨距加宽,我国绝大部分的车辆转向架是两轴转向架,当两轴转向架以自由内接形式通过曲线时,前轴外轮轮缘与外轨的作用边接触,后轴占据曲线垂直半径的位置(图2-3-21),则自由内接形式所需最小轨距为:

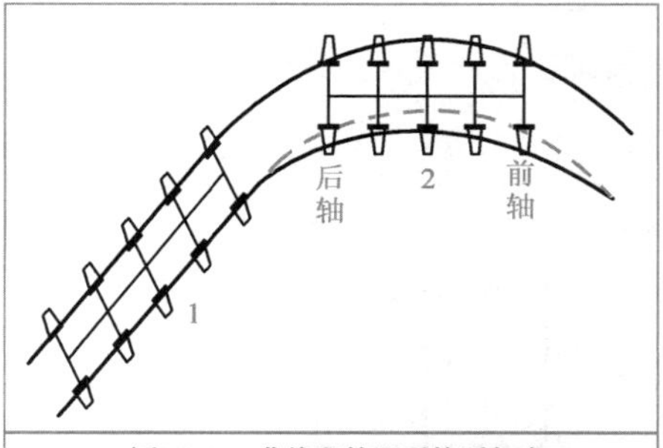

图2-3-20　曲线段轨距受挤需加宽
1-直线段轨距不必加宽;2-曲线段轨距加宽才能通过

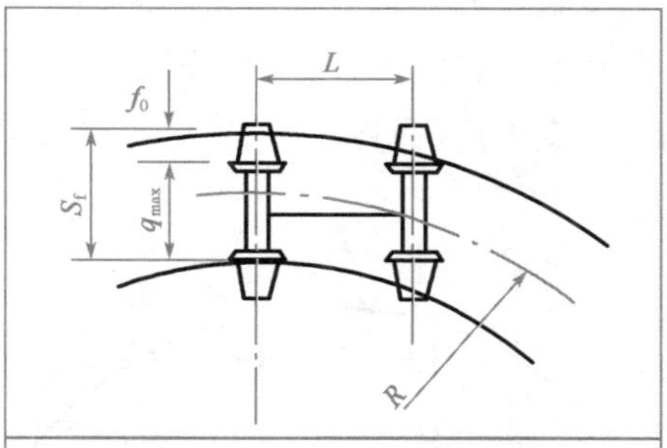

图2-3-21　转向架自由内接

$$S_f = q_{max} + f_0 \tag{2-3-10}$$

式中:S_f——自由内接所需轨距;

q_{max}——最大轮对宽;

f_0——外矢距,其值为$f_0 = \frac{L^2}{2R}$;

L——转向架固定轴距;

R——曲线半径。

以S_0表示直线轨距,则曲线轨距加宽值e应为:

$$e = S_f - S_0$$

根据机车条件检算轨距加宽,在行驶的列车中,机车数量比车辆少得多,因此允许机车按较自由内接所需轨距为小的"正常强制内接"通过曲线。如果一个车轴没有横动量的四轴机车车架在轨道中处于楔形内接状态(见图2-3-22),那么车架处于楔形内接时的轨距S_w应为:

$$S_w = q_{max} + f_0 - f_1 \tag{2-3-11}$$

式中,f_0为前后两端车轴的外轮在外轨处所形成的矢距:

$$f_0 = \frac{L_{01}^2}{2R} \quad L_{01} = \frac{L_1 + L_2 + L_3}{2}$$

L_1为第一轴至第二轴距离;L_2为第二轴至第三轴距离;L_3为第三轴至第四轴距离。

f_1为中间两个车轴的内轮在内轨处形成的矢距:

$$f_1 = \frac{L_{11}^2}{2R}$$

L_{11}为第二轴至与车架纵轴垂直的曲线半径之间的距离,可按下式计算:

$$L_{11} = L_{01} - L_1$$

当机车处于正常强制内接时,正常强制内接轨距 S'_W 为:

$$S'_W = S_w + \frac{\delta_{min}}{2} = q_{max} + f_0 - f_1 + \frac{\delta_{min}}{2} \qquad (2\text{-}3\text{-}12)$$

式中:δ_{min}——直线轨道的最小游间。

曲线轨道的最大允许轨距。曲线轨道的最大轨距,应切实保障行车安全,不使其掉道。在最不利情况下,当轮对的一个车轮轮缘紧贴一股钢轨时,另一个车轮踏面与钢轨的接触点为车轮踏面的变坡点(见图 2-3-23)。

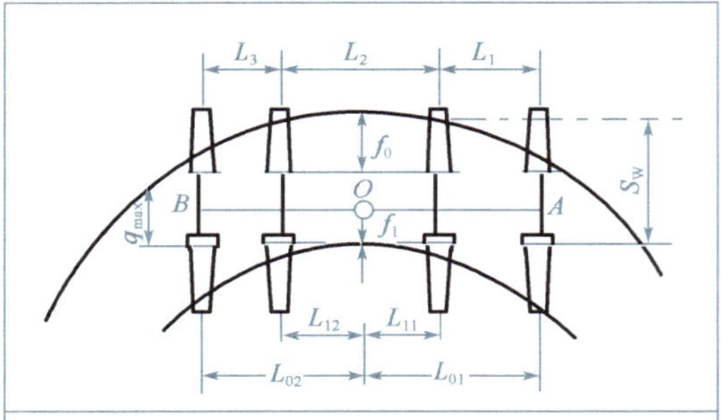

图2-3-22 曲线轨距加宽示意图

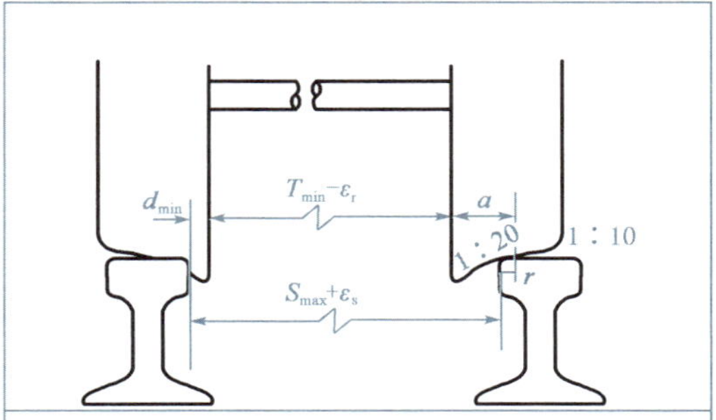

图2-3-23 曲线轨道最大允许轨距

图 2-3-23 中,d_{min} 为车辆车轮最小轮缘厚度,其值为 22mm;T_{min} 为车轮最小轮背内侧距离;ε_r 为车辆车轴弯曲时轮背内侧距离缩小量,用 2mm;α 为轮背至轮踏面斜度为 1:20 与 1:10 变坡点的距离,用 100mm;r 为钢轨顶面圆角宽度,用 12mm;ε_s,钢轨弹性挤开量,用 2mm。

由此,曲线上允许最大轨距 S_{max} 由下式计算:

$$S_{max} = d_{min} + T_{min} - \varepsilon_r + \alpha - \varepsilon_s \qquad (2\text{-}3\text{-}13)$$

将上述采用的数值代入得:

$$S_{max} = 22 + 1350 - 2 + 100 - 12 - 2 = 1456\text{mm}$$

轨距的容许偏差不得超过 6mm,故曲线轨道最大容许轨距应为 1450mm,即最大允许加宽为 15mm。《铁路线路修理规则》规定:新建、改建线路大修或成段更换轨枕地段,按表 2-3-5 规定的标准进行曲线轨距加宽,曲线轨距加宽递减率一般不得大于 1‰,特殊条件下不得大于 2‰。

中国轨距加宽值,按照曲线不同半径,过去分为三级加宽,后改为两级加宽,每级 5 ~ 10mm。但包括 6mm 容许误差在内,轨距最大不得超过 1456mm,以保证轮对平稳、安全地通过曲线。《铁路线路维修规则》规定:新建、改建、线路大修或成段更换轨枕地段,按表 2-3-5 规定的标准进行曲线轨距加宽。

曲线轨距加宽标准　　表 2-3-5

曲线半径(m)	加宽值(mm)	轨距(mm)
$R \geqslant 350$	0	1435
$350 > R \geqslant 300$	5	1440
$R < 300$	15	1450

2. 曲线轨距加宽方法及加宽递减

曲线轨距加宽方法是将曲线轨道内轨向曲线中心方向移动，曲线外轨的位置则保持与轨道中心半个轨距的距离不变。

为使轨距均匀递减，《铁路线路修理规则》规定：

(1) 曲线轨距加宽应在整个缓和曲线内递减。如无缓和曲线，则在直线上递减，递减率不得大于 1‰。

(2) 复曲线应在正矢递减范围内，从较大轨距加宽向较小轨距加宽均匀递减。

(3) 两曲线轨距加宽按 1‰递减，其终点间的直线长度不应短于 10m。不足 10m 时，如直线部分的两轨距加宽相等，则直线部分保留相等的加宽，如不相等，则直线部分从较大轨距加宽向较小轨距加宽均匀递减。

在困难条件下，站线上的轨距加宽可按 2‰递减。

第三节　缓和曲线

为保证列车安全，使线路平顺地由直线过渡到圆曲线或由圆曲线过渡到直线，以避免离心力的突然产生和消除，常需要在直线与圆曲线之间设置一个曲率半径变化的曲线，这个曲线称为缓和曲线，如图 2-3-24 所示为设有缓和曲线的铁路曲线。

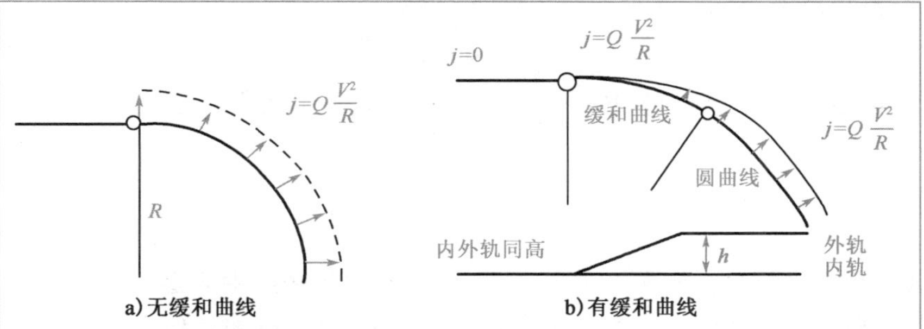

图　2-3-24

一、缓和曲线的特点

缓和曲线介于直线与圆曲线之间，是一个过渡区域。

缓和曲线的特点为：

（1）曲线半径从无穷大逐渐减小到圆曲线的半径 R，或从圆曲线的半径 R 逐渐增加到无穷大。

（2）运行中列车的离心力逐渐增加或逐渐降低。

（3）轨距加宽值逐渐增大或逐渐减小。

（4）曲线外轨超高逐渐增大或逐渐减小。

缓和曲线的特点，目的都是更好地确保列车通过曲线时的安全、平顺，以及乘客乘坐舒适。

二、缓和曲线方程式

我国铁路常用的缓和曲线属于三次抛物线形，其方程式为：

$$y = \frac{x^3}{6Rl_0} \qquad (2\text{-}3\text{-}14)$$

式中：y——缓和曲线上任意点的纵坐标（m）；

x——缓和曲线上任意点的横坐标（m）；

R——圆曲线半径（m）；

l_0——缓和曲线长度（m）。

三、缓和曲线的设置

缓和曲线应有足够的长度，在这个长度内，需完成曲线的外超高顺坡过程。同时，应该满足以下两点运营要求：

（1）车轮的轮缘不致爬上内轨外轨超高的坡度限制为：

$$i_0 \leqslant \frac{K_{min}}{D_{max}} \qquad (2\text{-}3\text{-}15)$$

式中：K_{min}——机车或车辆最小轮缘高（mm）；

D_{max}——机车或车辆最大固定轴距（m）。

当以轮缘最小高度 28mm 及最大固定轴距 6.5m 代入，得到：

$$i_0 \leqslant 4.3‰ \qquad (2\text{-}3\text{-}16)$$

在实际取值中，i_0 一般不大于 2‰，以保证车轮轮缘无爬上内轨危险。此时计算出缓和曲线长 l_0 为：

$$l_0 \geqslant \frac{h}{i_0} \qquad (2\text{-}3\text{-}17)$$

（2）保证乘客乘坐舒适。当列车从直线段进入缓和曲线范围内运行时，外侧车轮在外轨上逐渐升高；当列车从圆曲线段进入缓和曲线范围内运行时，外侧车轮在外轨上逐渐降低。如果升降速度过快，会引起乘客的不舒适感。

设以 f（mm/s）表示外侧车轮升降速度，则存在如下关系式：

$$f = \frac{hv_{max}}{3.6l_0} \qquad (2\text{-}3\text{-}18)$$

通常规定，在一般地段，$f=32\text{mm/s}$；在困难地段，$f=40\text{mm/s}$。可以反推出：

$$l_0 \geqslant \frac{hv_{max}}{3.6f} \tag{2-3-19}$$

在选线设计中，缓和曲线的长度可以按照表 2-3-6 取值。

缓和曲线的长度　　表 2-3-6

曲线半径(m)	I 级铁路			II 级铁路			III 级铁路	
	(1)	(2)	(3)	(1)	(2)	(3)	(1)	(2)
4000	30	30	20	20	20	20	20	20
3000	40	30	20	30	20	20	20	20
2500	50	40	20	30	30	20	20	20
2000	60	50	30	40	30	20	20	20
1500	80	70	40	50	40	30	30	20
1200	100	80	50	60	50	30	30	30
1000	120	100	60	70	60	40	40	30
800	150	120	70	90	70	40	50	40
700	150	120	90	70	40	40	50	40
600	140	110	90	110	90	60	60	60
550	140	110	90	130	110	70	70	50
500	130	100	90	130	100	80	70	60
450	120	100	80	120	100	80	80	80
400	120	90	80	120	90	80	90	70
350	110	90	70	110	90	70	100	70
300				100	80	70	100	70
250							90	70

我国《新建时速 200km 客货共线铁路设计暂行规定》推荐的缓和曲线的长度见表 2-3-7。

缓和曲线的长度　　表 2-3-7

曲线半径(m)	推荐缓和曲线长度(m)	最小缓和曲线长度(m)
12000	50	40
10000	60	50(40)
8000	70	60(50)
7000	80	70(60)
6000	90	80(70)
5000	110	90(80)
4500	120	100(90)

续上表

曲线半径(m)	推荐缓和曲线长度(m)	最小缓和曲线长度(m)
4000	140	110(100)
3500	160	130(120)
3000	180	150(130)
2800	200	170

注:括号内数值为特殊困难条件下,经技术经济比选后方可采用的最小缓和曲线长度。

第四节　控制轨道平顺的各种工具介绍

轨道的任务是确保列车按规定的速度安全平稳不间断运行,因此轨道几何状态也应保持与列车运行相匹配的规定状态。随着客运专线等高速线路的建设,列车速度将大幅提高,对轨道几何形位标准要求也是越来越高,故而采取动态检测的周期也越来越短,但静态检测还不能完全由动态检测来替代,因为静态检测可随时测量轨道的几何形位,指导施工和维修作业。列车运行速度越高,轨道几何形位允许偏差越小,传统的轨道检测工具,例如道尺等已不能满足量测精度要求,使用轨检小车测量轨道几何形位势在必行,这也是铁路检测工具现代化的重要标志之一。

一、安伯格 GRP1000 轨检小车

安伯格 GRP1000 轨检小车(见图 2-3-25)主要用于轨道几何形状测量,通过内置的轨距测量、超高测量和里程测量的传感器进行测量作业;同时利用 LEICA 全站仪和自带棱镜来确定轨检小车的位置,以提供轨道上每一个测量点的绝对坐标和轨道参数。

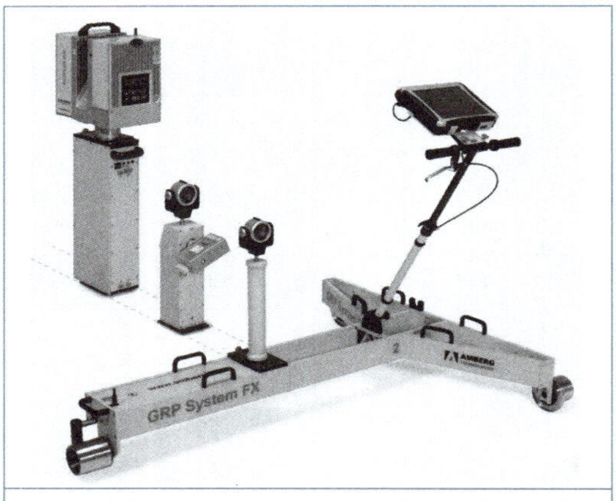

图2-3-25　安伯格GRP1000轨检小车

安伯格 GRP1000 轨检小车可提供轨道几何测量的综合报表,操作人员可定义报表的输出内容,比如轨道中线坐标、轨距、超高等几何参数。

1. 轨道几何参数测量

安伯格 GRP1000 轨检小车可静态检测客运专线轨道的几何状态,通过内置的轨距测量、倾角测量和里程测量的传感器可以测量轨道的轨距、超高、里程、扭曲等相对参数,同时还可以在全站仪的辅助下,测量轨道中线坐标和轨面高程等绝对参数。在以上参数的基础上,可以自动计算出轨道的轨向、高低等平顺性指标。

2. 轨道调整量计算

安伯格 GRP1000 轨检小车基于测量的轨道几何参数,可计算并优化轨道的平面和高程调整量,指导精调施工作业,优化轨向、高低、轨距、水平/超高等平顺性指标。

3. 有砟轨道维护

安伯格 GRP1000 轨检小车可灵活有效地测量当前有砟轨道线形和几何参数，并与标准设计进行比较，自动生成校正数据列表。捣固车可根据生成的数据报表进行捣固施工。

4. 工作效率、工作范围和其他参数

工作效率、工作范围和其他参数见表 2-3-8 ~ 表 2-3-10。

安伯格 GRP1000 轨检小车工作效率　　表 2-3-8

GRP1000 轨检小车安装	5min
LeicaTPS 全站仪安装及设站	10min
目标距离（小车—全站仪）	60 ~ 80m
轨道轴线方向测量点的间隔距离	逐枕测量
使用 1 台全站仪的精调工作效率	600 ~ 800m/8h
使用 2 台全站仪的精调工作效率	800 ~ 1000m/8h

注：工作效率受制于天气和操作人员的熟练程度。

安伯格 GRP1000 轨检小车工作范围　　表 2-3-9

轨距（静态）	±0.3mm
超高（相对于 1435mm 轨距）	±0.5mm
轨检小车三维定位	±1mm 配合 1 秒级全站仪
GRP 系统内部精度	±0.5mm

安伯格 GRP1000 轨检小车其他参数　　表 2-3-10

电　池	
轨检小车测量供电（LEICA）	GEB171，NiMH，12V，8Ah
工作时间	8h
控制计算机（Panasonic 军用笔记本电脑）	CF-19，Li-ion，11.1V，6.6Ah
工作时间	8h
工作环境	
温度范围	-10 ~ +50℃
湿度	低于 80%，无凝结
系统自重	
GRP1000（1435mm 标准轨距）	27.0kg

5. 全站仪

安伯格 GRP1000 轨检小车系统配合 LEICA TPS 全站仪工作，LEICA 全站仪用于 GRP 测量系统的绝对定位，两者之间可进行无线通信。适用的型号是有自动跟踪目标功能的 TPS1100/1200/2000 系列，可强力搜索目标棱镜，自动照准。轨检小车棱镜高于轨面 50cm 以上，以避免全站仪对棱镜的跟踪被阻断。

6. 工作计算机

安伯格 GRP1000 轨检小车采用军用笔记本电脑，可在恶劣条件下工作，防潮、防摔；显示器采用高亮度触摸屏；使用硬盘存储数据；软件采用 WindowsXP 或更高版本。

7. 测量控制软件

安伯格 GRP1000 轨检小车所有软件均采用中文界面，在软件中可根据客运专线设计要求，导入或输入设计线型等资料。测控软件同时具有数据分析功能，可实时查看关键参数的偏差曲线图。可根据操作人员需求定制多种形式的报表，后处理软件可基于轨道几何参数报表，计算并优化轨道调整量，生成实际调整量报表，指导精调施工作业。

8. 机械结构

安伯格 GRP1000 轨检小车采用三点式滚轮支撑结构，机械结构可进行分解，便于运输，最大部件重量不超过 10kg，总重不超过 30kg，单人可完成上下线操作。轨道测量小车也可单独工作，快捷地测量轨距和超高，同时使用里程计测量里程并定位。

9. 功能扩展

安伯格 GRP1000 轨检小车 GRP 测量系统采用“一体化”设计，在同一平台上操作人员可根据后期需求加装限界测量模块和隧道全息成像系统，节省成本。另外，小车配有标准机械组件，可快速更换，适用于多种轨距。

二、安伯格 GRP VMS(GRP 轨道快速测量系统)轨检小车

安伯格 GRP VMS 轨检小车(见图 2-3-26)采用基于绝对控制的相对测量原理，将绝对测量和相对测量完美结合在一起，可以在保证精度的前提下，极大提高测量效率。

图2-3-26 GRP VMS轨检小车

该系统由数据采集小车和卫星小车组成，数据采集小车除了集成了里程、超高和轨距传感器还安装了控制点测量仪，可以测量轨道到控制点的横距和垂距。卫星发射小车上安装一台具有目标自动跟踪功能的全站仪，全站仪使用自动调平基座，不需手动调平，可节省大量时间。两个小车之间使用无线通信装置进行通讯。

安伯格 GRP VMS 轨检小车的优点：

(1)支持精确捣固法，可以输出每个轨枕的起拨道量。传统方法相隔 5m 或 10m 采集一个点，两个点之间采用线性内插不能反映轨道真正的变化，会增加大机作业次数。

(2)直接将起拨道量导入到捣固机里面，大机自动化作业，实现“人、机、网”有效结合，提高作业效率。

(3)系统相对精度高，对保证轨道的平顺性非常有帮助，非常适合于有砟轨道捣固测量。

三、GRP 5000手推式轨检小车隧道检测设备

GRP 5000手推式轨检小车隧道检测设备(见图2-3-27、图2-3-28)是手推式轨检小车和高科技的高速激光扫描测量技术的集成产品。扫描仪可以测量到被测目标的距离和角度,以及被测目标的反射率。扫描仪采用载波相位测距原理,通过激光发射器将调制过的激光光束传送到被测目标,然后测量从目标反射回来的激光信号,通过分析发送和接收信号之间的相位差来计算距离。

图2-3-27　GRP 5000手推式轨检小车隧道检测设备

图2-3-28　GRP 5000手推式轨检小车隧道检测设备

GRP 5000手推式轨检小车隧道检测设备通过沿轨道轴线方向移动的同时进行断面扫描来完成数据采集。扫描仪每秒获取高达50万个测点的断面数据,每个测点包含该位置的反射率和几何尺寸信息(角度和距离)。

GRP 5000手推式轨检小车隧道检测设备满足快速和高精度地测量轨道周边环境的测量需求,具有重量轻、运输、安装和拆卸方便等特点,测量作业可在不中断铁路运输的条件下进行,不需要任何辅助设备,其本身配备的供电电池可满足连续工作时间达5h。

GRP 5000手推式轨检小车隧道检测设备配有专业的测量控制和分析软件,实时显示仪器当前位置的限界值和超限程度。分析软件可自动生成不失真的隧道表面影像展开图和限界图,满足隧道状态和限界评价的需求。

四、TEE-1435轨道道岔检测仪(见图2-3-29)

1.特点

轨距的参数随着仪器线上路上的移动被实时记录在内存模块里。操作人员在检测时可通过显示屏幕读取轨距、超高及实际里程测量资料。在发现线路严重缺陷时可以随时使用触摸键盘输入记录资料,如焊缝断裂或断轨、需更换轨枕、缺少螺栓扣件等问题的位置。随机提供计算机接口软件除其他功能外,可进行轨距、坡度、三角坑的计算,还可计算每10m长的弦为单位的线路横向、纵向变形情况。可以列表方式打印带有线路里程位置和操作员对做出线路问题标记的测量结果报告,可选择需要部分结果打印。可根据铁路公司的线路测量标准进行线路测量数据处理并且进行线路综合指数评估。该检测仪有许多操作优点,如:质量轻(约20kg),作业时容易搬离轨道让列车经过而继续检测也无需调校;容易折叠,方便用小车运载;

内存可存储 15km 的检测资料，相当于设备的一整天工作量。

2. 技术参数

(1) 测量里程递增：0.5m；

(2) 轨距范围：1420 ~ 1485mm；分辨率 0.1mm。

(3) 超高范围：±200mm；分辨率 0.1mm。

(4) 垂直变形：范围 ±4mm/m；分辨率 0.1mm。

(5) 水平变形：范围 ±5mm/m；分辨率 0.1mm。

五、钢轨平直度观测仪（见图 2-3-30）

图2-3-29 TEE-1435轨道道岔检测仪

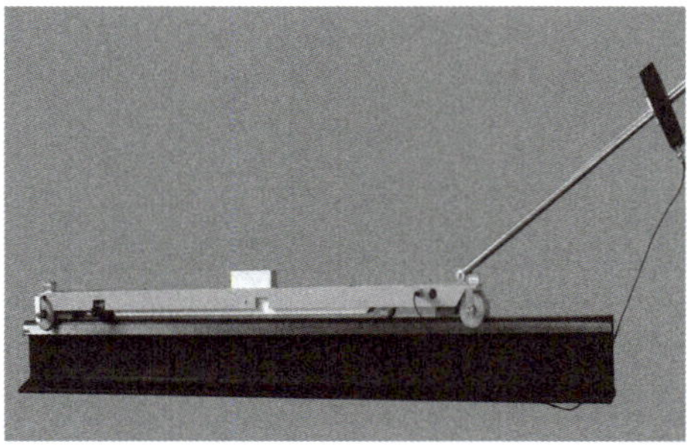

图2-3-30 钢轨平直度观测仪

1. 用途

轨道的高低不平顺是铁路部门检查轨道病害、指导线路维修、保障行车安全的重要指标，也是实现轨道状态现代化管理必不可少的数据。随着铁路运输的不断提速，铁路部门对铁路轨道不平顺状态参数要求越来越高，近年来国内外对轨道不平顺状态的检测进行了大量的研究和开发。高低不平顺度检测办法主要有弦测法和惯性法。目前大型轨检车主要使用的是惯性法，其结构复杂、成本高，不适合移植到目前铁路工务部门日常维护铁路所使用的便携式工具上。因此，铁路工务部门急需一种方便实用且造价低的检测工具对轨道状态进行检测。目前已开发的便携式轨道高低不平顺测量系统，采用非接触测量方法，利用嵌入式系统、激光 CCD 三角测距技术，实现了对线路几何参数的实时检测。其主要技术指标达到国内领先水平，且测量系统具有成本低、重量轻、界面友好、操作方便等优点。

2. 特点

仪器采用手推车形式，可直接在掌上电脑上查看检测数据，有波形显示、数据显示等多种界面，可实时显示数据，操作方便。该仪器还有超限报警、与台式机通讯、进行报表打印等功能。由于仪器轻便、使用简单，测量时一人即可操作，报表及其图形格式可选：图形可以显示高低和当前弦长内的实际轨形（弦长 1m、3m、5m、10m 可选），报表可以只显示、打印超限部分。

3. 技术指标

(1) 高低测量范围：±100mm；示值误差：±0.1mm（弦长 1m、3m、5m、10m 可选）。

(2)里程测量范围:0～15km(单次测量);示值误差:±0.5%。

(3)工作环境温度:－20℃～＋50℃;空气相对湿度(20℃):≤90%。

(4)使用电压:12VDC(内置锂电)。

(5)尺寸:1200mm×125mm×125mm。

(6)质量:6kg。

4. 配置

本系统由机电部分和软件部分组成。软件部分由PDA上的数据采集软件和PC上的数据分析软件构成。

六、GPJ-A01轨道平顺度激光检测仪(见图2-3-31)

1. 特点及应用

GPJ-A01轨道平顺度激光检测仪实现了轨向、轨顶高低的长弦测量,基本弦可达100m以上,测量精度优于1mm,满足时速200～350km/h客运专线直线段、曲线段轨道的精密测量;操作方法简单、快速。该仪器是工务部门必备的检测仪器。

2. 技术参数

(1)轨向测量示值误差(基本弦100m时):≤1mm。

(2)轨顶高低测量示值误差(基本弦100m时):≤1mm。

(3)曲线矢距测量示值误差(基本弦100m时):≤1mm。

(4)工作温度:－20～50℃。

七、公铁两用捣固车

公铁两用捣固车(见图2-3-32)是一种铁路线路维修的主要大型养路机设备,已在铁路线路修理、既有线路提速改造和新线建设中得到广泛应用。该车除有可在钢轨上运行的滚轮外还配备4个可折叠的橡胶轮胎,可轻松上下轨。可进行钢轨两侧枕下道砟捣固和枕端道砟夯实作业。利用车上测量系统,可对作业前、后线路的轨道几何参数进行测量及记录,并通过控制系统,实现按设定的轨道几何参数进行作业。

技术参数:

(1)轨距:1435mm。

(2)转向架心盘距:11000mm。

(3)转向架固定轴距:1500mm。

(4)发动机额定功率:235kW。

(5)最高自行速度:25km/h。

(6)作业精度:纵向水平:≤4mm(10m弦长内测量前后高低差);横向水平:±2mm。

(7)正矢:±2mm(16m弦长在每4m距离内测量)。

(8)工作速度:每小时360根轨枕。

(9)整机重量:5.8t。

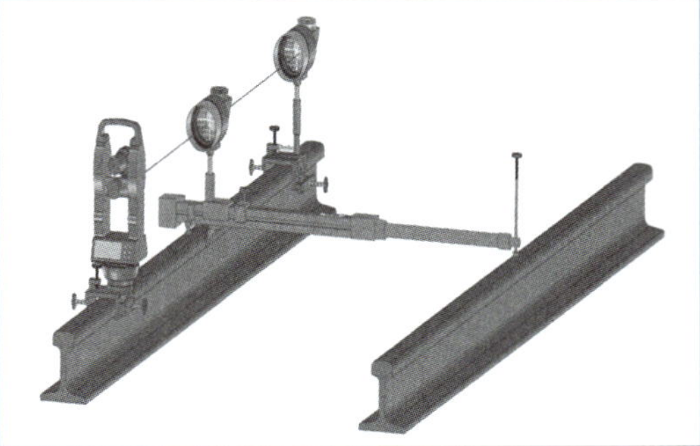

图2-3-31 GPJ-A01轨道平顺度激光检测仪

图2-3-32 公铁两用捣固车

八、D09-32型捣固车(见图2-3-33)

1. 组成

捣固车主要由车架、车轮、捣固锤、停锤机构及驱动机构(包括驱动电机、传动系统、传动轴及压紧装置)等组成。车架由4个车轮支承在轨道梁上,捣固锤装置安装在车架上,锤头沿捣固模横向单列布置,相邻锤头靠近,且斜向相错布置。

2. 技术规定

(1)捣固均由电动机驱动;捣固锤工作时,只做上下往复运动,不做水平运动。

(2)每台捣固小车的轨道中心距偏差不超过2mm。

(3)捣固偏差不大于10mm,制动可靠、平稳,安全托架位置正确、可靠。

(4)所有机械设备、电器装置、管件等必须符合在大气温度-40~+50℃、相对湿度75%情况下的操作要求。

九、钢轨打磨车

钢轨是轨道交通的主要部件,钢轨与列车的车轮直接接触,其质量直接影响行车的安全性和平稳性。轨道交通开通运营后,钢轨就长期处于恶劣的环境中,由于列车的动力作用,钢轨经常会发生伤损情况,产生波浪磨耗、肥边、剥落、轨面鱼鳞、裂纹、毛刺等缺陷,破坏了原有轨头的形状,使轮轨接触面的状况进一步恶化,造成了钢轨寿命减少、养护工作量增加、养护成本增加,特别是在曲线地段、钢轨接头和道岔处,这些都会影响行车安全、行车速度和旅客乘坐舒适度。普通的工务设备对轨面缺陷和轨头无法进行控制,如仅靠更换钢轨来克服轨面和轨头缺陷在频率上远达不到要求,且在经济上存在较大的不合理性。大型钢轨打磨列车(亦称钢轨打磨车,见图2-3-34)正是合理整治这一突出病害的现代化大型机械。

在国外高速铁路的维修工作中,钢轨的磨削工作已作为一项重要的维修工作内容,其高效性受到世界各国铁路的广泛应用。因为钢轨打磨技术的应用,能有效改善轮轨关系,减少由于轮轨关系恶化而引起的换轨、捣固、漩轮、转向架维修等大量费用,同时还可改善列车行车条件、减小噪声震动、增加乘客乘坐的舒适度。钢轨打磨可有效改善轮轨接触关系,延长钢轨的使用寿命的特性,国内外已达成共识。

图2-3-33　D09-32型捣固车

图2-3-34　钢轨打磨车

1. 我国钢轨打磨车的发展历程

我国从 1989 年开始在工务维修中使用钢轨打磨列车。针对打磨车机械制造起步晚、基础差的现状，采取技术转让、合作生产，或在消化吸收进口样机的基础上搞国产化设计。20 世纪 90 年代，我国成功地从美国潘德罗·杰克逊公司引进了 PGM-48 型钢轨打磨车（见图 2-3-35）的制造技术，通过对打磨后钢轨纵向断面测绘和轨检车动态检查发现，钢轨打磨对高速线路的轮轨接触具有较大的改善作用，同时有效地降低了高速运行车辆竖向振动频率和车辆蛇行幅度。

图2-3-35　PGM-48型钢轨打磨列车

钢轨打磨列车的装备，使我国铁路部门在加强铁路线桥结构现代化建设的同时，加快了养护维修机械化的进程，提高了机械化作业水平，促进了工务维修手段由限制型向适应型的转变，推动了工务技术进步，为铁路运输的快速发展提供了更加坚实的基础。目前，我国铁路部门使用最多的车型是美国制造的 PGM-48 型打磨列车。

PGM-48 型打磨列车用于对钢轨进行打磨维修，去除钢轨表面波磨、剥离等并修复轨头廓形。该打磨列车集动力、牵引（驱动）、检测和打磨于一体，是国外钢轨打磨列车中比较先进的一种。

2. PGM-48 型钢轨打磨列车的特点

PGM-48 型钢轨打磨列车是一种结构复杂、控制先进的线路养护机械，集机、电、液、气及计算机技术于一体，主要用于消除钢轨的波磨、擦伤和剥离等损伤，进一步提高线路质量。它通过廓形和波磨测量系统获得钢轨的磨损状况，并将测量结果提供到计算机控制系统，经过运算与比较，计算机控制系统将设置在打磨小车附属的 48 个打磨电动机完成偏转、横移和加压，对钢轨进行打磨作业。

PGM-48 型钢轨打磨列车由三辆车组成，前、后为动力车，中间一辆为生活车。打磨车的驱动装置采用液压驱动系统，动力车的下部安装有 2 台动力转向架，整列共有 4 台动力转向架（即有 8 根动轴），而生活车的下部有 2 台非动力转向架。整列车打磨效率高，打磨精度高，由计算机控制自动检测和调整打磨量。

3. PGM-48 型钢轨打磨列车主要技术参数(见表 2-3-11)

PGM-48 型钢轨打磨列车主要技术参数 表 2-3-11

主柴油机	CUMMINS KTA38 910kW ×2
主发电机	KATO 8p6 - 1500 680kW ×2
传动形式	液压传动
制动形式	单元式机车制动机 WABC026L
轨距	1435mm
最高速度	80km/h
构造速度	100km/h
打磨作业最小曲线半径	100m
打磨电机功率	持续 22kW,间歇 29kW
打磨电机转速	3600r/min
打磨速度	2 ~ 16km/h,最高打磨速度 24km/h
打磨量	平均 0.2mm(单头、单遍、速度 7km/h、60kg/m)
打磨头	48 个
打磨程序	100 个(0 ~ 99)
磨头水平横移量	± mm
磨头偏转角度	±50° ~ -45°
防火水容量	16500L
外形尺寸(长×宽×高)	62.39m ×2.9m ×4.34m
列车总重	约 256t

十、QS-650 型全断面道砟清筛机

铁道线路在运营过程中会发生变形、磨耗、破损、腐蚀、脏污及老化,因此要对其进行养护、维修,以使其处于正常可靠的工作状态,保证行车安全。对碎石道床而言,当其不洁度(按质量计)超过 30% 时,应该进行清筛。道床清筛是一项工作量大、劳动强度高的作业项目。目前,我国铁路已越来越多地采用道砟清筛机来完成。

道砟清筛机是用来清筛道床中道砟的作业机械。它将脏污道砟从轨枕下挖出,进行筛分后,将标准、清洁道砟回填至道床,筛出的污土和废砟则清除到线路外。

QS-650 型全断面道砟清筛机(见图 2-3-36、图 2-3-37)是我国采用技贸结合的方式,引进奥地利普拉塞—陶依尔(Plasser & Theurer)公司 RM80 型全断面道砟清筛机制造技术进行国产化生产的大型养路机械。它是轨行式、耙链式全断面枕底清筛机,在封锁线路的条件下,不需拆除轨排,可一次对道床全部断面上的道砟进行清筛。QS-650 型全断面道砟清

筛机自带动力，采用两台发动机驱动，总功率达到696kW，生产率高达650m³/h。QS-650型全断面道砟清筛机是我国铁路线路大修的主型机械，它的国产化生产和大规模投入使用，标志着我国线路机械的制造技术和铁路大修、维修的作业机械化水平已经发展到了一个新的阶段。

图2-3-36　QS-650型全断面道砟清筛机

图2-3-37　作业中的全断面道砟清筛机

1. QS-650型全断面清筛机的组成与特点

QS-650型全断面道砟清筛机主要由转向架、车架、牵引装置、前后司机室、挖掘装置、筛分装置、道砟输送装置、污土输送装置、提轨装置等部分组成。它是一种结构复杂、先进的自行式线路机械，具有操作简便、性能良好、作业高效的特点。

2. QS-650型全断面清筛机的主要功能

(1)通过穿入轨排下的挖掘链运动，实现道床全断面上道砟的挖掘，将脏污的道砟从轨枕底下挖出，经筛分装置筛分后，清洁道砟回填至道床，污土抛至规定区域。

(2)对线路翻浆冒泥地段的污染道砟可进行全抛作业。

(3)在标准挖掘链的基础上，采用水平导槽加长节来加宽挖掘宽度，使得清筛机既适用于标准线路，又可清筛道床断面较宽的特殊线路区段。QS-650型清筛机的最大挖掘宽度可达5030mm。

(4)筛分装置采用多层可更换筛网尺寸的振动筛，可适用于多种粒径的道砟。

(5)清筛机设有前起道、拨道装置和后拨道装置。作业时，前起道、拨道装置对钢轨进行起道和拨道，可以减少挖掘阻力和避开障碍物；后拨道装置则将拨过的轨道放回原位或指定位置。

(6)道砟分配装置是分配直接落到道床上或落到回填输送带后再撒落到道床上的道砟量，把清洁的道砟输送到挖掘链后部，并均匀地撒布到两钢轨外侧的道床上。

(7)平砟器及道砟清扫装置可以将回填到轨枕上下的道砟推刮平整，并清除回填时落到钢轨、轨枕上的道砟。

3. QS-650型全断面道砟清筛机作业条件与主要技术性能

QS-650型全断面道砟清筛机作业条件见表2-3-12，主要技术性能见表2-3-13。

QS-650 型清筛机作业条件　　表 2-3-12

项　目	作业条件	项　目	作业条件
钢轨	50kg/m、60kg/m、75kg/m	线路最大坡度	33‰
轨枕	木枕或混凝土轨枕	最小作业曲线半径	250m
道床	碎石道床	最小运行曲线半径	180m
轨距	1435mm	特殊环境	可在雨天、夜间和风沙、灰尘严重的情况下作业
适用环境温度	-10 ~ +50℃		

QS-650 型清筛机主要技术性能　　表 2-3-13

项　目	性能参数	项　目	性能参数
外形尺寸	长 31345mm，宽 3150mm，高 4740mm	挖掘装置形式	五边形封闭耙链式
转向架心盘距	23000mm	作业效率	650m³/h
转向架轴距	1830mm	挖掘深度	1000mm(由轨顶向下)
自运行制动方式	排风制动，一次缓解，缓解时间 <10s	挖掘宽度	4030 ~ 5030mm
车轮直径	900mm	挖掘装置功率	277kW
车钩中心高	(880 ± 10) mm(距轨面)	筛分装置驱动功率	43kW
质　量	88000kg	筛网有效面积	25m²
最高自行速度	80km/h	筛网层数	3 层
最高联挂运行速度	100km/h	筛孔尺寸	85/55/30mm(上/中/下)
作业走行速度	0 ~ 1000m/h	最大筛分能力	650m³/h
单车紧急制动距离	≤400m(80km/h)	传动方式	液压传动
作业走行制动方式	空气制动及手制动	柴油机功率	2 × 348kW

【任务】

第一部分　应知应会

一、选择题

1. 当 300m≤曲线半径 <350m 时，其轨距加宽值为(　)。

A. 0mm　　B. 5mm　　C. 10mm　　D. 15mm

2. 铁路轨距变化应和缓平顺，允许速度大于 120km/h 线路的轨距变化率不得大于(　)。

A. 1‰　　B. 2‰　　C. 3‰　　D. 4‰

3. 直线线路上轨向以 10m 弦在轨头内侧顶面下(　)处量取最大矢度。

A. 10mm　　B. 15mm　　C. 16mm　　D. 20mm

4. 轨底坡设置是否正确，可以从钢轨顶面上的光带位置判定。下列关于光带和轨底坡的说法中正确是(　)。

A. 如果光带偏向内侧，说明轨底坡合适

B. 如果光带偏向外侧，则说明轨底坡不足

C. 如果光带居中,说明轨底坡合适

D. 如果光带偏向内侧,说明轨底坡过大

5. 关于曲线外轨超高设置的目的,叙述不正确的是(　)。

A. 减少曲线外股钢轨所受的垂直力和水平力,使两股钢轨受力均匀、垂直磨耗均匀等

B. 便于养护维修

C. 保证轨道稳定,防止车辆倾覆

D. 将离心力限制在一定范围内,保证旅客的舒适度

6. 在某一铁路线上,曲线半径为600m,列车通过该曲线时的平均速度为66km/h,则该曲线应设超高是(　)。

A. 95mm　　B. 90mm　　C. 85mm　　D. 80mm

7. 某曲线半径为400m,超高为125mm,允许最大未被平衡超高采用75mm,则该曲线最高允许速度为(　)。

A. 82.3km/h　　B. 85km/h　　C. 90km/h　　D. 45km/h

8. 有一未改建的曲线,其半径为450m,缓和曲线长度为50m,则每10m 缓和曲线轨距应递减(　)。

A. 3mm　　B. 2mm　　C. 1mm　　D. 0

9. 曲线半径为800m,列车平均速度为70km/h,则外轨应设置(　)的超高。

A. 50mm　　B. 60mm　　C. 70mm　　D. 80mm

10. 站线上的轨距加宽在困难条件下可按(　)递减。

A. 1.5‰　　B. 2‰　　C. 2.5‰　　D. 3‰

11. 同向曲线两超高顺坡终点间的夹直线长度不应短于(　)。

A. 20m　　B. 25m　　C. 40m　　D. 50m

12. 反向曲线两超高顺坡终点间的夹直线长度不应短于(　)。

A. 20m　　B. 25m　　C. 40m　　D. 50m

13. 曲线超高顺坡坡度,最大不得大于(　)。

A. 2‰　　B. 2.5‰　　C. 3‰　　D. 3.5‰

14. 在直线上的超高顺坡,无缓和曲线时不得大于(　)。

A. 15mm　　B. 20mm　　C. 25mm　　D. 30mm

15. 曲线轨距加宽应在整个缓和曲线内递减,递减率一般不大于(　)。

A. 1‰　　B. 2‰　　C. 1.5‰　　D. 2.50‰

16. 有缓和曲线时,在直线上顺坡的超高不得大于(　)。

A. 10mm　　B. 15mm　　C. 20mm　　D. 25mm

17. 曲线地段,未被平衡欠超高,一般应不大于(　)。

A. 50mm　　B. 60mm　　C. 75mm　　D. 90mm

18. 曲线地段,未被平衡欠超高,困难情况下应不大于(　)。

A. 50mm　B. 60mm　C. 75mm　D. 90mm

19. 曲线地段,未被平衡过超高,困难情况下不得大于(　)。

A. 50mm　B. 60mm　C. 75mm　D. 90mm

20. 有一曲线,其半径为300m,缓和曲线长度为50m,则每10m缓和曲线轨距应递减(　)。

A. 5mm　B. 2mm　C. 1mm　D. 0mm

21. 曲线正矢应用20m弦在钢轨踏面下(　)测量。

A. 14mm处　B. 14mm范围内　C. 16mm处　D. 16mm范围内

22. 检查三角坑时的基长为(　)。

A. 4m　B. 4.5m　C. 6m　D. 6.25m

23. 三角坑允许偏差管理值即为在延长(　)的距离内不允许超过的三角坑偏差值。

A. 13m　B. 16m　C. 18m　D. 20m

24. 铁路轨距变化应和缓平顺,允许速度不大于120km/h的正线及到发线轨距变化率不得大于(　)(不含规定的递减率)。

A. 1‰　B. 2‰　C. 3‰　D. 4‰

25. 铁路轨距变化应和缓平顺,允许速度不大于120km/h的其他站线,轨距变化率不得大于(　)(不含规定的递减率)。

A. 1‰　B. 2‰　C. 3‰　D. 4‰

26. 缓和曲线的长度由行车速度和曲线半径确定。一般计算出来的缓和曲线长度应取10m的整倍数,规定最小长度不得短于(　)。

A. 20mm加里股钢轨缩短量的一半

B. 20mm加里股钢轨缩短量

C. 40mm加里股钢轨缩短量的一半

D. 40mm加里股钢轨缩短量

27. 曲线轨道对接接头相错量不得超过(　)。

A. 20mm加里股钢轨缩短量的一半

B. 20mm加里股钢轨缩短量

C. 40mm加里股钢轨缩短量的一半

D. 40mm加里股钢轨缩短量

二、判断题

1. 轨距是钢轨踏面下16mm范围内两股钢轨工作边之间的最小距离。　(　)

2. 轨距变化应和缓平顺,线路轨距变化率不得大于2‰。　(　)

3. 高低是指钢轨顶面沿钢轨方向的竖向凹凸不平顺。　(　)

4. 轨向是指钢轨头部内侧面沿钢轨方向的竖向凹凸不平顺。　(　)

5. 轨道高低不平顺，主要是路基沉陷、捣固不良、扣件松动、枕木腐朽和钢轨磨耗等因素造成。（　）

6. 轨底坡是指钢轨中心线与垂直线之间的倾斜度。（　）

7. 轨底坡是否正确只能从钢轨顶面上的光带位置判定。（　）

8. 如果钢轨顶面上的光带偏向内侧，说明轨底坡过大。（　）

9. 如果钢轨顶面上的光带偏向外侧，则说明轨底坡合适。（　）

10. 曲线轨道实设最大轨距为1456mm。（　）

11. 组成曲线的基本要素是曲线的转向角、曲线半径、曲线切线长、曲线外矢距、曲线全长、缓和曲线长。（　）

12. 设置曲线外轨超高是为了抵消离心力的作用。（　）

13. 曲线上外轨超高的最大值不得超过150mm。（　）

14. 无缓和曲线时，超高顺坡可在圆曲线和直线上进行。（　）

15. 复曲线轨距加宽应在正矢递减范围内，从较大轨距加宽向较小轨距加宽均匀递减。（　）

16. 曲线轨距加宽无缓和曲线时，可在直线上递减，递减率一般不得大于1‰。（　）

17. 复曲线应在正矢递减范围内，从较大超高向较小超高均匀顺坡。（　）

18. 反向曲线两超高顺坡终点间直线的长度，正线上最短不短于50m。（　）

19. 曲线超高顺坡坡度，最大不得大于3‰。（　）

20. 在困难条件下，站线上的轨距加宽允许按2‰递减。（　）

21. 在曲线里股铺设一定数量的缩短轨以后，可避免里股钢轨接头超前或错后的现象。（　）

22. 设置曲线外轨超高是为了抵消离心力的作用。（　）

第二部分　简答题

1. 我国铁路对直线轨道几何尺寸有什么规定？
2. 什么是轨距、水平？如何测量？
3. 什么是三角坑？有什么危害？
4. 如何检查高低、方向？
5. 曲线轨道有哪些特点？
6. 曲线外轨为什么要设置超高？如何设置？
7. 曲线轨距加宽有什么规定？如何加宽？
8. 在圆曲线两端为什么要设置缓和曲线？缓和曲线有什么特点？

第三部分　能力拓展

课外阅读：1.《铁路线路修理规则》。

2.《铁路技术管理规程》。

3. 了解国内外控制轨道平顺的各种工具的发展情况。

参 考 答 案

第一部分

一、选择题

1. B	2. A	3. C	4. C	5. B	6. C	7. A	8. D	9. C	10. B
11. B	12. A	13. A	14. C	15. A	16. B	17. C	18. D	19. A	20. C
21. C	22. D	23. C	24. B	25. C	26. C	27. C			

二、判断题

1. √	2. ×	3. √	4. ×	5. √	6. √	7. ×	8. ×	9. ×	10. ×
11. √	12. √	13. ×	14. ×	15. √	16. √	17. √	18. ×	19. ×	20. √
21. ×	22. √								

第二部分

略。

单元四　无 缝 线 路

引言

普通线路上由于存在钢轨接头轨缝，列车通过时会发生冲击和振动，冲击力最大可达到非接头区 3 倍以上，并伴随有打击噪声。接头冲击力的存在，产生了如下负面效果：

（1）影响了行车的平稳和旅客的舒适。

（2）促使道床破坏、线路状况恶化。

（3）钢轨及联结零件的使用寿命缩短。

（4）维修劳动费用增加，养护线路接头区的费用占养护总经费的 35% 以上。

（5）重伤钢轨 60% 发生在接头区。

而无缝线路（见图 2-4-1）消除了大量的接头，具有振动减少、行车平稳、噪声降低、设备使用寿命延长、适合于高速行车等优点，同时，从节约劳动力和延长设备寿命方面计算，无缝线路比普通线路可节约维修费用 30% ~ 70%。

图2-4-1　有砟路段无缝线路

第一节　无缝线路概述

一、无缝线路

无缝线路又称为焊接长钢轨线路，也叫长钢轨线路，就是把若干根标准长度的钢轨焊接成为 1000 ~ 2000m 长的钢轨并铺设的铁路线路。其通常是在焊轨厂将无孔标准轨焊接成 200 ~ 500m 的轨条，再运到现场就地焊接后铺设。

二、无缝线路类型

1. 按处理温度应力的方式分

（1）温度应力式无缝线路：长轨条 + 两端标准轨。

（2）放散应力式无缝线路：

①自动放散：利用尖轨伸缩调节器放散（桥上）（见图 2-4-2）。

图2-4-2　尖轨伸缩调节器

②定期放散：定期一年两次放散应力（寒冷地区）。

2. 按长轨条长度分

(1) 普通无缝线路(温度应力式):因遍设缓冲区而使焊接长钢轨的长度限制在 1 ~ 2km 以内的无缝线路。

(2) 区间无缝线路:使焊接长钢轨的长度由普通无缝线路的 1 ~ 2km 延长至两个相邻车站站端道岔之间长度的无缝线路。

(3) 跨区间无缝线路:使用无缝道岔将焊接长钢轨穿越车站道岔,从而使一条焊接长钢轨将多个区间无缝线路连接成一体的无缝线路。

超长无缝线路是跨区间无缝线路和全区间无缝线路的统称。

三、温度应力式无缝线路

温度应力式无缝线路由一对焊接长轨条和两端各 2 ~ 4 对标准轨组成。钢轨用扣件锁定,长、短轨间和短轨间均用夹板连接,预留轨缝,如图 2-4-3 所示。

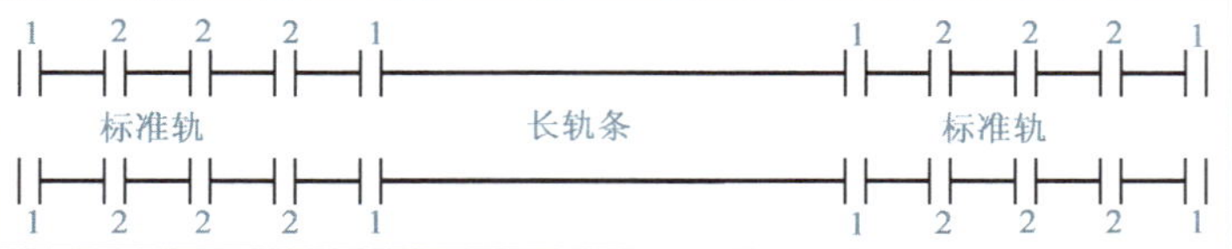

图2-4-3 温度应力式无缝线路结构示意图
1-长轨条与标准轨间缝隙;2-标准轨与标准轨间缝隙

长轨条用扣件锁定后不能自由伸缩。轨温升高到一定程度时,限制伸长量传递至接头 1 处,由轨缝 1 调节;轨缝 1 不够,传递至轨缝 2 调节。如锁定不良伸长量太大,则将一对标准轨适量锯短或换短,以满足伸长量和预留轨缝的要求。相反,限制缩短量也可通过轨缝 1、2 调节。如锁定不良,缩短量太大,使轨缝超限,可将一对标准轨换长,以满足缩短量和预留轨缝的要求。因为两长轨条之间的 2 ~ 4 对标准轨具有这种不可忽视的功能,所以我们又把它叫做"调节轨"或"缓冲轨"。

一般情况下,如果无缝线路处于稳定状态,又按规定预留了轨缝,仅轨缝 1 就可满足钢轨伸缩的需要,而且不会出现瞎缝和超限大轨缝。调节轨之所以要配 2 ~ 4 对,是为了留有余地和在中间轨缝处设置绝缘接头。

四、放散温度应力式无缝线路(定期放散和自动放散)

1. 定期放散式

(1) 组成:在结构上同温度应力式无缝线路。

(2) 优缺点:适用于温差幅度较大地区(大于 90℃),但每年放散应力工作量太大,问题较多。

2. 自动放散式

(1) 组成:在长轨条两端设置钢轨伸缩调节器即伸缩接头,随时释放钢轨内温度应力。

(2) 缺点:限制了每一节轨节的长度,而且线路构造复杂,铺设及养护非常不便。

(3) 使用范围:多用于特大桥上。

第二节 温度应力和温度力

一、钢轨的自由伸缩量和限制伸缩量

1. 钢轨的自由伸缩量

钢轨不受任何阻碍的伸缩叫自由伸缩。自由伸缩量同钢轨的长度和轨温变化度数成正比。据测定,1m 长的钢轨,当轨温变化 1℃ 时,其自由伸缩量为 0.0118mm。据以得出钢轨自由伸缩量的计算公式为:

$$\Delta l = \alpha l \Delta t \tag{2-4-1}$$

式中:Δl——钢轨的自由伸缩量(mm);

α——钢的线膨胀系数,亦即钢轨的单位自由伸缩量,取 0.0118mm/(m·℃);

l——钢轨长度(m);

Δt——轨温变化度数(℃)。

2. 钢轨的限制伸缩量

无缝线路钢轨在充分锁定状态下的伸缩叫限制伸缩。

由于已被强力锁定,自由伸缩量的相当一部分不能实现,故无缝线路钢轨的限制伸缩有如下特点:

(1)只有当轨温变化到相当程度时才会产生限制伸缩。如:50kg/m、25m 标准轨,如采用钢筋混凝土枕,当轨温变化 28℃ 时,才开始产生 0.1mm 的限制伸缩。

(2)限制伸缩量比自由伸缩量小得多。如前所述,当轨温下降 33℃ 时,长轨条的自由缩短量为 389mm,而限制缩短量仅有 1.9mm。

(3)限制伸缩量同长轨条的长度无关。即任何长度的长轨条的限制伸缩量,在轨温变化相同度数时都是一致的。无缝线路未充分锁定或道床抵抗轨枕沿线路方向移动的阻力不够,钢轨的限制伸缩量将会增大,甚至接近自由伸缩量,这将对无缝线路产生巨大的破坏性影响。

无缝线路长轨条和标准轨的一端限制伸缩量见表 2-4-1。

60kg/m 钢轨,1840 根/km 轨枕时,钢轨一端限制伸缩量表(单位:mm) 表 2-4-1

轨温差 Δt(℃)	长轨		12.5m 标准轨		25m 标准轨	
	木枕	钢筋混凝土枕	木枕	钢筋混凝土枕	木枕	钢筋混凝土枕
22	0	0	0	0	0	0
23	0.1	0.1	0	0	0	0
24	0.2	0.2	0.2	0.1	0.2	0.1
25	0.3	0.3	0.3	0.2	0.3	0.2
26	0.5	0.4	0.3	0.3	0.5	0.4
27	0.7	0.5	0.4	0.4	0.6	0.5
28	1.0	0.7	0.5	0.4	0.8	0.7

续上表

轨温差 Δt(℃)	长轨		12.5m 标准轨		25m 标准轨	
	木枕	钢筋混凝土枕	木枕	钢筋混凝土枕	木枕	钢筋混凝土枕
29	1.3	0.9	0.6	0.5	0.9	0.8
30	1.6	1.1	0.6	0.6	1.1	1.0
31	1.9	1.4	0.7	0.7	1.2	1.1
32	2.3	1.6	0.8	0.7	1.4	1.3
33	2.7	1.9	0.8	0.8	1.5	1.4
34	3.2	2.3	0.9	0.9	1.7	1.6
35	3.7	2.6	1.0	1.0	1.8	1.7
36	4.2	3.0	1.1	1.0	2.0	1.9
37	4.8	3.4	1.1	1.1	2.1	2.0
38	5.4	3.8	1.2	1.2	2.3	2.1
39	6.1	4.3	1.3	1.3	2.4	2.3

二、温度应力和温度力

无缝线路锁定之后,较大的自由伸缩量变成了较小的限制伸缩量。那么,钢轨未能实现的伸缩量,以温度应力的形式积蓄于钢轨内部。很明显,轨温变化越大,应力就越大。因此,我们把在无缝线路上,由于轨温变化引起的钢轨伸缩因受到限制而转化到钢轨内部的力叫温度应力。

夏天轨温上升,钢轨欲伸长时受到的温度应力是压应力。

冬天轨温下降,钢轨欲缩短时受到的温度应力是拉应力。

据测算,经锁定的钢轨,当轨温升降 1℃时,每平方厘米钢轨断面上产生的压应力或拉应力是 247.8N(牛顿,力的单位,1kg≈10N)。由此得出温度应力的计算公式是:

$$\sigma_t = 247.8\Delta t \tag{2-4-2}$$

式中:σ_t——温度应力(N);

Δt——轨温变化度数(℃)。

$$\begin{aligned}温度应力 &= 钢的弹性模量 \times 钢轨长度变化率\\ &= E \times \frac{伸缩量}{长轨长} = E \times \frac{\alpha L \Delta t}{L}\\ &= 2.1 \times 10^7 \times 0.0000118 \times \Delta t\\ &= 247.8\Delta t(\mathrm{N})\end{aligned}$$

温度应力只表示每平方厘米钢轨断面上受到的力。50kg/m 钢轨和 60kg/m 钢轨的全断面分别为 65.8cm² 和 77.45cm²,则当轨温变化 1℃时,这两种钢轨全断面上受到的应力分别为:

$$247.8\mathrm{N/cm^2} \times 65.8\mathrm{cm^2} = 16305\mathrm{N}$$

$$247.8\text{N/cm}^2 \times 77.45\text{cm}^2 = 19192\text{N}$$

我们把无缝线路钢轨全断面上受到的温度应力叫温度力。

温度力的计算公式为：

$$p_t = \sigma_t F = 247.8\Delta t F \qquad (2\text{-}4\text{-}3)$$

式中：F——钢轨断面积（cm^2）；

p_t——温度力（N）。

从上两式可以得出两个重要的结论：

（1）温度力的大小与钢轨长度无关。

（2）温度应力与温度变化度数成直线比例关系。

无缝线路的钢轨，随轨温的变化要承受巨大的温度力，这是无缝线路区别于普通线路的一个非常重要的特点，也是无缝线路维修养护工作中必须考虑的一个特殊问题。

第三节　轨温、锁定轨温和轨温变化度数

一、轨温

轨温就是钢轨温度。

轨温是一个变量，它随气温的变化而跟着变化。铺设无缝线路时，为了适应最不利的轨温变化情况，以确定无缝线路可能承受的最大温度力，须考虑当地的最高气温和最低气温，以求得最高轨温和最低轨温。

一般认为：当地最高轨温等于当地历年最高气温加 20℃；当地最低轨温等于当地历年最低气温。

而当地历年最高、最低气温，则必须根据该地近 30 年的气象记录确定。

包括最高、最低轨温在内的任何时候的现场轨温，都必须用专用仪器（如数字式钢轨测温计）测量确定；切忌靠气温表随意臆测，以免给施工带来不良影响。

我国主要地区最高、最低轨温见表 2-4-2。

我国主要地区最高、最低轨温表（单位：℃）　　表 2-4-2

地　名	最高轨温	最低轨温	地　名	最高轨温	最低轨温	地　名	最高轨温	最低轨温	地　名	最高轨温	最低轨温
北京	62.6	-22.8	开封	63.0	-15.0	杭州	62.1	-10.5	乌鲁木齐	60.7	-41.5
天津	65.0	-22.9	许昌	61.9	-17.4	福州	59.8	-2.5	沈阳	59.3	-33.1
石家庄	62.7	-26.5	信阳	61.0	-20.0	厦门	58.5	-2.0	丹东	57.8	-31.9
唐山	63.3	-22.6	武汉	61.3	-17.3	南京	63.0	-14.0	抚顺	58.3	-35.2
秦皇岛	57.2	-22.2	岳阳	59.0	-11.8	苏州	61.0	-12.0	锦州	57.3	-24.2
保定	63.3	-23.7	长沙	63.0	-9.5	徐州	63.3	-18.9	鞍山	58.4	-30.4
邢台	61.7	-22.4	衡阳	61.3	-7.0	合肥	61.0	-20.6	大连	56.1	-19.9

续上表

地 名	最高轨温	最低轨温	地 名	最高轨温	最低轨温	地 名	最高轨温	最低轨温	地 名	最高轨温	最低轨温
邯郸	62.5	-19.0	韶关	62.0	-4.3	蚌埠	64.5	-19.4	长春	59.5	-36.5
承德	61.5	-23.0	广州	58.7	-0.3	济南	62.5	-19.7	四平	56.2	-38.7
张家口	60.9	-26.2	昆明	52.3	-5.4	青岛	56.6	-20.5	延吉	60.3	-37.1
太原	61.4	-29.5	贵阳	59.5	-9.5	德州	63.4	-27.0	哈尔滨	59.1	-41.1
阳泉	60.2	-18.9	南宁	60.4	-2.1	泰安	60.8	-22.4	牡丹江	57.5	-45.2
大同	58.0	-30.5	桂林	59.7	-5.0	兖州	60.7	-18.6	佳木斯	56.4	-36.6
呼和浩特	58.0	-36.2	成都	60.1	-4.6	西安	65.2	-20.6	安达	59.5	-44.3
包头	59.5	-32.8	重庆	64.0	-2.5	兰州	59.1	-23.3	齐齐哈尔	57.5	-39.5
新乡	62.7	-21.3	西昌	59.7	-6.0	酒泉	58.4	-31.6	嫩江	58.1	-47.3
郑州	63.0	-17.9	南昌	60.6	-7.7	西宁	52.4	-26.6			
洛阳	64.2	-20.0	上海	60.3	-12.1	银川	59.3	-30.6			

二、锁定轨温

1. 锁定轨温

所谓“锁定”，就是用中间扣件(包括防爬设备)把无缝线路钢轨紧扣在轨枕上，用接头扣件把轨端充分夹紧，使之不能自由伸缩。

无缝线路锁定时的轨温叫锁定轨温。我们通常把无缝线路全部扣件螺栓(包括接头螺栓)拧紧时的轨温作为锁定轨温。如果此间轨温有波动，则在长轨始端落槽时应测定一次轨温，到长轨末端合拢，拧紧全部扣件螺栓，再测一次轨温，以两次平均值，作为该段无缝线路的锁定轨温。

2. 锁定轨温的性质

(1)锁定轨温是“零应力轨温”。显然，在中间扣件和接头扣件拧紧之前，钢轨处于自由伸缩状态，随着轨温的变化，该伸的已经伸足了，该缩的已经缩足了。因而在将扣件拧紧的那个短暂的时间，无缝线路钢轨断面受到的温度力等于0。故国外铁路又把锁定轨温叫做“零应力轨温”。此时无缝线路具备最安全的轨温条件。锁定之后，只要轨温等于锁定轨温，无缝线路钢轨断面上承受的温度力都等于0。

(2)锁定轨温是轨温变化度数的依据。计算温度力和钢轨限制伸缩量时，应把锁定轨温作为基数去求取轨温变化度数。所谓“轨温变化度数”，就是实际轨温与锁定轨温的差数。如某无缝线路的锁定轨温是27℃，某时实测轨温是57℃，则轨温变化度数就是57℃ -27℃ = +30℃；某时实测轨温是-8℃，则轨温变化度数就是-8℃ -27℃ = -35℃(“+”、“-”分别表示轨温上升和下降)。离开了锁定轨温这个基数，轨温变化度数就无从谈起，温度力和钢轨限制伸缩量也就无从算起。

(3)锁定轨温和钢轨长度是相关统一的。设计无缝线路时，锁定轨温定下来了，钢轨长度也就随之定下来了。无缝线路铺好锁定之后，要想保持锁定轨温不变，就必须保持钢轨长度不变。如果钢轨伸长了，就意味着锁定轨温升高了；钢轨缩短了，则意味着锁定轨温降低了。一旦锁定轨温偏离了设计范围，就会给无缝线路的受力状况带来不良影响。

3. 锁定轨温的确定

锁定轨温的高低，直接决定无缝线路承受温度力的大小，因而直接决定无缝线路的稳定性。一个地区只有一个最高轨温和一个最低轨温。如果锁定轨温定得过高，夏天无缝线路承受的温度压力倒是不大，但是到了冬天最低轨温时，无缝线路将承受较大的温度拉力而影响其稳定性。

如果锁定轨温定得过低，冬天最低轨温时无缝线路承受的温度拉力倒是不大，但是到了夏天最高轨温时，无缝线路将承受较大的温度压力，同样影响其稳定性。所以，锁定轨温的确定，必须同时兼顾一个地区可能出现的最高、最低轨温，使之到最高、最低轨温的变化幅度都不是很大，产生的温度力无缝线路都能承受。图 2-4-4 为锁定轨温与温度应力关系图。

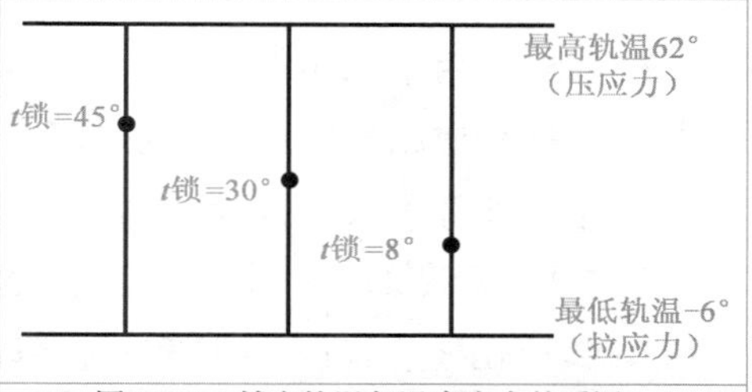

图2-4-4　锁定轨温与温度应力关系图

下面我们就来看看温度应力式无缝线路锁定轨温确定的大略方法。

(1) 根据地区的最高、最低轨温算出中间轨温。地区最高、最低轨温代数和的平均值叫做中间轨温。

以图 2-4-4 为例，中间轨温 $=\dfrac{62+(-6)}{2}=28℃$

这里要注意，中间轨温不等于轨温差的平均值。

(2) 确定锁定轨温范围。考虑到铺设温度应力式无缝线路的地区，冬天最低轨温不是很低，主要的危险不是来自温度拉力而是温度压力，所以我们通常把锁定轨温定得比中间轨温略高一些，即将设计锁定轨温 ±5℃ 作为锁定轨温范围，南方可取中间轨温加 2～3℃。仍如上例，28＋2＋5＝35℃，28＋2－5＝25℃，则 25～35℃ 即为该地区锁定轨温范围。

(3) 确定锁定轨温。如果该地区某条无缝线路锁定时的轨温是此范围之内的任意一值，则将此轨温作为该无缝线路的合理锁定轨温。仍如上例，我们将 30℃ 作为该无缝线路的锁定轨温。

显然，对于一个地区而言，锁定轨温是一个范围；对于某一条无缝线路而言，锁定轨温则是此范围内的一个单一的特定值。

而且，从理论上讲，一条无缝线路只允许有一个锁定轨温，且两股钢轨应基本相同。

§例§　西昌地区最高轨温为 59.7℃，最低轨温为 －6℃，求该地区的锁定轨温范围，并为某条无缝线路选择一个合理的锁定轨温。

解：

$$t_{中}=\frac{59.7+(-6)}{2}=27℃$$

$$27+3+5=35℃$$

$$27+3-5=25℃$$

25～35℃即为该地区的锁定轨温范围。可以选择$t_{锁}=30℃$作为某条无缝线路的合理的锁定轨温。

三、轨道框架刚度和线路阻力

1. 轨道框架刚度

(1)轨道框架的受力特点

在线路上，用中间扣件把钢轨与轨枕连接起来的架体叫轨道框架。轨道框架的受力特点是钢轨、轨枕和道床群体受力。我们把轨道框架抵抗弯曲变形的能力叫轨道框架刚度。

(2)轨道框架刚度的决定因素

轨道框架刚度的大小由以下因素决定：

①钢轨刚度。钢轨本身具有抵抗弯曲的能力。越是重型的钢轨，横截面积越大，刚度也就越大，形成的轨道框架的刚度也就越大。

②中间扣件的强度和拧紧状态。中间扣件的强度越大，拧得越紧，对钢轨的扣压力就越大，轨道框架的整体性就越强，轨道框架刚度就越大。据测算，扣件拧紧产生的轨道框架刚度，比两股钢轨本身的刚度之和还要大50%以上。所以，提高轨道框架刚度的有效措施之一，就是按规定的扭力矩拧紧中间扣件。

2. 线路阻力

(1)温度力和线路阻力的关系

线路阻止钢轨和轨道框架纵、横向移动的力叫线路阻力。在无缝线路上，温度力和线路阻力是矛盾的统一体。无缝线路因为锁定才产生温度力；反过来，温度力又必须靠强有力的锁定产生的阻力来克服。温度力和线路阻力的大小相等，方向相反。也就是说，温度力一经产生，就必须有相等的线路阻力去平衡、克服它。

线路阻力小于温度力，就会导致轨道的横向变形和纵向爬行。所以，无缝线路“储备”的线路阻力，必须在最高、最低轨温等最不利条件下都大于(至少等于)温度力。无缝线路的全部养护维修工作，都是为了达到这个要求。

从理论上讲，无缝线路设备本身达到这个要求是绰绰有余的。

(2)线路阻力的分类分析

①纵向阻力：无缝线路阻止钢轨及轨道框架纵向移动的阻力叫纵向阻力。纵向阻力包括接头阻力、道床纵向阻力和扣件阻力。

接头阻力：钢轨或轨道框架要发生纵向位移，首当其冲的是接头。接头阻力可以看成是由钢轨与夹板之间的摩阻力及夹板螺栓的抗弯力和抗剪力组成。在巨大的温度力面前，夹板螺栓的抗弯力和抗剪力显得很小,因此我们把它作为一种安全余量而忽略不计。剩下的就是钢轨与夹板之间的摩阻力。

道床纵向阻力:当全部接头阻力都不足以克服温度力时,道床纵向阻力就开始发挥作用了。道床抵抗轨枕沿线路方向移动的阻力叫道床纵向阻力。

第一,其大小同线路状况有直接关系。第二,道床纵向阻力随轨枕位移的增加而增长,但位移达到一定值时,阻力就不再增加。通常采用轨枕位移2mm时的道床纵向阻力作为计算常量。第三,只有当扣件阻力大于道床纵向阻力时,钢轨才能带动轨枕作纵向位移而产生道床纵向阻力。反之,扣件阻力小于道床纵向阻力,钢轨就不能带动轨枕作纵向位移,道床纵向阻力将不发挥作用。此时,随着轨温的进一步变化,钢轨本身将沿垫板作纵向位移,造成钢轨爬行。所以,无缝线路的中间扣件一定要拧紧,使扭力矩达到80~150N·m;尽量不采用道钉扣件,必要时,还要安装防爬设备。第四,道床纵向阻力的作用顺序是从轨端向无缝线路中部渐次延伸,到最高、最低轨温、最大温度力时为止。

在正常的线路状态下,可根据表2-4-3查取道床纵向阻力值。

道床纵向阻力值 表2-4-3

线路特征	每根轨枕道床纵向阻力 P(N)	每公里1840根轨枕时,道床单位纵向阻力 P(N/cm)	每公里1760根轨枕时,道床单位纵向阻力 P(N/cm)
木枕线路	7000	64	61
钢筋混凝土枕线路	10000	91	87

扣件阻力:中间扣件和防爬设备抵抗钢轨纵向位移的阻力叫扣件阻力。如前所述,扣件阻力必须大于道床纵向阻力。表2-4-4的扣件阻力值可供参考。

扣件阻力值 表2-4-4

扣件及防爬设备类型	单位	阻力(kN)
穿销式防爬器	个	20
钢筋混凝土枕扣板式扣件	每根轨枕两股钢轨	6.0
钢筋混凝土枕拱形弹片式扣件	每根轨枕两股钢轨	10.1
钢筋混凝土枕弹条式扣件	每根轨枕两股钢轨	11.9
分开式扣件	每根轨枕两股钢轨	15
普通道钉	每根轨枕两股钢轨	0.04

②横向阻力:包括轨道框架刚度和道床横向阻力。

道床抵抗轨道框架横向位移的阻力叫道床横向阻力。道床横向阻力是防止胀轨跑道、保持线路稳定的重要因素。根据前苏联的试验,稳定轨道框架65%的力是由道床提供的。道床横向阻力与道床纵向阻力、道床断面的大小、轨枕端部道砟的多少、轨枕盒内道砟的饱满和夯实程度、轨枕质量和底部粗糙度等因素有关。

增大道床肩宽是提高道床横向阻力的一个重要手段。但是肩宽超过一定数值(木枕线路450mm,钢筋混凝土枕线路550mm),横向阻力就不再显著增加。

在轨枕端部堆高石砟，做成特种断面道床，也是增大道床横向阻力的有效措施。据试验，采用特种断面道床，钢筋混凝土枕无缝线路的横向阻力可提高26%，木枕无缝线路的横向阻力可提高20%。特别是在高温季节，无缝线路出现胀轨迹象时，特种断面道床更能显著地阻止轨道弯曲变形的进一步扩大。在小半径曲线上、桥梁上做成特种断面道床，也非常必要。如图2-4-5为特种断面道床示例。

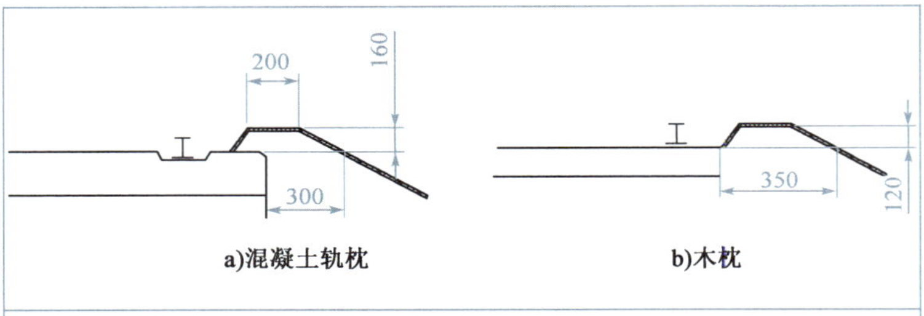

图2-4-4　特种断面道床示意图（尺寸单位：mm）

第四节　基本温度力图和伸缩区长度计算

一、基本温度力图

温度力与线路阻力平衡关系的示意图叫基本温度力图。通过读懂基本温度力图（见图2-4-6），我们可以加深对无缝线路的认识。

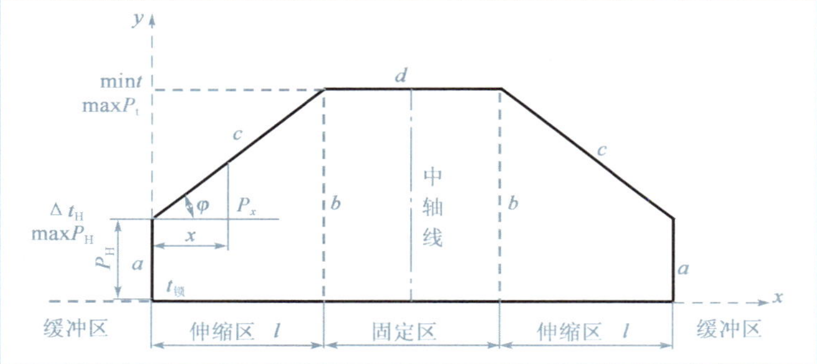

图2-4-6　基本温度力图

1. 图例

纵坐标：表示轨温和温度力。它是一个线段而不是射线，原点 $t_{锁}$ 即锁定轨温，终点 $\min t$ 和 $\max P_t$ 表示最低轨温和最大温度拉力。

横坐标：表示长轨条全长。原点在横坐标上又表示长轨条左端。

a、b、c、d：为叙述方便，将 a、b、c、d 作为图中各线段的代号。

基本温度力图关于中轴线对称。

当轨温下降到锁定轨温以下至最低轨温时，基本温度力图在横坐标上侧；当轨温上升到锁定轨温以上至最高轨温时，基本温度力图在横坐标下侧。

2. 分析

(1)当轨温 t 等于锁定轨温 $t_{锁}$ 时,钢轨断面受到的温度力 P_t 等于0,钢轨不伸缩。

(2)当轨温低于 $t_{锁}$,但轨温变化度数又未达到接头阻力 P_H 折算成的轨温变化度数 Δt_H 时,因接头被锁定,钢轨伸长受阻,从而在钢轨全长范围内产生温度力。该温度力 $P_t = 247.8\Delta t_F$,并沿 a 线随 Δt 的上升而增加,随时与接头阻力 P_H 达成平衡。

(3)轨温继续下降,当轨温变化度数等于 Δt_H 时,最大接头阻力 $\max P_H$ 与温度力持平,即 $P_t = \max P_H$,接头阻力已全都被温度力克服。

(4)轨温进一步下降,钢轨在实现限制伸长的过程中带动轨枕作纵向位移,道床纵向阻力开始克服温度力。轨温降得越低,温度力越大,道床纵向阻力就越大,产生纵向阻力的道床长度就越长,并从轨端处开始向无缝线路中部延伸。已知单位道床纵向阻力为 P,道床长度为 x,则该长度道床产生的纵向阻力为 Px,被平衡的温度力 P_t 则等于 Px。随着 Δt 的逐步降低,P_t 随之逐步增大,Px 亦随之逐步增大,以同 P_t 平衡。这样,就在图中构成了斜线 c,其斜率(由倾角 φ 决定,$\tan\varphi = P$)因线路状况的不同而不同。

(5)轨温降至最低轨温 $\min t$,产生最大温度力 $\max P_t$,此时产生最大纵向阻力的道床达到最长 l,最终完成了线路阻力与温度力的平衡。我们把这一段叫做伸缩区。

(6)长轨条两端 l 范围之间的部分 d,随着轨温的升降,始终承受最大而且均衡的温度力。我们把 d 这一段叫做固定区。

(7)从理论上讲,当 $\min t$ 和 $\max P_t$ 呈单纯上升趋势时,d 随之向下平行推移并逐步延长,表示固定区增长,伸缩区变短。当 $\min t$ 和 $\max P_t$ 上升至 $\max P_H$ 点时,基本温度力图呈一矩形,此时已无实际意义上的伸缩区。当 $\min t$ 和 $\max P_t$ 升至原点时,全长范围内长轨条的温度力都等于0。此时基本温度力图呈一直线,可以像普通线路一样对待。

二、伸缩区和固定区

从温度力图可知,伸缩区钢轨从轨端向里承受的温度力越来越大,在与固定区的交界处,钢轨承受最大的温度力。既然已经克服了全部接头阻力,在伸缩区,温度力必然迫使钢轨带动轨枕发生纵向位移,从而产生与之等同的道床纵向阻力。但是道床纵向阻力的产生有一个过程,所以,要待轨枕移动相当距离时,道床纵向阻力值才能达到最大。

换句话说,道床纵向阻力的产生是以轨枕—轨道框架的微小的纵向位移为代价的。这种位移由外向里逐根轨枕积累起来,从而形成长轨一端的限制伸缩。也正因为如此,我们才把这一段叫做伸缩区。

无缝线路长轨条两侧,在温度力作用下发生限制伸缩的区段叫伸缩区。伸缩区长度根据年轨温差幅值、道床纵向阻力、钢轨接头阻力等参数计算确定,一般为50~100m。而在无缝线路长轨条中部,因为不存在道床纵向阻力克服温度力的问题,最大温度力只是均衡地积存于钢轨内部,所以轨道框架并不发生纵向位移。也正因为如此,我们才把这一段叫做固定区。无缝线路长轨条中部均衡承受最大温度力,但轨道框架不发生纵向位移的区段叫固定区。固定区长度不得短于50m。

前文已述，无缝线路长轨条两端以外，用来调节钢轨和轨道框架限制伸缩的2～4根标准轨叫缓冲区。

三、伸缩区长度计算

从基本温度力图上可以看出：伸缩区的任一长度 x 乘以单位道床纵向阻力 P，即为该长度上的道床纵向阻力值 Px，其等于相应纵坐标上的温度力减接头阻力。于是得出一个关系式：

$$Px = P_t - P_H \tag{2-4-4}$$

将此式变换一下，并用 l 表示伸缩区长度：

$$l = \frac{P_t - P_H}{P} \tag{2-4-5}$$

式中：l——伸缩区长度（cm）；

P_t——轨温变化产生的温度力（kN）；

P_H——接头阻力（kN）；

P——单位道床纵向阻力（kN/cm）。

与实际伸缩区长度这个概念相对应的是设计伸缩区长度。设计伸缩区长度的计算依据是最高、最低轨温。

很明显，实际伸缩区长度是一个变量，它随轨温和线路条件的变化而变化；实际伸缩区和固定区之间，没有一个固定的分界点。

但是，养护维修工作又要求我们把伸缩区和固定区明确、固定地区分开来，以便针对不同的线路特点采取不同的养护、维修措施，同时也便利于观测、检查；另外，为了给伸缩区长度留出相当的余地，以使其适应最不利的情况，同时考虑到现场的线路阻力难免要打一定的折扣。因此，现场无缝线路标定的伸缩区长度，总要比用最高、最低轨温计算出来的伸缩区长度长一些，一般为50～100m，钢筋混凝土枕地段多为50～75m，木枕地段多为75～100m。我们把这种现场标定的伸缩区长度叫做设计伸缩区长度。

第五节　无缝线路施工

一、跨区间无缝线路

所谓跨区间无缝线路，即轨条与轨条、轨条与道岔直接焊接，轨条之间直接传递纵向力和位移量。《铁路线路术语》（TB/T 1352—1994）将它称为超长无缝线路（Super Long Continuous Welded Rail Track）。

1. 铺设普通无缝线路的优缺点

（1）优点

①铺设普通无缝线路使行车阻力下降10%～20%，节省能源。

②铺设普通无缝线路能延长15%～30%的部件寿命。

③铺设普通无缝线路能减少20%～35%的维修费用。

④铺设普通无缝线路适于高速行车,使旅客舒适。

⑤铺设普通无缝线路使振动与噪声降低。

(2)缺点

①钢轨承受着巨大的温度力,容易出现断轨(冬天)和跑道(夏天)。尤其在刚开始铺设无缝线路时,线路尚未稳定,更容易发生断轨和跑道,这对养护维修的要求高(严格按照轨温进行作业)。

②轨条长,需专用设备与方法来运输、装卸与施工(如长轨运输车)。

③普通无缝线路受焊接质量的影响颇大。

2. 铺设跨区间无缝线路的优缺点

跨区间无缝线路除具有一般无缝线路的优点外,还具有以下优点。

①无缝线路的长轨条贯通区间,并与道岔焊连,取消了缓冲区,彻底实现了线路的无缝化,全面提高了线路的平顺性与整体强度。

②轨道部件的损耗和养护维修工作量进一步减少。

③改善了道岔区的行车条件。

④温度循环造成的温度力峰也随着伸缩区的消失而消失了。

⑤提高了线路的防爬能力,线路的安全性和可靠性提高了。

为满足高速铁路、客运专线高平顺性的要求,新建铁路必须一次铺设跨区间无缝线路。这是因为如果不一次铺设跨区间无缝线路,将出现:

①不能达到轨道初始不平顺的严格要求。

②不能消除对轨道十分有害的周期性不平顺。

③不能充分发挥无缝线路大幅度提高轨道平顺性的应有作用。

④不能满足少维修、低振动、低噪声的需要。

客运专线应采用一次铺设跨区间无缝线路。事实上,为了满足减少维修、降低振动、提高舒适度等要求,一般新建铁路也应考虑采用跨区间无缝线路。

二、跨区间无缝线路施工技术(有砟)

高速客运专线的铺砟、铺轨作业必须以保证路基顶面不受施工和运输机具的破坏为前提。在施工完毕的路基面上,摊铺厚度为150mm的道砟层并经压实后,则可进行铺轨作业。

1. 国外有砟轨道铺轨作业

国外有砟轨道铺轨作业主要采用两类方法:单根轨枕作业法和长轨排铺设法。

(1)单根轨枕作业法

①间隔式群枕铺设法。这种铺轨工法是单根轨枕作业法中的一种,曾在法国TGV和西班牙高速铁路施工中使用。间隔式群枕铺设法的平均效率为1200m/d,其铺设基本程序如下。

a. 铺设辅助轨排。用轻轨、木枕铺设标准轨距辅助轨排。

b. 运轨列车运卸长钢轨。运轨列车进入辅助线后，同时卸1号线和2号线的长钢轨，并使1号线两侧的长钢轨间距等于龙门架的走行轨距。

c. 吊起辅助轨排、运输、再铺。龙门吊走行轨铺成后，用门式吊机吊起辅助轨排，放在运输车上，动力车将运输车推至前方，用后退的铲车、门式吊车机将轨排卸下，逐步铺设固定，使辅助轨排继续不断向前延伸。

d. 砟面整形、吊卸轨枕。辅助轨排吊走后，道床断面整形，并使用龙门吊机每次起吊30+30根轨枕，并依次卸下。

e. 轨枕定位。

f. 长钢轨定位。卸下轨枕后，使用收轨机将钢轨收放在轨枕的承轨槽上，并安装紧固扣件。

g. 重复运卸长钢轨。另一列车继续运卸长钢轨，并重复上述工序。

h. 铝热焊、放散应力。卸砟、配砟整形、整正线路、起道捣固、用动力稳定车稳定道床、铝热焊、放散应力、最终焊接、超长无缝线路锁定。

i. 卸砟、整形。补砟、再次整道和整形，并用动力稳定车再次稳定道床，使线路集合状态达到规定要求。

j. 钢轨打磨。钢轨打磨直到满足轨面平顺性要求。

②单枕连续铺设法。单枕连续铺设法是最常用的单根轨枕作业法，其中最为典型的是使用奥地利普拉塞·陶利尔公司的SVM1000型铺轨机或使用PK1-20ES型轨枕铺放机连续完成铺枕、铺轨作业。美国NTC公司的P811型铺轨机和瑞士的TCM60型铺轨机的作业也属此类工法。

图2-4-7 SVM1000型铺轨机

SVM1000型铺轨机(见图2-4-7)由一台铺轨车、数辆轨枕运输车以及一部或多部在轨枕运输车上的龙门吊组成。当路基顶面完成，轨下道砟摊铺后，即可进行铺轨作业，铺轨作业效率平均为1500m/d。

单枕连接铺设法的主要程序如下。

a. 卸放长钢轨。将长钢轨传送至铺轨车的前端，并用拖拉机向前牵引，将长钢轨在铺轨车前按约3m的轨距摆开。

b. 铺枕。由铺轨车中部的轨枕铺设机械铺放轨枕。

c. 钢轨就位固定。铺轨车的液压式滚轮夹钳将长钢轨收放在轨枕承轨槽上，并安装紧固扣件。

d. 卸砟、整道。自卸式道砟运输车继续卸砟，机械化作业列车MDZ连续两次进行起道捣固作业。

e. 钢轨焊联。在不受轨温限制条件下，将长钢轨焊联成单元轨条。

f. 无缝线路锁定。在中和温度下张拉单元轨条，并与相邻单元轨条进行焊联，然后锁定超长无缝线路。

g. 补砟整道。用自卸式道砟运输车再次补充道砟，并起道、捣固，使轨道几何状态达到要求。

h. 打磨钢轨。

(2) 长轨排铺设法

此种铺设工法不及单根轨枕铺设法获得广泛认可，但自20世纪70年代以来，德国在新建或改建线路上进行无缝线路铺设时，一直沿用此种工法，由最初铺设长度为90m、120m的长轨排，发展至180m(ICE铺轨作业铺设的轨排长度)。这种铺设方法在曲线地段的铺设圆顺性欠佳，且铺架设备经常往返于工地和临时组装基地，耗费工时和轨料。长轨排铺设法的铺轨作业效率平均为750m/d。

2. 我国无缝线路一次铺设工法

以秦沈客运专线的施工工艺为例，对我国无缝线路一次铺设工法进行介绍。

(1) 一次铺设跨区间无缝线路施工工艺由11道工序组成

①铺轨前道砟摊铺、路基及铺轨前道砟交接。铺轨前道砟摊铺采用专用摊铺机、压路机或卸砟车、平地机、压路机等，对道床反复碾压形成密度达1.6g/cm^{3}以上的底层道床。施工时在两边测设标志杆，按标高挂设钢弦绳，通过摊铺机上加装红外线地平仪自动控制摊铺厚度及边线。道砟摊铺也可在测量放线后，分格卸砟，推土机推开、平地机刮平、人工开槽、压路机压实。路基交接是从路基施工单位接收路基(桥面)资料并复核，索取变更设计资料；中线测量(并设边桩)；水准测量(并设边桩)；底砟质量检查、密度测量、表面平整度测量、断面测量；岔位道砟与验收；影响铺轨的障碍物调查；复测资料移交下一道工序。

②基地焊接长钢轨。铺轨基地焊轨生产线长670m，以乌克兰、加拿大合资生产的K1000型固定式闪光接触焊机和法国MMA-14A型精磨机、SPM-4N四方向调直机、MBS-14A轨端清理机等为主导设备，与国产初调直机、正火机床和自行研制的长钢轨输送支架、2t龙门群吊、落锤机等设备配套组成。其可生产300m的长轨。

③铺设长轨轨道。长钢轨轨道铺设采用TCM60型铺轨机组，按照单枕连续铺设法施工工艺完成。即：内燃机车推送轨-枕列车到达铺轨工地后，将轨-枕列车交予铺轨机组，铺轨机组依靠自身动力牵引轨-枕列车前进。由铺轨机组的履带拖拉机、TCM主机、WES辅助动力车、两台运枕龙门吊协调工作将长钢轨和轨枕铺放到已摊铺好的道砟上，组合成长钢轨轨道，并用自行研制的“无孔接头”连接长钢轨，完成长钢轨轨道铺设作业，达到《铁路轨道工程施工质量验收标准》(TB 10413—2003)有关要求。

本工序核心机械是由瑞士马蒂萨公司引进的TCM60型铺轨机组(见图2-4-8)，它的三个主要组成部分是主机(TCM)、辅助动力车(WES)以及两台运枕龙门吊(P20TR、LDY8),还有两个辅助组成部分是长钢轨牵引拖拉机和轨—枕双层列车。该机组性能优越,于2002年3月23日创下了日铺设长钢轨轨道4.8km的全国纪录。

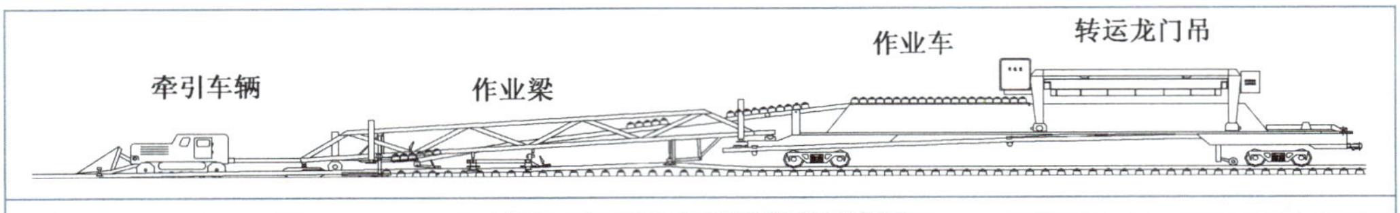

图2-4-8 TCM60型铺轨机示意图

④补充道砟、MDZ机组整道(3~4遍)。一次铺设跨区间无缝线路正线卸砟由K13风动卸砟车分3~4遍完成,卸车安排为:铺轨后立即卸第一遍砟,卸砟量按剩余数量的65%控制;MDZ机组作业一遍后卸第二遍砟,卸砟量按剩余数量的20%控制;MDZ机组作业二遍后卸第三遍砟,卸砟量按剩余数量的10%控制;线路运行一段时间后MDZ机组精整作业之前补足所需道砟,约为设计的5%。

MDZ机组作业是在分次卸砟后进行,由SPZ-200型配砟整形车、08-32型起拨道捣固车、WD-320型动力稳定车组成。MDZ机组依线路前方向排列顺序为整形车、捣固车、稳定车。每次作业前测量组提供作业数据。

⑤单元轨道焊接。现场钢轨焊接工艺,国内目前有三种,即闪光接触焊、气压焊和铝热焊,三种焊接工艺各有适用的环境和特点。

秦沈客运专线现场钢轨焊接采用铝热焊法,它是将配置好的铝热焊剂放入坩埚中,用高温火柴引燃焊剂,产生强烈的化学反应,高温钢水和熔渣产生分层,得到的高温钢水注入紧扣钢轨的砂型中,将砂型中已对正的钢轨端部熔化,钢水凝固后及时推瘤,即将两根钢轨焊接成一体,再经过打磨、探伤等工序使铝热焊焊接接头达到技术要求。

⑥锁定焊接,应力放散,线路锁定形成无缝线路。应力放散就是将积累在单元轨节内的温度力,通过滚筒、撞轨器、小锤等工具使其得到释放,达到零应力状态。应力放散、线路锁定作业时,根据测量轨温判断,当轨温在设计锁定轨温范围内时采用"滚筒放散法";当轨温在锁定轨温范围以下时采用"拉伸放散法"。

滚筒放散法是用撞轨器和小锤敲击单元轨节放散应力。作业时,施工人员用撞轨器沿放散方向撞击钢轨,用小锤或上弹条工具敲击轨腰,待轨端位移出现反弹且零点归零时落槽,锁定单元轨节。

拉伸放散法亦须先将单元长钢轨条放散呈零应力状态,再根据基本公式(2-4-6)计算出钢轨拉伸量,将钢轨均匀拉伸至设计锁定轨温所对应的长度,与理论计算值相差不大于3mm时,钢轨落槽即刻锁定线路。

$$\Delta L = \alpha \times L \times \Delta t \qquad (2\text{-}4\text{-}6)$$

⑦大号码道岔及站线铺设、整道。大号码道岔铺设可以根据铺轨的进程和工期的要求分为两种方法。一是铺轨到达前,立好龙门吊,汽车运输岔枕,在分层碾压平整的道床上预铺岔

枕(道床厚度要求与设计相差30mm)。铺轨到达后,吊卸组装钢轨、配件。二是铺轨到达岔位后,岔位用临时轨节过渡,(岔区道床仍按上述施工程序施工)待铺轨转线后,再立龙门吊,拆除临时线路,吊卸组装道岔岔枕、钢轨、配件。

⑧道岔焊接、应力放散、并与正线焊接、锁定形成跨区间无缝线路。

⑨沉落整修、MDZ机组精细整道(2遍)、封道床。

⑩钢轨全长预打磨。

⑪轨检车动态检测、验交线路。

(2)工艺说明图片

①道砟生产、存储及运输见图2-4-9。

a)　　b)　　c)

图2-4-9　道砟生产、存储及运输

②底层道砟摊铺见图2-4-10。

a)　　b)

图2-4-10　底层道砟摊铺

③长钢轨焊接见图2-4-11。

④长轨铺设、道岔铺设见图2-4-12。

⑤分层补砟整道、动力稳定见图2-4-13。

⑥工地钢轨焊接见图2-4-14。

⑦应力放散与轨道锁定见图2-4-15。

⑧轨道整理及钢轨打磨见图2-4-16。

⑨轨道检测及验收见图2-4-17。

a)　　b)　　c)

图2-4-11　长钢轨焊接

a)　　b)　　c)

图2-4-12　长轨市道岔铺设

a)　　b)

图2-4-13　分层补砟整道、动力稳定

a)　　b)

图2-4-14　工地钢轨焊接

三、无砟轨道铺设无缝线路施工工法(以武广客运专线为例)

客运专线无砟轨道铺设无缝线路是客运专线施工的最后一道工序,是客运专线联调联试乃至最后安全运营成败的关键。

a)　　b)

图2-4-15　压力放散与轨道锁定

a)　　b)

图2-4-16　轨道整理及钢轨打磨

a)　　b)

图2-4-17　轨道检测及验收

近年来，随着铁路无砟轨道的高速发展，新工艺、新技术、新材料的应用使铁路建设形式趋于多样化，施工工艺趋于简单化、机械化，安全操作性强。新建铁路武汉至广州客运专线工程施工中，大胆创新，运用“推送法”，突破既有线路换铺无缝线路的障碍，摒弃有砟轨道铺设无缝线路的约束，对其工艺进行科学的改进，经过在工程施工中的成功实践，取得了良好的效果。“推送法”一次铺设新建铁路无缝线路，机械施工效率提高，人工利用率降低，提高施工工效，缩短施工时间。适应于新建铁路无砟轨道铺设无缝线路。

1. 工艺原理

(1)建设铺设无砟轨道无缝线路的铺轨基地，铺轨基地连接既有线与新建铁路线路，铺轨基地内建设有装卸、存储500m长轨条的主要工程生产线及配套设施，利用组装长轨运输车进行工程材料(厂焊500m长轨条)装卸、存储及运输。

(2)组装长轨运输车运输500m长轨条进入施工现场，利用专用无砟轨道长钢轨铺设机组，采用"推送法"一次性铺设新建铁路无缝线路。

(3)采用K922焊轨机对已铺设的长轨条进行焊接。

(4)采用"滚筒法"或"拉伸器滚筒法"两种方法对单元轨节进行放散锁定。

(5)对铺设好的轨道进行精调，达到联调联试验收标准。

2.关键工序工艺

(1)铺轨基地建设

铺轨基地是进行长钢轨铺设的总后方，是进行铺轨施工的基础;铺轨基地的生产力是铺轨工作的前提条件，是长钢轨等材料进场的中转站;铺轨基地内存放长钢轨的存轨台位建设质量是保证长钢轨存放中不变形、不损害的重点;铺轨基地内装、卸长钢轨的龙门吊是长钢轨运输的保证。

①选址。根据施工需要进行铺轨基地选址工作，尽量做到铺轨基地少占耕地，合理利用，保证生产。

②与既有线接入的施工。根据既有线有关规定办理各项施工手续，按既有线要求进行接入的施工，保证施工安全，明确责任范围。

③存轨场地(见图2-4-18)建设。建设一条长钢轨运输装卸线;根据地基承载力及存轨数量建设长钢轨存储场地。施工现场的临时存轨基地不应超过10层，超过6个月的不应超过8层。存放台上的钢轨应及时安排铺设，避免钢轨发生严重锈蚀。未经防锈处理的最下层钢轨存放时间不宜超过6个月。

④吊装。采用群吊的方法，钢轨吊点间距不大于16m，钢轨两端的吊点距轨端应不大于7m。每个吊点的额定起质量不宜小于3t。吊运500m焊接长钢轨的起重设备应具备集中控制功能，实现同步升降、同步横移，吊运过程中应避免摔跌、撞击钢轨。

⑤施工便线建设。施工便线是铺轨基地运输长钢轨进入施工现场的保证，施工便线坡度不大于20‰，线路曲线半径不得小于300m，线路按国家II级铁路标准建设。

(2)长钢轨铺设

机车推送铺轨列车(见图2-4-19)进入施工现场，当钢轨推送车前轮轴距已铺钢轨前端7m时停车。长轨运输车对位停车打好铁鞋后，进行长轨铺设作业。

①钢轨锁定车位于长轨运输车的中间。作业人员松开上层一对待拖拉钢轨的锁轨装置(注:拖拉钢轨从钢轨中心距最接近1508mm的一对开始，再逐步向外成对拖拉钢轨，最后向内成对拖拉钢轨。下层钢轨照旧)。

②卷扬机拖拉钢轨。解锁钢轨的同时，摆开上层钢轨的挡轨装置。开动卷扬机反转，把卷扬机钢丝绳从换向轮处牵引至离钢轨前端4m处安装钢轨夹具(距离大于或等于4m，在钢轨

头安装鱼头)。开动卷扬机正转,当钢轨前端穿过推送机构辊轮 0.5m 时,停止卷扬,取下钢轨夹具和鱼头。启动推送马达推送钢轨至钢轨前端离推送辊轮 15m 时停止推送。在既有轨前端 10m 处放置枕木头。在枕木头前放置第一对地面滚轮。

图2-4-18　存轨场

图2-4-19　长钢轨推送

③牵引车牵引钢轨。将牵引车退至悬臂钢轨的前端,将钢轨前端穿人牵引车夹轨装置中,在其前后安装钢轨夹具,并打好斜铁。启动牵引车牵引钢轨,5s 后启动推送装置推送钢轨。在距离第一对地面滚轮 10m 的位置放置第二对地面滚轮,以此每隔 10m(15 个轨枕)放置一对地面滚轮。当钢轨末端离过渡升降装置前端滚轮 0.5m 时停止牵引。降下过渡装置,使过渡装置最低处略高于钢轨顶面,列车后退,直到钢轨落到枕木上。用摇臂压机撤出枕木,缓慢将钢轨放置在地面滚轮上。

④对轨及落槽。利用牵引车倒退来对轨。在牵引车后 10m 处放置枕木头。拆除钢轨夹具,牵引车向前走行,使钢轨缓慢落在枕木头上。用摇臂压机撤出枕木。缓慢将钢轨落入槽中。撤出地面滚轮,将钢轨落入槽中。沿线收回地面滚轮,放置在小平车上。用液压内燃扳手进行隔五紧一。用方尺方钢轨,锯齐钢轨。

⑤重复第②项作业。

(3)K922 焊机焊接长钢轨(见图 2-4-20)

工地单元轨采用 K922 移动式焊轨车组焊接,由轨道车推送进入现场,进行移动焊轨作业。进行焊接前必须按照《铁道轨道工程施工质量验收标准》(TB 10413—2003)要求对钢轨进行型式试验焊接,在焊接经国家有关部门检验合格后方可上线作业。

①焊前准备。焊轨列车进入施工现场,将待焊长钢轨扣件松开,按 10m 间隔在轨下设置滚筒。做好焊轨前的准备工作。

②除锈、焊机对位。采用手砂轮机打磨轨缝两侧的轨腰及轨端面,进行焊轨接头处除锈。焊机进行焊缝找位,用垫轨底方法使轨缝处形成规定的折线并对正轨端。

③夹轨对正。通过夹紧钢夹对两待焊钢轨接头的水平和垂直方向进行调直,并调整垂向尖峰和工作边。夹紧力作用在钢轨中轴线上。

④自动焊接。焊接含闪平、预热、闪光(烧化)和顶锻四个过程,由控制柜指挥焊机按焊接

程序自动完成。

⑤焊瘤推凸。焊接完毕后几秒钟,焊机的推凸装置自动将整个钢轨焊头周围的焊瘤剪平。

⑥焊后粗磨。用角磨机对焊缝处轨顶面、工作面、轨底角表面进行粗打磨。

⑦正火。采用小型正火设备对焊缝进行正火处理。

⑧四向矫直。采用移动式四向矫直机对焊缝进行四个方向的校直,使焊缝在轨顶面和工作面的平顺度均满足要求。

⑨焊后打磨。人工采用仿形磨对钢轨踏面及工作边进行最后打磨(见图2-4-21)。

图2-4-20 移动式焊轨车焊接长钢轨

图2-4-21 仿形磨焊后打磨

⑩探伤及外观检查。对打磨后的焊头进行探伤,不合格的锯掉重焊,保证焊头合格率100%。用1m直靠尺和塞尺对经探伤合格的焊头踏面、工作边及轨底进行检查,平直度必须符合要求。不符合要求的再进行修磨或锯掉重焊(见图2-4-22)。

(4)线路放散锁定

应力放散施工分两种施工方法。

第一种即现场实测轨温在设计锁定轨温允许范围之内,采用钢轨下加垫滚筒,单元轨节上安放撞轨器撞击钢轨(见图2-4-23)或利用锤击敲打钢轨,使其达到零应力状态,然后拆除撞轨器、轨下滚筒迅速锁定线路的方法,即"滚筒法"。

图2-4-22 钢轨探伤

图2-4-23 钢轨拉伸器

第二种即实测轨温低于锁定轨温下限值时，钢轨下垫上滚筒，将要放散的单元轨节一端与已放散锁定的线路焊接，靠无缝线路提供反力，利用撞轨器撞击钢轨，使钢轨达到零应力状态，一端安装钢轨拉伸器（见图 2-4-24），根据此时轨温计算出单元轨节的拉伸量，做好位移零点标记，再用拉轨器将单元轨节拉伸至计算出的拉伸量，各测点位移均达到计算位移量后拆除撞轨器、轨下滚筒迅速锁定线路，即"拉伸器滚筒法"。

对于区间线路将根据现场轨温灵活采用放散方法，对于道岔由于不易进行拉升，所以只能选择滚筒放散法，即道岔放散必须在设计锁定轨温范围内进行。

①滚筒放散法工艺流程：

a. 正线。施工准备→拆除扣配件→垫滚筒→撞轨→钢轨反弹→观测轨温→拆滚筒→上扣件（隔二上一）→上完所有扣件→作位移观测标记→单元轨节始端的锁定焊接

b. 道岔。施工准备→拆除扣配件（弹条、轨距块、销钉）→将基本轨从滑床板卡槽取出→垫滚筒→测轨温→钢轨反弹→拆滚筒→先上尖轨扣件→再上基本轨扣件→作位移观测标记→先道岔内部锁定焊接→后道岔外部锁定焊接

②拉伸器滚筒法工艺流程：施工准备→拆除扣配件→垫滚筒→安装撞轨器→安装拉伸器预拉伸敲击使钢轨处于自由伸缩状态→每隔 150m 设 1 个临时观测点标记→测轨温计算各点拉伸量→拉伸并用撞轨器撞击、观测各点位移量→各点位移达到放散要求后拆滚筒→上扣件（隔二上一）→上完所有扣件→作位移观测标记→单元轨节始端的锁定焊接。

（5）线路精调（见图 2-4-25）

静态精调：根据轨道静态测量数据对轨道进行全面、系统地调整，将轨道几何尺寸调整到允许范围内，对轨道线型进行优化调整，合理控制轨距、水平、轨向、高低等变化率，使轨道静态精度满足高速行车条件。

图2-4-24　撞轨器撞轨

图2-4-25　线路精调

动态调整：在联调联试期间根据轨道动态检测情况对轨道局部缺陷进行修复，使轨道满足高速行车的舒适度要求。

阅读材料

无缝线路应力放散锁定施工方案

一、工程概况

改造工程,既有车站为3台9线(含2条正线)。改建后城际兼普速车场按4台9线,高速车场按3台7线(含2条正线)设计。

目前已经完成站台范围以外全部的III型枕地段及所有的道岔铺设施工,由于施工工期紧,这部分线路及道岔铺设的平均轨温在0℃,春季轨温升高,需要对低温下铺设的线路进行放散轨温锁定。

二、劳动运用组织(见表2-4-5)

表2-4-5

序　号	职　务	人　数	备　注
1	施工负责人	2	负责组织协调现场生产
2	技术负责人	2	应力放散、锁定技术全面负责
3	工区负责人	1	负责组织应无缝线路应力放散钢轨拉伸等工作
4	质量检查员	1	作业中质量控制,作业后质量检查
5	铝热焊人员	8	铝热焊按四个头准备
6	拉伸器人员	10	装卸使用拉伸器日常保养
7	撞轨人员	24	两个轨上撞轨器每处6人,各小组配合撞轨
8	松紧扣件人员	136	两组4台内燃扳手,备用2台
9	现场看守人员	2	工具材料看守
10	探伤人员	2	焊后探伤,做好探伤记录
11	其他	4	线路标记等
12	合计	190	

三、机具材料组织(见表2-4-6)

表2-4-6

序　号	名　称	数　量	说　明	负　责　人
1	内燃螺栓扳手	4台	汽油机双套筒,单套筒2台	扣件组,各小组组长
2	手扳子	67把		
3	撬棍	35根		
4	起道机	12台	每组5台,备用2台	
5	放散滚筒	270个	每组135个(HPB235ϕ20制作)	
6	套扣扳子	10把	每组5把	
7	道尺、方尺	各4把	每组个1把,备用2把	
8	活口扳手	4把	每组2把	
9	耙子或铁叉	30把	每组15把	

续上表

序　号	名　　称	数　量	说　　明	负　责　人
10	锯轨机	4 台	每组 1 台,个备用 1 台,锯片充足	拉伸撞轨组
11	撞轨器	2 台	每组 1 台,撞卡和楔铁要有备用	
12	钢轨拉伸器	3 套	备用 1 套	焊轨组
13	铝热焊设备	2 套	每组 1 套	
14	氧气乙炔	2 套	每组 1 套	
15	液化气	2 罐	每组 1 罐	
16	铝热焊药	6 套	每组 2 套,备用 2 套	
17	钢轨夹板	12 块	配套螺栓备用,胶接接头 4 块备用	备用
18	轨温计	6 支	技术、质量、焊轨人员使用	技术员

四、施工前准备工作

(1)对施工作业人员进行岗前安全和技能培训。

(2)根据施工需要配齐各种施工设备及检验、检测量具。

(3)技术要求:

①严格按照不同等级线路的施工规范及验标进行施工。

②机械操作严格按照其操作规程操作,司机必须取得相关的操作证,严禁无证操作、违章操作。

③在施工前,现场施工人员,认真学习技术交底,根据技术要求进行组织施工,根据工期要求安排人员劳力的调配。

(4)工程材料检验标准:

①位移观测桩式样,根据公务车间要求配置。

②钢轨扣配件的类型、规格和质量应符合施工图及产品标准规定。

(5)过程控制标准:

①无缝线路实际锁定轨温应控制在轨温范围内。

②无缝线路锁定时必须准确确定并记录锁定轨温。相邻单元轨节锁定轨温之差不应大于5℃,左右股锁定轨温之差不应大于3℃,同一股道内的单元轨节最高与最低锁定轨温之差不应大于10℃。

③胶垫应方正、无缺损,扣件安装齐全,扣压力符合施工图要求。

五、施工方案对比选择

无缝线路应力放散的施工方法一般有:滚筒自由放散发,滚筒拉伸器组合法,滚筒撞轨拉伸器组合法。放散的形式有以下三种。

1. 一端放散(见图 2-4-26)

一端放散为最常用的放散方式,一般以一个单元轨节为单位,长度不大于 1.5km,长度过长应力很难均匀。

2. 两端放散(见图 2-4-27)

两端放散多应用于独立单元轨节,一般不采用,作业相对复杂,如两端有缓冲区,可同时整治爬行,对缓冲区轨缝进行调整,例如站内独立单元轨节,长度一般不超过 1km,缓冲区轨缝超限时可采用此办法。原锁定轨温不详时,使轨条完全处于自由状态,再按设计轨温锁定。

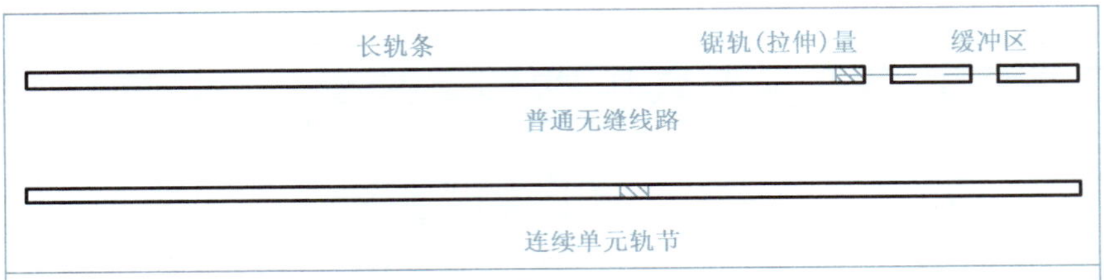

图2-4-26 一端放散

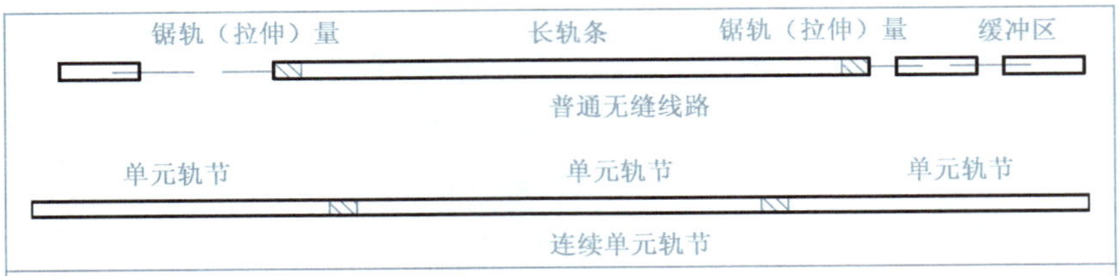

图2-4-27 两端放散

3. 中间放散(见图2-4-28)

中间放散应用在区间无缝线路两个连续单元轨节或一个独立单元轨节超过1.5km时，可同时放散两个单元轨节，在两单元轨节连接的焊头处断开，或在一个单元轨间中间断开，放散时锯掉伸长量焊复或联入短轨。放散两单元轨节时，总长不超过2km。

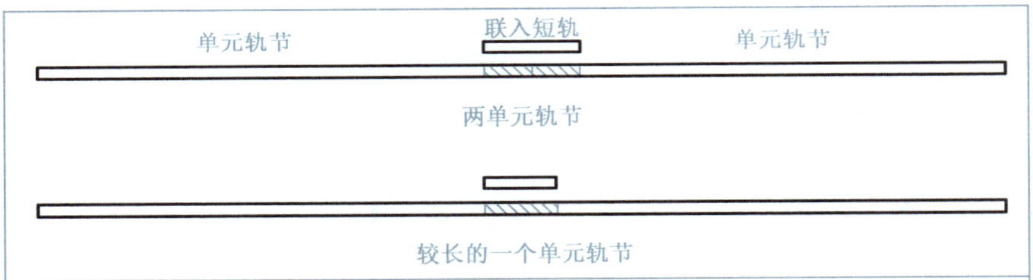

图2-4-28 中间放散

综上所述，3种应力放散形式，一端放散形式作业简单，并且省时、省力，考虑到工期紧的缘故，因此选择一端放散方式。

六、施工工艺流程

无缝线路应力放散锁定施工工艺流程如图2-4-29所示。

1. 施工准备

(1)应力放散施工准备包括选择作业时间、测量轨温、安装撞轨器、安装拉伸器、分散作业人员及工具等。作业人员应均匀分布在单元轨节长度范围内，分6个小组，每组负责300m线路的拆上扣件、垫取滚筒、撞轨、钢轨位移观测等工作。

(2)应力放散作业时，应根据量测轨温判断，当轨温在设计锁定轨温范围内时采用“滚筒放散法”，当轨温低于设计锁定轨温时采用“拉伸放散法”。

2. 拉伸放散

(1)计算拉伸量。长轨拉伸量按以下公式计算：

$$\Delta L = \alpha \times L \times (T_{ss} - T_p) \tag{2-4-7}$$

式中：ΔL——拉伸量(mm)；

α——钢轨钢的线膨胀系数，$\alpha = 0.0118$；

L——单元轨节长度(m)；

T_{SS}——实际锁定轨温(℃)，站线锁定轨温为28℃，正线轨温锁定为30℃；

T_P——锁定作业时实测轨温(℃)。

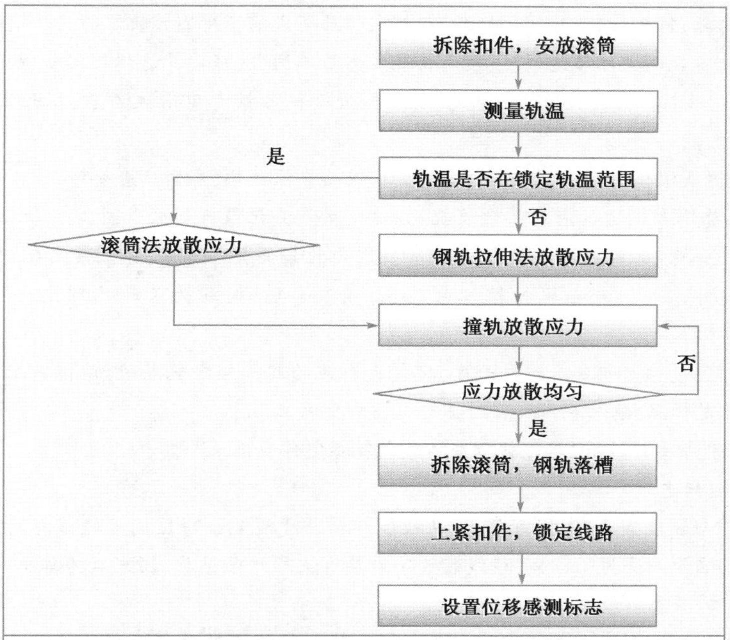

图2-4-29　无缝线路应力放散锁定施工工艺流程图

拉伸量由项目部现场技术员根据现场实测轨温进行计算，工务段技术员进行复核。

(2)在单元轨节两端及中间每隔150m左右设一个应力放散位移观测点，观测钢轨在应力放散过程中相对于轨枕的移动量。观测点设在轨底上表面或轨腰上。

(3)解除本单元轨节和与之焊连得无缝线路末端25～75m范围内的所有扣件约束。

(4)用起道机抬起钢轨，每隔15～20根轨枕在轨底放入一个滚筒(采用160mm的钢管制作)，使得轨底高出橡胶垫20mm，处于自由伸缩状态。

(5)直线上每隔350～400m、曲线及向上坡方向放散时每隔300m设一个撞轨点。

(6)用撞轨器撞击钢轨，同时观测各点的位移量变化情况。当钢轨位移发生反弹且各点位移变化均匀时，则视为钢轨达到自由伸缩状态，此时停止撞轨；应检查滚筒有无倾斜、脱落，钢轨有无落槽及撞击力不够等现象。

(7)在各观测点上作出拉伸位移的零点标记。

(8)测量长轨尾端与下一个单元轨节端之间的距离，扣除应留的轨缝宽度后，与计算的拉伸量对比，以最终确定锯轨量，并按锯轨的操作程序锯轨，轨端不垂直度小于0.8mm。

$$L_j = \Delta L - L_z + L_f \tag{2-4-8}$$

式中：L_j——锯轨量；

ΔL——计算拉伸量；

L_z——长轨处于自由状态时，长轨尾端与下一个单元轨节轨端之距离；

L_f——预留轨缝量。

(9)安装拉轨器，利用拉轨器和撞轨器共同作用，拉伸钢轨，同时观测各观测点拉伸位移的变化情况。拉伸量达到预定长度后，通知各观测点作出记号。此时撞轨器仍然继续作业，当各观测点在所做记号处出现反弹量(应力放散已均匀)停止撞轨，拉轨器保压，在锁定作业完成前不得因拉轨器的失压使轨端出现位移。

(10)挟持锁定，各观测点位移达到时，表示长轨应力基本均匀，经计算达到锁定轨温范围时，不要松开拉伸器，防止钢轨收缩，从拉伸器处锁定该股线路，待断轨处两侧各锁定50m左右后，松开拉伸器(注意观察钢轨断缝是否发生变化)。

(11)撤除撞轨器及滚筒，使长轨落入承轨槽内，同时检查橡胶垫，有错位者要纠正。

(12)将作业人员均布在进行应力放散长轨范围内，测量并记录开始紧扣件时的轨温，同时进行紧扣件作业，每隔两根紧固一根，无缝线路尾端25～75m范围内的扣件全部紧完，并上紧无孔钢轨接头(轨缝处仍用20mm左右的薄轨头片衬垫，以保持轨缝为25mm±2mm)此时视为长轨已锁定。继续紧完其余全部扣件。

(13)撤除拉伸器，复核长轨实际拉伸长度，换算出对应的实际锁定轨温值，该值若在计划锁定轨温范围内，则确认为实际锁定轨温，填入表内。否则锁定工作重新返工。

(14)作业过程中应及时填写"单元轨节应力放散及锁定作业记录"表。

3.设置位移观测标志

(1)位移观测桩应设置齐全、牢固可靠、不易被破坏和易于观测。跨区间无缝线路的位移观测桩按里程前进方向顺序编号，编号方法为"×-×"横线前数字为单元轨节的顺序号，横线后为单元轨条内的桩号，编号均以阿拉伯数字标注，并在桩号右上方标"#"号。

(2)位移观测桩按照规范及工务段要求设置。单元轨节起终点的位移观测桩宜与单元轨节焊接接头对应，纵向相错量不得大于30m。位移观测桩应与电务设备错开。

(3)观测桩在区间埋设在路肩上，在站内可埋设在站台上；观测桩距道砟坡脚和路肩边缘均应大于0.3m。当路肩宽度不足时，可埋于路肩中心，但应满足大型养路机械作业要求。

(4)位移观测桩也可利用线路两侧的接触网基础(杆)、线路基桩或其他固定建筑物上设置。位移观测桩位置，编号及观测记录应列入竣工资料。

【任务】

1.查阅资料，找出换轨施工与一次性铺设无缝线路的不同。

2.查阅资料，找出跨区间无缝线路的插入法与连入法的不同。

3.熟悉应力放散的步骤与锯轨量计算。

第三篇　铁路设计概述

引言

在建筑一条铁路之前，必须进行调查研究和勘探工作，并从若干个可供比较的方案中选出一个最优方案来进行设计。设计铁路时应根据国家政治、经济、国防等的需要，结合铁路经过地区的自然条件、资源分布、工农业发展等情况，规划铁路的基本走向，设计铁路的空间位置，选定铁路的主要技术标准等。

第一节　铁路等级及铁路主要技术标准

一、铁路等级

铁路等级是铁路的基本标准。设计铁路时，首先要确定铁路等级，铁路的技术标准和装备类型都要根据铁路等级去选定。铁路等级是根据铁路线路在铁路网中的作用、性质，远期客、货运量，以及最大轴重和列车速度等条件，对铁路划定的级别。世界各国划定铁路等级的依据不尽相同。铁路等级划分可根据单项指标和多项指标进行。这些指标包括铁路自身的技术特征和参数，设计线路在铁路网中的地位和意义，以及设计线路担负的客、货运量等。

由于中国铁路大多是客货混用线（见图 3-0-1），高速铁路（见图 3-0-2）正在规划与建设中，车辆是通用的，不可能限定一条线路的车辆轴重，因此，根据客、货运量划分铁路等级较为适宜，这也是世界各国广泛采用的分级办法。修建铁路的目的是进行客、货运输，因此任何线路参数都不能脱离与运量的关系；对那些确实有重要政治或国防意义，但运量不大的铁路，根据其特殊运输要求，也可适当提高铁路等级。

图3-0-1　客货混用线

图3-0-2　高速铁路

我国《铁路线路设计规范》(GB 50090—2006)规定，新建铁路和改建铁路(或区段)的等级，应根据它们在铁路网中的作用、性质和远期的客、货运量确定。我国铁路建设标准共划分为三个等级，即 I 级、II 级、III 级，此外还有客运专线。具体划分如下。

1. I 级铁路

I 级铁路是在路网中起骨干作用的铁路，远期年客货运量大于或等于 20 百万吨，如图 3-0-3 所示。

2. II 级铁路

II 级铁路是在路网中起联络、辅助作用的铁路，远期年客货运量大于或等于 10 百万吨，小于 20 百万吨，如图 3-0-4 所示。

图3-0-3　I级铁路

图3-0-4　II级铁路

3. III 级铁路

III 级铁路是为某一区域服务，具有地区运输性质的铁路，远期年客货运量小于 10 百万吨，如图 3-0-5 所示。

4. "客运专线"

时速 200 ~ 350km 的铁路统称为客运专线(曲线半径一般在 2200m 以上)。客运专线(见图 3-0-6)是以客运为主的高速铁路。比如京津城际高速、京沪高速等都是客运专线。

图3-0-5　III级铁路

图3-0-6　客运专线

各级铁路的建设标准，主要是看其区间线路的最小曲线半径和最大限制坡度。具体规定见表 3-0-1 ~ 表 3-0-3。

区间线路最小曲线半径　　表 3-0-1

铁路等级	路段设计行车速度(km/h)	最小曲线半径(m)	
		一般路段	困难路段
I	160	2000	1600
	120	1200	800
	80	500	450
II	120	1000	800
	80	450	400
III	100	600	550
	80	400	

客运专线铁路区间线路最小曲线半径　　表 3-0-2

路段旅客列车设计行车速度(km/h)			350	300	250	200
最小曲线半径(m)	工程条件	一般	7000	4500	4000	2000
		困难	5500		3500	2200

区间线路最大限制坡度(单位:‰)　　表 3-0-3

铁路等级		牵引种类	
		电力机车	内燃机车
I	一般路段	6.0	6.0
	困难路段	15.0	12.0
II	一般路段	6.0	6.0
	困难路段	20.0	15.0
III	一般路段	9.0	8.0
	困难路段	25.0	18.0

从上面的表中可以看出,各级铁路的最小曲线半径是根据设计行车速度来决定的,行车速度越快,要求线路的最小曲线半径越大。铁路等级越高,要求坡度越小。比如高速铁路,主要追求的是速度,那么就要将曲线半径尽可能加大,坡度尽可能减小,最好是又直又平的线路。但是由于具体地形的限制,尽管设计更多、更长的直线,也很难保证线路的平顺度;再说,要保证平顺度就要加大线路的工程量和占地面积,因此要综合考虑各种因素,采取相对来说比较合适的方法。

二、铁路主要技术标准

铁路主要技术标准包括正线数目、限制坡度、最小曲线半径、车站分布、到发线有效长度、牵引种类、机车类型、机车交路和闭塞类型等。

铁路主要技术标准是确定铁路能力大小的决定因素。其中前五项属工程标准(固定设备标准),建成后很难改变;后四项则属技术装备类型,可随着运量的增长逐步进行更新改造。由于铁路主要技术标准是铁路建筑物和设备的类型、能力和规模的基本标准,对铁路能力、运营安全、运输效率、投资规模、经济效益和社会效益有重要影响,而且主要技术标准之间联系密切,相互影响。因此,主要技术标准应根据国家要求的年输送能力和确定的铁路等级在设计中综合考虑,经技术经济比选确定,以保证技术上先进、经济上合理、标准间协调。

铁路主要技术标准的选择应遵循以下原则。

(1)主要技术标准之间应相互协调。各项主要技术标准之间要相互协调配套,使设计线的列车质量、速度、密度合理匹配。协调配套应从技术可行性和经济合理性两个方面来考虑,其思路应该是:彻底转变用线路标准适应机车车辆的设计思想,在满足运输要求的前提下,力争采用先进的机车车辆和通信信号设备,而使线路标准适应经行地区自然条件,争取减少土建工程,节约基建投资,提高经济效益。这既是“力争线路标准适应地形,固定设备与移动设备协调配套”的设计思路,也是铁路主要技术标准综合优势的实质。

(2)主要技术标准的选择应远近结合。设计线的运输能力与客货运量的增长相适应。主要技术标准的选择既要满足近期运量的需要,又要有利于运输能力随着运量的增长而逐步加强;既要节省初期投资,又要使得将来的改建工程量最小。对于线路标准,如正线数目、限制坡度、最小曲线半径、车站分布、站坪长度,建成后很难改变,如选择不当,不仅增加初期投资,而且在将来线路的加强改造时会引起大量废弃工程,且干扰线路的正常运营,故应按远期甚至更长规划期的需要选定。而对于牵引种类、机车类型、机车交路、闭塞类型等技术装备类标准,则可随着运量的增长逐步进行加强或更新改造,如更换闭塞类型、分期开放车站、改变机力(包括机型、台数甚至牵引种类)、加长到发线的铺设长度等,故宜结合初、近、远期的需要统筹考虑,从而实现分段加强设计线的能力,达到节约初期投资,提高经济效益的目的。

(3)要考虑设计线的作用和运量及点线网能力的协调。主要技术标准的选择应考虑设计线在路网中的意义和作用及运量大小和性质。在路网中起骨干作用,以直达运输为主的铁路,主要技术标准的选择要重视与相邻铁路列车质量、最高速度和通过能力的协调,减少列车换重、改编等作业,提高路网的运输效率。客货运量大的铁路,宜选用标准较高的主要技术标准,使铁路具有较大的列车质量、较高的运行速度、较大的通过能力,以提高运营指标,改善运营条件,降低运输成本。对于客运量比重较大的设计线,则应选用较大的最小曲线半径及功率较大且制动能力较强的机车,以提高旅客列车的运行速度,并应力争缩小客货列车的速差,以利于保证旅客舒适、减轻轮轨磨耗及提高通过能力。为地区经济服务且客货运量不大的线路,应选用更能适应经行地区自然条件的最大坡度和最小曲线半径,以减少工程投资;车站分布在满足运输能力要求的前提下,更应满足地区经济发展的需要。当轻重车方向货流量显著不平衡,预计将来也不致发生巨大变化,且分方向采用不同限制坡度有显著经济价值时,可分方向选择限制坡度。主要技术标准的选择要考虑点线网能力的协调,不仅要使设计线的区间通过能力与设计线的车站能力、电力牵引供变电能力、机务段的机车检修能力、有关编组站的解编组能力相协调,还要考虑路网的发展,解决好路网中有关编组站的改扩建、与相邻线路的联络通路修建等问题,做到设计线能力与路网能力的协调。

(4)要与经行地区的自然条件相协调。最大坡度选择应以适应地形、地质等自然条件为原则。在一定的自然条件下，偏小的最大坡度将增加线路长度和工程数量，不仅会造成大量人为展线，还会破坏沿线自然条件和生态环境，给运营安全留下后患，甚至需投入大量资金进行改建、养护和维修。对于高程障碍较大的山区铁路，最大坡度的选择还应注意与长隧道方案的比选，并考虑工期的影响。若设计线较长，各区段自然条件相差较大或运输需求相差悬殊时，可分区段选用不同的主要技术标准。最小曲线半径应在不限制最高速度的条件下，结合地形条件和运输需求选用。当沿线地形和运营条件或运输需求差异较大时，可结合不同的路段设计速度，分路段选择最小曲线半径。山区铁路当最小曲线半径较小时，应考虑选用固定轴距较短的二轴转向架机车，如SS7，SS4，DF10等，以改善轮轨接触，减小机车轮缘力和脱轨系数，减轻曲线地段的轮轨磨耗，提高行车安全性。在地形困难的山区，或在水力资源丰富的地区，应选用电力牵引；当供电条件还不完全具备时，铁路运量小的运营初期可用内燃牵引过渡。

(5)要充分依靠科技进步、注意新设备新技术的应用。科学技术是第一生产力，修建铁路，扩大运能，降低造价，提高经济效益，主要应依靠科学技术。新型的建筑材料和结构类型，先进的施工机具和施工方法，使得修建高桥、长隧成为可能，这些都为缩短线路长度，减缓最大坡度创造了条件。先进的通信信号设备不仅可提高通过能力，而且使列车运行更加安全可靠。机车二轴转向架的采用，为山区选用较小曲线半径创造了条件。机车车辆构造的改进，机车功率的增大，制动能力的增强，使列车运行速度和铁路通过能力随之提高。科学技术的进步，为主要技术标准的选择提供了新的依据，也促进了设计思想的转变。

综上分析，主要技术标准的选择应在保证完成运输任务的前提下，根据设计线在路网中的意义和作用、运输量的大小及性质、沿线地形和地质等自然条件、资源分布、地区经济的发展状况及人口密度、相邻铁路的主要技术标准等，提出所有可能的主要技术标准方案，然后对这些可能的方案从路网布局、地区经济发展、技术经济的合理性、主要技术标准间的协调性、环境保护等方面加以论证，去掉一些明显不合理的方案，有时还需要通过概略定线，做粗略的工程数量和工程费计算来进行评价。对余下的一些有价值方案，经过定线设计，利用主要技术经济指标并结合一些重要的定性因素，作进一步的技术经济经较。因此，主要技术标准的选择是一项工作量大且非常复杂的工作。

三、铁路客运专线技术标准

1. 线路平纵断面

(1)时速350km客运专线线路最小曲线半径一般为7000m(4000m)，困难条件下可采用5500m(3500m)；最大曲线半径一般为12000m(注意：括号内的数值为时速250km客运专线的规定，以下同)。

(2)缓和曲线采用三次抛物线。缓和曲线长度的取值取决于超高顺坡率允许值、欠超高时变率允许值、超高时变率允许值等相关参数。5500m(3500m)的曲线半径缓和曲线长度一般为590m(380m)，最小长度为540m(340m)。

(3)两相邻曲线间夹直线最小长度和两缓和曲线间圆曲线最小长度:一般条件下要满足≥0.8v,困难条件下≥0.6v 的要求。

(4)线间距:时速350km 客运专线为5.0m;时速250km 客运专线为4.6m。

(5)最大坡度:时速350km 客运专线,最大坡度一般不大于20‰,困难条件下,经技术经济比较,不应大于30‰。时速250km 客运专线,最大坡度不大于20‰。

(6)竖曲线半径:时速350km 客运专线,最小为25000m;时速250km 客运专线最小为20000m。最大不应大于40000m。

2. 路基

路基是承受轨道结构质量和列车荷载的基础,是客运专线线路工程的重要组成部分。客运专线对路基的沉降、刚度、平顺性、耐久性提出了更高的要求。客运专线对路基基床、路基宽度、路基工后沉降量的具体要求如下。

(1)客运专线路基基床由表层和底层组成。表层厚度为0.7m,底层厚度为2.3m。基床表层采用级配碎石材料时,要求地基系数 K_{30} ≥190MPa/m,孔隙率 n < 18%;基床表层采用级配砂砾石材料时,下部0.15m厚的中粗砂地基系数 K_{30} ≥130MPa/m。

(2)基床底层采用A、B组填料或改良土,其压实标准应符合表3-0-4规定。

基床底层压实标准 表3-0-4

填　料	厚　度	压实标准	细粒土	粗粒土	碎石类
A、B组填料及改良土	2.3m	地基系数 K_{30}(MPa/m)	≥110	≥130	≥150
		压实系数 K	≥0.95		
		孔隙率 n		<28%	<28%

(3)基床以下路堤采用A、B、C组填料或改良土,其压实标准应符合表3-0-5规定。

基床下路堤压实标准 表3-0-5

填　料	压实标准	细粒土	粗粒土	碎石类
A、B、C组填料及改良土	地基系数 K_{30}(MPa/m)	≥90	≥110	≥130
	压实系数 K	≥0.90		
	孔隙率 n		<31%	<31%

(4)时速350km 客运专线路基宽度:有砟为13.8m,无砟为13.6m;时速250km 客运专线路基宽度为13.0m。

(5)时速350km 客运专线路基工后沉降量不应大于5cm(10cm),年沉降速率应小于2cm/年(3cm/年)。桥台台尾过渡段路基工后沉降量不应大于3cm(5cm)。

高速列车作用下地基弹塑性与刚度、路基稳定性及变形控制,软土、松软土、湿陷性黄土、膨胀土地基处理及工后沉降控制,路桥、路隧、路堤与路堑过渡段处理技术是客运专线路基工程修建的技术关键。

路基工后沉降量控制标准:

①工后沉降一般不应超过扣件允许调高量 15mm。

②沉降比较均匀、长度大于 20m 的路基，其工后沉降量不大于 30mm，但同时应满足调整后的竖曲线半径要求。

③路桥、路隧等过渡段区段路基与结构物间的差异沉降量不应大于 5mm，过渡段沉降造成的路基与结构物间的折角不应大于 1‰。

3. 桥梁

客运专线桥一般选用简支梁、连续梁、连续刚构、拱及组合梁桥。客运专线桥梁(见图 3-0-7、图 3-0-8)应具有足够大的竖向刚度、横向刚度和抗扭刚度，限制温差和混凝土徐变使梁产生的上拱变形，以保证线路的高平顺性和避免不良的轮轨动力响应；墩台应具有足够大的纵向刚度，限制钢轨温度力、列车制动力产生的梁轨相对位移，控制墩台差异沉降，以保证线路的平顺性。桥梁还应符合 100 年使用寿命的耐久性要求。

图3-0-7　武汉天兴洲大桥

图3-0-8　南京大胜关长江大桥

客运专线桥梁还应满足下列要求。

(1)桥梁基础工后沉降变形量限值。

时速 350km 客运专线墩台均匀沉降量：有砟桥面不大于 30mm(50mm)；无砟桥面不大于 20mm。

静定结构相邻墩台的沉降量之差：有砟桥面不大于 15mm(20mm)；无砟桥面不大于 5mm。

(2)对于高墩、大跨特殊结构桥梁，其相邻墩台沉降量之差的容许值，应根据沉降时对结构产生的附加应力的影响，计算确定。

(3)梁体竖向变形的限值：$L \leqslant 50$m 预应力混凝土简支梁，在无砟轨道铺设后徐变上拱度小于等于 10mm；$L > 50$m 时，无砟轨道铺设后的徐变上拱度$\leqslant L/5000$，且不得大于 20mm。

梁缝两侧钢轨支点竖向相对位移不应大于 1mm。

(4)沉降变形评估：施工期间对桥梁墩台沉降及梁部的变形应进行观测，铺设无碴轨道前对沉降变形进行评估。桥梁主体结构应满足 100 年使用寿命的要求。

(5)结构形式：客运专线常用跨度有 20m、24m、32m，为简支箱型结构。采用整孔预制，运、架的施工方法。

图3-0-9　客运专线隧道效果图

中小跨度有12m和16m，为T形结构或连续刚构。T形结构采取预制吊装的施工方法；连续刚构采取现场浇注的施工方法。

特殊结构有混凝土连续梁、连续刚构、刚构—拱组合结构、拱桥等。

4. 隧道

客运专线隧道（见图3-0-9）与常规铁路隧道的区别在于高速列车进入隧道所诱发的空气动力学效应。合理确定隧道有效净空面积、保证旅客隧道内的舒适、消减洞口微气压波、提高结构的可靠性和耐久性是客运专线隧道修建的技术关键。

客运专线隧道设计时应满足的要求：

（1）客运专线隧道工程设计必须考虑列车进入隧道诱发的空气动力学效应对行车、旅客舒适度、车辆结构强度和环境等方面的不利影响。

（2）隧道衬砌内轮廓、洞口缓冲结构、轨下结构等设计参数的确定，应满足建筑限界、设备安装、使用空间、旅客舒适和缓解空气动力效应等要求。

（3）隧道辅助坑道的设置应综合考虑施工、防灾疏散、救援和缓解空气动力学效应的要求。

（4）隧道结构应具有足够的耐久性，主体结构应满足100年使用寿命的要求。

（5）时速350km客运专线单线隧道有效净空断面积≥$70m^2$（$58m^2$），双线≥$100m^2$（$90m^2$）。

（6）时速250km客运专线长大隧道一般采用无砟轨道。

目前我国客运专线隧道概况，见表3-0-6。

客运专线隧道概况　　表3-0-6

线　别	线路长度(km)	隧道数量(座)	隧道长度(km)	隧线比(%)	设计速度(km/h)
武汉—广州	869	222	172	19.8	350
郑州—西安	458	38	77	16.8	350
广州—深圳	103	24	32	31.1	350
石家庄—太原	190	32	75	39.5	250
宁波—温州	274	59	88	32.1	250
温州—福州	298	59	149	50.0	250
福州—厦门	263	37	40	15.2	250
合肥—武汉	356	37	64	18	250
合计	2811	508	697	27.8	

5. 轨道

客运专线轨道(见图3-0-10)对结构的平顺性、稳定性、可靠性提出了更高的要求;轨道结构刚度的合理设置对高速列车运行品质、轨道部件的伤损、轨道的维修周期具有重要的影响。目前客运专线轨道分无砟轨道与有砟轨道两种。无砟轨道与有砟轨道相比,稳定性高、刚度均匀性好、结构耐久性强、维修工作量小,且能够满足高速列车安全性、平稳性、舒适性的要求,成为客运专线轨道结构的发展方向。

图3-0-10　客运专线轨道

客运专线轨道设计时应满足下列要求。

(1)客运专线轨道按一次铺设跨区间无缝线路设计。

(2)时速350km客运专线采用U71Mn(K)100m长定尺钢轨,焊接成500m后进行铺设;时速250km客运专线采用PD3100m长定尺钢轨,焊接成500m后进行铺设。

(3)时速350km客运专线采用无砟轨道,时速250km客运专线采用有砟轨道。

(4)无砟轨道轨下垫板静刚度为20～30kN/mm;有砟轨道轨下垫板静刚度为50～70kN/mm。

(5)有砟轨道采用2.6m长III型轨枕,按1667根/km铺设;采用特级道砟,道床顶面宽度为360cm,厚度为35cm,边坡为1:1.75,砟肩堆高15cm。

(6)客运专线钢轨伸缩调节器应尽量少设或不设,宜设在直线上,且不应与竖曲线重叠。

(7)无砟轨道与有砟轨道分界处应设置弹性过渡,过渡段长度应不小于0.5v。

(8)正线与到发线连接、渡线采用18号道岔;上下客专的联络线可采用侧向160km/h或220km/h的大号码道岔。

第二节　线路平面和纵断面设计

一、线路平纵断面设计的基本要求

①必须保证行车安全和平顺。

②应力争节约资金。

③既要满足各类建筑物的技术要求,还要保证它们协调配合、总体布置合理。

二、线路平面

铁路线路在空间的位置是用它的中心线来表示的。

线路中心线是指距外轨半个轨距的铅垂线AB与两路肩边缘水平连线CD交点O的纵向连线。如图3-0-11所示。

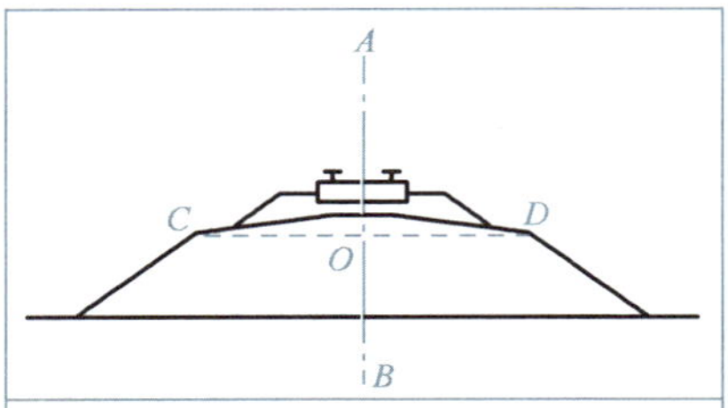

图3-0-11　线路中心线

1. 概念

线路中心线在水平面上的投影，叫做铁路线路的平面（俯视），表明线路的直、曲变化状态。如图 3-0-12 所示。

线路中心线展直后在铅垂面上的投影，叫铁路线路的纵断面（侧视），表明线路的坡度变化。如图 3-0-13 所示。

2. 组成

线路的平面由直线、曲线（圆曲线及缓和曲线）组成，如图 3-0-14 所示。我国铁路平面线的基本形式是：直线—缓和曲线—圆曲线—缓和曲线—直线。

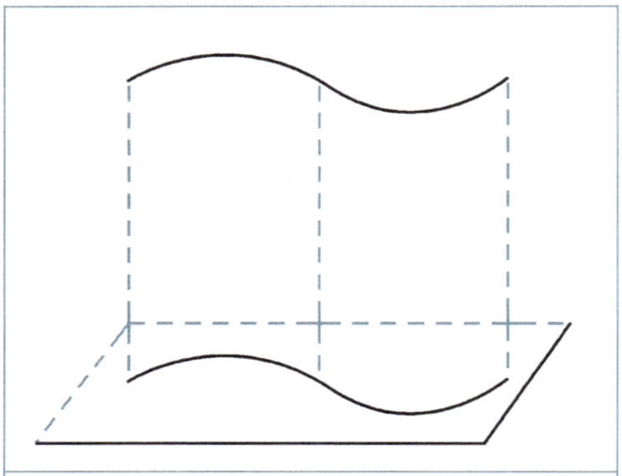
图3-0-12　线路平面

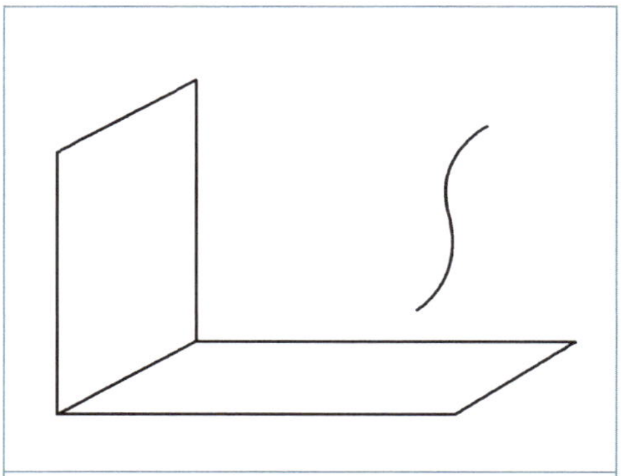
图3-0-13　线路纵断面

（1）直线

图3-0-14　线路的平面组成

直线作为平面线形要素之一，具有短捷、直达、列车行驶受力简单和测设方便等特点，但过长的直线难于与地形相协调，也不利于城镇地区既有设施的绕避。因此在选线设计中，应综合考虑工程和运营两方面的因素，合理选用线形。

①设计线路平面时，相邻两直线位置不同，其间曲线位置也相应改变。因此，在选定直线位置时，要根据地形、地物条件使直线与曲线相互协调，线路所处位置最为合理。

②设计线路平面，应力争设置较长的直线段，减少交点个数，以缩短线路长度、改善运营条件。只有因遇到地形、地质或地物等局部障碍而引起较大工程时，才设置交点绕避障碍。

③选定直线位置时，应力争减少交点转角的度数。转角大，则线路转弯急，总长增大；同时列车需要克服的阻力功增大，运营支出相应增大。

(2)缓和曲线

缓和曲线是夹在直线和圆曲线之间的,为防止离心力的突然出现或突然消失而设的一段曲率半径逐渐变化的曲线,其长度为20～150m。

缓和曲线的特点:

①曲线半径从无穷大逐渐减小到圆曲线的半径R,或从圆曲线的半径R逐渐增加到无穷大。

②运行中列车的离心力逐渐增加或逐渐降低。

③轨距加宽值逐渐增大或逐渐减小。

④曲线外轨超高逐渐增大或逐渐减小。

缓和曲线的特点,目的都是更好地确保列车通过曲线时的安全、平顺,以及乘客乘坐舒适。

(3)圆曲线

圆曲线转角α的大小由线路走向、绕过障碍物的需要等因素确定。

圆曲线半径取值原则:为了测设、施工和养护的方便,曲线半径一般应取50m和100m的整倍数;特别困难条件下,可采用10m整倍数的曲线半径。双线铁路两线间距不变的并行地段的平面曲线,宜设计为同心圆。双线同心圆的曲线半径可为零数。

圆曲线半径选用原则:

①因地制宜、由大到小地合理选用。曲线半径的选用,应在满足最小、最大曲线半径的条件下,因地制宜合理选用。选用的曲线半径,既能满足行车速度和设置建筑物的技术要求,又能适应地形、地质、地物等条件,以减少路基、挡墙、桥隧工程量,少占农田,做到技术经济合理。

②结合线路纵断面特点合理选用。坡道平缓地段与凹形纵断面底坡地段,行车速度较高,应选配不限制行车速度的较大半径。在长大坡道地段、凸形纵断面的坡顶地段和双方向均需停车的大站两端引线地段,行车速度较低,若地形困难,选用较大的曲线半径引起较大工程时,可选用较小曲线半径。

③慎用最小曲线半径。为避免过度强调经济性、节约投资,无限地使用最小曲线半径,导致降低旅客舒适度、恶化运营条件,增加线路养护维修工作量,曲线半径的选用应遵循“慎用最小曲线半径”的原则。

《铁路线路设计规范》(GB 50090—2006)采用的曲线半径有:10000m、8000m、6000m、5000m、4000m、3000m、2500m、2000m、1800m、1600m、1400m、1200m、1000m、800m、700m、600m、550m、500m、450m、400m。特殊困难情况下,可采用上列半径间10m整数倍的曲线半径。

(4)夹直线

夹直线是两条相邻曲线(同向曲线、反向曲线)间设置的一定长度的直线,如图3-0-15、图3-0-16所示,以保证列车运行平稳、旅客舒适。

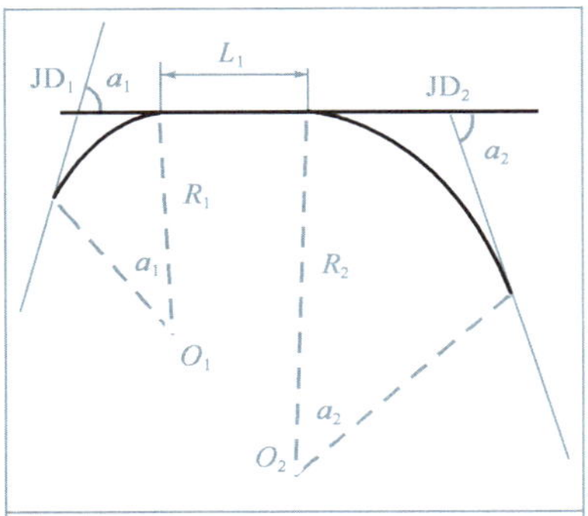

图3-0-15　同向曲线与夹支线L_1

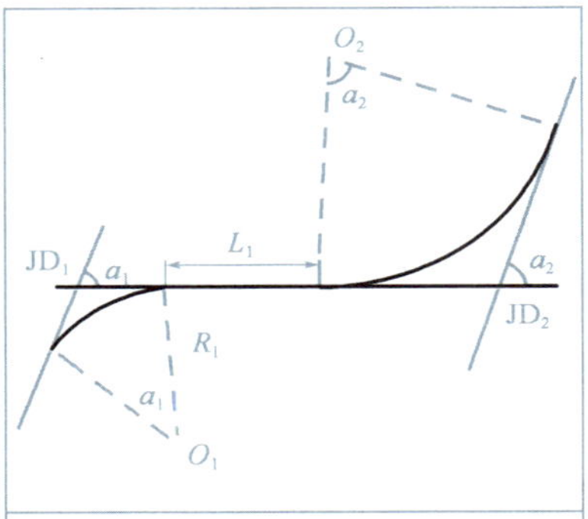

图3-0-16　反向曲线与夹支线L_1

夹直线要求:

①夹直线长度应保证 2 ~3 辆客车长度(最小长度:I 级 80m、II 级 60m、III 级 50m)。

②困难情况下也不应短于 1 辆客车长度(最小长度:I 级 40m、II 级 30m、III 级 25m)。

三、线路平面图

线路平面图和纵断面图是铁路设计的基本文件。在各个设计阶段都要编制要求和用途不同的平纵断面图,其比例尺、项目内容和详细程度均不相同。

线路平面图和纵断面图是铁路勘测设计、施工和运营的重要文件。

1. 概念

用一定的比例尺(1∶2000 或 1∶10000)和规定的符号,把线路中心线及其两侧的地形、地物投影到水平面上绘出的图,就是铁路线路平面图,如图 3-0-17 所示。

2. 线路平面图的标注内容

(1)线路里程和百米标

整千米处注明线路里程,里程前的符号初步设计用 CK,技术设计用 DK。千米标之间的百米标注上百米标数。面向线路起点书写,数字写在线路右侧,两方案或两测量队衔接处,应在图上注明断链和断高关系。

(2)曲线要素及其起终点里程

曲线交点应标明曲线编号、曲线转角(注明左转 a_Z 或右转 a_Y)。曲线要素应平行线路写于曲线内侧。曲线起点 ZH 和终点 HZ 的里程,应垂直于线路写在曲线内侧。

(3)线路上各主要建筑物

沿线的车站、大中桥、隧道、平立交道口等建筑物,应以规定图例符号表示,并注明里程、类型和大小。如有改移公路、河道时,应绘出其中线。

(4)初测导线和水准基点

图中连续的折线表示初测导线,导线点符号为 C,脚注为导线点编号。图中应绘出水准基点的位置、编号及高程,其符号为 BM。

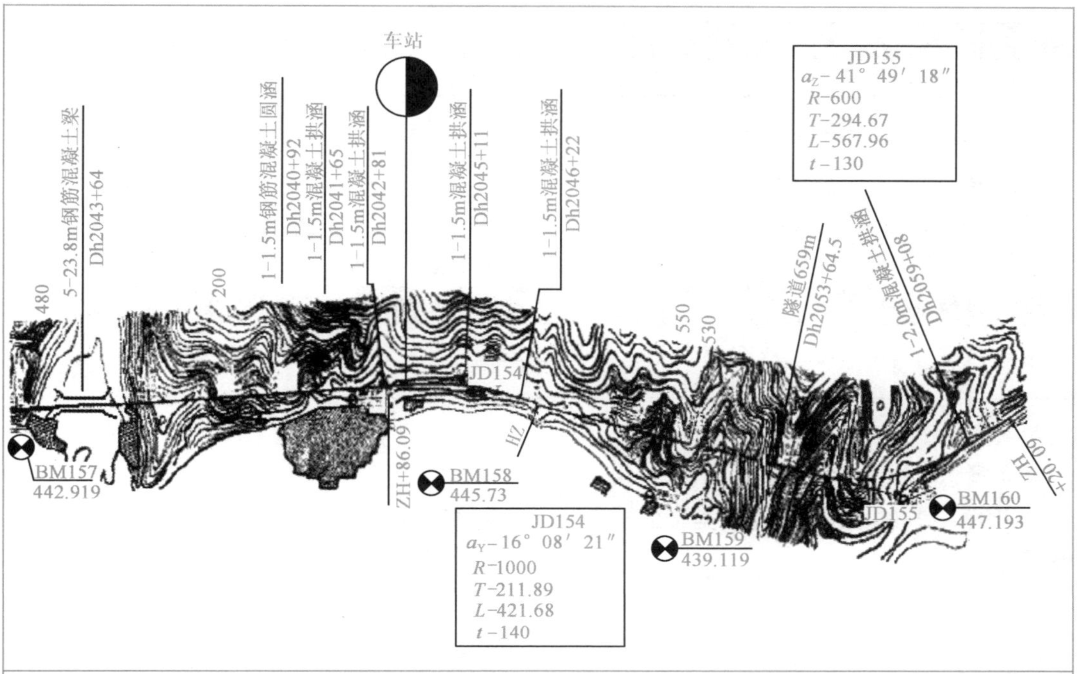

图3-0-17 线路平面图

四、线路纵断面

1. 组成

线路纵断面由平道、坡道、竖曲线组成。

2. 坡道的坡度

坡度是一段坡道两端点的高差 h 与水平距离 L 之比，用 i‰表示，如图 3-0-18 所示。

$$i‰ = \frac{h}{L} = \tan\alpha‰ \qquad (3\text{-}0\text{-}1)$$

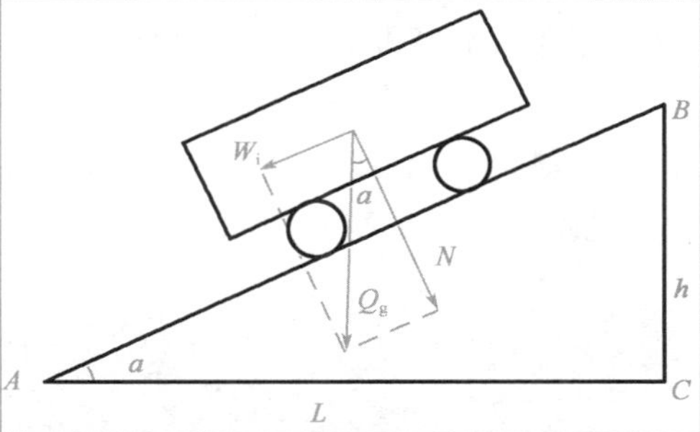

图 3-0-18

上坡为正值，下坡为负值。

变坡点：线路纵断面上坡度的变化点。

3. 坡段长度

坡段长度指相邻变坡点间的距离。坡段长度的规定如下：

①纵断面宜设计为较长的坡段。一般情况下，坡段长度不短于远期列车长度的一半。

②旅客列车设计行车速度为 160km/h 的坡段，坡段长度不应小于 400m，且最小坡段不宜连续使用两个以上。

③旅客列车设计行车速度小于 160km/h 的坡段，坡段长度不宜小于表 3-0-7 规定的数值。

最小坡段长度表(单位:m)　　表 3-0-7

远期到发线有效长度	1050	850	750	650
最小坡段长度	400	350	300	250

车站远期到发线有效长是按列车全长加 30m 安全距离，取 50m 整数倍确定的。

4. 坡段连接

相邻坡段连接其最大坡度差应满足表 3-0-8 的要求。

相邻坡段最大坡度差　　表 3-0-8

远期到发线有效长度(m)		1050	850	750	650
最大坡度差(‰)	一般	8	10	12	15
	困难	10	12	15	18

5. 限制坡度

(1)概念

在铁路某一区段上，决定某类型的一台机车所能牵引的货物列车最大质量的坡度叫做限制坡度。

注意事项:

①限制坡度的大小影响一个区段甚至全铁路线路的运输能力。限制坡度小，列车牵引质量增加、运能大、运营效率高;工程量大、造价高。

②限制坡度是单机牵引(见图 3-0-19)普通货物列车，在持续上坡道上，最终以机车计算速度匀速运行的坡度。它是限制坡度区段的最大坡度。

③加力牵引坡度是两台及以上机车，牵引规定牵引吨数的普通货物列车，在持续上坡道上，最后以机车计算速度匀速运行的坡度。它是加力坡度路段的最大坡度。最常见的为双机牵引(见图 3-0-20)，称双机牵引坡度。

图3-0-19　单机牵引

图3-0-20　双机牵引

(2)影响限制坡度选择的因素

①铁路等级。

②运输需求和机车类型。

③地形条件。

④邻线的牵引定数。

⑤符合《铁路线路设计规范》(GB 50090—2006)要求，满足表 3-0-9 的要求。

限制坡度最大值(单位:‰)　　表 3-0-9

<table>
<tr><th colspan="2">铁路等级</th><th colspan="3">I</th><th colspan="3">II</th></tr>
<tr><th colspan="2">地形地别</th><th>平原</th><th>丘陵</th><th>山区</th><th>平原</th><th>丘陵</th><th>山区</th></tr>
<tr><td rowspan="2">牵引种类</td><td>电力</td><td>6.0</td><td>12.0</td><td>15.0</td><td>6.0</td><td>15.0</td><td>20.0</td></tr>
<tr><td>内燃</td><td>6.0</td><td>9.0</td><td>12.0</td><td>6.0</td><td>9.0</td><td>15.0</td></tr>
</table>

(3)分方向选择限制坡度(不适宜 I 级铁路)

分方向选择限制坡度条件:

①轻重车方向货流显著不平衡且长期存在。

②分方向选择限制坡度，可以节省大量工程。

③技术经济比较证明分方向选择限制坡度是合理的。

轻车方向限制坡度的限制:

①不应大于重车方向限制坡度的三机牵引坡度值。

②轻车方向限制坡度值不应大于根据轻车方向计算的坡度值。

(4)采用加力坡度的注意事项

①加力牵引坡度应集中使用，使补机能在较长的路段上行驶，提高其利用率。

②加力牵引地段宜与区段站或其他有机务设备的车站邻接，以利用其机务设备。

③加力牵引坡度应根据牵引质量、机车类型、机车台数及加力牵引方式计算确定。

④各级铁路电力、内燃牵引的加力牵引坡度值分别不得大于 30.0‰和 25.0‰，满足表 3-0-10的要求。

电力和内燃牵引的加力牵引坡度(单位:‰)　　表 3-0-10

<table>
<tr><th rowspan="2">限制坡度</th><th colspan="2">双机牵引坡度</th><th colspan="2">三机牵引坡度</th></tr>
<tr><th>电力</th><th>内燃</th><th>电力</th><th>内燃</th></tr>
<tr><td>4.0</td><td>9.0</td><td>8.5</td><td>14.0</td><td>13.0</td></tr>
<tr><td>5.0</td><td>11.0</td><td>10.5</td><td>16.5</td><td>15.5</td></tr>
<tr><td>6.0</td><td>13.0</td><td>12.5</td><td>19.0</td><td>18.5</td></tr>
<tr><td>7.0</td><td>14.5</td><td>14.5</td><td>21.5</td><td>21.0</td></tr>
<tr><td>8.0</td><td>16.5</td><td>16.0</td><td>24.0</td><td>23.5</td></tr>
<tr><td>9.0</td><td>18.5</td><td>18.0</td><td>26.5</td><td rowspan="8">25.0</td></tr>
<tr><td>10.0</td><td>20.0</td><td>20.0</td><td>29.0</td></tr>
<tr><td>11.0</td><td>22.0</td><td>21.5</td><td rowspan="6">30.0</td></tr>
<tr><td>12.0</td><td>24.0</td><td>23.5</td></tr>
<tr><td>13.0</td><td>25.5</td><td rowspan="4">25.0</td></tr>
<tr><td>14.0</td><td>27.5</td></tr>
<tr><td>15.0</td><td>29.0</td></tr>
<tr><td>16.0</td><td>30.0</td></tr>
</table>

6. 竖曲线

(1)设置

竖曲线设于变坡点处。

(2)作用

竖曲线的作用是使列车顺利地由一个坡段运行到另一个坡段。

(3)规定

相邻坡道的坡度差Ⅰ、Ⅱ级铁路大于3‰,Ⅲ级铁路大于4‰时,应设竖曲线。

竖曲线的半径:Ⅰ、Ⅱ级铁路为10000m,Ⅲ级铁路为5000m。

(4)长度

竖曲线长度近似两倍于其切线长。

(5)要求

设置竖曲线其变坡点位置应满足以下要求:

①竖曲线不应与缓和曲线重叠。

②竖曲线不应设在无砟桥面上。

③竖曲线不宜与道岔重叠。

五、线路纵断面图

1. 概念

用一定的比例尺(水平方向1:10000,垂直方向1:1000)和规定的符号,把平面图上的线路中心线展直后投影到铅垂面上,并标注有线路平面和纵断面有关资料的图,称为线路纵断面图,如图3-0-21所示。

2. 标注内容

详细纵断面图的横向表示线路的长度,竖向表示高程,自下而上的顺序为:

(1)连续里程。一般以线路起点车站的旅客站房中心线处为零起算,在整千米处注明里程。

(2)线路平面。它是表示线路平面的示意图。凸起部分表示右转曲线,凹下部分表示左转曲线。凸起与凹下部分的转折点依次为ZH、HY、YH、HZ点。在ZH和HZ点处要注上距前一百米标的距离。曲线要素注于曲线内侧,两相邻曲线间的水平线为直线段,要标注其长度。

(3)百米标与加标。在整百米标处标注百米标数,加标处应标注距前一百米的距离。

(4)地面高程。各百米标和加标处应填写地面高程。在地形图上读取高程时,精度为1/10的等高线距;外业测得的高程,精度为0.01m。

(5)设计坡度。向上或向下的斜线表示上坡道或下坡道,水平线表示平道;线上数字表示坡度的千分数,线下数字表示坡段长度(m)。

(6)路肩设计高程。图上应标出各变坡点,百米标和加标处的路肩设计高程,精度为0.01m。

(7)工程地质特征。扼要填写沿线各路段重大不良地质现象、主要地层构造、岩性特征、水文地质等情况。

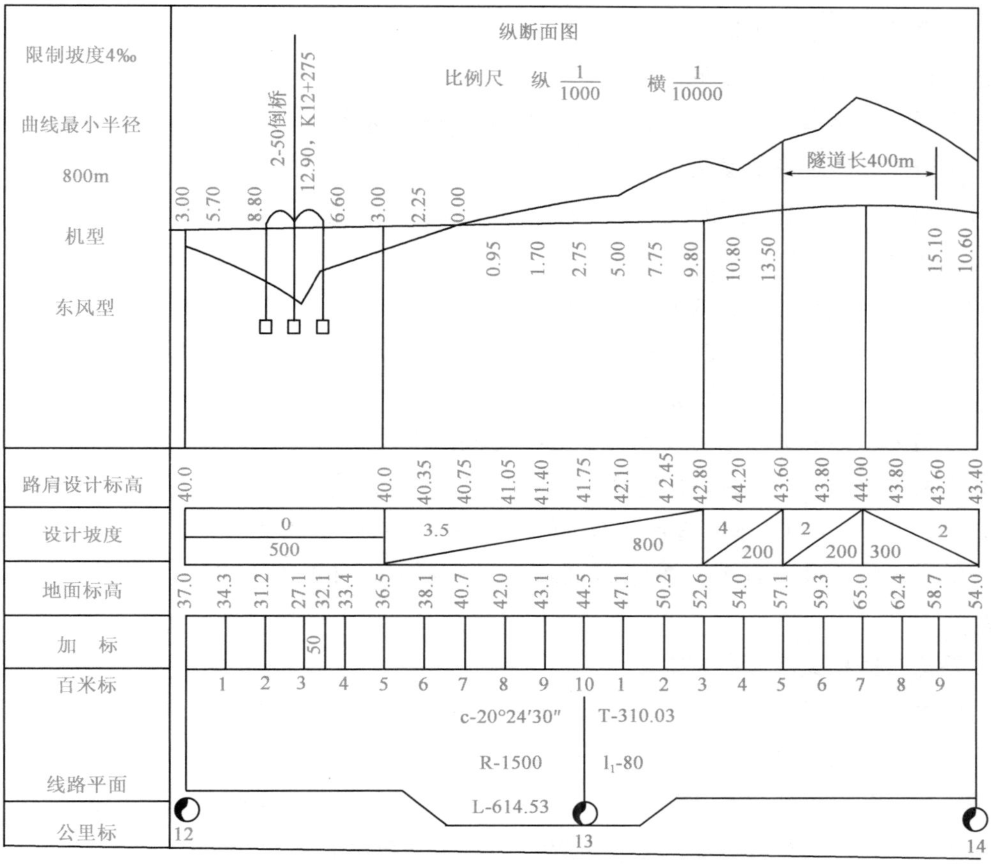

图3-0-21　线路纵断面图(尺寸单位：m)

六、桥涵、隧道、路基地段的平纵断面设计

1. 桥涵路段的平纵断面设计

(1)桥梁分类

桥梁按其长度可划分为：特大桥(桥长大于500m)，大桥(桥长100～500m)，中桥(桥长20～100m)，小桥(桥长20m及以下者)。涵洞孔径一般为0.75～6.0m。

(2)桥涵路段的平面设计

①小桥和涵洞对线路平面无特殊要求。

②特大桥、大桥宜设在直线上，困难条件下必须设在曲线上时，宜采用较大的曲线半径。

③明桥面桥应设在直线上，明桥面桥不应设在反向曲线上。

④桥梁上采用的曲线半径，应不限制桥梁跨度的合理选用。

⑤连接大桥的桥头引线，应采用桥梁上的平面标准。

(3)桥涵路段的纵断面设计

①涵洞和道砟桥面桥可设在任何纵断面的坡道上。

②明桥面桥宜设在平道上。

③明桥面不能和竖曲线重合。

④桥涵处的路肩设计高程应满足水文、构造和净空要求。

2. 隧道路段的平纵断面设计

(1)隧道路段的线路平面

①隧道宜设在直线上。

②隧道不宜设在反向曲线上。

③当直线隧道外的曲线接近洞口时，应使直缓点或缓直点与洞门的距离不小于25m。

(2)隧道路段的线路纵断面

①隧道内的线路纵断面可设置为单面坡或人字坡。

②需要用足最大坡度路段的隧道，为了争取高度，一般应设计为单面坡。

③越岭隧道，当地下水发育且地形条件允许时，应设计为人字坡。

④隧道内的坡度不宜小于3‰，以利排水。严寒地区且地下水发育的隧道，可适当加大坡度。

3. 路基对线路纵断面的要求

①大中桥的桥头引线、水库地区和低洼地带的路基，其路肩设计高程应不小于设计水位+壅水高度+波浪侵袭高度+0.5m。

②小桥涵洞附近的路基，路肩设计高程应不小于设计水位+壅水高度+0.5m。

③长大路堑内的设计坡度不宜小于2‰，以利侧沟排水。

4. 站坪的平、纵断面设计

(1)站坪长度

站坪长度 L_Z 包含到发线有效长度 L_{yx} 和咽喉区长度 L_{yh} 及车站咽喉区两端最外道岔及其他单独道岔(直向)至曲线超高顺坡终点之间的直线长度，设计时对站坪平面长度要考虑长远发展的需要，满足表3-0-11要求。

(2)站坪的线路平面

①区段站应设在直线上；中间站、越行站、会让站宜设在直线上。特殊困难条件下、困难条件下需设在曲线上时，其半径不得小于表3-0-12规定的数值。

②改建车站时，特殊困难条件下，可保留小于上表规定的曲线半径。

③横列式车站不应设在反向曲线上。纵列式区段站设在曲线上时，每一运行方向的到发线有效长度范围内不应有反向曲线。

④车站曲线宜采用较小的偏角。

站 坪 长 度（单位:m）　　表 3-0-11

车站种类	车站布置形式	远期到发线有效长度						
		1050		850		750		650
		单线	双线	单线	双线	单线	双线	单线
会让站越行站	横列式	1450	1700	1250	1500	1150	1400	1050
中间站	横列式	1600	2000	1400	1800	1300	1700	1200
区段站	横列式	2000	2500	1800	2300	1700	2200	1600
	纵列式	3500	4000	3100	3600	2900	3400	2600

注:1. 表列站坪长度未包括站坪两端的竖曲线长度。
2. 如有其他铁路接轨时,站坪长度应根据计算确定。
3. 多机牵引时,站坪长度应根据机车数量及长度计算确定。
4. 表列的站坪长度,除越行站和双线中间站两端按各铺一组 18 号道岔单渡线确定外,正线其他道岔采用 12 号道岔确定,当采用其他型号道岔时应另行计算确定。

车站平面最小圆曲线半径(单位:m)　　表 3-0-12

<table>
<tr><th colspan="4">路段旅客列车设计行车速度(km/h)</th><th>160</th><th>140</th><th>120</th><th>100</th><th>80</th></tr>
<tr><td rowspan="3">最小曲线半径</td><td colspan="3">区段站</td><td>1600</td><td>1200</td><td colspan="3">800</td></tr>
<tr><td rowspan="2">中间站、会让站、越行站</td><td rowspan="2">工程条件</td><td>一般</td><td>2000</td><td>1600</td><td>1200</td><td>800</td><td rowspan="2">600</td></tr>
<tr><td>困难</td><td>1600</td><td>1200</td><td>800</td><td>600</td></tr>
</table>

⑤车站咽喉区范围内的正线应设在直线上。车站咽喉区两端最外道岔及其他单独道岔(直向)至曲线超高顺坡终点之间的直线长度,当 v_{max} > 120km/h 时,不应小于 40m;困难条件下不应小于 25m。低于上述速度的其他线路不应小于 20m。

(3)站坪的线路纵断面

站坪宜设在平道上。困难条件下,可设在不大于1‰的坡道上。特殊困难条件下,有充分技术经济依据时,会让站、越行站可设置在不大于6‰的坡道上,但不应连续设置。

咽喉区的正线坡度,宜与站坪坡度相同。特殊困难条件下,可将咽喉区设置在限制坡度减2‰的坡道上,但区段站、客运站和中间站、会让站、越行站咽喉区的正线坡度分别不大于2.5‰和 10‰。咽喉区外的个别道岔和渡线可设在不大于限制坡度的坡道上。

旅客乘降所应设在能保证旅客列车起动且大于 8‰的坡道上。在特殊困难条件下,有充分技术经济依据时,可设在大于 8‰的坡道上。

(4)站坪两端的线路平面和纵断面

①竖曲线和缓和曲线不应伸入站坪。

②进站起动缓坡:限制坡度小于等于 6‰的内燃牵引线路,编组站、区段站和接轨站进站信号机前的线路坡度,不能保证货物列车顺利起动时,应设置起动缓坡。其他车站除地形困难外,也宜设置起动缓坡。

③站坪与区间纵断面的配合:地形条件允许时,站坪尽可能设在两端坡度较缓、升高不大的凸形纵断面顶部,以利于列车进站减速和出站加速。

第三节　站 场 概 述

一、站场设计基础知识

铁路车站(见图3-0-22)是铁路运输的基本生产单位,它集中了与运输有关的各项技术设备。铁路运输的各种客货运作业,如旅客的乘降、货物的托运、装卸、交付、保管,都必须通过车站才能实现。铁路运输的各种技术作业,如列车接发、会让、越行、车列的解体、编组,机车和乘务组的更换,车辆的技术和货运检查,都是在车站上办理的。

图3-0-22　铁路车站

车站在铁路建设投资方面也占有很大比重。我国的铁路车站数以千计,而且每年都在变化之中。当新线开通时,会增加若干车站;当旧线改造后,也可能减少若干车站。全部车站的站线长度,约占通车里程的40%。车站建设的基本投资,也占铁路总投资的很大比重。为了有效地使用国家资金,努力降低造价,少占农田,必须高度重视车站的规划和设计。

1. 我国现有铁路车站布局原则

(1)保证必要的运输能力(含必要的储备能力)和运输效率,以适应客、货运量的要求。

(2)密切结合城镇、企业分布,满足地方客、货运输的需要。

(3)满足列车运行的技术作业要求。

(4)充分考虑自然条件。

(5)与线路走向的选择相结合。

(6)考虑相关的工程费用和运营费用。

2. 车站与区间

(1)车站——铁路办理客运、货运业务及运输组织作业的主要场所。设有车站线路、客货运设备等。

(2)区间——相邻两个车站间的一段铁路线路,一条铁路线路被车站划分为若干个区间。

(3)车站与区间的划分

①划分的意义:分清工作责任,保证行车安全。

②车站与区间的分界线

单线铁路:以进站信号机柱的中心线为界。

双线铁路:两端分别以各正线的进站信号机柱和站界标柱的中心线为界。

3. 车站的作用、分类

(1)铁路运输生产过程:出发→途中运行→到达。

(2)车站的业务

①货运业务:车站对货运人办理的货物运输的受理、承运、装车、卸车、保管、交付等各项作业的总称。

②客运业务:车站对旅客办理的旅客运输的售票、候车、进站检票、上车、下车、出站验票、签证、退票等各项作业的总称。

③运转业务:分行车和调车两部分。

行车:接发列车及放行通过列车等作业的总称。

调车:解体、编组、摘车、挂车、取车、送车等各项作业的总称。

(3)车站的作用

①对外,车站是铁路的窗口,与旅客、货主办理各项客、货运输业务。

②对内,车站是铁路运输生产基地,办理除列车在区间运行以外的各项运转作业。

(4)车站的分类

①按业务性质分类(对外):

客运站——设于铁路枢纽内,专门办理客运业务的车站;

货运站——设于铁路枢纽内,专门办理货运业务的车站,包括工业站、港口站、危险货物车站等专业性车站;

客货运站——既办理客运业务,又办理货运业务的综合性车站。

②按作业性质分类(对内):

中间站——设于区段内,主要办理列车的会让、越行、通过作业的车站;其布置示意图见图3-0-23所示。

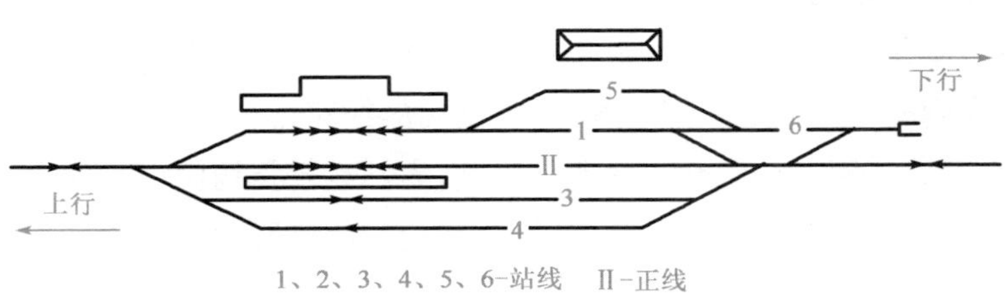

图3-0-23　中间站布置示意图

区段站——设于区段的分界点,主要办理列车的无调中转作业(技术站);

编组站——设于区段分界点或枢纽内,大量办理列车的中转作业(包括有调和无调)。

③按车站担负的任务量、在铁路网中的地位分:特等站、一等站、二等站、三等站、四等站、五等站。

铁路区段:相邻两个技术站之间的铁路线路。

铁路枢纽:大城市或大工业区附近,几条铁路线路交汇处,有多个专业性车站及其连接的联络线、线路所、专用线等技术设备组成的办理各项铁路运输业务的中心。

4. 车站股道、道岔编号、辙叉号数的选用及股道有效长

(1) 主要股道(即车站线路种类)

铁路线路按用途分为正线、站线、段管线、岔线及特别用途线。

①正线(见图3-0-24)是指连接车站并贯穿或直股伸入车站的线路(区间部分称为区间正线,站内部分称为站内正线)。

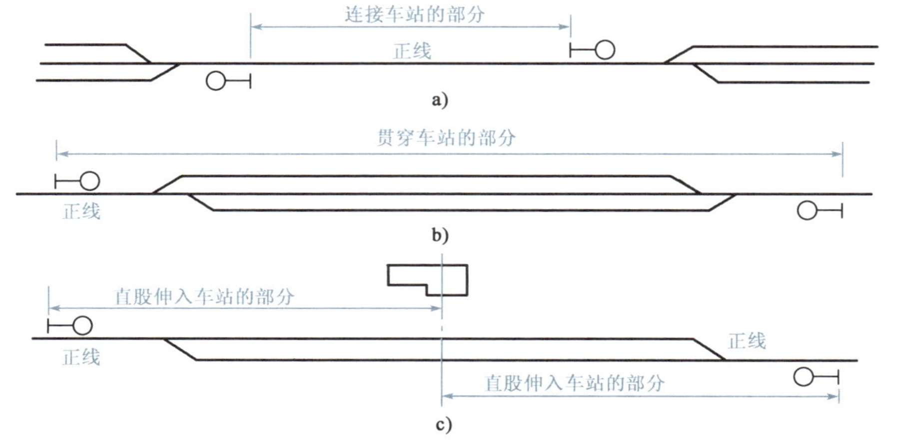

图3-0-24 车站正线

a)连接车站并贯穿车站的线路;b)连接车站并贯穿车站的线路;c)直股伸入车站的线路

②站线是指车站内除正线以外的线路,包括到发线、调车线和牵出线、货物线、机车走行线、存车线、检修线等。

到发线——专门办理列车到、发作业的线路;

调车线——供车列解体、编组并存放车辆的线路;

牵出线——供列车解体、编组及转线等牵出使用的线路;

货物线——专门办理货物装、卸车作业的线路,大站设于货场内(见图3-0-25)。

③段管线是指机务、车辆、工务、电务等段专用并由其管理的线路(见图3-0-26)。

图3-0-25 车站货物线

图3-0-26 段管线

④岔线是指在区间或站内接轨，通向路内外单位的专用线路，如支线、专用线、工业企业线等。

⑤特别用途线是指为保证行车安全而设置的安全线和避难线。

安全线：安全线是进路隔开设备之一。设置安全线的目的是防止列车或机车车辆进入另一列车或机车车辆运行的进路，避免发生冲突事故。如图 3-0-27 所示，安全线有效长一般不小于 50m。

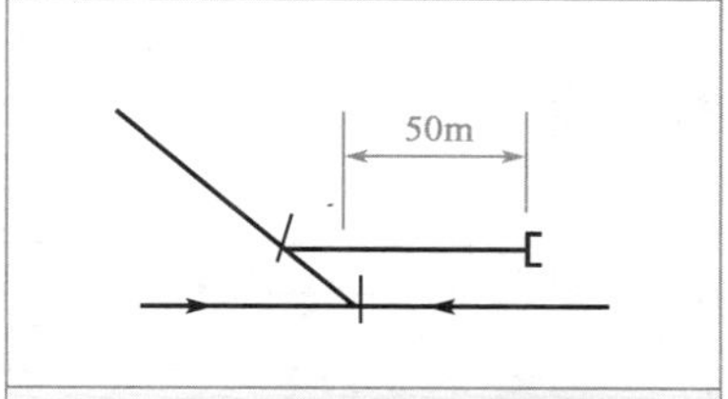

图3-0-27 进路汇合处安全线的位置

避难线：在山岳或丘陵陡峻地区，区间线路纵断面特别不利时，为了防止在陡长下坡道上失去控制的列车发生冲突或颠覆，应根据线路情况，计算确定在区间或站内设置避难线。避难线应设在陡长坡道的下方，主要依靠逐渐升高的坡度来抵消失控列车的动能。

(2)线路、道岔编号

①线路编号方法：正线用罗马数字，站线用阿拉伯数字。

单线区段内的车站线路，从靠近站房的线路起，向站房对侧依次顺序编号。如图 3-0-28 所示。

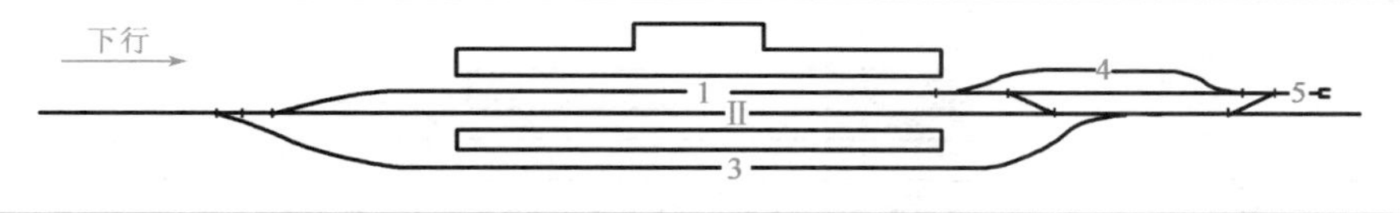

图3-0-28 单线区段车站线路编号图

双线区段内的车站线路，从正线起按列车运行方向分别向外顺序编号，上行为双号，下行为单号。如图 3-0-29 所示。

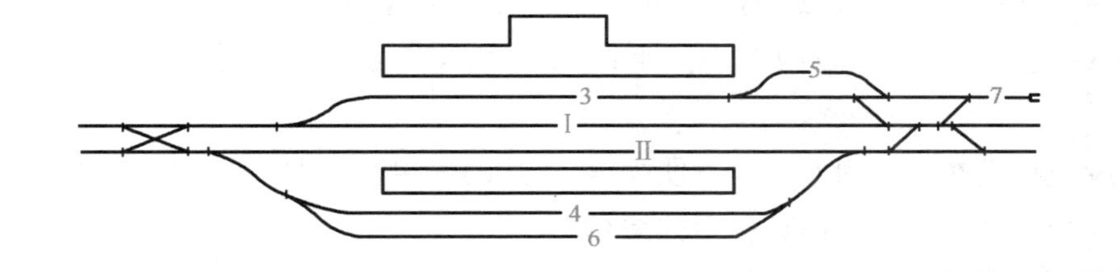

图3-0-29 双线区段车站线路编号图

尽端式车站，站房位于线路一侧时，由靠近站房的线路起，向站房对侧由近向远顺序编号(见图 3-0-30a)。站房位于线路终点处时，线路号码应向终点方向由左向右顺序编号(见图3-0-30b)。

当大型车站有数个车场时，应分别按车场从靠近站房(信号楼)的线路起，向站房(信号楼)对侧由近向远顺序编号。

②道岔编号方法：从车站两端开始，由外向内、由主（主要进路）向次（次要进路）依次用阿拉伯数字编号。如图3-0-31、图3-0-32所示。

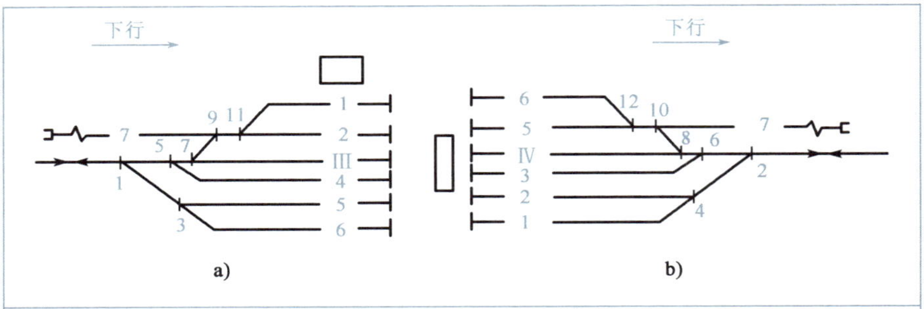

图3-0-30　尽端式车站线路编号图

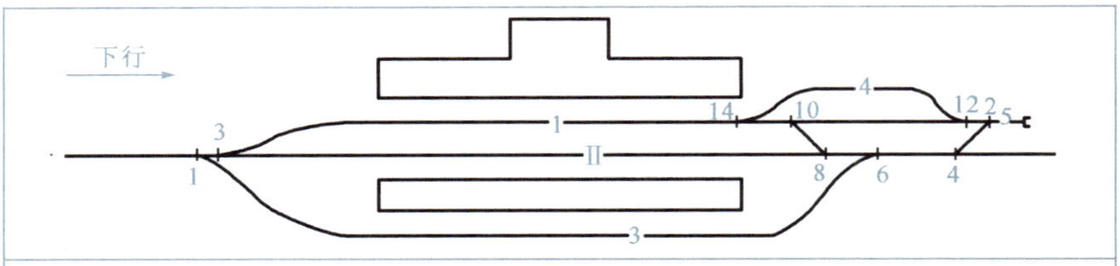

图3-0-31　单线铁路站内线路、道岔编号图

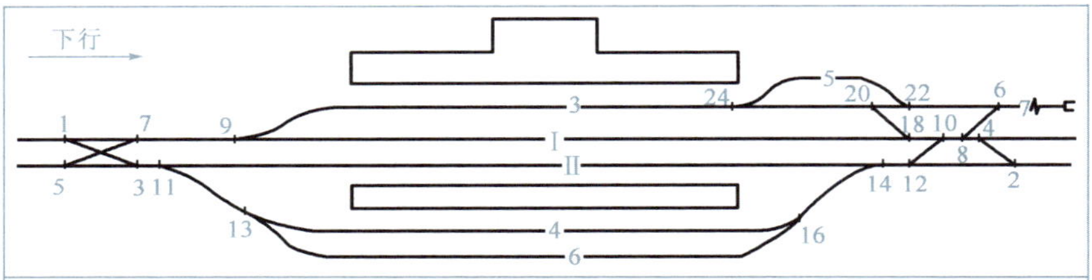

图3-0-32　双线铁路站内线路、道岔编号图

同一渡线或梯线上的道岔连编单号或双号。尽端式车站的道岔向线路终端方向顺序编号。大型车站道岔号码用三位数表示。百位数字表示车场号码，个位和十位数字表示道岔号码。

注意：股道和道岔编号的作用是方便股道、道岔的使用和管理；一个车站的每股道、每个道岔的编号必须是独立的，即不得有相同的编号。

（3）道岔辙叉号数的选用

①用于侧向通过列车，速度超过80km/h的单开道岔，不得小于30号。

②用于侧向通过列车，速度超过50km/h的单开道岔，不得小于18号。

③用于侧向通过列车，速度不超过50km/h的单开道岔，不得小于12号。

④用于侧向接发停车旅客列车的单开道岔，不得小于12号。

⑤用于侧向接发停车货物列车并位于正线的单开道岔，在中间站不得小于12号，在其他车站不得小于9号。

⑥其他线路的单开道岔，不得小于9号。

⑦狭窄的站场采用交分道岔，不得小于9号，但尽量不用于正线；必须采用时，不得小于12号。

⑧峰下线路采用对称道岔，不得小于6号；采用三开道岔，不得小于7号。

⑨段管线采用对称道岔，不得小于6号。

(4)股道全长及有效长

①股道全长——线路一端的道岔基本轨接头到另一端的道岔基本轨接头的长度。如为尽头式线路，则为道岔基本轨接头至车挡的长度。站内正线不另计全长。车挡示意图见图3-0-33所示。

图3-0-33　车挡示意图

确定线路全长，主要是为了设计时便于估计造价，比较设计方案。图3-0-34为线路全长示意图。

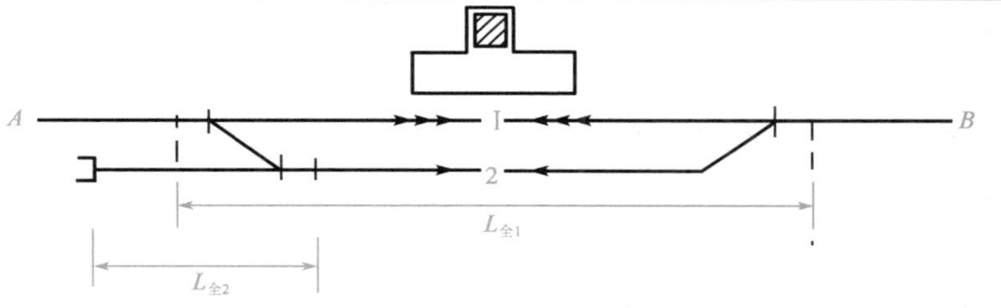

图3-0-34　线路全长

②股道有效长——线路全长范围内可以停留机车车辆，而不妨碍邻线正常行车部分的长度。如图3-0-35所示。

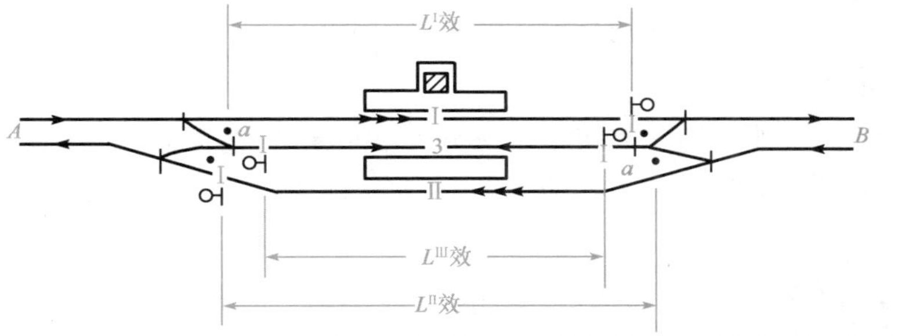

图3-0-35　线路有效长

股道有效长的确定因素有：警冲标，出站信号机或调车信号机，道岔的尖轨尖端或道岔基本轨接头处的钢轨绝缘，车挡(尽头线路时)。

注意：设计线路有效长，主要根据线路作业量、用途及其连接形式而定。我国货物列车到发线有1050m、850m、750m、650m、550m等几种标准有效长。开行重载列车为主的铁路可采用大于1050m的到发线有效长度。一个车站的每一条到发线的有效长必须大于或等于规定的标准有效长。

二、中间站、会让站和越行站

1. 中间站

中间站(见图3-0-36)是为沿线城乡人民及工、农业生产服务，提高铁路区段通过能力，保证行车安全而设的车站。它主要办理列车的到发、会让和越行，以及客货运业务。

图3-0-36　中间站

中间站设备规模虽然较小，但是数量很多，它遍布全国铁路沿线中、小城镇和农村，在发展地方工、农业生产，沟通城乡物资交流中起着很重要的作用。中间站的设置位置，既要符合线路通过能力的要求，又要适当满足地方工农业生产发展的需要，并应考虑地形、地质等自然条件。

(1)中间站的作用

保证行车安全，提高铁路区段通过能力，为沿线城乡的客、货运服务。

设置中间站即可缩短区间长度，增加区间数量，即增加了运行的列车数量。

(2)中间站的主要任务

调整列车运行，办理列车的通过、会让、越行和客货运业务。

(3)中间站的作业

①运转业务：接发列车及放行通过列车作业(主要作业)，车辆的摘挂作业和货场、专用线取送车作业。

②客运业务：旅客乘降和行包的承运、保管、交付。

③货运业务：货物的承运、装卸、保管与交付。

(4)中间站的设备

①运转设备：列车到发线、货物装卸线、牵出线和调车线等。

②客运设备：为旅客服务的站房、站台、站台间的跨越设备(一般为平过道)和雨棚等。

③货运设备：为货运服务的货物站台、仓库、雨棚、堆放场、装卸机械及办公房屋等。

④信号及通信设备等。

(5)中间站布置图

①单线铁路中间站布置图，见图3-0-37。

②复线铁路中间站布置图，见图3-0-38。

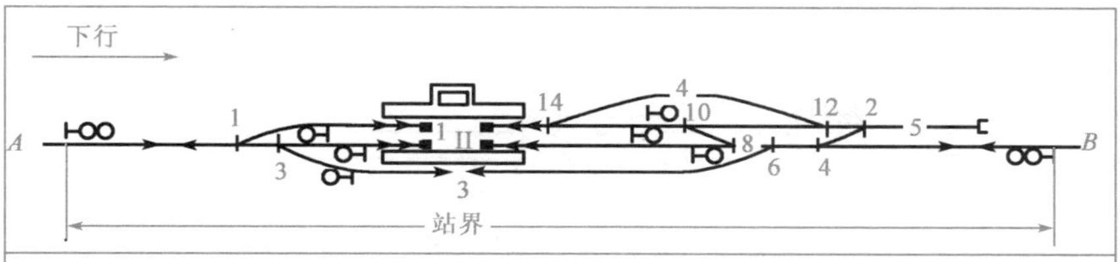

图3-0-37　单线铁路中间站布置图

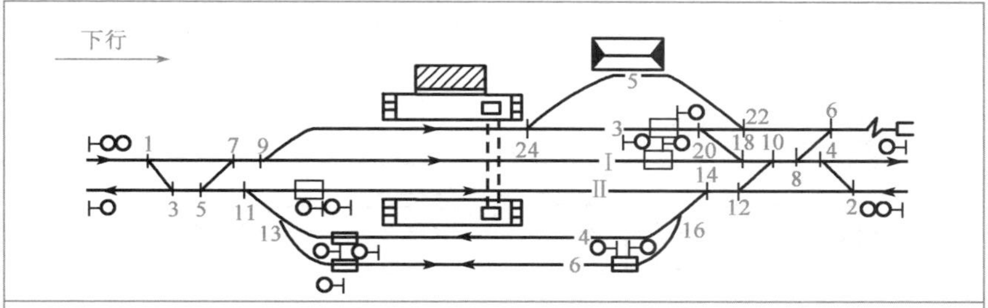

图3-0-38　双线铁路中间站布置图

2. 会让站和越行站

在我国铁路上，用来提高线路通过能力而设置的，只办理行车不办理客、货业务的车站，称为会让站和越行站。《铁路技术管理规程》规定，会让站和越行站均包括在中间站之内。

(1) 会让站

会让站（见图3-0-39）设在单线铁路上，主要办理列车的到发和会让业务。先到的列车在本站停车，等待反方向的列车到达或通过本站。两个列车互相交会，叫做会车；先到的列车在本站停车，等待后一列同方向的列车通过本站或到达本站停车后先开，叫做越行。

图3-0-39　会让站（成昆线上的关村坝车站）

会让站主要办理列车的到发、会车、让车，仅办理少量的客、货运业务，其设备有：到发线，通信、信号设备，旅客乘降设备，办公房屋。

会让站布置方式：

①横列式会让站（主要站线在两道岔区内）：《车站行车组织细则》推荐图形。设一条到发线时，到发线一般应设在站房对侧，见图3-0-40。

优点：对通过列车方便（助理值班员、司机互相检查有无异常），而且通过车流为会让站主要车流；客车停靠正线平顺。

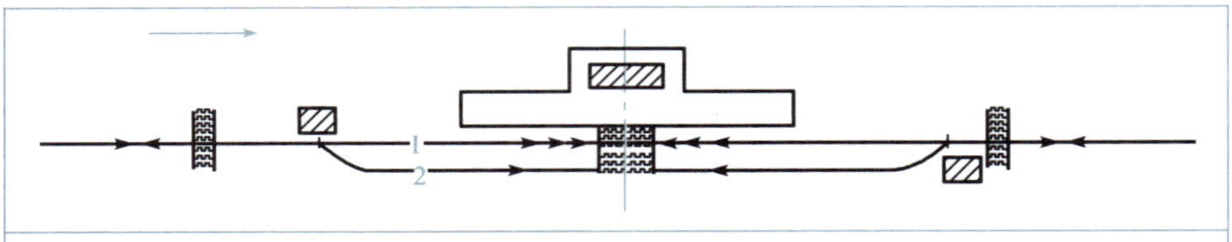

图3-0-40　一条到发线

缺点：客车停靠较多，影响正线行车；不利于改建。

设两条到发线时，两条到发线分设正线两侧布置，见图3-0-41。

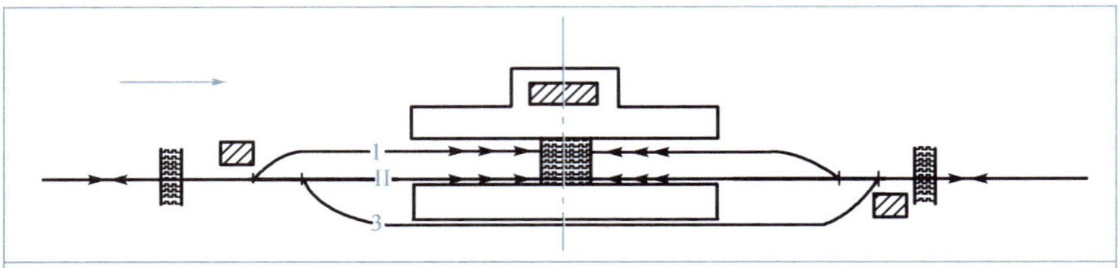

图3-0-41　两条到发线

两条到发线分设正线两侧，既便于利用1线办理客货，又便于II、3办理交会通过。

②纵列式会让站：见图3-0-42。

优点：在山区地形陡峻狭窄的情况下，可减少工程量；便于车站值班员与司机交接行车凭证；适应重载列车会车的需要。

缺点：站坪长，工程费用大；车长与值班员联系时，走行距离长；列车在站会车不灵活；人工扳道非集中联锁情况下，运营管理不便。

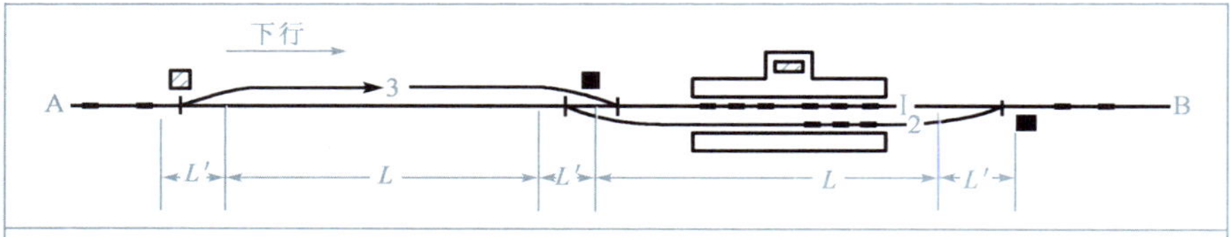

图3-0-42　纵列式会让站

(2)越行站

越行站设在复线铁路上，其作业有：同方向列车的越行，反方向列车的转线，少量客、货运业务。因此越行站设备有到发线，通信、信号设备，旅客乘降设备，办公房屋等。

越行站一般应采用横列式布置。

①设一条到发线时。

a. 到发线设于两正线中间，见图3-0-43。

优点：客车进站停车，不需扳动道岔，运行安全；待避列车进入到发线，不干扰正线行车；进路灵活，三线均可使用。

缺点：正线不顺直；对称道岔施工与养护不便。

b. 到发线布置在两正线一侧、站房对侧，见图3-0-44。

优点：正线无反向曲线；不使用对称道岔。

缺点：待避列车进入到发线，与正线行车干扰，安全性差。

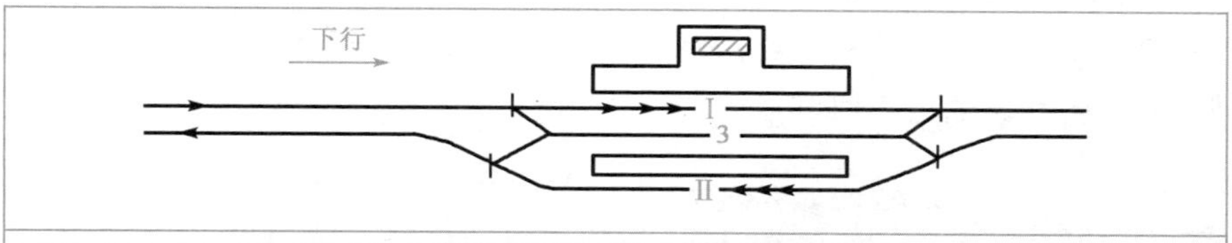

图3-0-43　到发线位于两正线中间

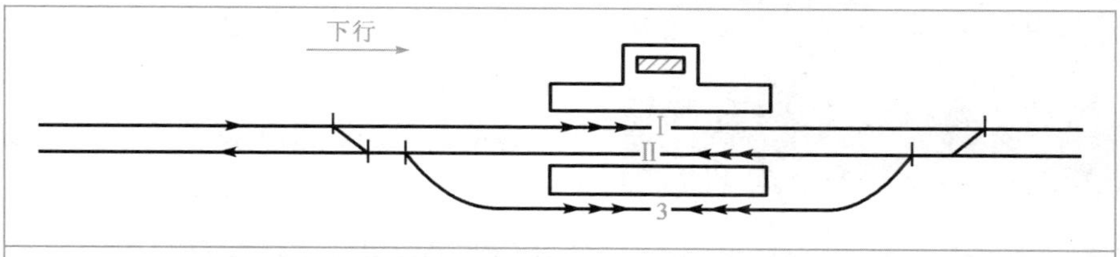

图3-0-44　到发线位于两正线一侧

结论：只设一条到发线时，到发线设于两正线间；受地形限制或行车量不大时，到发线可设在行车量大一侧。

②设两条到发线时。

a. 到发线位于正线同侧，见图 3-0-45。

优点：下行客车运行平顺。

缺点：下行待避列车，切割上行正线；降低了通过能力。

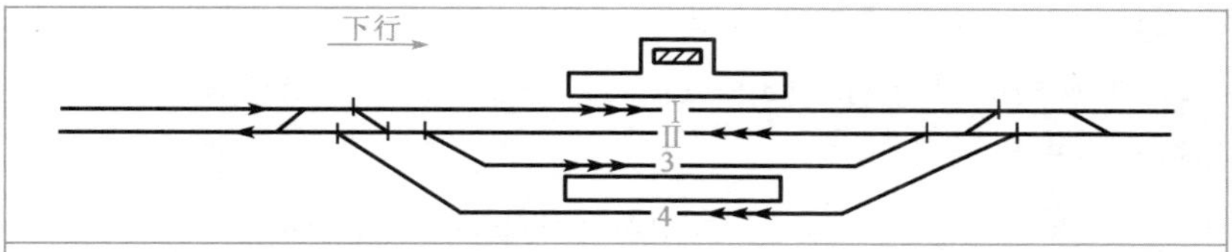

图　3-0-45

b. 到发线位于正线两侧，见图 3-0-46。

优点：两方向待避列车不干扰正线行车。

缺点：客车运行不平顺。

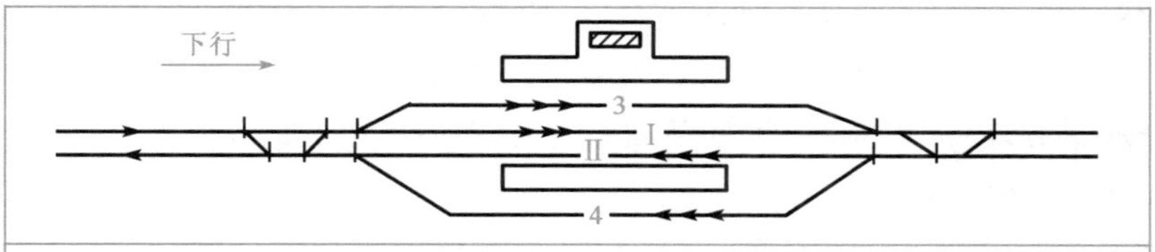

图　3-0-46

越行站纵列式布置：占地长，设备分散，缺点突出，一般不用。

三、高速铁路站场

1. 高速铁路站场设计要求和原则

(1)高速线上的车站(见图3-0-47)数量应尽量减少,以利于旅客列车高速运行,减少列车的停站次数,缩短旅客总的旅行时间。

图 3-0-47

(2)由于高速线与既有线并行修建,因此应将高速线尽量引入既有站,以便充分利用既有站的站场设备和客运设施,减少投资。

(3)在高速线与普通线相衔接的枢纽或客运站上,为满足中、高速旅客换乘的需要,要考虑方便旅客的换乘方式及设置相应的换乘设施。

(4)由于高速线上中、高速旅客列车混跑,为保证高速列车正常运行,要设置中速客车待避高速客车的中间站。

2. 我国发展高速铁路的几种类型

I 类为改造既有线,视既有线条件提高旅客列车最高时速为 120km、140 ~ 160km,相应适当提高货物列车速度,客货混跑。如广深线,计划改造将旅客列车最高时速提高至 160km,并设有近 30km 长最高时速为 200km 的试验段。(改造既有线模式)

II 类为新建最高时速达 200 ~ 300km 的客运专线,除起讫点外基本上不与既有线发生关系,新建全套客运设施,自成系统。(自成系统,新建高速客运专线模式)

III 类为靠近既有线修建最高时速为 200 ~ 300km 的客运专线,走向与既有线一致且尽量并行修建,尽量利用铁路的已有用地和客运设施。(与既有线并行修建客运专线模式)

3. 高速铁路站场布置特点

高速铁路站场布置的特点有:①站坪长;②线间距大;③站场路基要求高;④轨道设计标准高;⑤道岔辙叉号数大。

4. 高速铁路与既有线线间距离的区别

(1)站台边缘至股道中心距离

站台边缘至有高速列车通过的正线中心距离,由于高速列车机车车辆的水平摆动加大,时速 160km 及以上的线路应为 1800mm。既有线改造时速为 160km 及以下的线路仍可保持 1750mm,没有高速客车通过的正线和旅客列车停站的到发线,其线路中心距站台边缘的距离为 1750mm[按《铁路车站及枢纽设计规范》(GB 50091—2006)规定]。

(2)站内两正线中心距离

I 类线路为既有线改造的客货混跑线路,站内正线间距可维持原标准。II 类线路为客运专线,高速客车在中间站没有列检、上水等技术作业,站内正线两侧亦为封闭,两正线间不设信号等设备,不行人。为减少工程量和使线路平顺,中间站内两正线中心距离应可考虑与区间正线相同。在时速200km及以上的线路一般考虑为4300mm，在此间距内可以适应铺设1/12~1/18的单开道岔渡线。如站内正线需反向行车，则在此间距内不能设信号机，可考虑设悬臂钢构信号机托架。终到始发站内的正线间距因有调车等作业仍应为5000mm。

(3)正线与到发线间距，到发线之间间距仍可按《铁路车站及枢纽设计规范》(GB 50091—2006)规定。

(4)牵出线与正线间距

I类线路，新建的牵出线与正线的线间距不小于7.0m，既有牵出线与正线的线间距不小于6.5m。但为调车人员的安全，牵出线与正线间应设防护栅。

II类线路取送客车底的牵出线或其他走行线与正线的线间距亦不小于7.0m，并设防护栅。

(5)其他线间距

其他线间距应视道路排水沟等设施及技术作业要求而定。归纳与常规铁路不同的线间距见表3-0-13。

与常规铁路不同的线间距表(单位:mm)　　表3-0-13

项　目	I类线路	II、III类线路	备　注
中间站内正线间	≥5000	≥4300	与区间正线间
正线与到发线	≥5000	≥5000	
有高速车道通过的正线中心与站台边缘	新建1800 既有1750	1800	适用于普通站台和高站台
牵出线与正线间	新建≥7800 既有≥6500	≥7000	II、III类线路指其他走行线与正线间
终到始发站内间	≥5000	≥5000	

注:1. 当站内正线3条及其以上时，高速正线与其他正线间距应视信号等设施要求而定。
2. 有技术作业要求的中间站内正线间距应按要求而定。

5. 高速铁路与既有线到发线有效长的区别

客货共线铁路上旅客列车到发线有效长度主要是根据旅客列车长度确定，其计算公式为:

$$L_{效} = \sum L_{车辆} + \sum L_{机} + L_{附} \tag{3-0-2}$$

式中:$L_{车辆}$——编挂车辆长度(m);

$L_{机}$——机车长度(m);

$L_{附}$——列车停车时的附加距离(m)。

鉴于目前我国既有铁路主要线路的旅客列车编挂辆数已增加到16~20辆，并且25型车(长26.6m)将逐步取代其他各型客车，现行《车站行车组织细则》规定旅客列车到发线有效长不应小于650m，接发短途、小编组旅客列车和节日代用旅客列车的到发线有效长度可根据需要计算确定，可在650m基础上适度缩短。

旅客列车到发线有效长度，与牵引质量及编挂辆数有关。还与运输组织模式有关，采用本线列车和跨线列车共线运行模式，到发线有效长度必须满足该线路最长到发列车停车的需要外，300～350km/h 的客运专线还需要考虑安全防护距离的要求和警冲标至绝缘节的距离。200～250km/h 客运专线为有效停车长度和前后各需要列车安全过走距离。客运专线的计算公式如下：

$$L_{效} = L_1 + L_2 + 2L_3 + \Delta L \tag{3-0-3}$$

式中：L_1——列车长，包括机车及旅客列车长度；

L_2——为使站台在直线上，L_2 系警冲标至曲线终点的横坐标距离；

L_3——富裕量，按 5m 计；

ΔL——停车安全距离，参照日本资料为≥50m。

高速铁路车站线路的有效长除了与列车长度有关外，还与采用的列车自动控制系统有关。

我国的旅客列车的有效长度根据以下几个方面确定。

①客车编成辆数为 20 辆，若按新 25 型考虑，每辆长 26.6m，其中发电车长 22.9m，则车底总长为 528.43m。

②客运机车按东风 4 型为 21.1m。

③制动附加距离为 30m。

④列车检查作业的防护距离为 20m。

上四项之和约为 600m，但考虑旅客站台及临时加挂的需要，其有效长部分应满足 650m。高速铁路的客车编成辆数一般有以下几种。

①按 10 辆编：4＋2＋4，长度为 250m。

②按 12 辆编：4＋4＋4，长度为 300m。

③按 16 辆编：4＋4＋4＋4，长度为 400m。

因此，确定列车长度时应以我国中速列车长度为准，即 528.3m。机车长度若按东风 4 型 21.1m 计，其构造速度客运机车为 120km/h，与高速铁路行驶速度相差太远，而因扣除系数过大则影响线路通过能力。因此，考虑改用其他型机车牵引，机车长度暂按 30m 计，则总长为 558.3m，取 560m。

由于高速铁路采用了列车安全控制系统，其有效长还必须满足列车停车制动的要求。列车控制系统：一种是人机共用，以设备控制为主；另一种是人机共用以人控制为主。

6. 高速铁路与既有线站场道岔选用与布置区别

(1) 客货共线铁路站场道岔辙叉号码选用的规定

①正线道岔的列车直向通过速度不应小于路段设计速度。

②列车直向通过速度为 100～160km/h 的路段内，正线道岔不应小于 12 号，在困难条件下，改建区段站上及以上大站可采用 9 号。

③列车直向通过速度小于 100km/h 的路段内，侧向接发列车的会让站、越行站、中间站的

正线道岔不应小于12号，其他车站及线路可采用9号。

④列车侧向通过速度大于80km/h，但不大于140km/h的单开道岔，不得小于30号。

⑤列车侧向通过速度大于50km/h，但不大于80km/h的单开道岔，应采用18号。

⑥列车侧向通过速度不大于50km/h的单开道岔，不应小于12号。

⑦侧向接发旅客列车道岔，不应小于12号，在困难条件下，非正线上接发旅客列车的道岔，可采用9号对称道岔。

⑧正线不应采用复式交分道岔，在困难条件下需要采用时，不应小于12号。

⑨其他线路的单开道岔或交分道岔不应小于9号。

⑩驼峰溜放部分应采用6号对称道岔和7号对称三开道岔；改建困难时，可保留6、5号对称道岔。必要时到达场入口，调车场尾部、货场及段管线等线路上，可采用6号对称道岔。

(2)客运专线以及高速铁路站场道岔辙叉号码选用的规定

①正线道岔的直向通过速度不应小于路段设计行车速度。

②正线与跨线列车联络线连接的单开道岔应根据列车设计通过速度确定，选用侧向允许通过速度为160km/h或侧向允许通过速度为80km/h的18号道岔，高速铁路应采用高速道岔。

③车站咽喉区两正线间渡线应采用侧向容许通过速度为80km/h的道岔，在高速铁路上应为高速道岔。困难条件下，改扩建大型站可采用12号道岔。

④正线与到发线连接的单开道岔应采用侧向容许通过速度为80km/h的18号道岔，在高速铁路上应为高速道岔。

⑤到发线与到发线连接线应采用侧向容许通过速度为80km/h的18号单开道岔。困难条件下，全部或绝大多数列车均停站的个别车站以及改扩建大型站可采用12号道岔。

⑥动车、养护维修列车等走行线在到发线上连接时应采用不小于12号的道岔。段管线、维修线在到发线上出岔时，采用9号道岔。

⑦位于动车段(所)内到发停车场到达(出发)端外方的道岔，宜采用12号道岔，困难条件下可采用9号道岔；其他采用9号道岔。

(3)客运专线正线与到发线、到发线与到发线连接的道岔号数选择，主要考虑到发线有效长度为700m的条件下，列车在进站信号机前实施制动，在到发线的出站信号机前停车，并应尽快腾空正线以提高其能力。道岔侧向允许通过速度应与之相匹配，同时还应考虑尽量提高旅客乘坐舒适度。根据相关研究，应采用侧向允许通过速度为80km/h的道岔。因此，正线与到发线及到发线与到发线连接的单开道岔应采用侧向允许通过速度为80km/h的18号道岔。对于全部或绝大多数列车停车的个别车站以及改、扩建大型站特别困难条件下，可采用12号道岔，缩短咽喉区长度。减少工程投资。

各国无论是新建客运专线还是客货共线运行线路(含既有铁路改建)，高速铁路曲线间直线插入段(均不含缓和曲线长度)最小长度在 $0.4v \sim 0.6v$ 之间。故此,参照上述标准,在客运专线站内正线上的道岔间直线插入段最小长度按下式确定:

$$L \geqslant 0.6v \tag{3-0-4}$$

式中:v——侧向允许通过速度。

当受站坪长度限制时,可采用国外统计数字下限值,正线上插入直线段长度不小于 $0.4v$ 即 18 号道岔配列时,道岔间插入的钢轨长度不小于 48m,困难条件下不小于 32m。

7. 高速铁路车站布置图

高速铁路的车站有与既有站分设和合设两种布置图。车站图形与高速、跨线旅客列车共线运行模式、车站性质、运营需要、动车段(所)、客车整备所的配置以及地形条件等因素有密切关系,应在满足运营要求前提下结合具体情况确定。

(1)高速站与既有站分设的布置图

根据技术作业性质不同,高速铁路的车站可划分为四种类型,即越行站,中间站,始发、终到站以及通过兼始发、终到站。

①越行站。图 3-0-48 为高速越行站布置图。越行站由于只办理速度较快的列车越行速度较慢的列车,而不办理旅客乘降作业,故只需设 2 条待避用的到发线。由于不办理客运业务,原则上可不设站台。

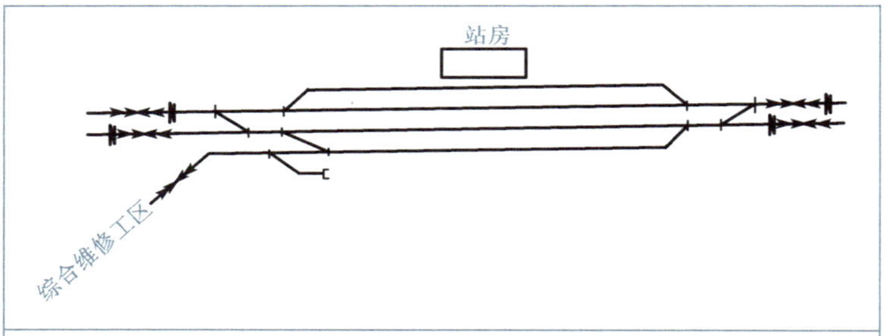

图3-0-48 高速越行站布置图

越行站在高速线上的布局,应根据高速、跨线旅客列车的比例、列车开行方案、高速线需要的通过能力等因素来决定。

②中间站。在高速线上新建的高速中间站办理以下主要作业:高速、跨线旅客列车停站或不停站通过;跨线旅客列车待避本线旅客列车;少量高速旅客列车夜间折返停留;办理停站的各种旅客列车的客运业务。

中间站的布置图有对应式和岛式两种。

a. 对应式。对应式中间站(见图 3-0-49)的两个站台夹 4 条线,考虑到办理四交会的可能,故设两条停车待避用的到发线。这种布置图的优点是站台不靠近正线,高速列车自正线通过时,不影响站台上旅客的安全,站台安全退避距离不必加宽。如客运量较大而且某个方向需办理两列停站待避列车时,可增加一条到发线,如图 3-0-49 中虚线位置。

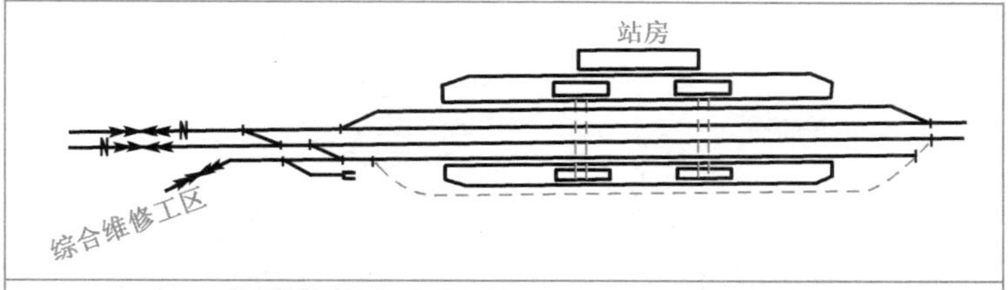

图3-0-49　高速对应式中间站布置图

b. 岛式。岛式中间站的中间站台靠近正线，其缺点是：当有列车在正线停靠站台时，会影响后续追踪列车通过，降低区间通过能力；另外，由于高速列车通过时受列车风的影响，站台安全退避距离需要加宽以保证旅客的安全，并需设置防护栅栏。

根据上述比较，中间站一般以采用对应式布置图为宜。但当有停站的旅客列车较多时，为充分利用站台，也可采用岛式布置图。

为便于高速列车动车组停留折返，有少量动车组折返停留作业的中间站，宜采用图 3-0-50 所示布置图，折返用到发线应根据折返列车到达时不切正线为原则。

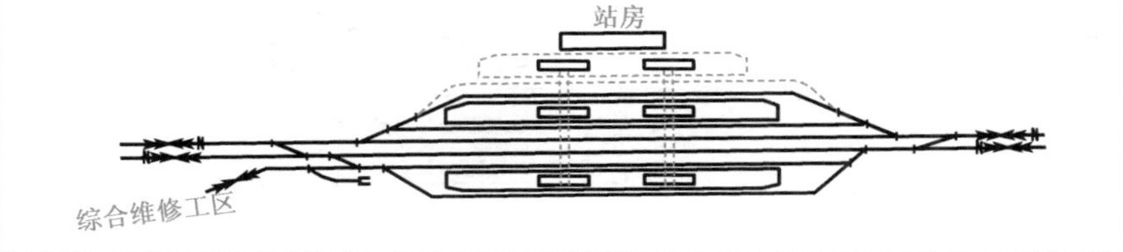

图3-0-50　有折返作业的中间站布置图

为便于高速铁路设备的维修保养，在高速线的车站上，通常根据工务、电务、供电工区等的分布，设置综合维修工区。这种工区应尽量与车站的到发线衔接，以便维修用车的出入。必要时，可采用跨线桥引入车站。

③始发、终到站。这类车站设置在高速铁路的起点和终点，位于特大城市的铁路枢纽，主要办理始发、终到高速列车的作业。新建的高速铁路始发、终到站作业有：办理高速旅客列车的客运业务；办理高速旅客列车的始发、终到，动车组的取送和折返作业；办理动车组的整备、检修作业。

新建的高速始发、终到站布置图如图 3-0-51a）所示。若基本上没有不停站通过列车，正线与到发线间可设中间站台，如图 3-0-51b）所示。

始发、终到站应设有与到发线相衔接的动车段（所）或综合维修基地。动车段（所）宜靠近车站设置并留有发展余地，并宜纵列配置于车站到发列车较少一端的咽喉区外方。

始发、终到站和有立即折返作业的中间站到发线数量应根据旅客列车对数及其性质、列车开行方案、引入线路数量和车站技术作业过程等因素确定，并应满足高峰时段列车密集到发的需要。

④通过兼始发、终到站。这类车站设在高速铁路沿线大、中城市的铁路枢纽，一般都与普通铁路干支线接轨，以办理通过的高速、跨线旅客列车作业为主，兼办部分始发、终到的高速列车。

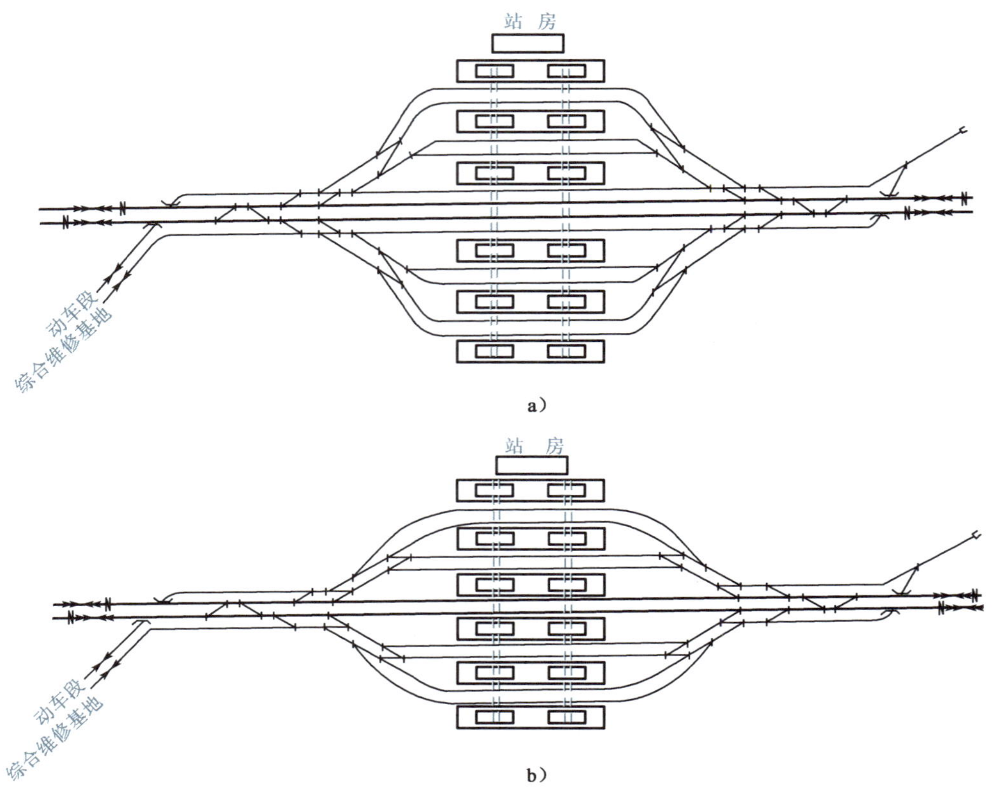

图3-0-51　高速始发、终到站布置图

新建的通过兼始发、终到站办理的作业有：办理高速、跨线旅客列车的客运业务和旅客换乘；办理停站、不停站的高速、跨线旅客列车通过作业；办理部分始发、终到高速旅客列车的始发、终到作业；办理高速列车动车组的整备、检修作业。

新建的通过兼始发、终到站布置图与上述始发、终到站或中间站基本相同，可设有动车段（所）或综合维修基地。

（2）高速站与既有站合设的布置方案

高速铁路的车站与既有客运站合设时，具有下列优点。

①有利于吸引更多的旅客乘坐高速列车。既有客运站一般部位于城市中心附近，高速铁路车站与其合并设置，便于旅客乘降，节省出行时间。

②有利于充分利用既有客运站的站场、站房及其他旅客服务设施，节省工程投资和城市用地。

③有利于旅客换乘。高速、跨线列车的旅客可在同一车站直接换乘，无需乘坐市内交通工具，不仅可以减轻城市交通负担，也可以节省旅客换乘时间。

高速铁路车站与既有客运站合设时，应遵循下列一些设计原则。

①由于高速线上列车运行采用自动控制和调度集中，高速列车的运行及其接发进路应单独自成系统，普速列车不得进入高速系统；但跨线列车的接发既需在高速系统进行，又需在普速系统进行，因此，在高、普速列车共站的车站上，为便于运营管理，高、普速列车宜分场分线使用。

②在跨线列车需上、下高速线运行的车站，高速列车车场与普速列车车场之间应利用渡线或具有立交疏解设备的联络线互相连通，以保证转场作业的顺利进行和列车接发的机动性。在没有跨线列车上、下高速线的车站，因两场无需连通，也可不设这种联络线或渡线。

③客运站房共用。为了有利于旅客换乘和高速旅客流线与普速旅客流线互不交叉，高速铁路旅客与普速列车旅客的进、出站通路及其候车室应尽量分开。

高速站与既有站合设时，有以下几种方案可供选择。

①高速列车与普速列车共用车场。图 3-0-52 为高速线在枢纽前方站与既有线合并列入枢纽，利用既有正线进入既有客运站，既有客运车场为高速与普速列车共用股道。这种方案可大大节省高速线引入枢纽的建筑费用，但由于高速与普速系统旅客列车作业交叉干扰，行车指挥与车站作业组织较为复杂。

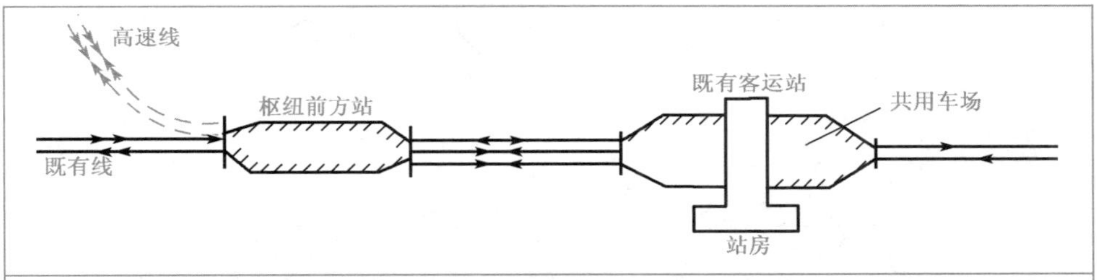

图3-0-52　高速列车与普速列车公用车场布置图

②高速车场与普速车场咽喉互不连通。高速铁路引入枢纽既有客运站，分别设置高速、普速车场，两车场咽喉互不连通，高速线直接引入高速车场，高速列车与普速列车不能直接进入对方车场，高速列车与普速列车运行成为互不干扰、互相独立的两个系统（见图 3-0-53）。这种方案仅适应于跨线旅客列车不上、下高速线的车站。

③高速列车车场与普速列车车场在同一平面并列合设。图 3-0-54a）为高速线与既有线并行引入既有尽端式客运站布置图，将靠近既有主站房一侧的既有到发线和站台改建为高速列车车场，供接发高速列车之用；与高速列车车场并列的其他到发线和站台作为普速列车车场，且在外侧适当扩建，供接发普速列车之用。在既有站房对侧，新建副站房，主站房与副站房之间采用高架通廊和地道相连，供旅客进、出站和换乘。两车场的进口咽喉用渡线互相连通。高速列车的动车段以及既有普速列车的客车整备场和机务段都有单独的站段联络线相衔接，以保证咽喉区必须的平行进路。这种布置方案适合于以办理始发、终到高速列车为主的高速站。

图 3-0-54b）为高速线与既有线并行引入既有通过式客运站的布置图。既有线在站房一侧，高速线在站房对侧，高速列车车场与普速列车车场横列，两车场咽喉用渡线互相连通，高速车场向外适当扩建。为便于高速旅客列车的旅客出入站，采用高架通廊和地道相连。这种布

置方案适合于以通过高速列车为主的车站。由于两车场横列布置，两端咽喉区高速、跨线列车到发进路交叉较严重。

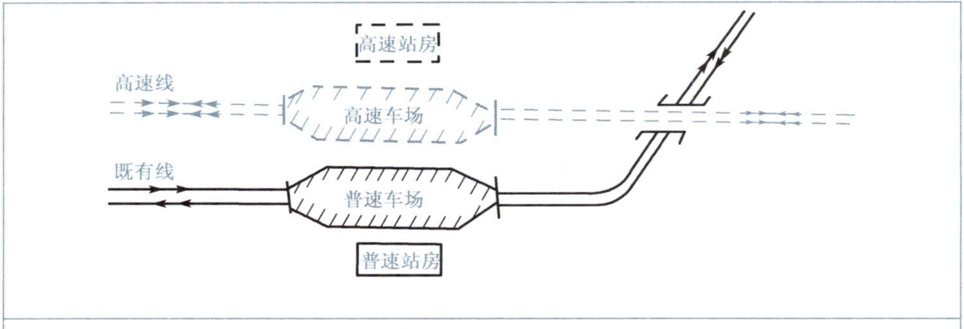

图3-0-53　高速列车与普速列车互不连通布置图

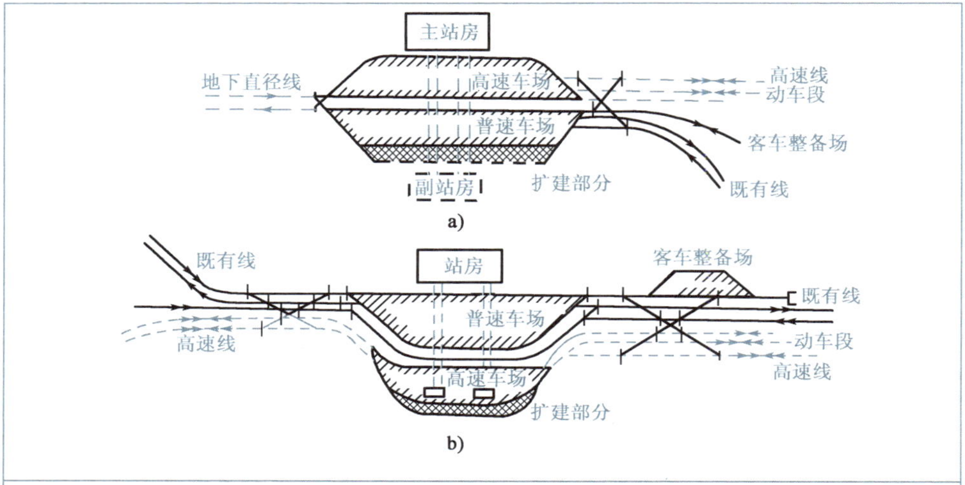

图3-0-54　高速列车车场与普速列车车场在同一平面并列合设布置图

④既有站上方设高架高速列车车场布置方案

图3-0-55为高速线高架引入既有站，在其上方设高架高速列车车场，其线路可采用如图3-0-55所示的平面和横断面布置，承担接发高速旅客列车和通过车站不停车通过的跨线旅客列车任务；桥下地面既有站为普速车场，承担接发始发、终到停站通过的普速旅客列车的任务。两车场两端采用进站线路立交疏解设备互相连通，以便于跨线客车上、下高速线。但当没有跨线列车上、下高速线时，两车场之间也可不必连通，以节省工程费用。高速旅客列车的旅客可通过主、副站房的自动扶梯和高架候车室通廊进、出站和换乘。普速旅客列车的旅客可通过高架候车室和地道进、出站。

⑤既有站下方设地下高速车场布置方案。图3-0-56为高速线从地下引入既有站，在既有站地下新建高速车场，既有站改建为普速车场。两车场两端采用进站线路疏解设备相联结，以便跨线列车上、下高速线。高速旅客列车的旅客可沿地道和自动扶梯进出站和换乘，普速旅客

列车的旅客可沿高架候车室和地道进、出站。高速线地下设站形式由于其工程造价高，施工困难，因而非特殊困难情况，很少采用。例如，日本东海道新干线的上野车站是日本新干线唯一的地下高速站，下地原因就是上野处于东京市区，既有上野站站场范围内没有高架或并行等设站条件，不得不采取下穿方式。

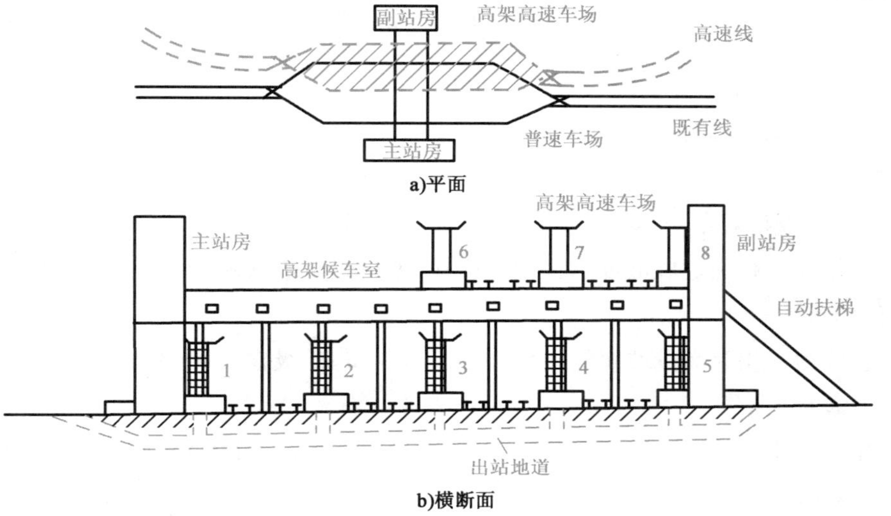

图3-0-55　既有站上方设高架高速列车车场平面、横断面布置图
1、2、3、4、5-普速车场站台；6、7、8-高速车场站台

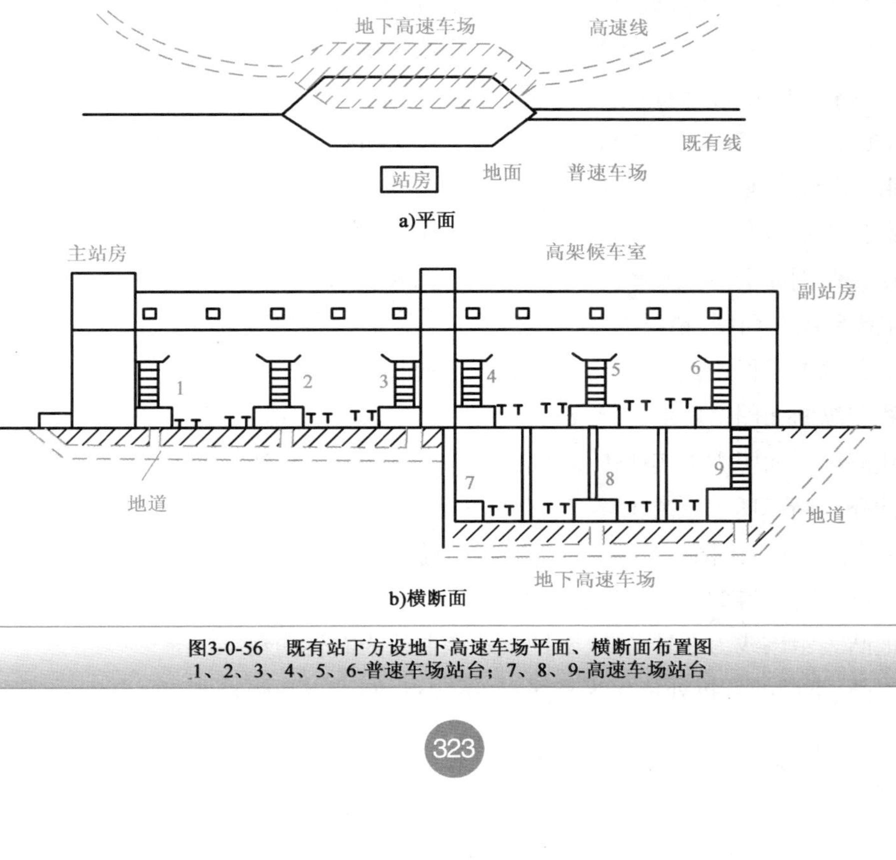

图3-0-56　既有站下方设地下高速车场平面、横断面布置图
1、2、3、4、5、6-普速车场站台；7、8、9-高速车场站台

高速站与既有站合设时，究竟采用何种布置方案，应根据城市规划、既有客运站设备、当地地形地物、高速线引入枢纽的方式以及工程投资、施工难易程度等因素，通过技术经济比选后确定。

【任务】

第一部分　应知应会

一、选择题

1.（　）不属于我国铁路采用的到发线有效长度。

A. 1250m　　B. 1050m　　C. 850m　　D. 600m

2.《铁路线路设计规范》规定，（　），需用竖曲线连接。

A. I、II 级铁路相邻坡段坡度的代数差大于 3‰和 III 级铁路相邻坡段坡度的代数差大于 4‰时

B. I、II 级铁路相邻坡段坡度的代数差小于 3‰和 III 级铁路相邻坡段坡度的代数差小于 4‰时

C. I、II 级铁路相邻坡段坡度的代数差大于 2‰和 III 级铁路相邻坡段坡度的代数差大于 3‰时

D. I、II 级铁路相邻坡段坡度的代数差大于 1‰和 III 级铁路相邻坡段坡度的代数差大于 2‰时

3. 客货共线铁路线间距，编组站、区段站的站修线与相邻一条线线间最小距离为（　）。

A. 4200mm　　B. 4400mm　　C. 5000mm　　D. 8000mm

4. I 级铁路困难地段曲线最小半径规定为（　）。

A. 550m　　B. 500m　　C. 450m　　D. 400m

5. 能用线路纵断面图反映的资料是（　）。

A. 线路平面资料　　B. 线路纵断面资料

C. 线路横剖面资料　　D. A 和 B 都对

6. 关于线路纵断面图，错误的叙述是（　）。

A. 线路纵断面图中横向表示线路高度，竖向表示长度

B. 线路纵断面图由两部分组成

C. 线路纵断面图中细实线表示地面线，粗实线表示设计线

D. 线路纵断面图能反映主要建筑物的位置、类型和大小

7. 关于线路纵断面图中的线路平面，错误的描述是（　）。

A. 上凸、下凹的部分表示曲线

B. 上凸表示该线为左转向角，下凹表示该曲线为右转向角

C. 上凸、下凹的转折处依次为直缓点、缓圆点、圆缓点和缓直点

D. 两相邻曲线间的水平线表示直线段

8. 客货共线铁路线间距，安全线与其他线路线间最小距离为(　　)。

A. 4200mm　　B. 4400mm　　C. 5000mm　　D. 8000mm

9. 客货共线铁路线间距，其他站线线间最小距离为(　　)。

A. 4200mm　　B. 4600mm　　C. 5000mm　　D. 8000mm

10. $v \leq 160$km/h 客货共线铁路基本建筑限界最大半宽度为(　　)。

A. 1400mm　　B. 2000mm　　C. 2440mm　　D. 4880mm

11. 旅客站台上建筑物距站台边缘不小于(　　)。

A. 1400mm　　B. 2000mm　　C. 2440mm　　D. 4880mm

12. 旅客高站台高度为(　　)。

A. 200mm　　B. 300mm　　C. 350mm　　D. 1250mm

13. 货物站台高度为(　　)。

A. 200mm　　B. 300mm　　C. 350mm　　D. 1100mm

14. 客运专线铁路线间距，200km/h 区间正线线间最小距离为(　　)。

A. 4200mm　　B. 4400mm　　C. 5000mm　　D. 4000mm

15. 客运专线铁路线间距，200km/h $< v \leq$ 250km/h 区间正线线间最小距离为(　　)。

A. 4200mm　　B. 4400mm　　C. 4600mm　　D. 5000mm

16. 客运专线铁路线间距，300km/h $< v \leq$ 350km/h 区间正线线间最小距离为(　　)。

A. 4200mm　　B. 4400mm　　C. 4800mm　　D. 5000mm

二、判断题

1. 根据铁路在路网中的作用、性质及运量，我国铁路线路共分为四个等级。　(　　)

2. 竖曲线可以与缓和曲线、相邻竖曲线重叠设置。　(　　)

3. 竖曲线不应侵入缓和曲线、道岔和无砟桥梁上。　(　　)

4. I 级铁路，车站必须设在曲线上时，其曲线半径不得小于 400m。　(　　)

5. II 级铁路，其曲线半径在困难地段不得小于 400m。　(　　)

6. I、II 级铁路，最大限制坡度，其区间线路在任何情况下均不得大于 12‰。　(　　)

7. I 级铁路，允许速度为 120km/h 的线路，车站必须设在曲线上时，在特殊困难地段，其曲线半径不得小于 800m。　(　　)

8. 两相邻坡段相连时，应设置竖曲线。　(　　)

9. 为了保证竖曲线不设在无砟桥面上，纵断面变坡点距无砟桥面端点的距离不应小于竖曲线长度。　(　　)

10. 竖曲线半径一定时，竖曲线越长，则坡度变化越平缓。　(　　)

11. 在未设缓和曲线的圆曲线内，竖曲线不得与圆曲线重合。　(　　)

12. II 级铁路一般地段最小曲线半径为 800m。　(　　)

13. I 级铁路困难地段，内燃机车牵引时，最大限制坡度为 12‰。（　）

第二部分　简答题

1. 什么是 I 级、II 级、III 级和“客运专线”铁路？
2. 铁路主要技术标准有哪些？选择时应遵循什么原则？
3. 铁路客运专线线路平纵断面的技术标准有哪些？
4. 客运专线对路基基床、路基宽度、路基工后沉降量的具体要求是什么？
5. 客运专线隧道设计时应满足什么要求？
6. 客运专线轨道设计时应满足什么要求？
7. 线路平纵断面设计的基本要求是什么？
8. 什么是铁路线路的平面、纵断面？其组成分别是什么？
9. 铁路直线的设计原则是什么？
10. 铁路圆曲线半径的选用原则是什么？
11. 什么是铁路线路的平面图、纵断面图？其标注内容分别是什么？
12. 桥涵路段的平面、纵断面设计有哪些要求？
13. 什么是车站？车站的作用是什么？车站是如何分类的？
14. 车站的线路种类有哪些？
15. 线路、道岔编号是如何规定的？
16. 给图 3-0-57 的股道和道岔编号。

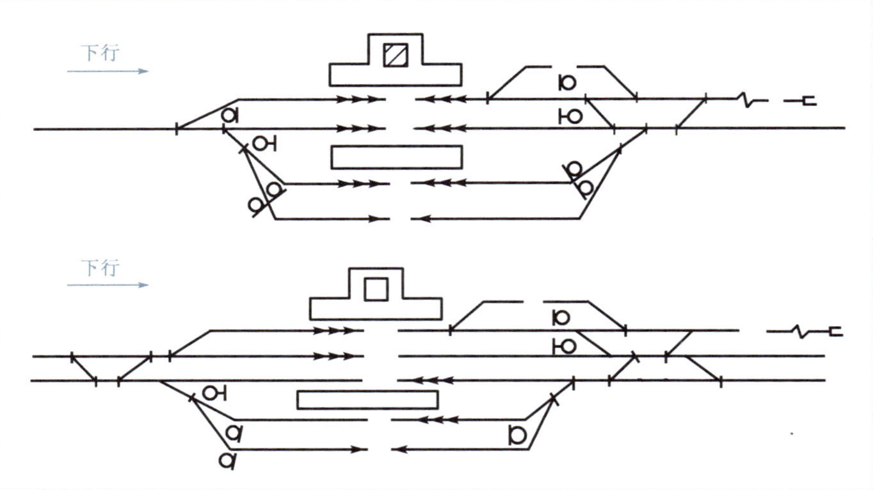

图3-0-57　题16图

17. 什么是股道有效长？确定股道有效长的因素有哪些？
18. 中间站的主要作业、中间站的主要设备包括哪些？

19. 高速铁路站场设计要求和原则是什么？

20. 我国发展高速铁路有哪几种类型？

21. 高速铁路站场布置特点是什么？

22. 高速铁路车站与既有客运站合设时，应遵循哪些设计原则？

第三部分　能力拓展

课外阅读：1. 安全线、避难线的作用和设置条件。

2. 中间站改建的常见情况。

3. 国内外高速铁路站场的布置。

4.《铁路技术管理规程》。

5.《铁路线路修理规则》。

参考答案

第一部分

一、选择题

1. D	2. A	3. D	4. C	5. D	6. A	7. D	8. C	9. B	10. C
11. B	12. D	13. D	14. B	15. C	16. C				

二、判断题

1. ×	2. ×	3. √	4. ×	5. √	6. ×	7. √	8. ×	9. ×	10. √
11. ×	12. √	13. √							

第二部分

略。

参 考 文 献

[1] 方筠.铁路线路施工技术[M].北京:人民交通出版社,2008.

[2] 张雯.线路工程[M].成都:西南交通大学出版社,2005.

[3] 中华人民共和国行业标准.TZ 202—2008 客货共线铁路路基工程施工技术指南[S].北京:中国铁道出版社,2008.

[4] 傅文智.抄平起拨道捣固车[M].北京:中国铁道出版社,2010.

[5] 汪奕.钢轨打磨列车[M].北京:中国铁道出版社,2008.

[6] 钟声标.全断面道砟清筛机[M].北京:中国铁道出版社,2008.

[7] 何科学.机械养路[M].北京:中国铁道出版社,2008.

[8] 何奎元.铁路轨道与修理[M].北京:中国铁道出版社,2004.

[9] 何学科.铁道工务[M].北京:中国铁道出版社,2007.

[10] 于金帆.现代化高速铁路设计、施工与线路提速改造新技术实务全书[M].长春:吉林科技出版社,2004.

[11] 于金帆.现代铁路工程师手册[M].长春:吉林科技出版社,2004.